HÄKELN LERNEN
MIT DEN @lesotwins

Von Umhängetasche bis Cardigan – mit Leonie und Sophie zusammen Kleidung häkeln

HÄKELN LERNEN MIT DEN *Lesotwins*

**Von Umhängetasche bis Cardigan –
mit Leonie und Sophie zusammen Kleidung häkeln**

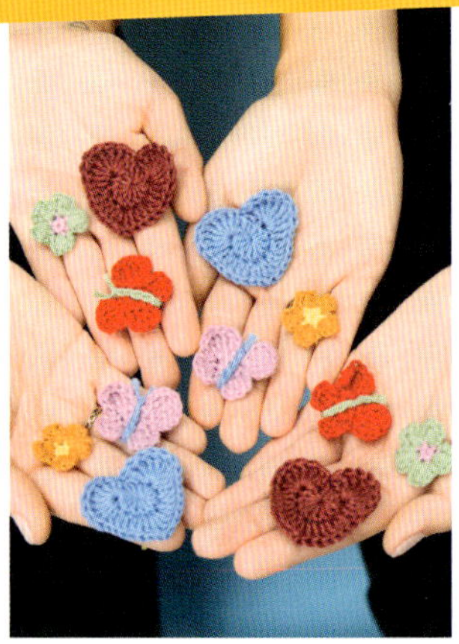

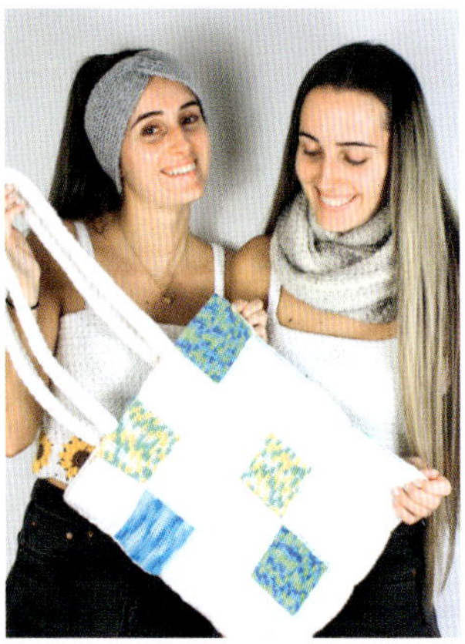

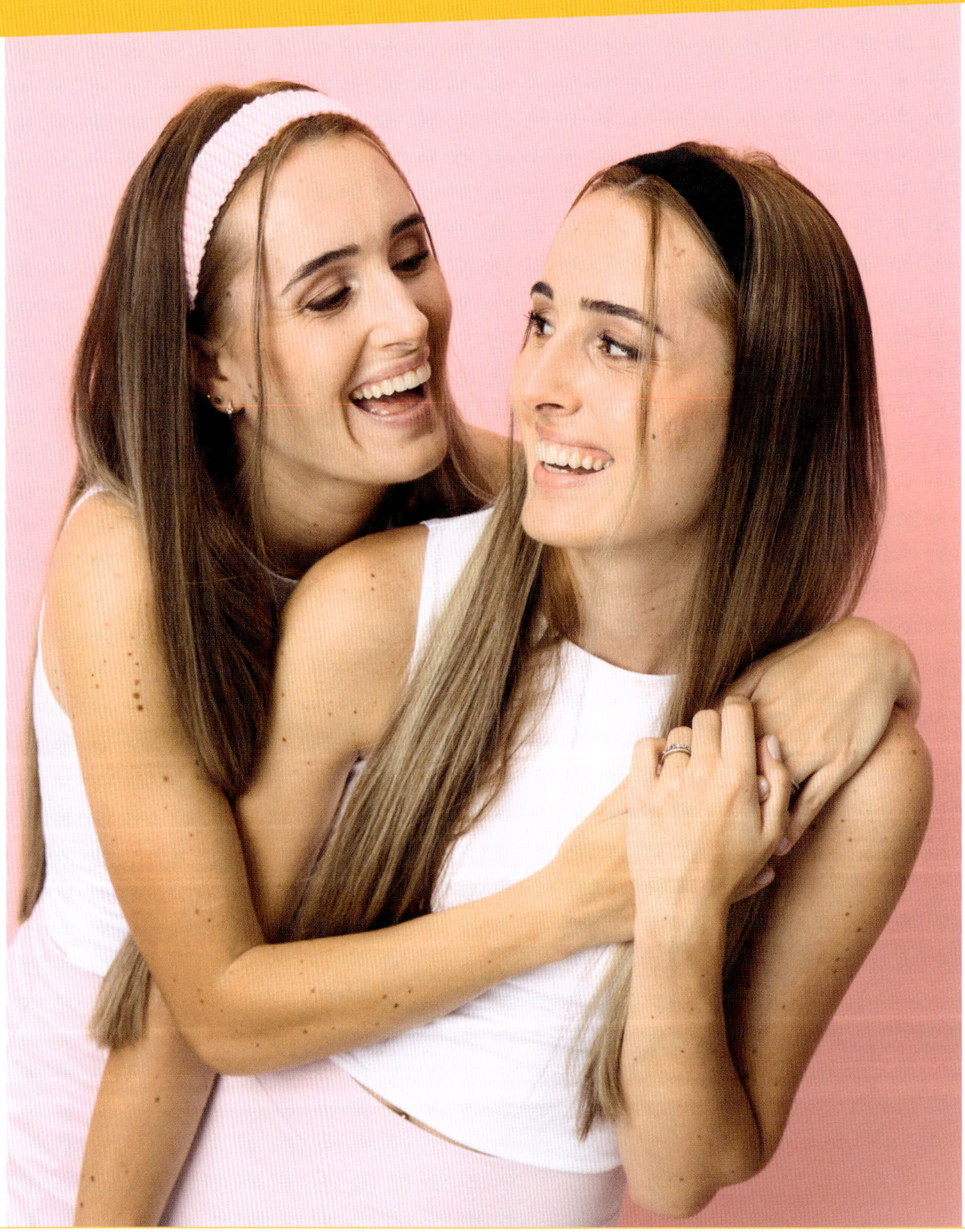

HEY,

wir sind Leonie und Sophie, auf Social Media besser bekannt als die Lesotwins.
Auf unseren Kanälen nehmen wir euch nicht nur in unserem Zwillingsleben mit, sondern zeigen auch total gerne Sachen, wo wir selbst Hand anlegen können. Egal ob Haare färben, den Pool reinigen oder Häkeln – alles was mit DIY zu tun hat lieben wir.
Häkeln ist nicht nur etwas für Omas, wir haben vor 6 Jahren unsere ersten Teile gehäkelt. Vor 2 Jahren haben wir uns dann ans Klamotten häkeln getraut, und dabei gemerkt, dass wir es schon viel früher hätten ausprobieren sollen, denn es ist gar nicht so schwer wie man denkt. Im Gegenteil: Klamotten eignen sich super für Anfänger!
Auch wenn du noch nicht häkeln kannst – du wirst es mit diesem Buch lernen, und deinen Kleiderschrank mit selbstgehäkelten Klamotten füllen.
Und wenn du uns eins glauben kannst, dann dass es das schönste Gefühl ist, selbstgehäkelte Klamotten zu tragen.
Wir wünschen dir jetzt viel Spaß beim Nachhäkeln und anschließend viel Freude beim Tragen der Sachen,
Deine Leonie & Sophie.

@Lesotwins
@Lesotwins
@Lesotwins

**KLEINER FUNFACT:
DAS „LE" IN „LESOTWINS" STEHT FÜR LEONIE, DAS „SO" FÜR SOPHIE UND DAS „TWINS" FÜR ZWILLINGE, WEIL WIR ZWILLINGE SIND.**

INHALT

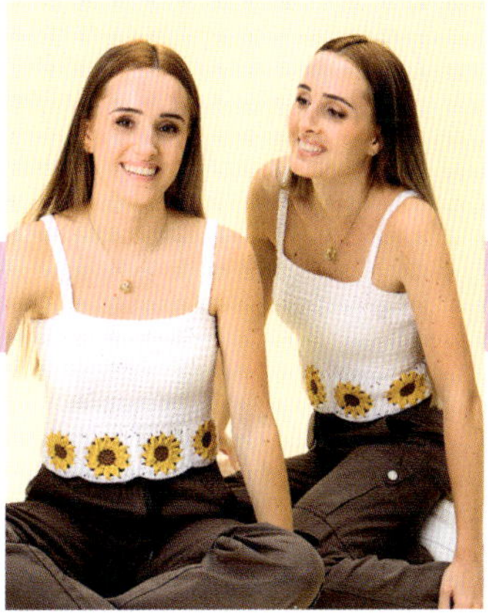

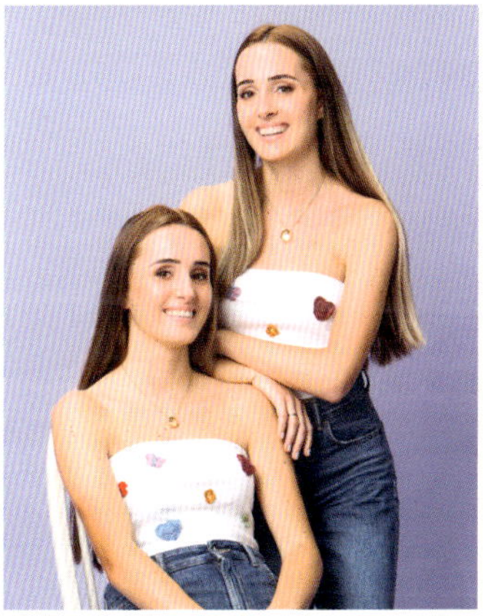

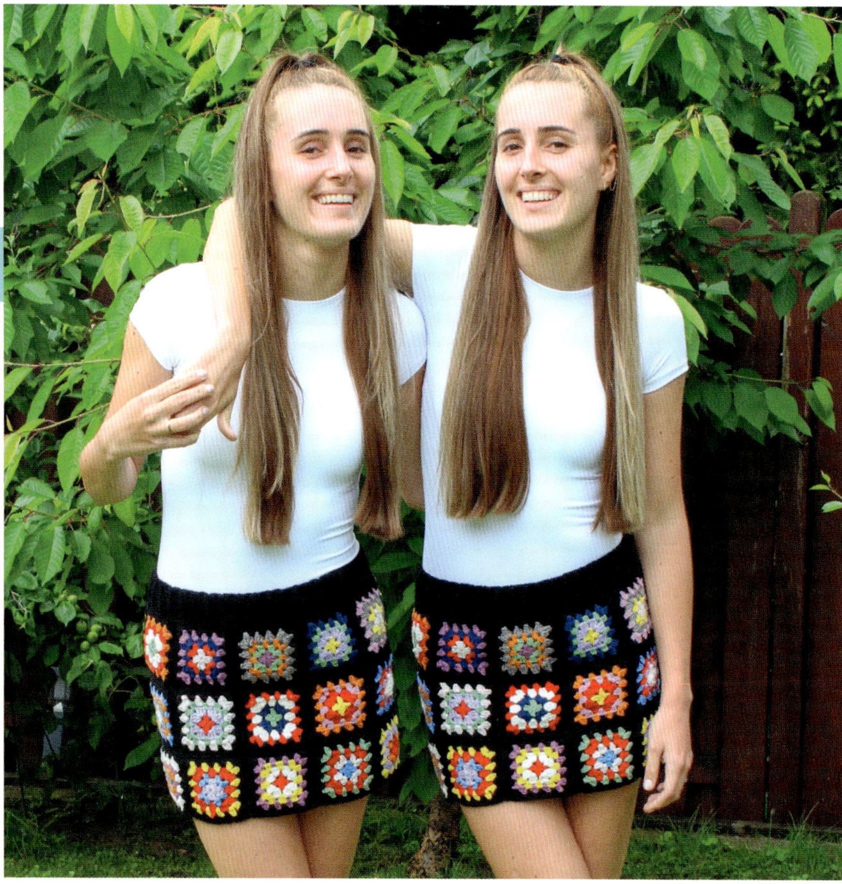

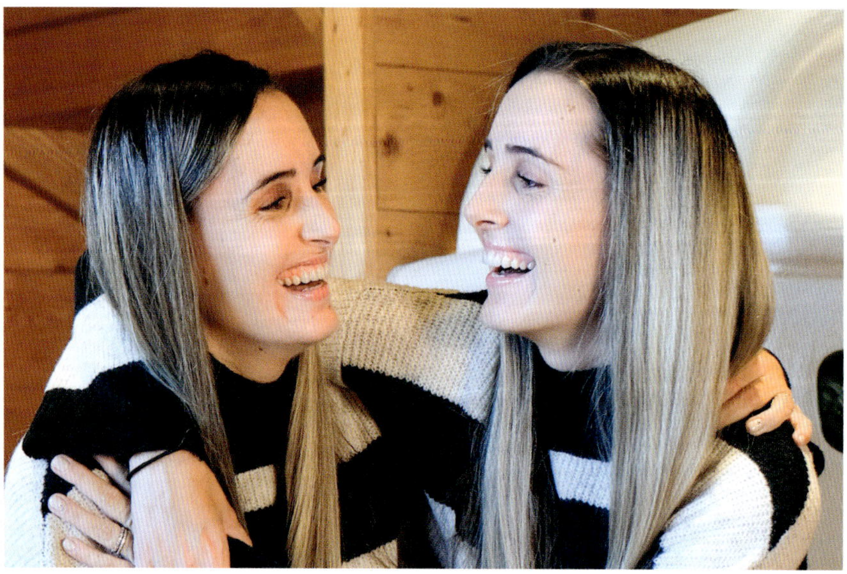

Als Zwillinge haben wir schon die ein oder andere lustige Situation erlebt. Natürlich haben wir auch schon die Rollen getauscht und uns als die jeweils andere ausgegeben – gerade in der Schulzeit war das sehr praktisch.
Aber auch so im Alltag erleben wir immer mal wieder witzige Sachen, zum Beispiel wenn wir uns gegenseitig Weihnachtsgeschenke kaufen gehen. Oft haben wir die gleiche Idee und gehen deswegen auch in die gleichen Läden Geschenke einkaufen. So ist es schon vorgekommen, dass Leonie fünf Minuten nach Sophie das gleiche Teil gekauft hat und dann an der Kasse gefragt wurde, ob sie das noch mal kaufen möchte. Leonie hat dann einfach mitgespielt und nicht gesagt, dass das andere ihre Zwillingsschwester war – und so wusste sie auch schon, was sie zu Weihnachten geschenkt bekommt.

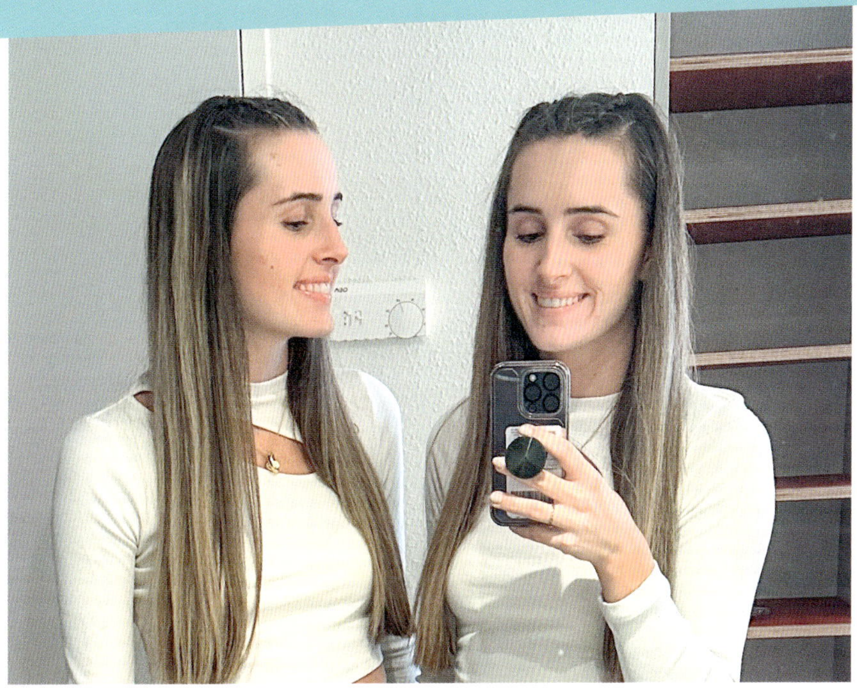

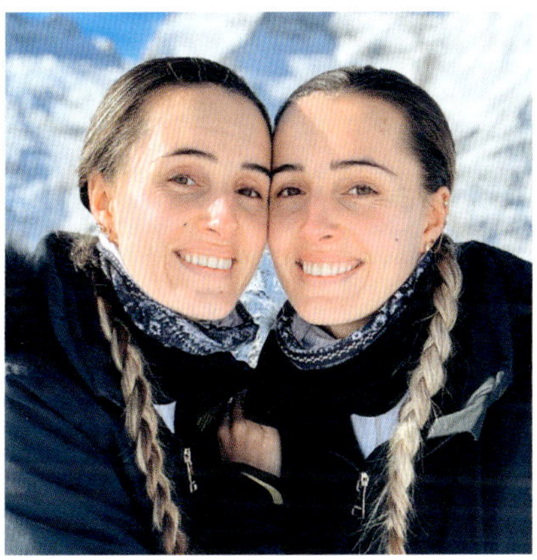

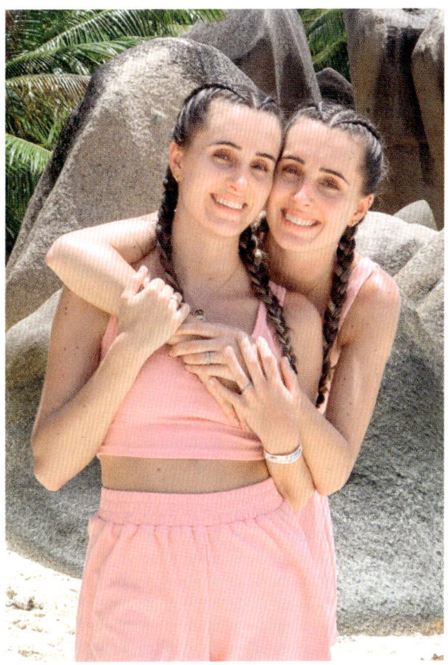

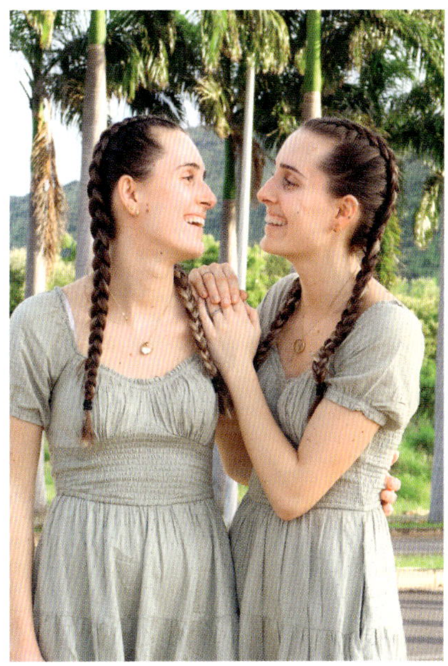

Wir lieben es selbstgehäkelte Teile zu tragen. Egal ob Oberteil, Rock, Kleid oder Accessoire - man kann wirklich alles häkeln. Außerdem kann man jedes Teil auf seinen Körper abstimmen, und nicht nur Farbe und Aussehen, sondern auch Textur und Tragegefühl ändern. Viele Teile kann man auch ganz leicht anders gestalten, indem man beispielsweise statt kurze lange Ärmel macht, oder statt einen kurzen einen langen Rock.

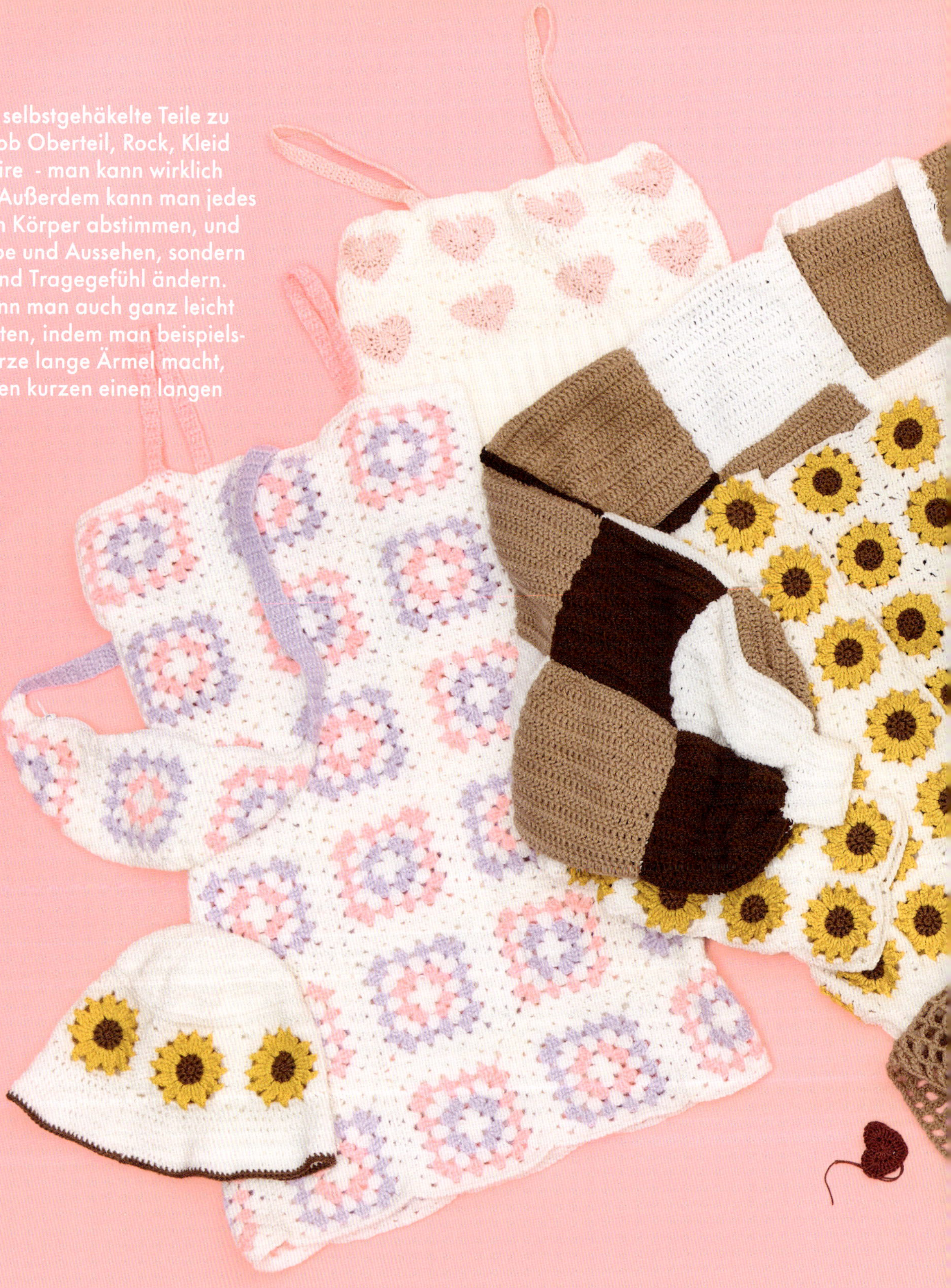

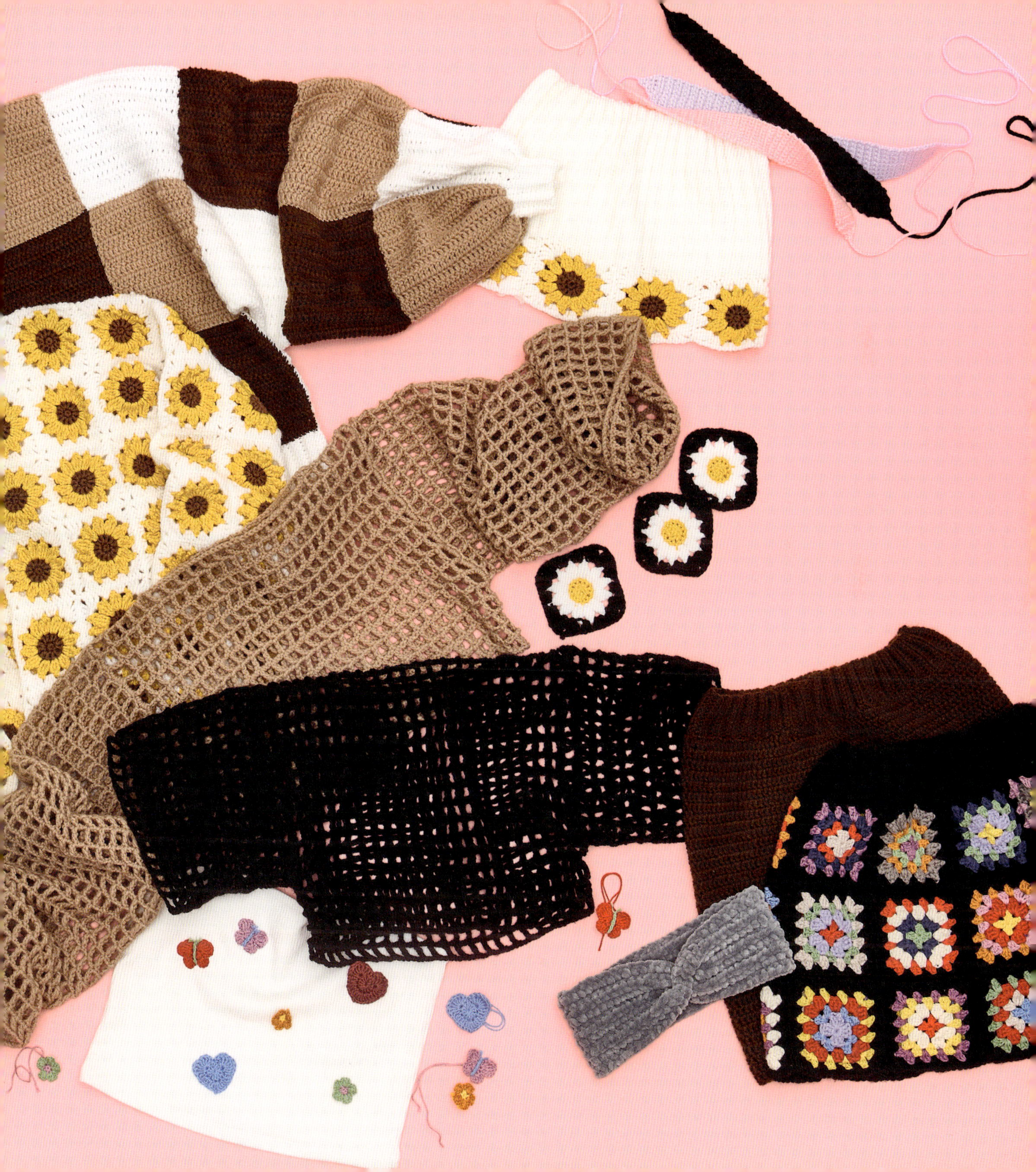

HÄKELN LERNEN

Anfangsschlaufe

So bekommt man den Faden auf die Nadel.

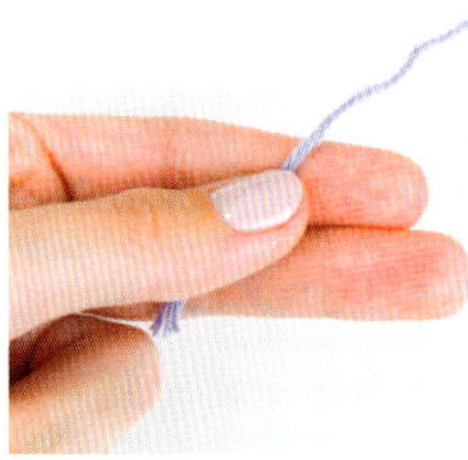

Schritt 1: Halte den Faden zwischen Daumen und Zeigefinger fest.

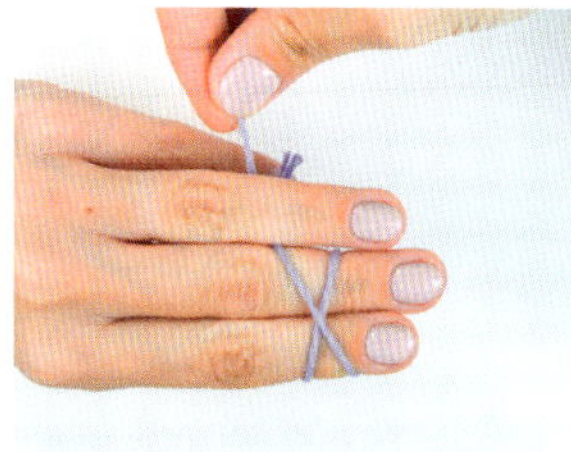

Schritt 2: Wickle den Faden um Zeige- und Mittelfinger, und halte ihn mit dem Ringfinger fest. Dabei entsteht ein Kreuz.

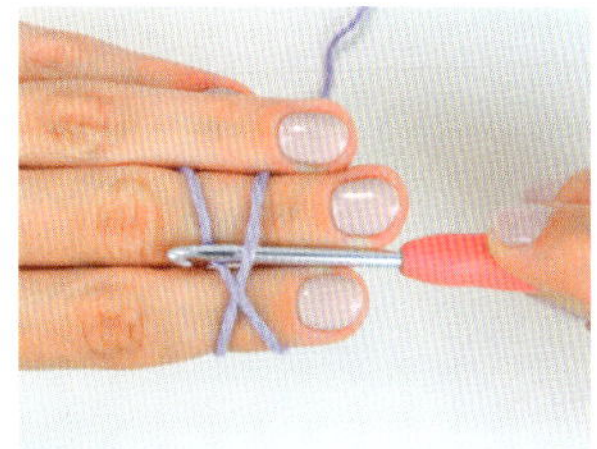

Schritt 3: Gehe mit der Nadel unter dem vorderen Faden durch ...

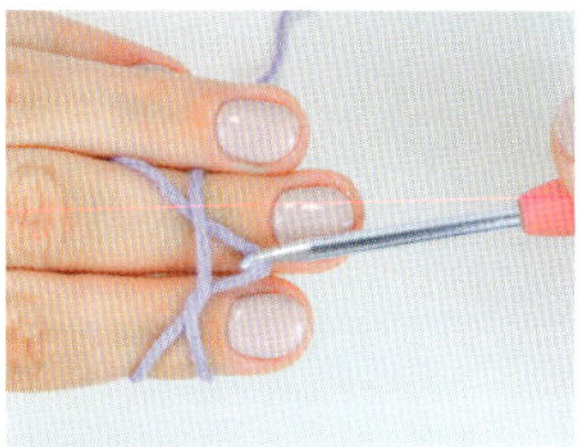

Schritt 4: ... und zieh den hinteren Faden durch.

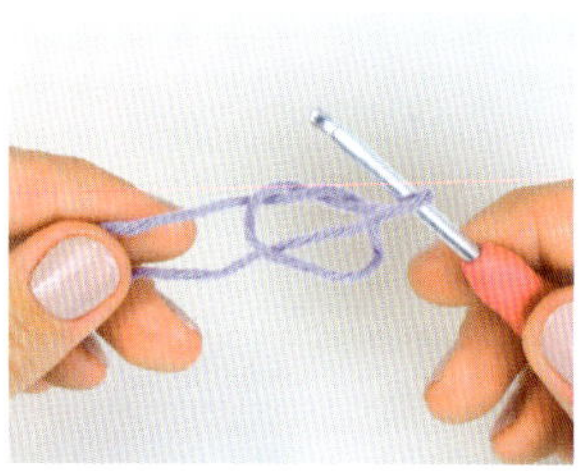

Schritt 5: Halte den Faden und den Anfang vom Faden zwischen Daumen und Zeigefinger fest, und zieh an der Nadel.

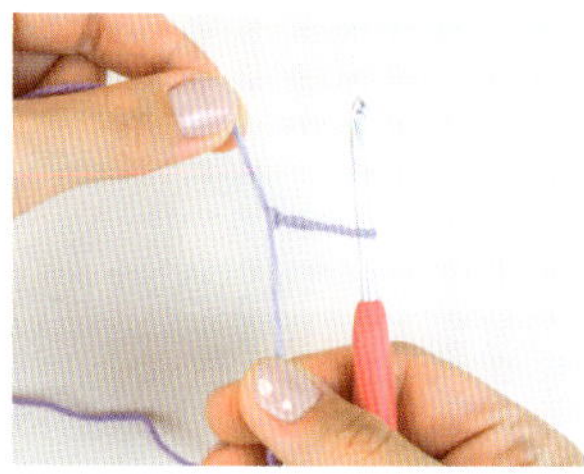

Schritt 6: Zieh jetzt an beiden Fadenenden ...

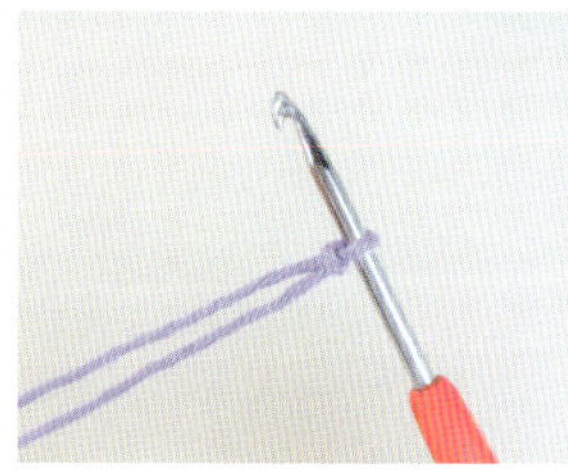

Schritt 7: ... um die Schlaufe auf der Nadel festzuziehen.

Luftmasche

Die erste Reihe besteht immer aus mehreren Luftmaschen hintereinander – also einer Luftmaschenkette.

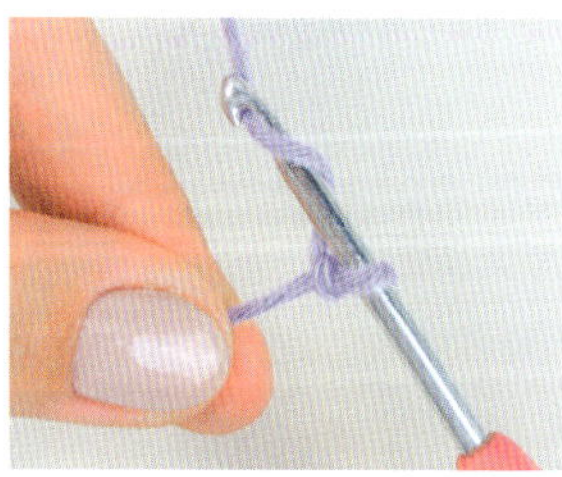

Schritt 1: Zieh den Faden mit der Nadel durch die Anfangsschlaufe.

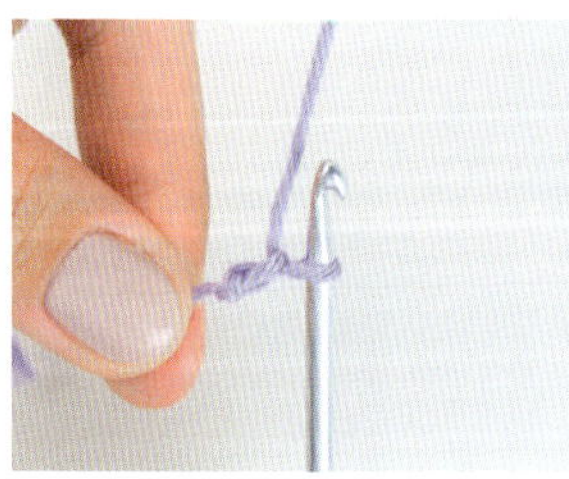

Schritt 2: Schon hast du die 1. Luftmasche.

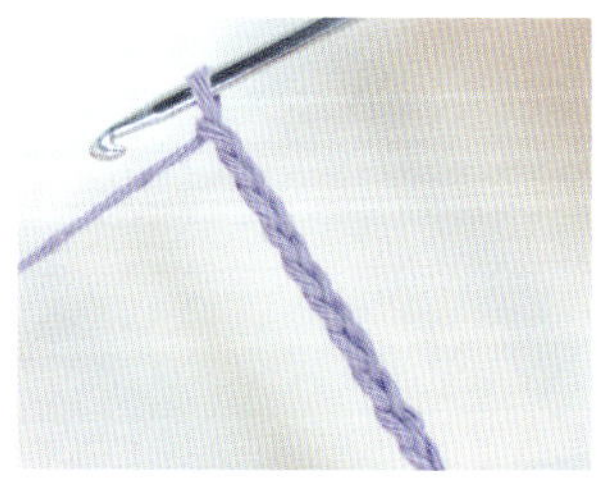

Schritt 3: Mehrere Luftmaschen hintereinander beschreibt man als Luftmaschenkette.

Falls du ein Video zur Hilfe beim Häkeln lernen brauchst, scanne einfach diesen Code:

Zweite Reihe

In der zweiten Reihe häkelt man in die Luftmaschenkette.

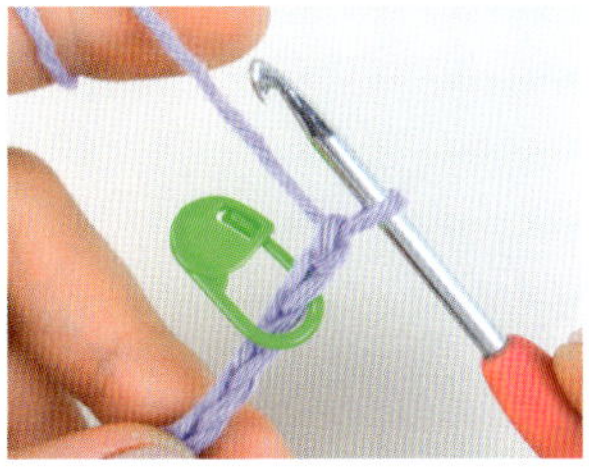

Schritt 1: Lass eine Luftmasche aus und gehe in die direkt daneben (Mit einem grünen Maschenmarkierer markiert).

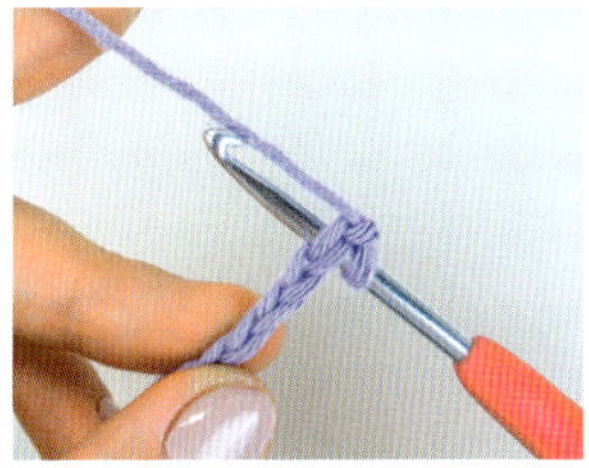

Schritt 2: Gehe mit der Nadel durch beide Maschenglieder und hol den Faden durch alle Schlaufen auf der Nadel.

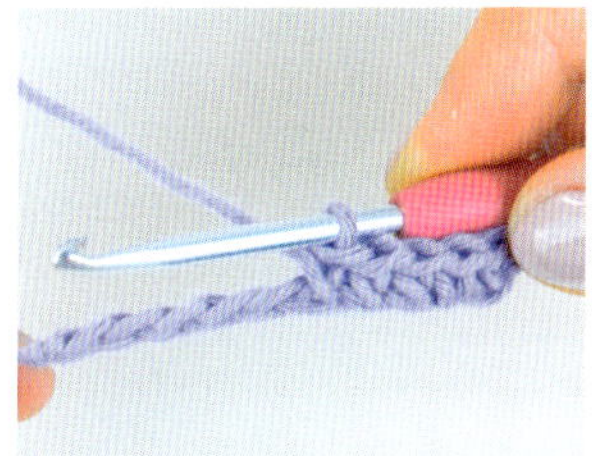

Schritt 3: Häkle so in jede weitere Luftmasche.

Wendeluftmasche

Am Ende jeder Reihe wird eine Wendeluftmasche gehäkelt, damit später eine gerade Kante entsteht.

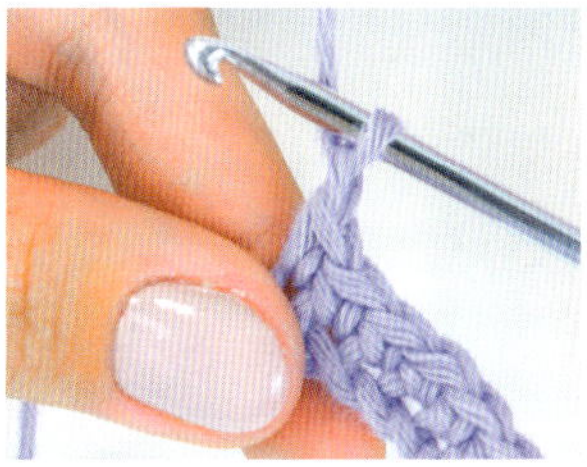

Schritt 1: Häkle am Ende einer Reihe einfach eine Luftmasche. Das ist die Wendeluftmasche.

Schritt 2: Drehe das gehäkelte Teil, sodass du immer von rechts nach links häkelst.

Hinweis: Ausnahme ist die 1. Reihe, nur nach dieser drehst du das Teil nicht.

Schritt 3: Die Wendeluftmasche wird in der nächsten Reihe immer übersprungen.

Feste Masche

Durch feste Maschen bekommt man später ein blickdichtes Muster, da es sehr dicht und kompakt ist.

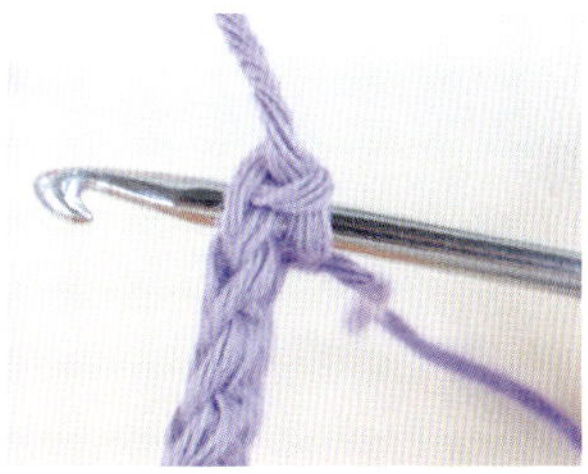

Schritt 1: Überspringe die Wendeluftmasche, und stich in die Masche direkt daneben ein.

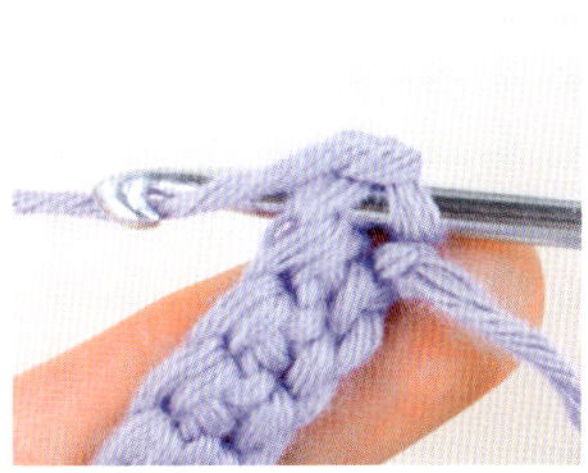

Schritt 2: Zieh den Faden mit der Nadel durch die Masche ...

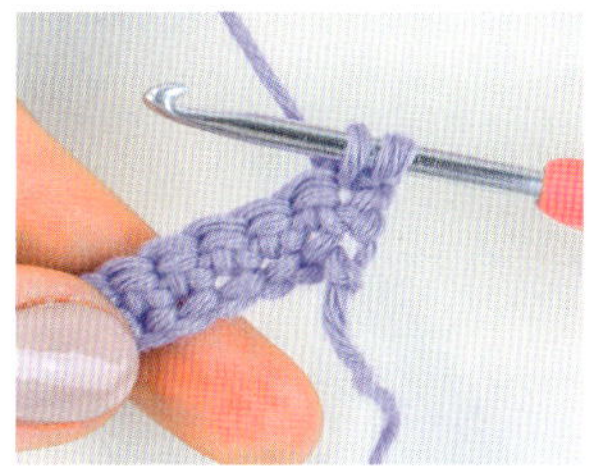

Schritt 3: ... jetzt hast du 2 Schlaufen auf der Nadel.

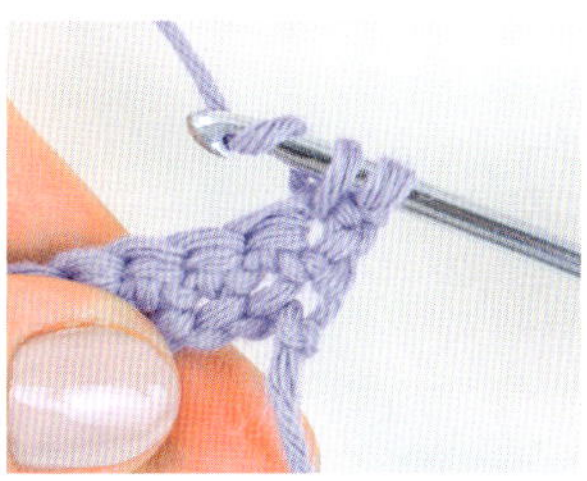

Schritt 4: Nimm den Faden nun mit der Nadel ...

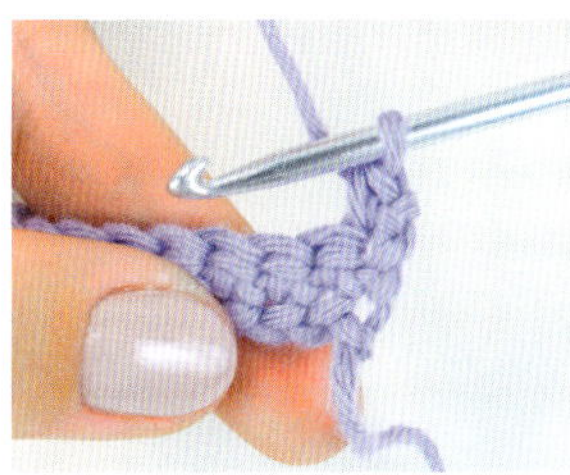

Schritt 5: ... und zieh ihn durch beide Schlaufen.

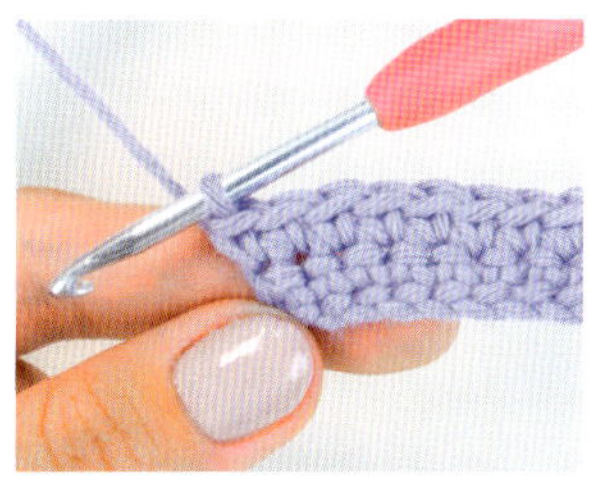

Schritt 6: So sehen feste Maschen aus.

Halbes Stäbchen

Halbe Stäbchen sind etwas luftiger als feste Maschen, aber immer noch ziemlich blickdicht. Um auf die Höhe von einem halben Stäbchen zu kommen, häkelt man 1 Luftmasche am Ende der vorherigen Reihe.

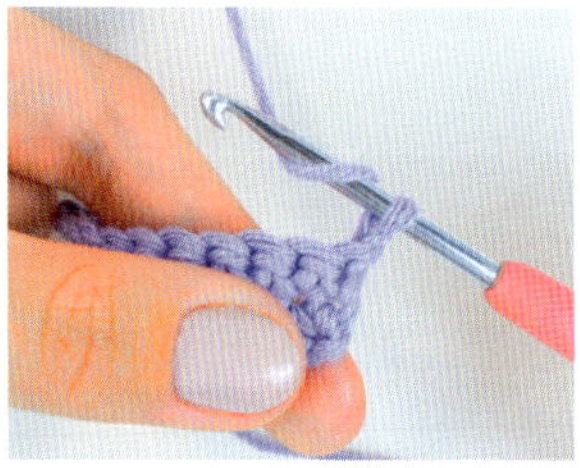

Schritt 1: Schlage den Faden 1-mal um die Nadel.

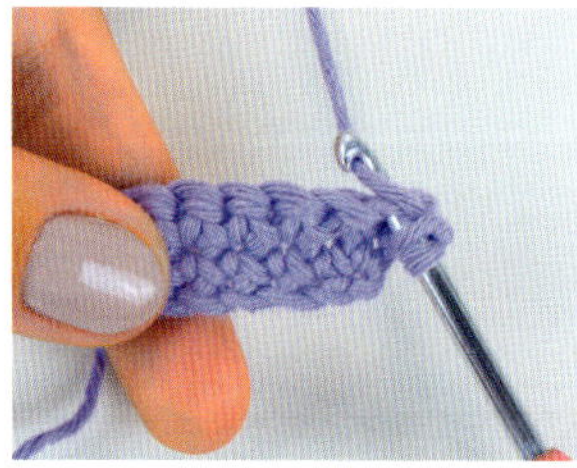

Schritt 2: Stich in die Masche ein, hol den Faden und zieh ihn durch die Masche durch.

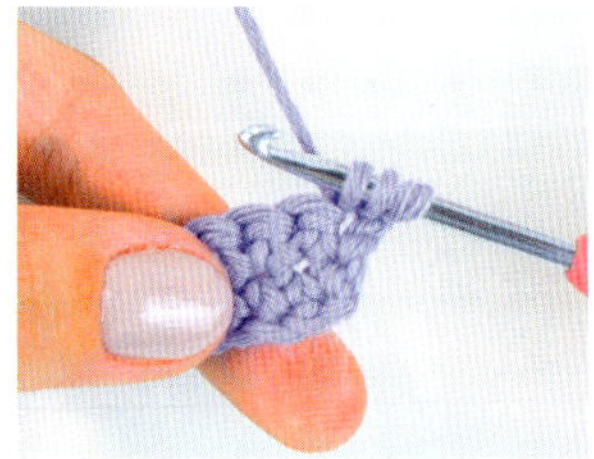

Schritt 3: Jetzt hast du 3 Schlaufen auf der Nadel.

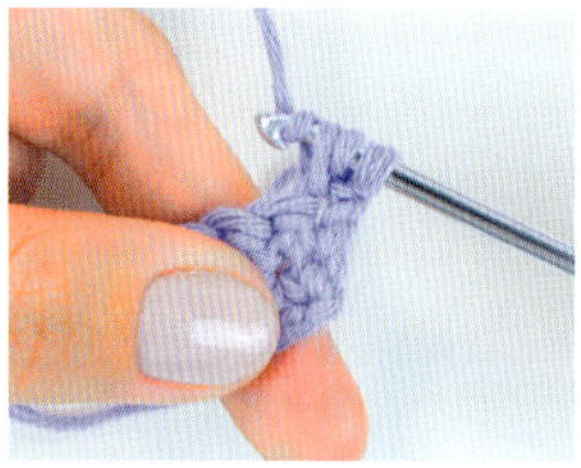

Schritt 4: Nimm den Faden nun mit der Nadel und zieh ihn durch die 3 Schlaufen komplett durch.

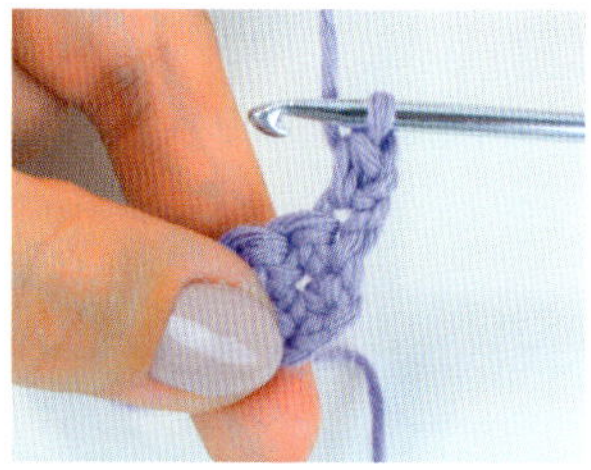

Schritt 5: Fertig ist ein halbes Stäbchen.

Einfaches Stäbchen

Einfache Stäbchen sind höher als halbe Stäbchen. Um auf die Höhe von einem Stäbchen zu kommen, häkelt man 3 Luftmaschen am Ende der vorherigen Reihe.

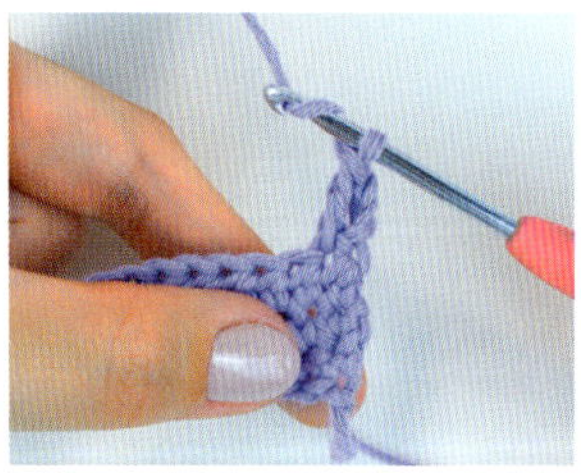

Schritt 1: Schlage den Faden 1-mal um die Nadel.

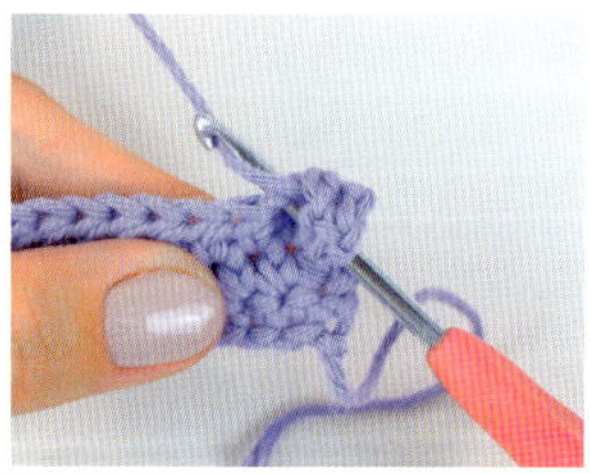

Schritt 2: Stich in die Masche ein, hol den Faden und zieh ihn durch die Masche durch.

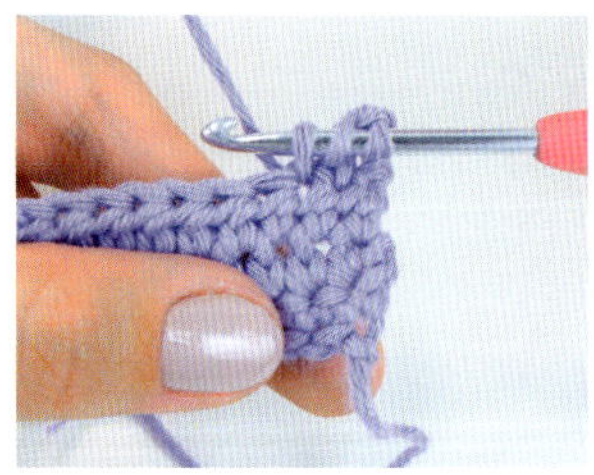

Schritt 3: Jetzt hast du 3 Schlaufen auf der Nadel.

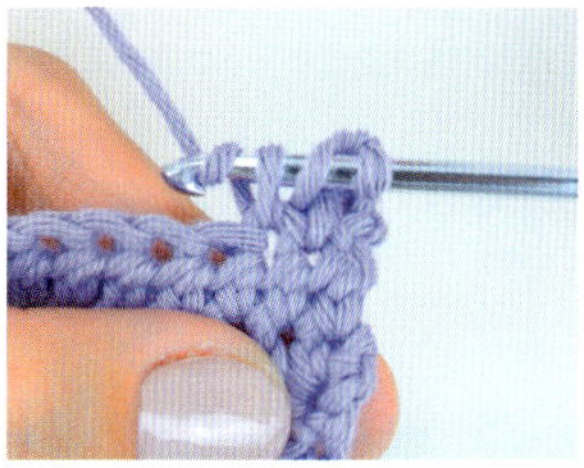

Schritt 4: Nun ziehst du den Faden nur durch die ersten beiden Schlaufen ...

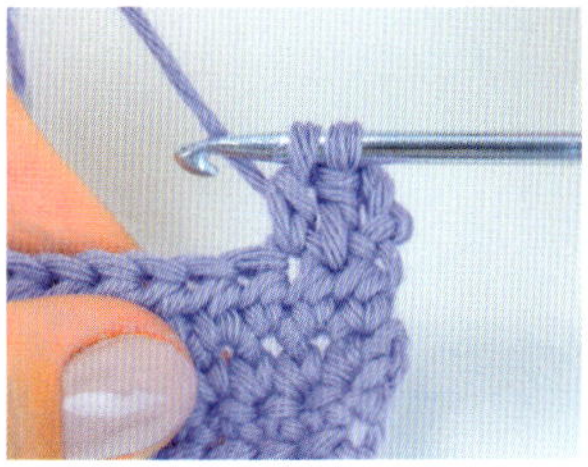

Schritt 5: ... sodass du noch 2 Schlaufen auf der Nadel hast.

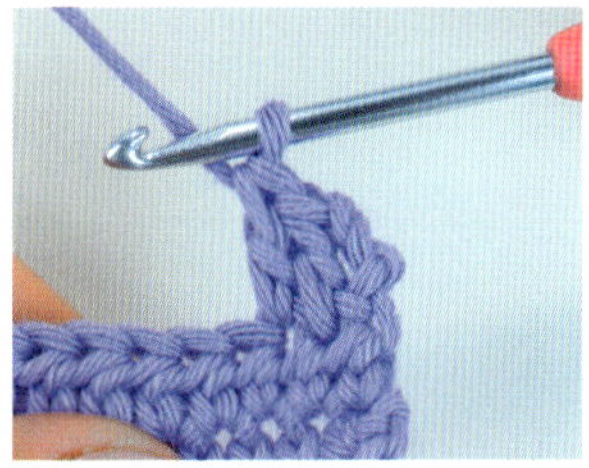

Schritt 6: Zieh den Faden durch die letzten 2 Schlaufen und fertig ist ein Stäbchen.

Doppeltes Stäbchen

Doppelte Stäbchen sind luftiger und höher als einfache Stäbchen. Um auf die Höhe von einem doppelten Stäbchen zu kommen, häkelt man 4 Luftmaschen am Ende der vorherigen Reihe.

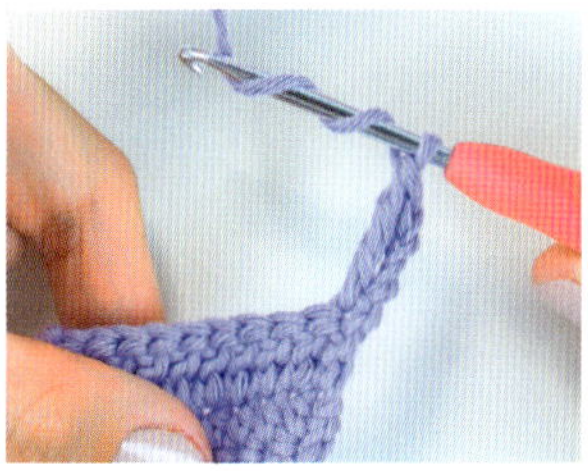

Schritt 1: Schlage den Faden 2-mal um die Nadel.

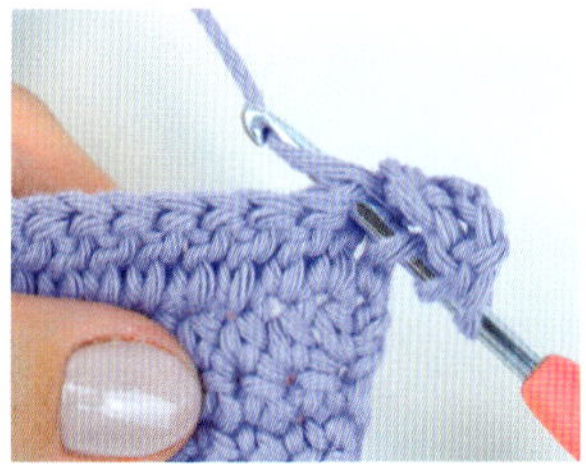

Schritt 2: Nun stichst du in die Masche ein, holst dir den Faden und ziehst ihn durch die Masche durch.

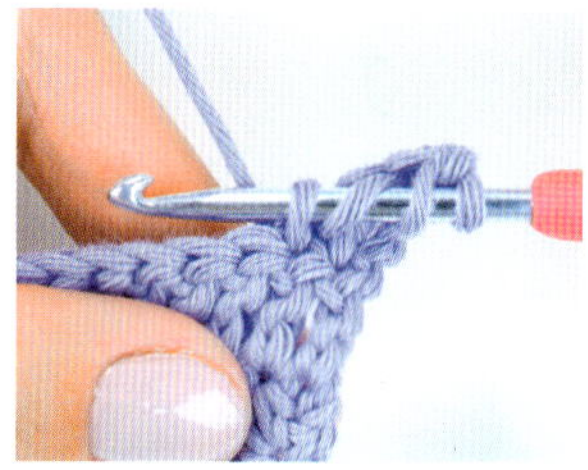

Schritt 3: Jetzt hast du 4 Schlaufen auf der Nadel.

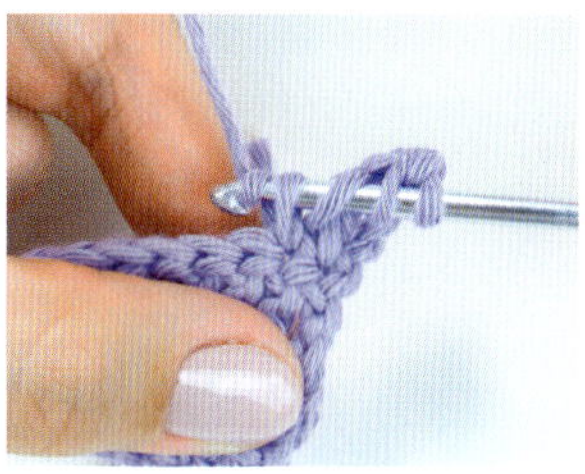

Schritt 4: Als nächstes ziehst du den Faden nur durch die ersten beiden Schlaufen ...

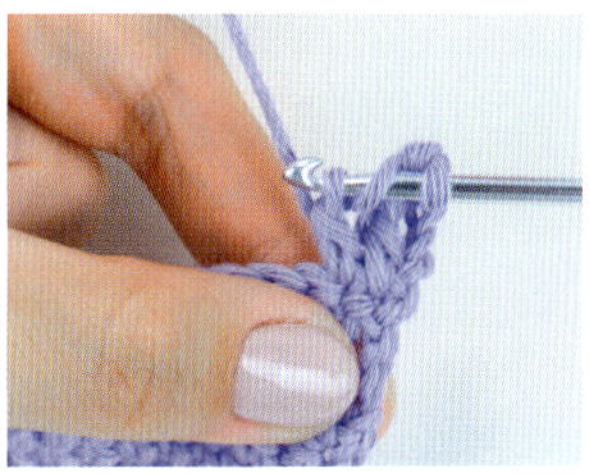

Schritt 5: ... sodass du noch 3 Schlaufen auf der Nadel hast.

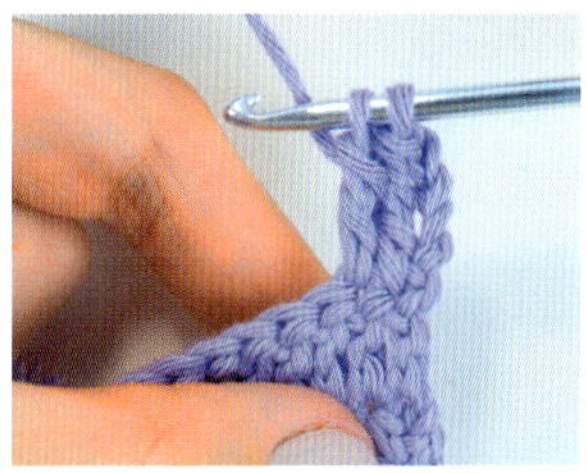

Schritt 6: Dann ziehst du den Faden durch die nächsten beiden Schlaufen, sodass du noch 2 Schlaufen auf der Nadel hast.

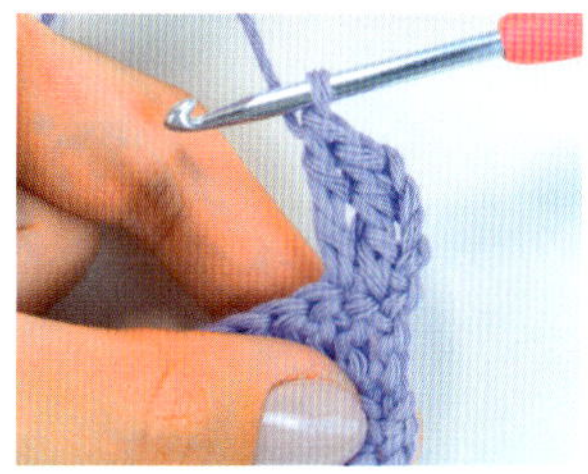

Schritt 7: Zum Schluss ziehst du den Faden noch durch die letzten beiden Schlaufen, fertig ist ein doppeltes Stäbchen.

Falls du ein Video zur Hilfe beim Häkeln lernen brauchst, scanne einfach diesen Code:

Dreifaches Stäbchen

Dreifache Stäbchen sind nochmal höher als doppelte Stäbchen. Um auf die Höhe eines dreifachen Stäbchens zu kommen, häkelt man 5 Luftmaschen am Ende der vorherigen Reihe.

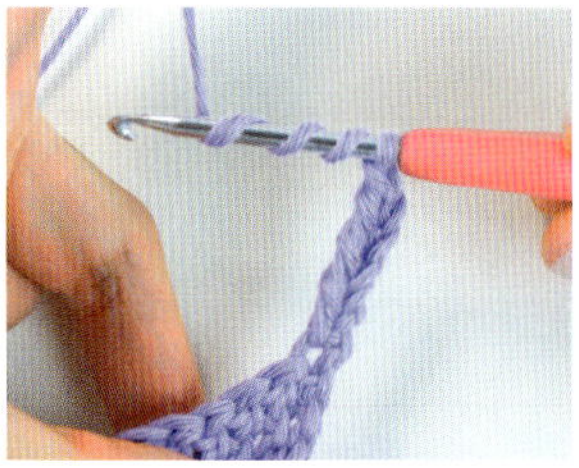

Schritt 1: Schlage den Faden 3-mal um die Nadel.

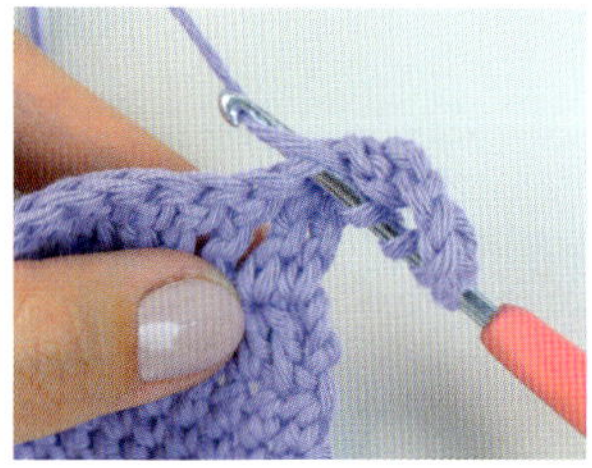

Schritt 2: Stich in die Masche ein, hol den Faden und zieh ihn durch die Masche durch.

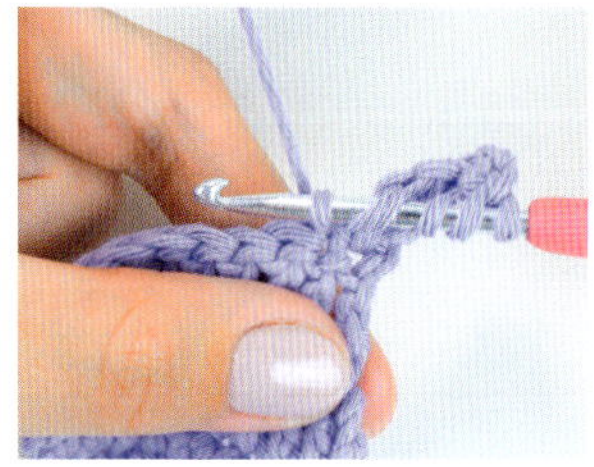

Schritt 3: Jetzt hast du 5 Schlaufen auf der Nadel.

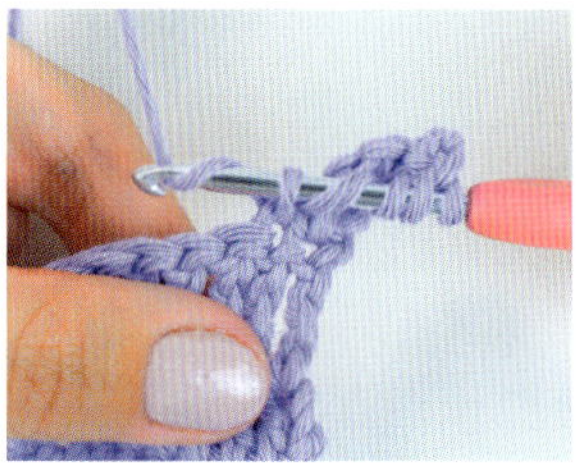

Schritt 4: Nun ziehst du den Faden nur durch die ersten beiden Schlaufen ...

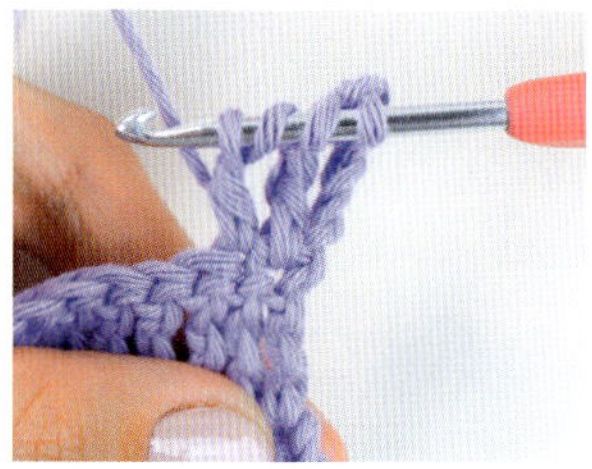

Schritt 5: ... sodass du noch 4 Schlaufen auf der Nadel hast.

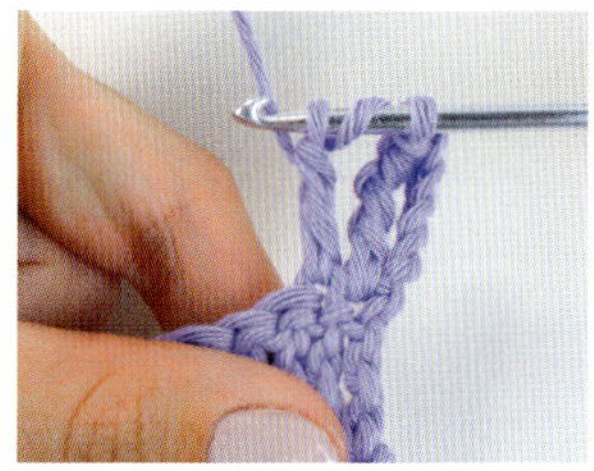

Schritt 6: Jetzt ziehst du den Faden durch die nächsten beiden Schlaufen, sodass du noch 3 Schlaufen auf der Nadel hast.

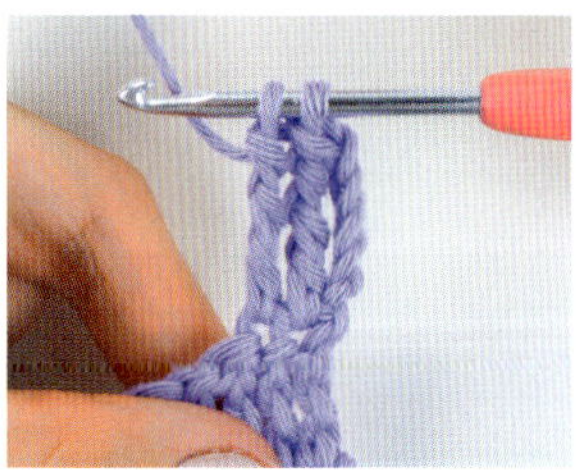

Schritt 7: Anschließend ziehst du den Faden durch die nächsten beiden Schlaufen, sodass du noch 2 Schlaufen auf der Nadel hast.

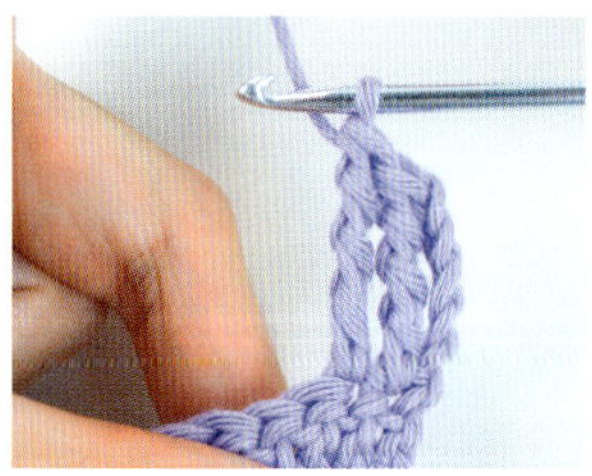

Schritt 8: Zum Schluss ziehst du den Faden noch durch die letzten beiden Schlaufen, fertig ist ein dreifaches Stäbchen.

Ins hintere Maschenglied einstechen

Wenn man nur ins hintere Maschenglied einsticht, wird das Teil dehnbarer. Außerdem sieht das Muster aus wie gestrickt.

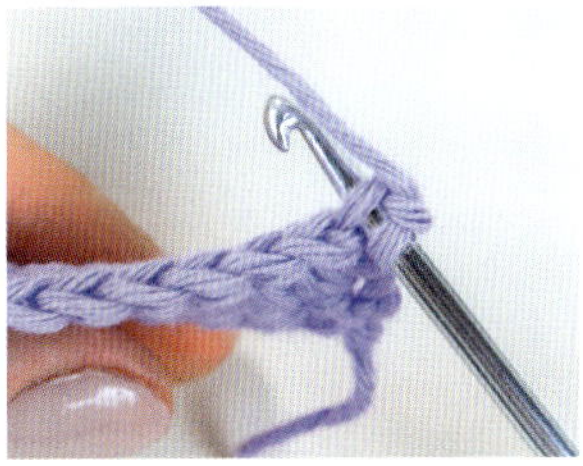

Schritt 1: Stich mit der Nadel von oben durch die Mitte einer Masche und gehe nur durch das hintere Maschenglied (also das, das von dir weg zeigt).

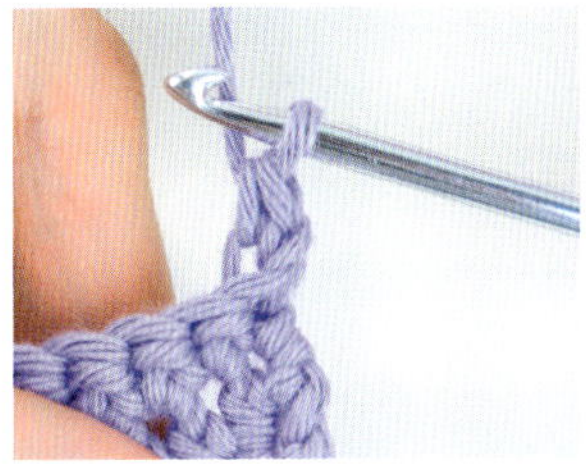

Schritt 2: Da rein kannst du ganz normal deine Masche häkeln.

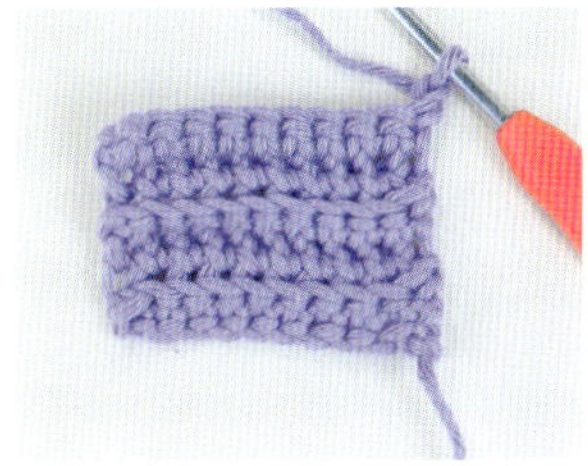

Schritt 3: Wenn du feste Maschen häkelst, entsteht dieses Muster.

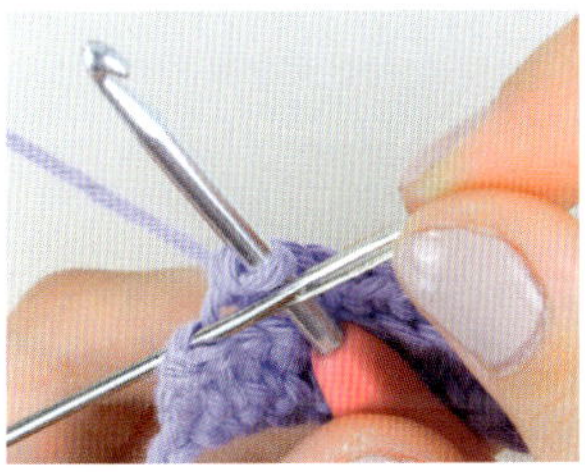

Hinweis: Vergiss nicht die letzte Masche, die ist nämlich etwas versteckt.

Falls du ein Video zur Hilfe beim Häkeln lernen brauchst, scanne einfach diesen Code:

Fadenring

Wenn man etwas Rundes häkeln möchte, fängt man oft mit einem Fadenring an. Der Fadenring wird auch als „Magischer Ring" bezeichnet.

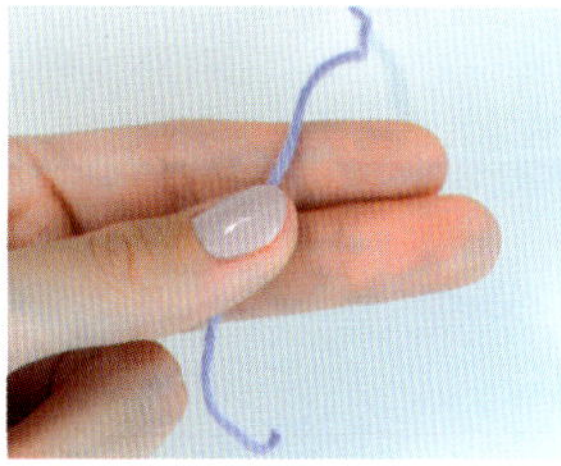

Schritt 1: Halte den Faden zwischen Daumen und Zeigefinger fest.

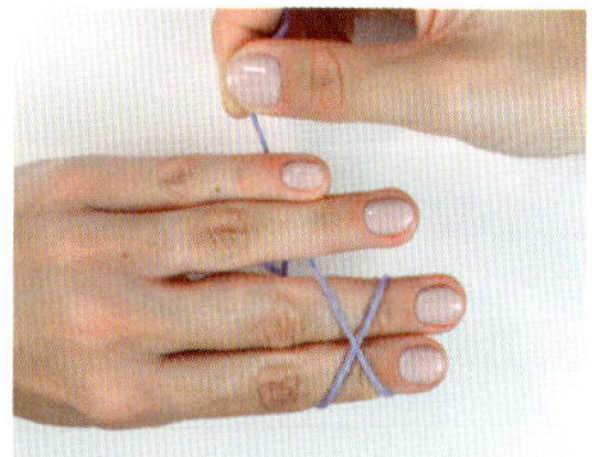

Schritt 2: Den Faden um Zeige- und Mittelfinger wickeln, und mit dem Ringfinger festhalten. Dabei entsteht ein Kreuz.

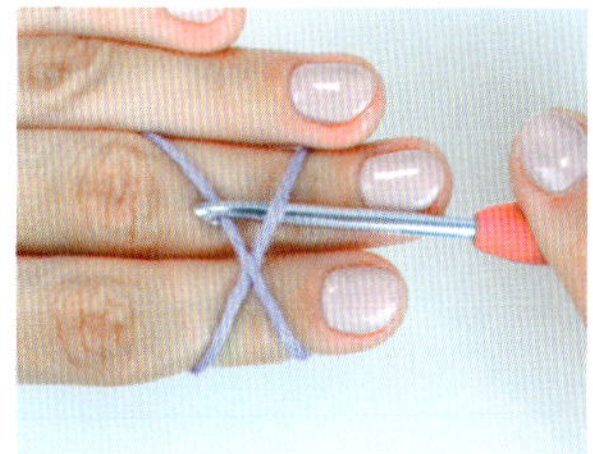

Schritt 3: Mit der Nadel unter dem vorderen Faden durch gehen ...

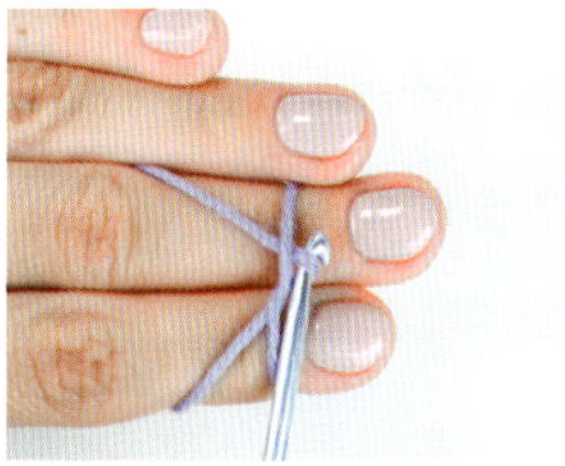

Schritt 4: ... und den hinteren Faden durchziehen.

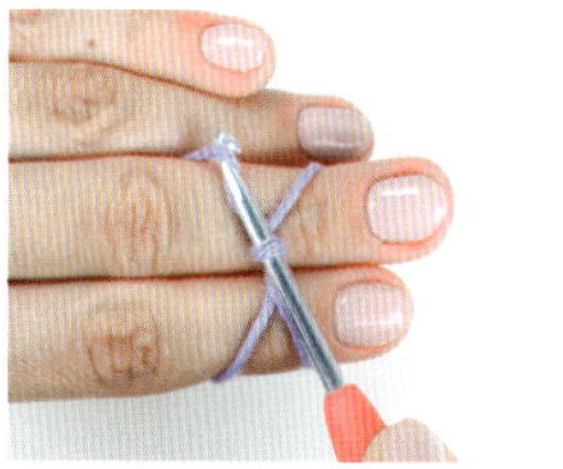

Schritt 5: Mit der Nadel über den um die Finger gewickelten Faden Richtung Ringfinger gehen. Hol dir dort den Faden auf die Nadel...

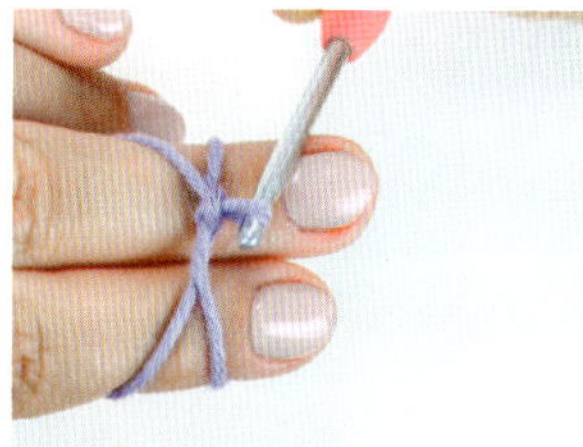

Schritt 6: ... und zieh ihn durch die Schlaufe auf die Nadel.

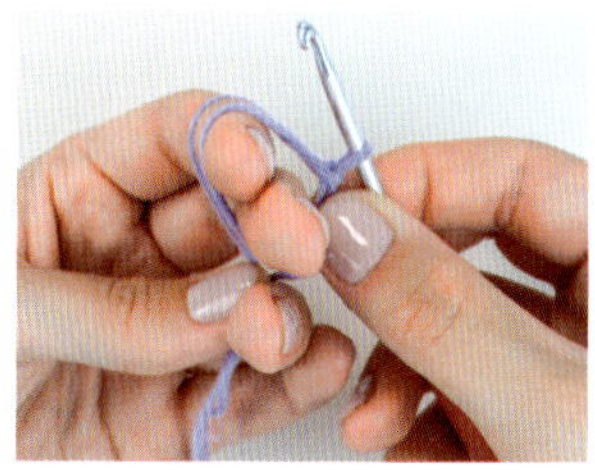

Schritt 7: Ziehe jetzt Zeige- und Mittelfinger aus dem Ring raus. Halte dabei mit Daumen und Ringfinger beide Fadenenden fest.

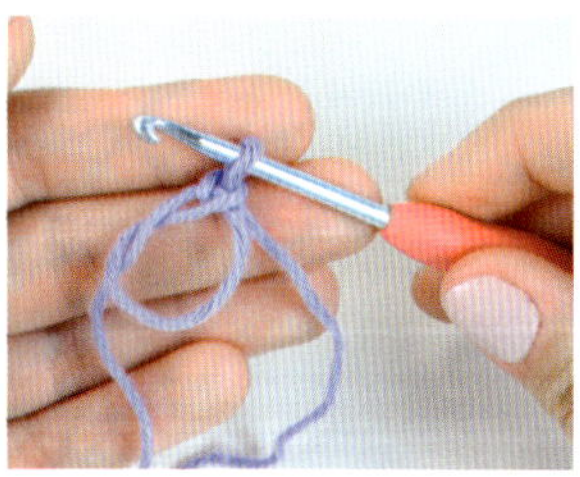

Schritt 8: Fertig ist der Fadenring.

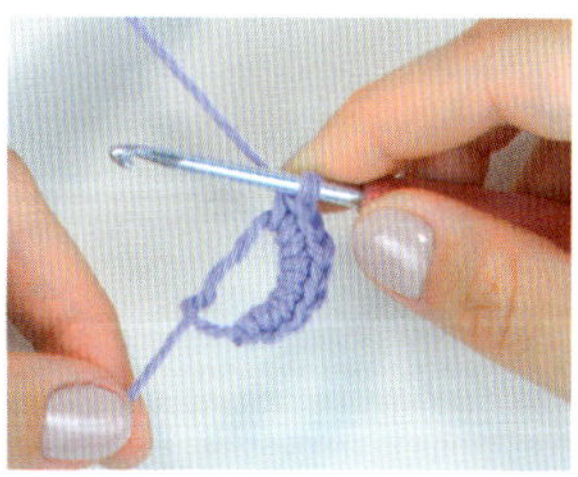

Schritt 9: Häkle um den Ring herum, stich dabei immer in den Ring ein.

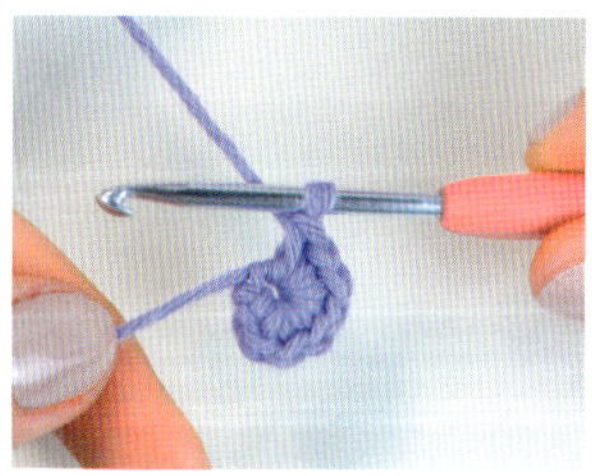

Schritt 10: Wenn du am Fadenende ziehst, schließt sich der Ring.

Kettmasche

Eine Kettmasche braucht man zum Beispiel, wenn man in Runden häkelt, und eine Runde schließen möchte.

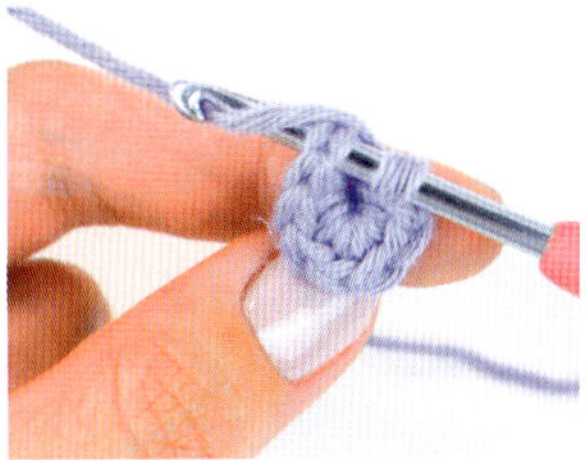

Schritt 1: Gehe am Ende einer Runde mit der Nadel durch die 1. Masche und hol dir den Faden...

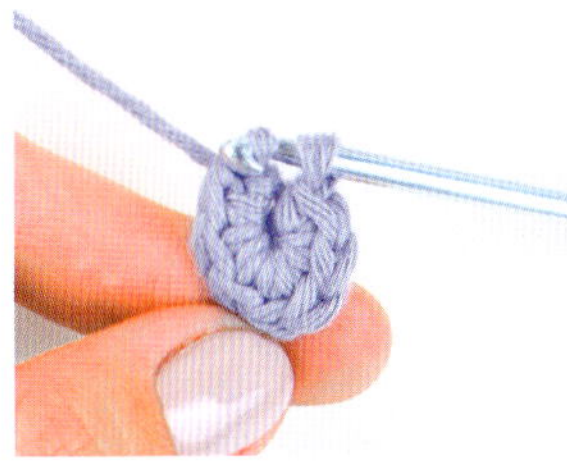

Schritt 2: ... und zieh ihn direkt durch alle Schlaufen.

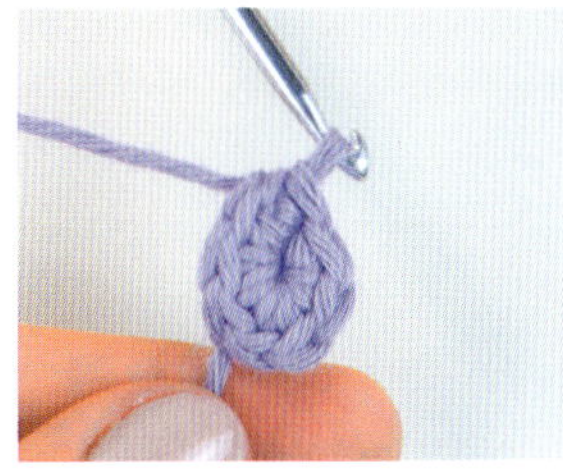

Schritt 3: Fertig ist die Kettmasche.

Faden verlängern

Manchmal hat man zu wenig Faden und muss zwei Fäden miteinander verknoten.

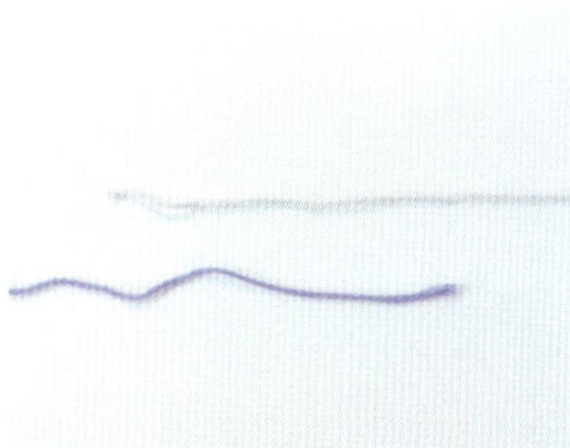

Schritt 1: Lege beide Fadenenden einander gegenüber.

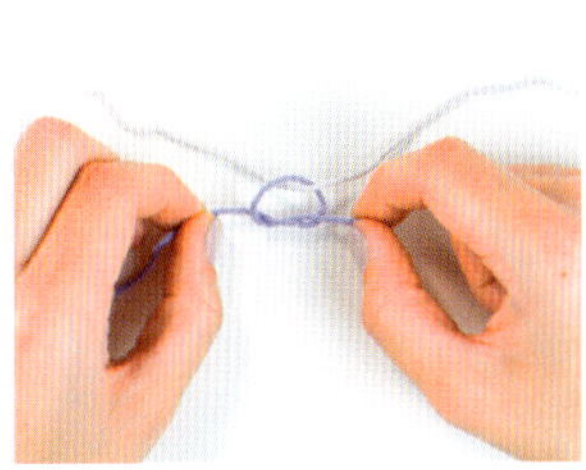

Schritt 2: Nimm dir jetzt den ersten Faden und verknote ihn an einer Seite.

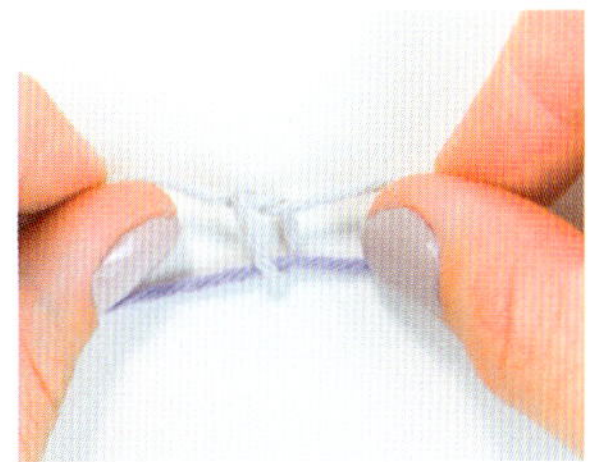

Schritt 3: Danach nimmst du dir den anderen Faden und verknotest ihn auf der anderen Seite.

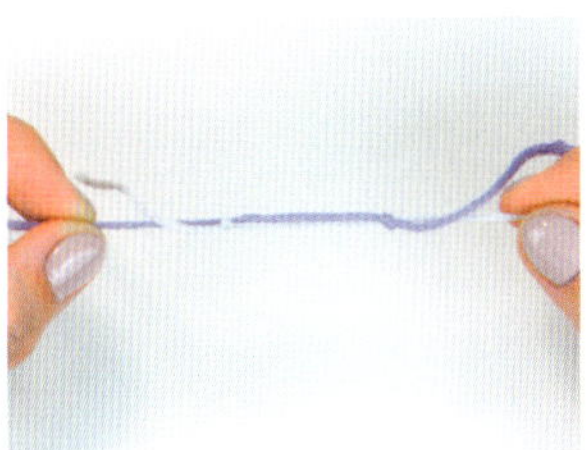

Schritt 4: Anschließend ziehst du an beiden Fäden...

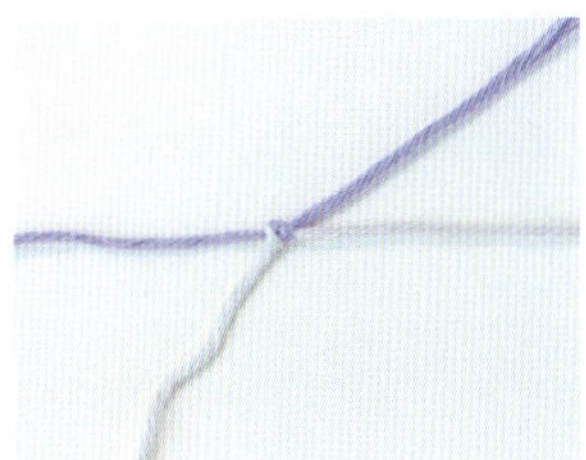

Schritt 5: ... sodass beide Knoten zueinander gezogen werden.

Falls du ein Video zur Hilfe beim Häkeln lernen brauchst, scanne einfach diesen Code:

Zwei Teile verbinden

Oft muss man mehrere Teile miteinander verbinden. Dafür braucht man eine Wollnadel und ein Stück Faden. Der Faden sollte etwas länger sein, als die Teile, die man miteinander verbindet.

Grannies verbinden

Wenn man gleiche Grannies verbindet, hat man bei allen das gleiche Maschenmuster. Man hat also gleich viele Maschen auf jeder Seite.

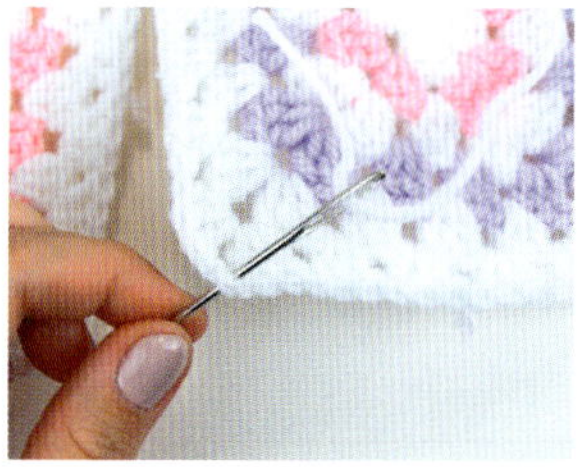

Schritt 1: Stich mit der Wollnadel durch die Masche in der Ecke vom rechten Granny.

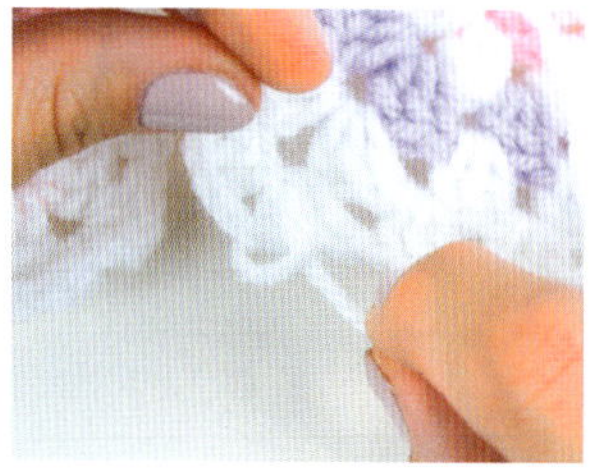

Schritt 2: Den Faden dort mit einem Doppelknoten befestigen.

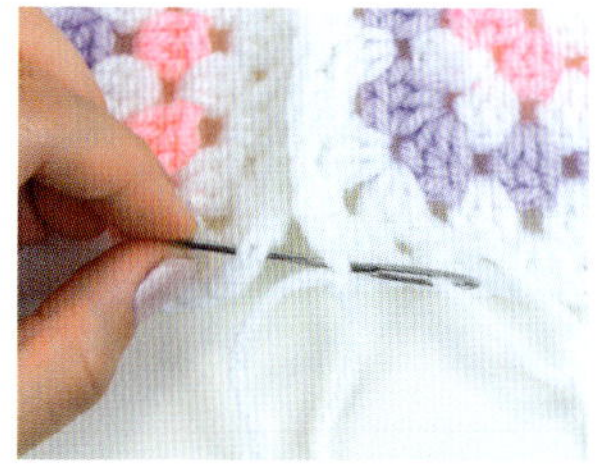

Schritt 3: Gehe mit der Wollnadel nochmal durch die gleiche Masche, und beim anderen Granny durch die gegenüberliegende Masche.

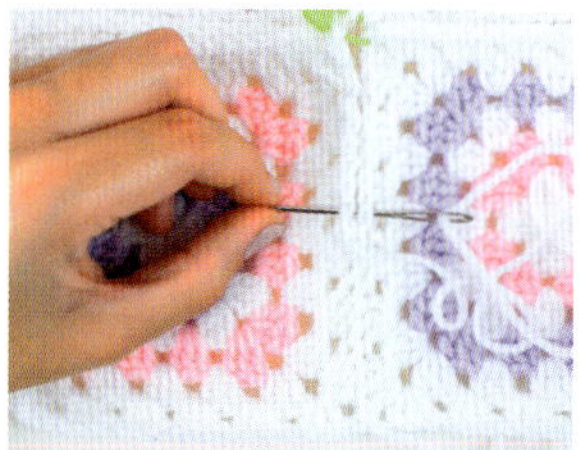

Schritt 4: Jetzt den Faden immer von rechts nach links durch die Maschen beider Grannies ziehen.

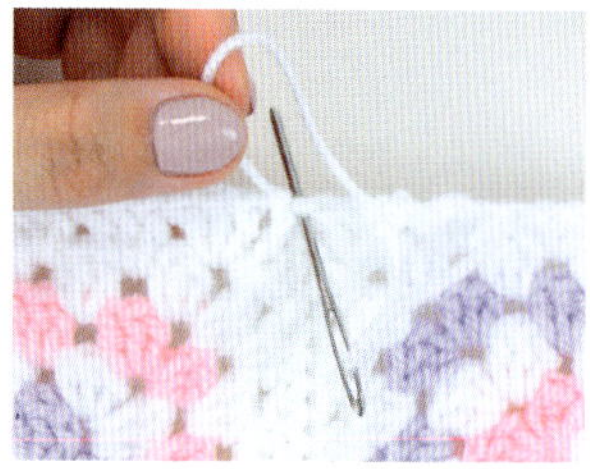

Schritt 5: Zum Schluss die Wollnadel nochmal durch die letzte Masche auf der rechten Seite ziehen ...

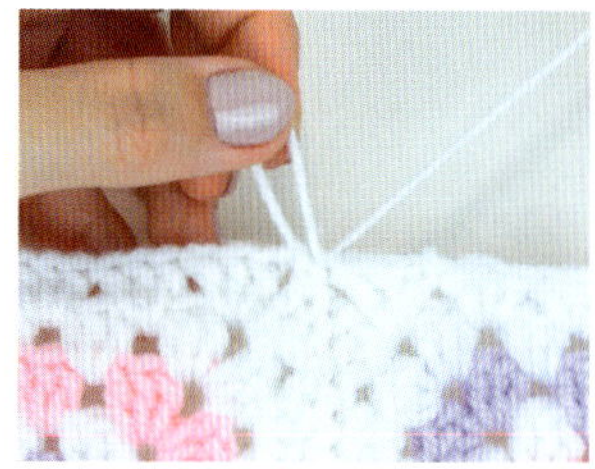

Schritt 6: ... dabei den Faden aber festhalten und nicht komplett durchziehen, sodass eine Schlaufe entsteht.

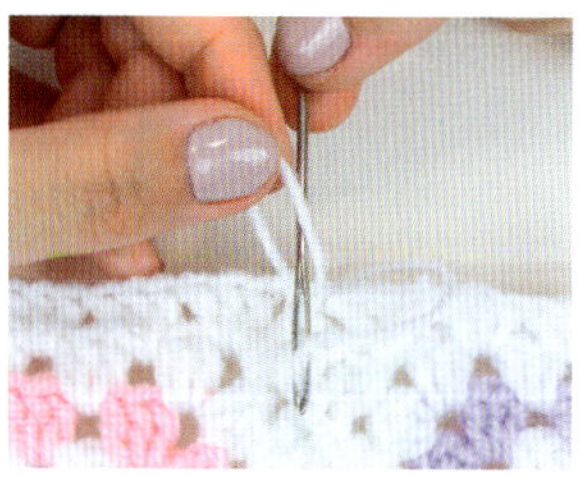

Schritt 7: Durch diese Schlaufe die Wollnadel ziehen ...

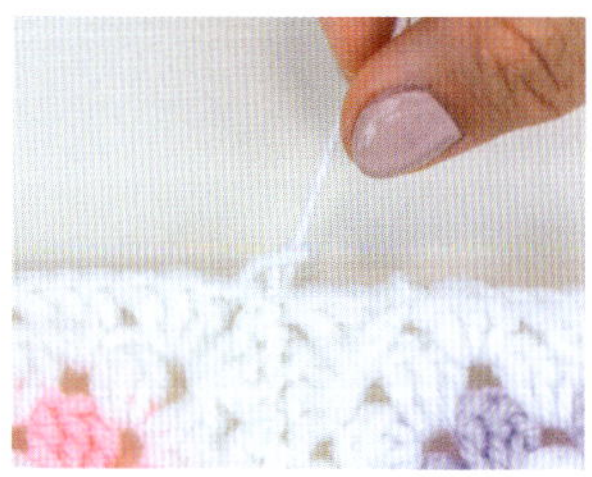

Schritt 8: ... und alles festziehen.

Falls du ein Video zur Hilfe beim Häkeln lernen brauchst, scanne einfach diesen Code:

Ungleiche Teile verbinden

Wenn man zwei Teile miteinander verbindet, ist das Maschenmuster nicht immer gleich. Man hat also nicht die gleiche Anzahl an Maschen, und so muss man auch bei einem Teil mal öfter durch eine Masche gehen.

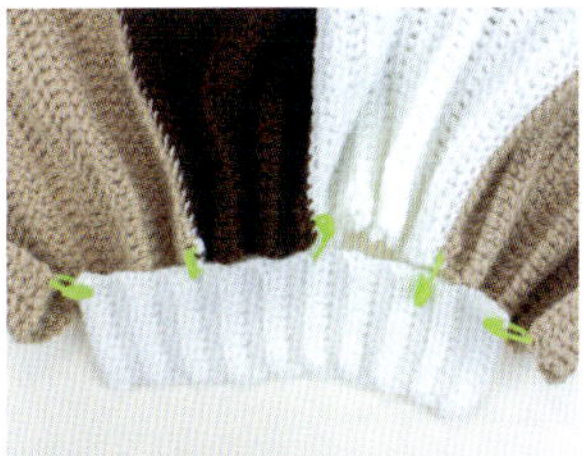

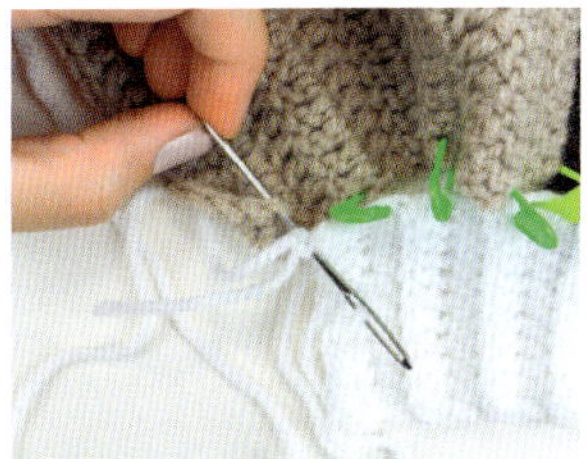

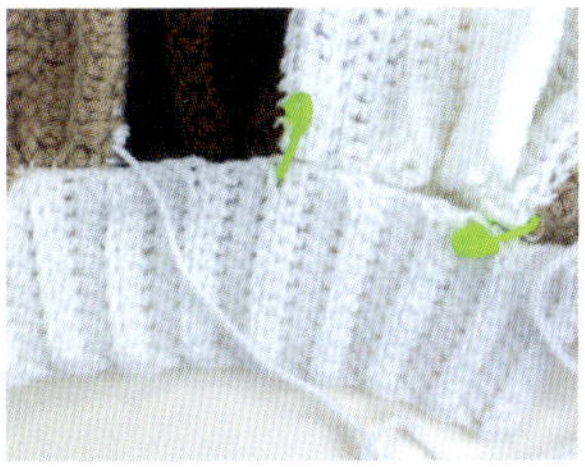

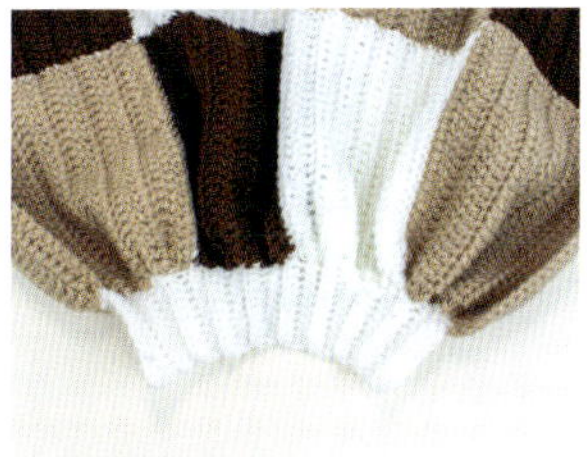

Beispiel Ärmelbund: Der Bund ist enger als der Ärmel. Deswegen muss man beim Bund auch öfter mal durch dieselbe Masche gehen, während man bei den Grannies immer nur 1-mal durch jede Masche geht.

WANN BENUTZT MAN WELCHES GARN?

Welche Garnart du benutzt, hängt davon ab, was du häkeln möchtest.

Wollgarn

Es gibt verschiedene Wollarten, wie zum Beispiel Baumwolle oder Merinowolle.

Wolle ist strapazierfähig und angenehm zu tragen. Damit eignet sie sich besonders gut für zum Beispiel Socken oder Babykleidung.

Synthetikgarn

Es gibt verschiedene Synthetikgarne, wie zum Beispiel Polyacryl oder Polyester.

Synthetikgarne sind oft dehnbarer und leichter als Wollgarne. Damit eignen sie sich besonders gut für größere Kleidungsstücke, wie zum Beispiel Cardigans oder Kleider.

Hinweis: Es gibt auch Mischgarne. Diese bestehen dann aus einer Kombination aus zum Beispiel Woll- und Synthetikgarnen.

**KLEINER FUNFACT:
LEONIE IST 17 MINUTEN ÄLTER ALS SOPHIE – SIE KAM SPONTAN ZUR WELT UND SOPHIE PER KAISERSCHNITT.**

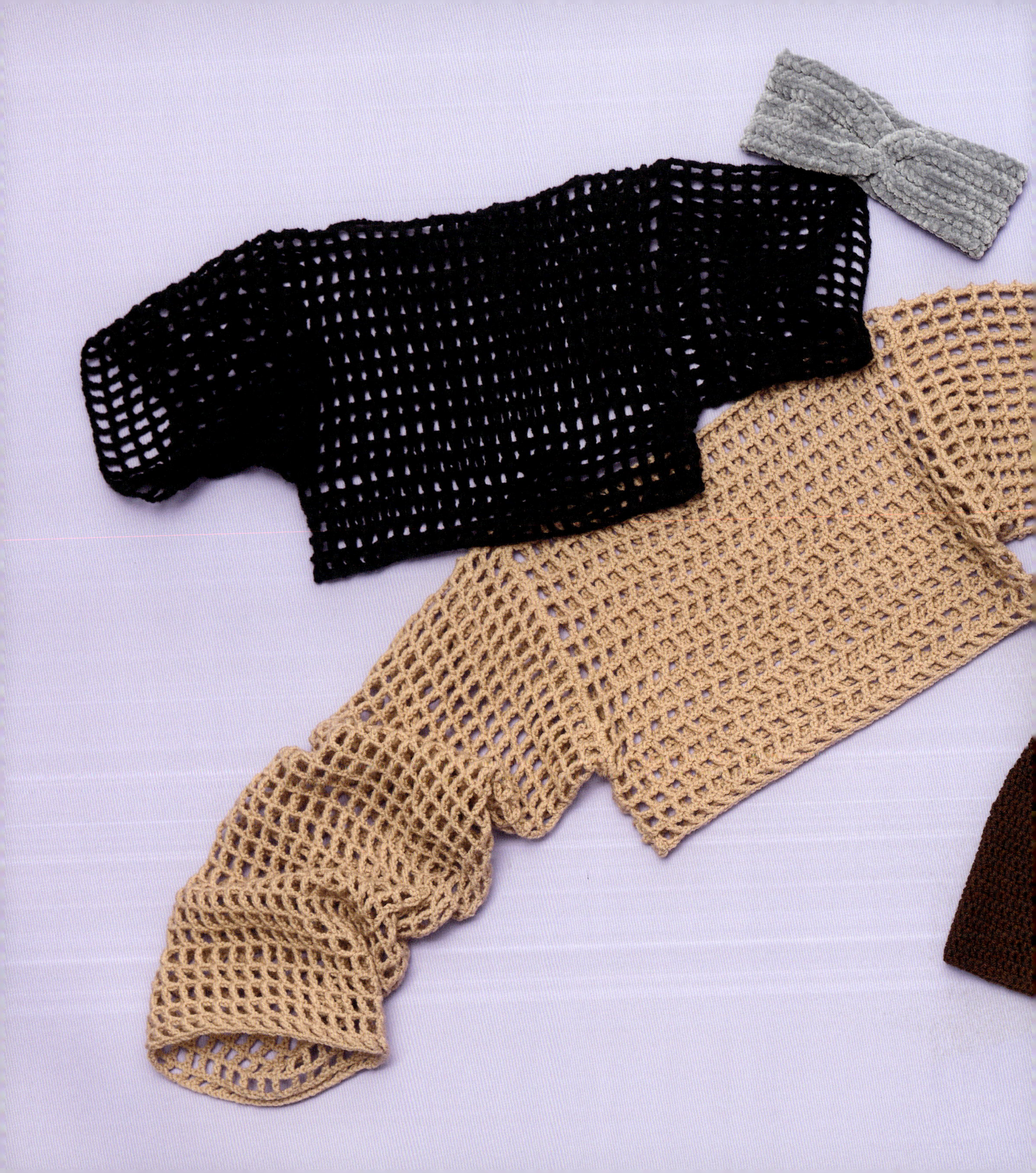

EINFACHE MODELLE

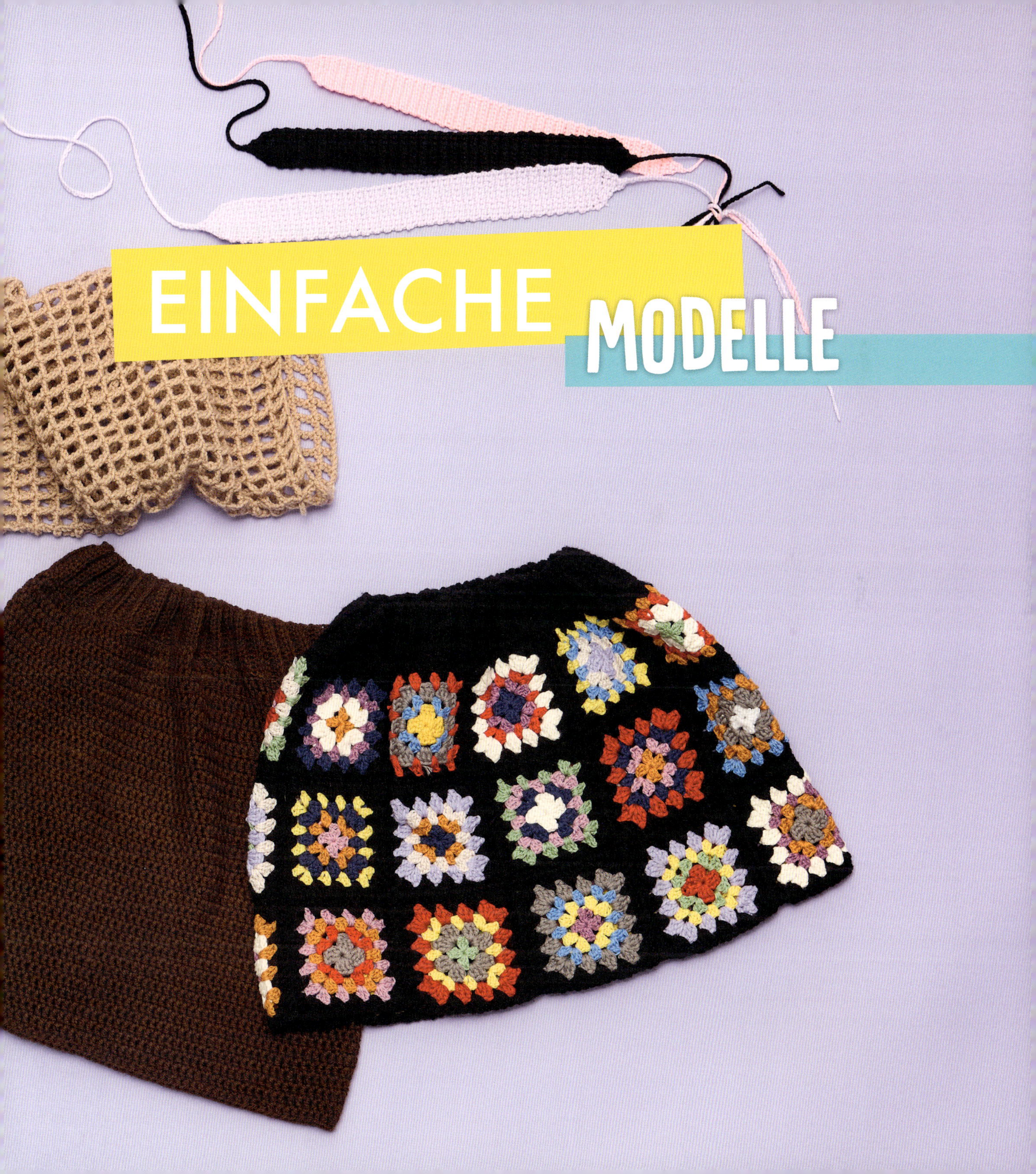

BEI DIESEM STIRNBAND WERDEN WIR IMMER GEFRAGT OB ES GESTRICKT IST. DURCH DIE HÄKELTECHNIK SIEHT ES NICHT NUR AUS WIE GESTRICKT, SONDERN ES IST AUCH DEHNBAR.

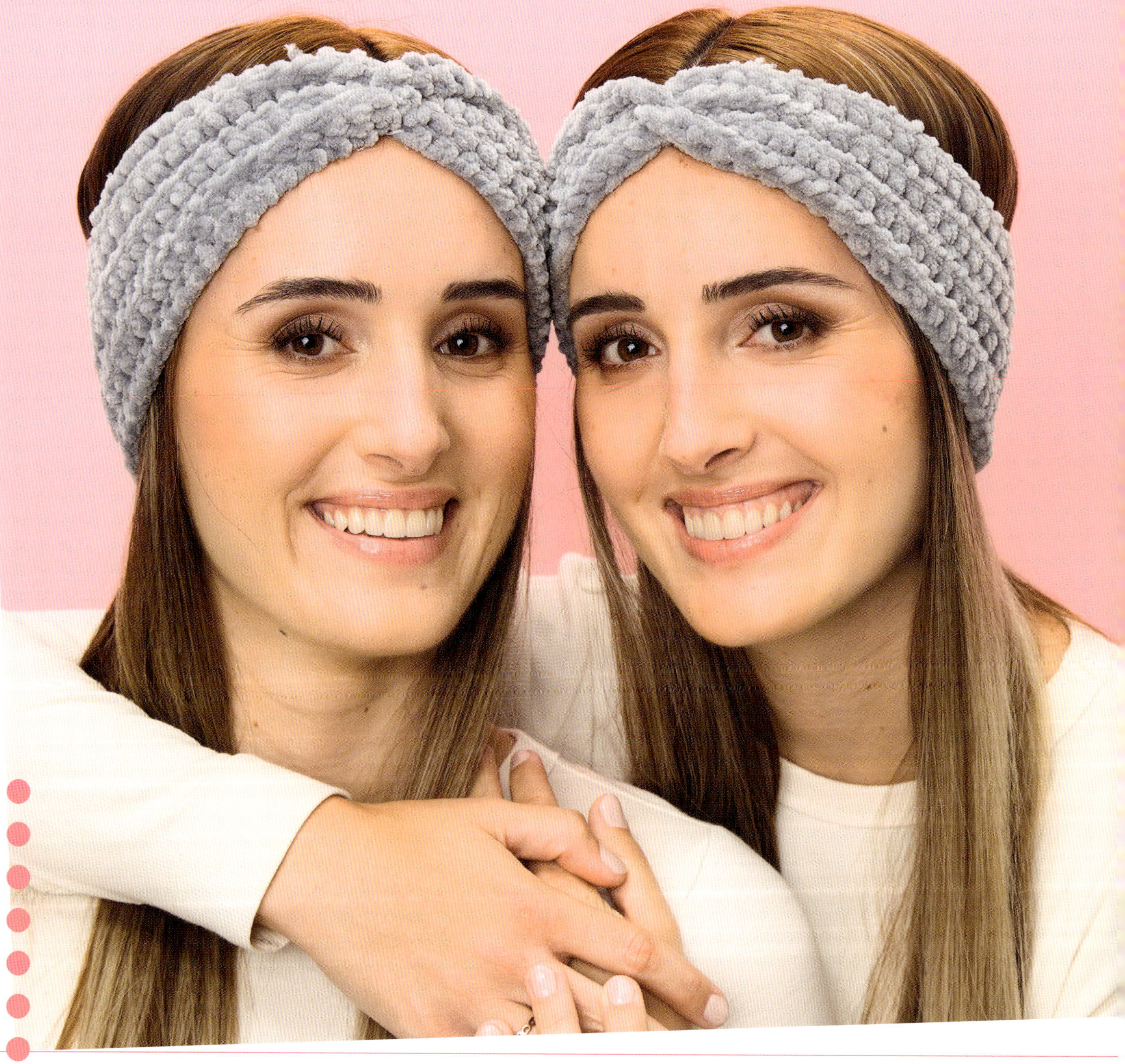

STIRNBAND

Größe

One Size

Benötigtes Material

- Chenille-Garn (100% Polyester; 120m/100g) in Grau 50g
- Häkelnadel 6,0 mm
- Wollnadel

Für das verwendete Garn ist eine Häkelnadel der Stärke 5,0-6,0 mm empfohlen.

Wir haben hier folgende Wolle benutzt:
Gründl Funny uni in Grau

Anleitung

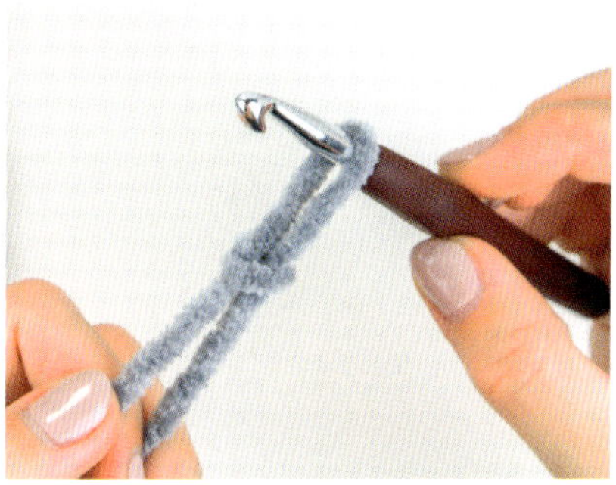

Schritt 1: Mache eine Anfangsschlaufe und häkle 59 Luftmaschen und 1 Wendeluftmasche (= insgesamt 60 Luftmaschen). Das ist die Länge des Stirnbandes.

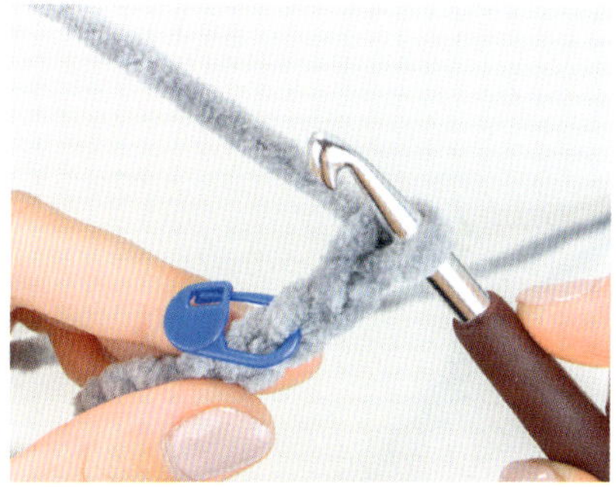

Schritt 2: Überspringe die 1. Masche (Wendeluftmasche) und häkle in die 2. Masche 1 halbes Stäbchen nur ins hintere Maschenglied (Auf dem Bild mit einem blauen Maschenmarkierer markiert).

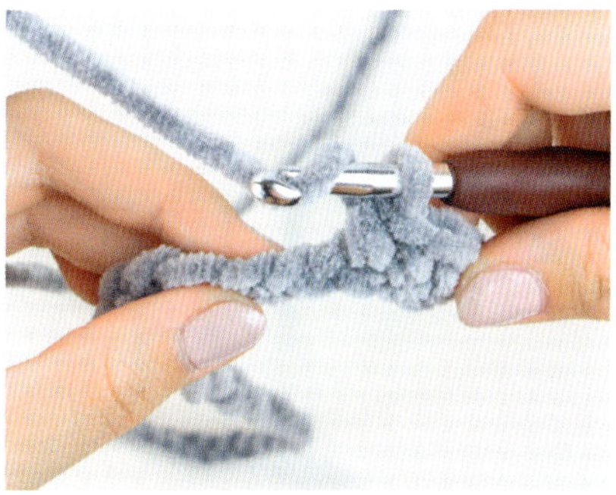

Schritt 3: Häkle 1 halbes Stäbchen ins hintere Maschenglied jeder weiteren Masche (= insgesamt 59 halbe Stäbchen).

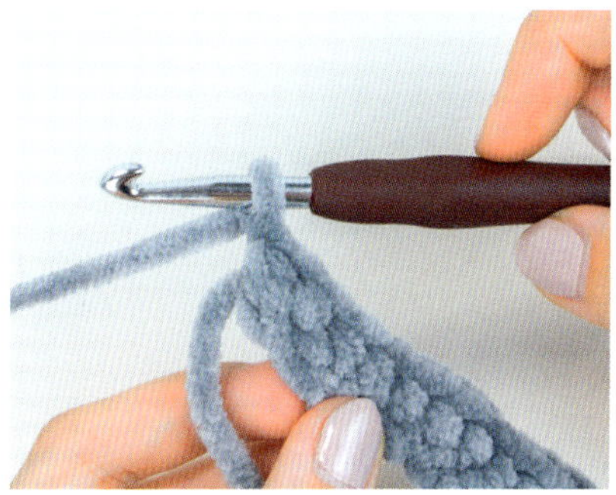

Schritt 4: Am Ende der Reihe häkelst du 1 Wendeluftmasche und drehst deine Arbeit, sodass du immer von rechts nach links häkelst.

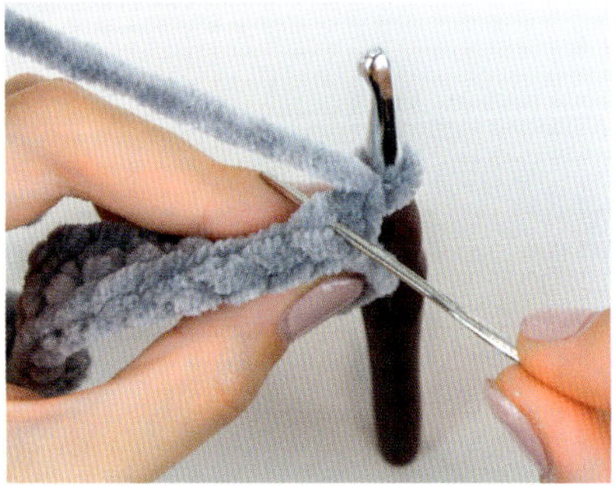

Schritt 5: Wiederhole Schritt 2-4 noch 7-mal (= insgesamt 9 Reihen).

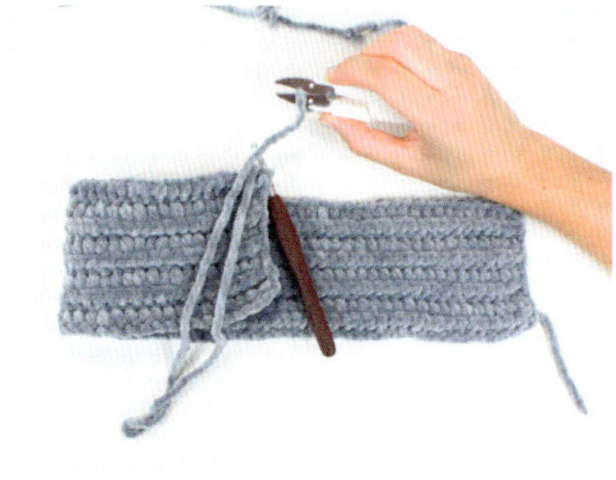

Schritt 6: Schneide den Faden ca. 35 cm lang ab.

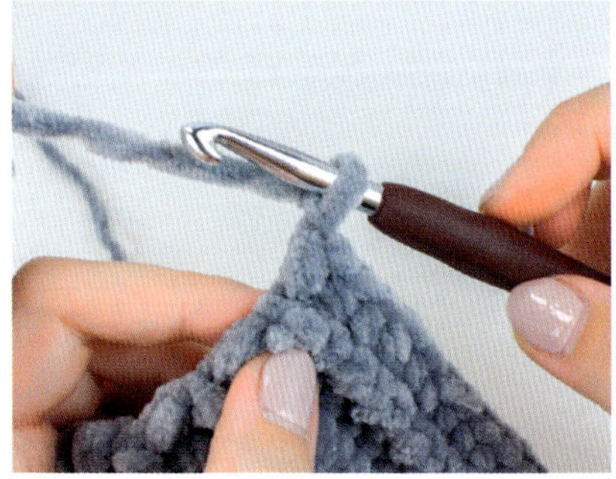

Schritt 7: Nun ziehst du den Faden durch.

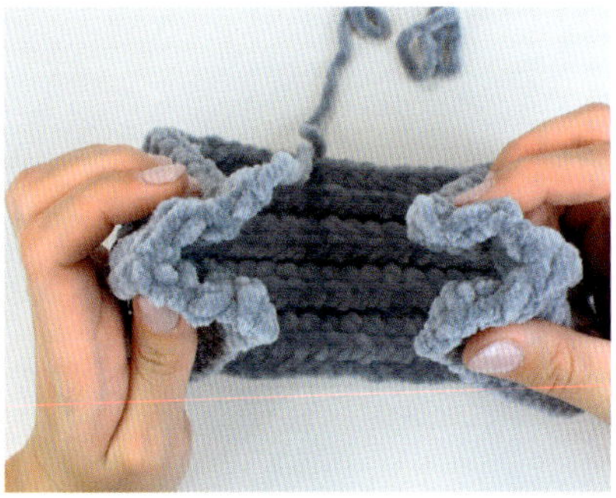

Schritt 8: Jetzt nimmst du die beiden seitlichen Enden des Stirnbands, faltest sie zusammen ...

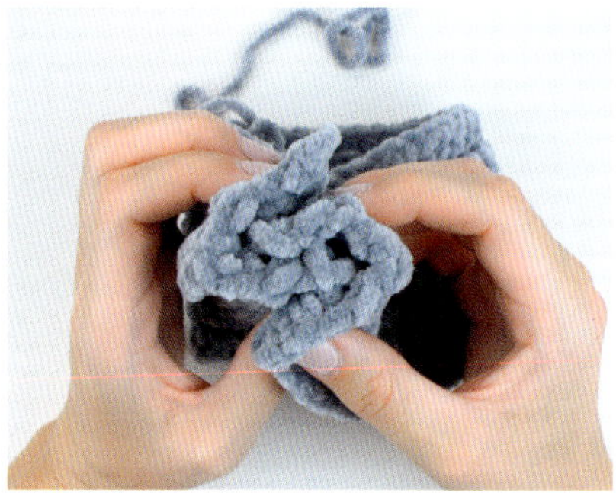

Schritt 9: ... und legst sie ineinander.

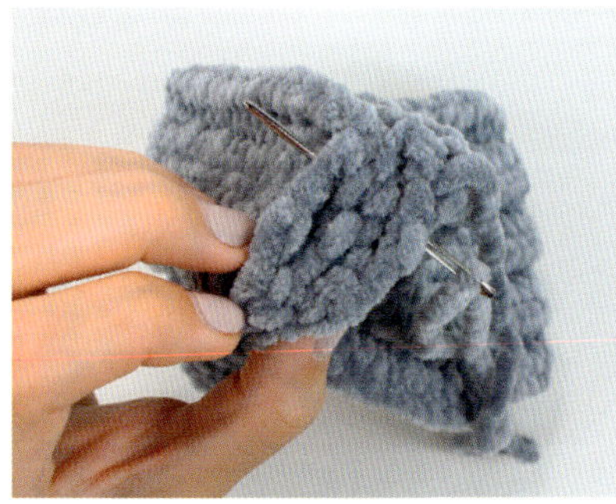

Schritt 10: Zum Schluss fädelst du das lang abgeschnittene Fadenende in die Wollnadel und nähst damit die Enden zusammen. Pass dabei auf, dass du immer durch alle vier Lagen stichst.

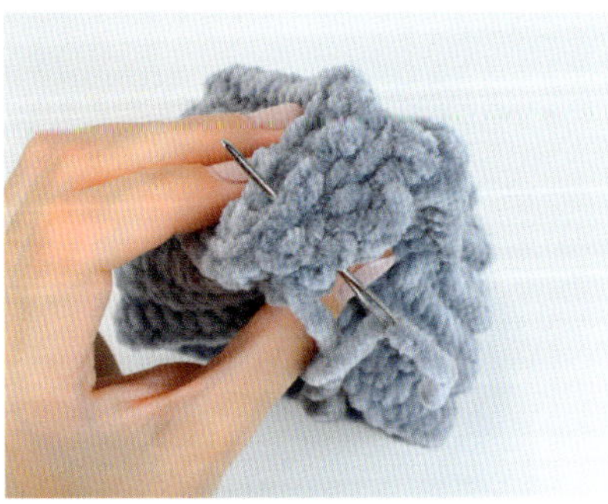

Schritt 11: Wenn du am anderen Ende angekommen bist, näh nochmal alles zurück.

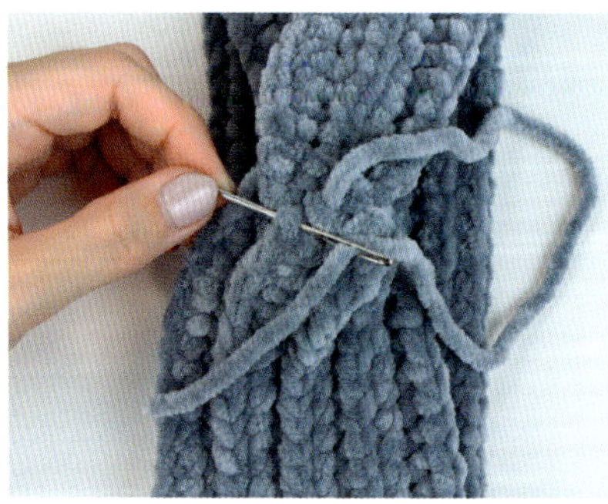

Schritt 12: Um den Faden zu befestigen stichst du jetzt in eine Masche ein, ziehst den Faden aber nicht komplett durch ...

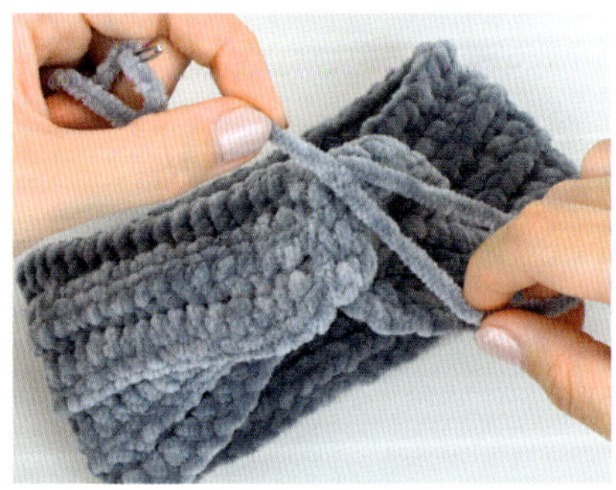

Schritt 13: ... sondern hältst ihn fest, sodass sich eine Schlaufe bildet.

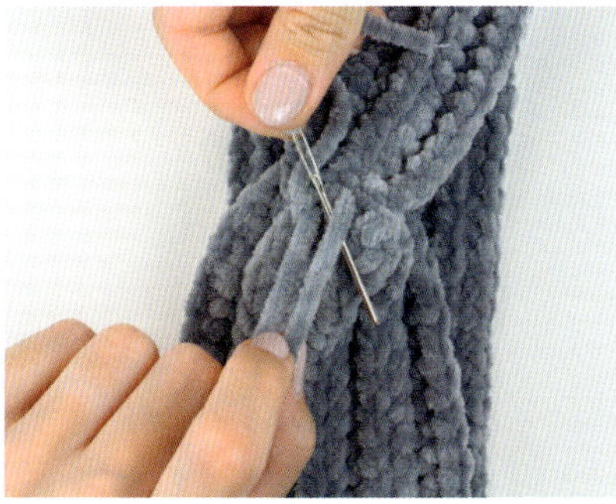

Schritt 14: Durch diese Schlaufe stichst du jetzt die Wollnadel, ziehst alles fest und verwebst den restlichen Faden.

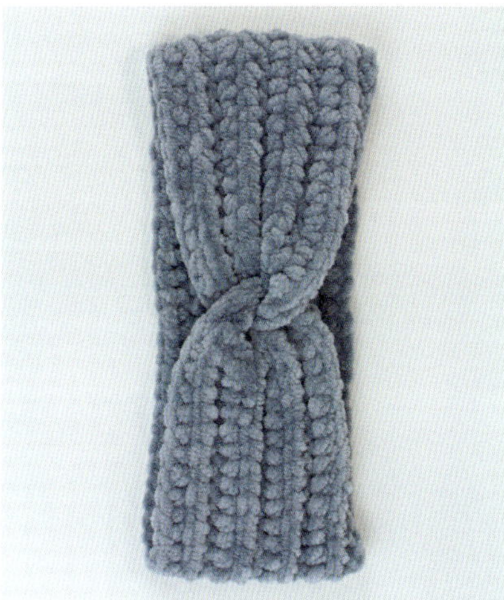

Schritt 15: Das Stirnband auf rechts drehen und fertig.

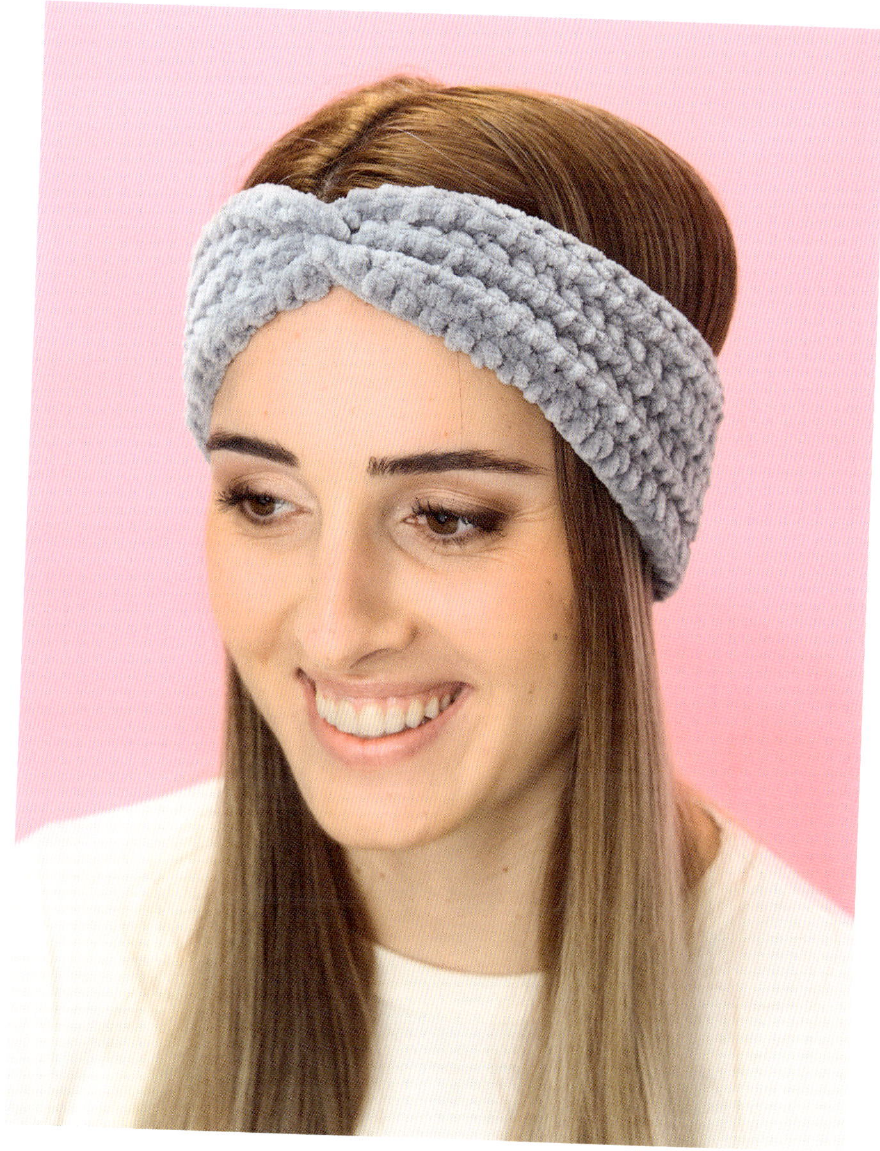

Falls du ein Video zur Hilfe beim Stirnband brauchst, scanne einfach diesen Code:

DIESE OBERTEILE HABEN WIR AUF SOCIAL MEDIA SCHON ÖFTERS GESEHEN. WIR FANDEN DIE IMMER TOTAL SCHÖN, ABER HABEN NIE EINS GEFUNDEN WELCHES UNS VOM SCHNITT HER GEFÄLLT. ALSO HABEN WIR ES UNS EINFACH SELBST GEHÄKELT.

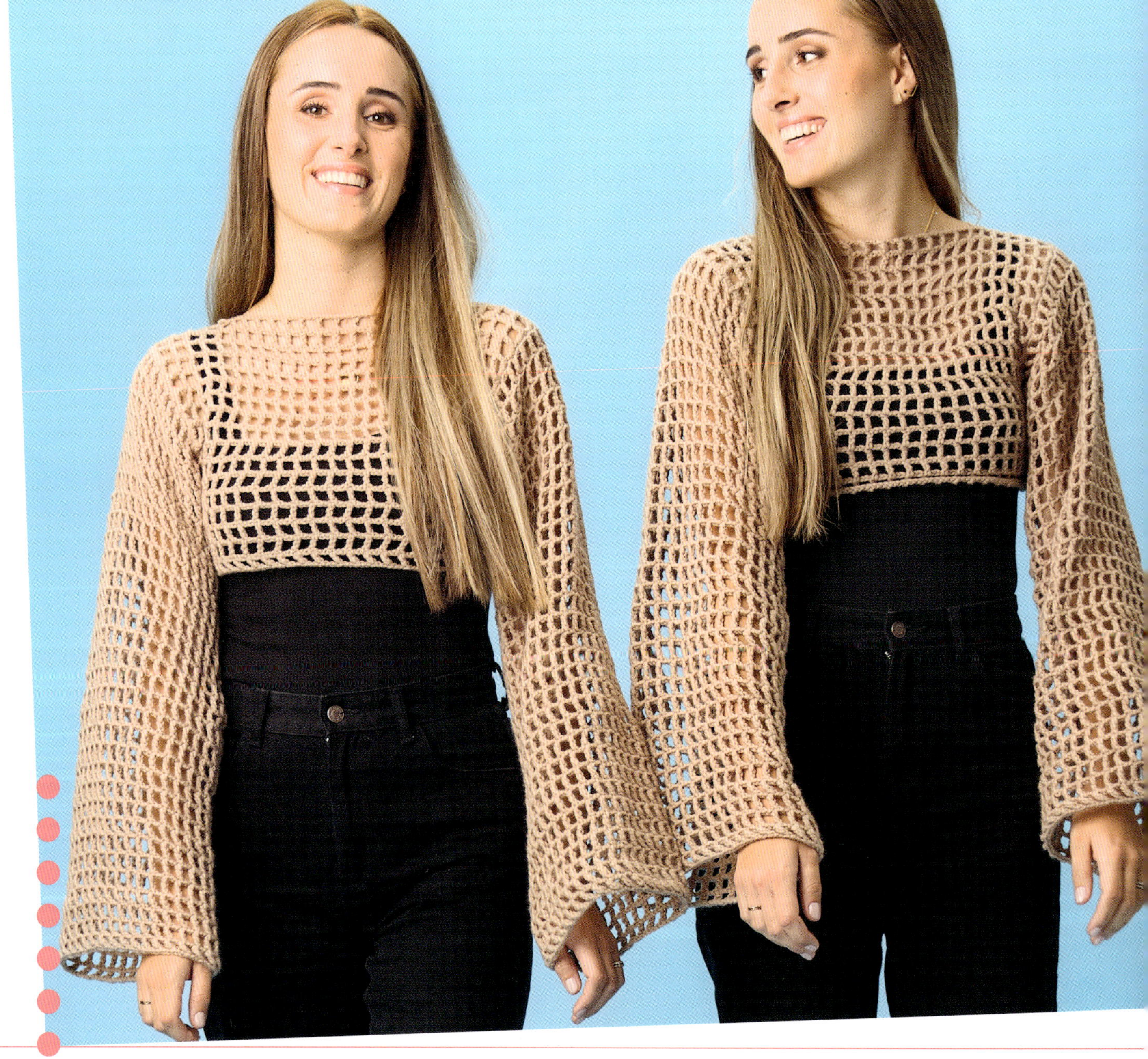

OBERTEIL MIT LOCHMUSTER

Diese Anleitung ist für ein Oberteil in der Größe XS-S geschrieben. Wenn du die Größe M-L häkeln möchtest, häkelst du mehr doppelte Stäbchen und Reihen.

Größe

XS-S, M-L

Benötigtes Material

- Wollmischgarn (51% Polyacryl, 49% Wolle; LL 240 m/100 g) in Beige
- Größe XS-S: 260 g
- Größe M-L: 340 g
- Häkelnadel 4,5 mm
- Wollnadel

Für das verwendete Garn ist eine Häkelnadel der Stärke 3,0-4,5 mm empfohlen.

Wir haben hier folgende Wolle benutzt:
Alize Lanagold Classic in Beige

Wie häkle ich Größe M-L?
Bei Vorder- und Rückteil häkelst du 6 doppelte Stäbchen pro Reihe mehr. Außerdem häkelst du drei Reihen mehr.

Notiz an mich:
So viele doppelte Stäbchen habe ich pro Reihe gehäkelt:
So viele Reihen habe ich gehäkelt:

Anleitung

Vorder- und Rückseite

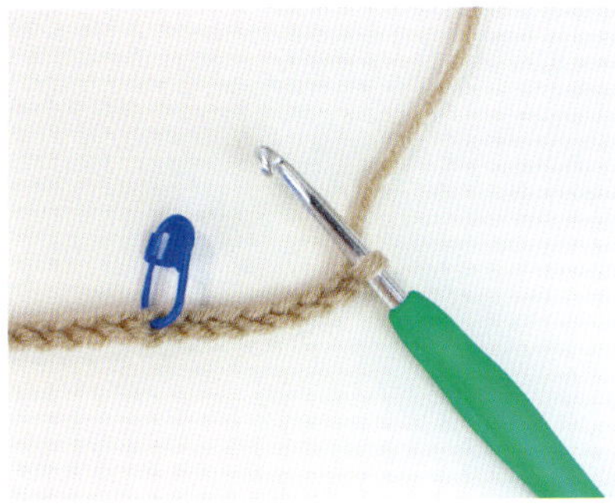

Schritt 1: Mache eine Anfangsschlaufe und häkle 78 (bzw. 96) Luftmaschen. Markiere die 70. (bzw. 88.) Luftmasche (Auf dem Bild mit einem blauen Maschenmarkierer markiert).

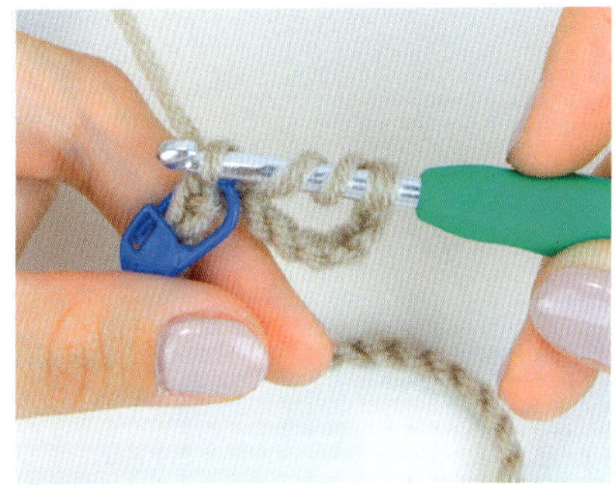

Schritt 2: In diese Masche kommt 1 doppeltes Stäbchen.

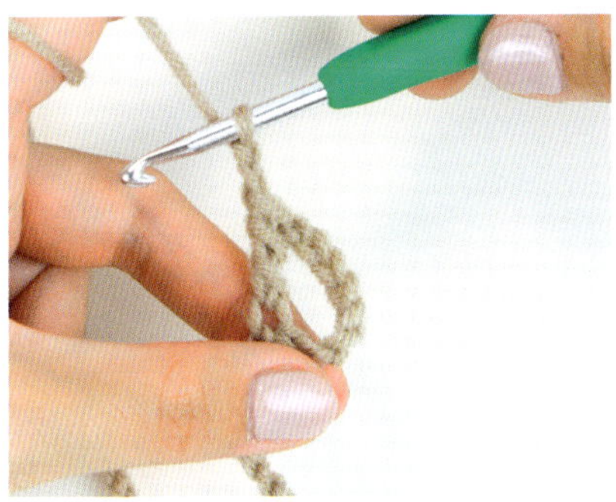

Schritt 3: Häkle 2 Luftmaschen.

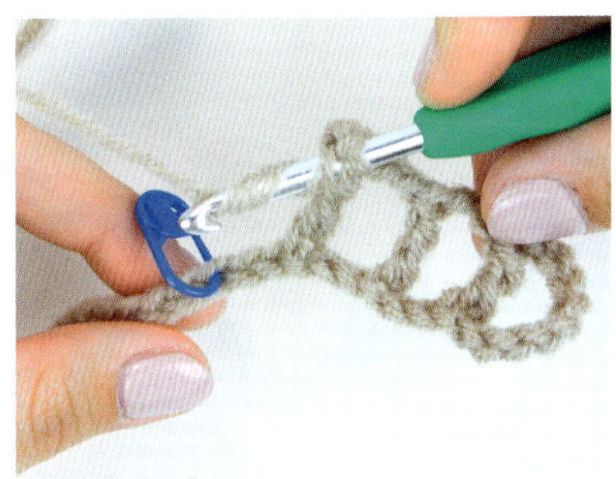

Schritt 4: Überspringe 2 Maschen aus der vorherigen Reihe und häkle 1 doppeltes Stäbchen...

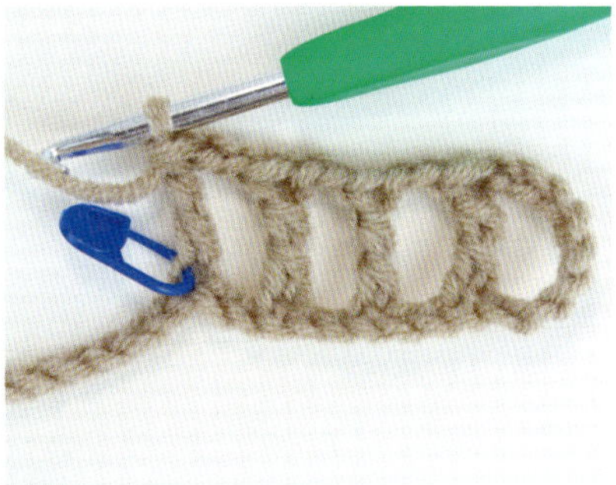

Schritt 5: ... in die 3. Masche.

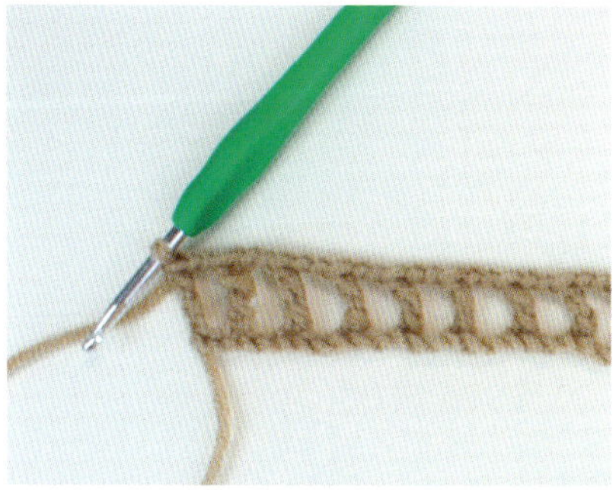

Schritt 6: Wiederhole Schritt 3-5 noch 22-mal (bzw. 28-mal) (= insgesamt 24 (bzw. 30) doppelte Stäbchen + Luftmaschenkette vom Anfang der Reihe). So breit wird das Oberteil sein.

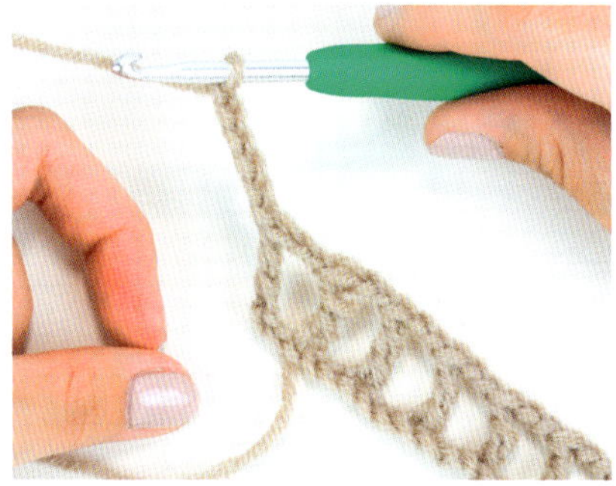

Schritt 7: Am Ende einer Reihe häkelst du 6 Luftmaschen und drehst die Arbeit, sodass du immer von rechts nach links häkelst.

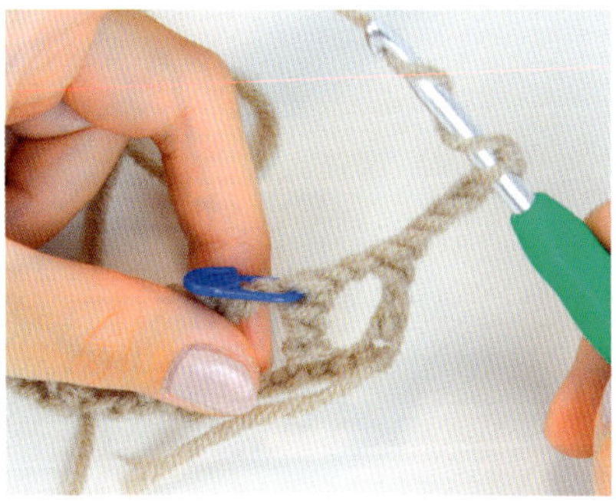

Schritt 8: Häkle 1 doppeltes Stäbchen in das 1. doppelte Stäbchen aus der Vorreihe (Auf dem Bild mit einem blauen Maschenmarkierer markiert).

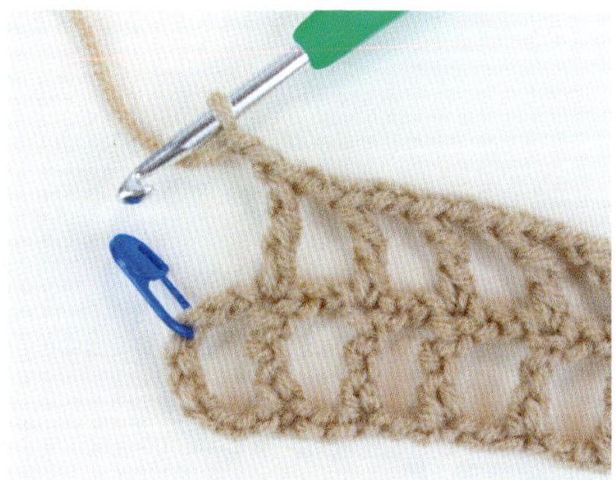

Schritt 9: Wiederhole Schritt 3-5 noch 23 (bzw. 29)-mal (= insgesamt 24 (bzw. 30) doppelte Stäbchen + Luftmaschenkette vom Anfang der Reihe). Beim letzten doppelten Stäbchen stichst du in die Luftmaschenkette der Vorreihe ein (Auf dem Bild mit einem blauen Maschenmarkierer markiert).

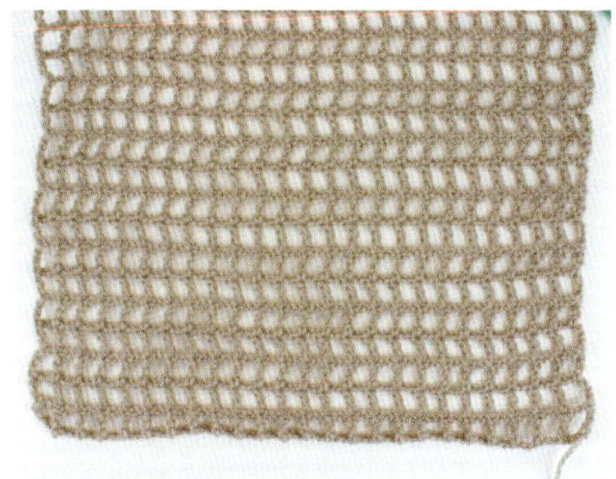

Schritt 10: Wiederhole Schritt 7-9 noch 15 (bzw. 18) mal (= insgesamt 18 (bzw. 21) Reihen). So lang wird das Oberteil sein.

Tipp: Halte dir das gehäkelte Stück zwischendurch mal an, so siehst du, ob es dir später breit und lang genug ist.

Falls du ein Video zur Hilfe beim Oberteil brauchst, scanne einfach diesen Code:

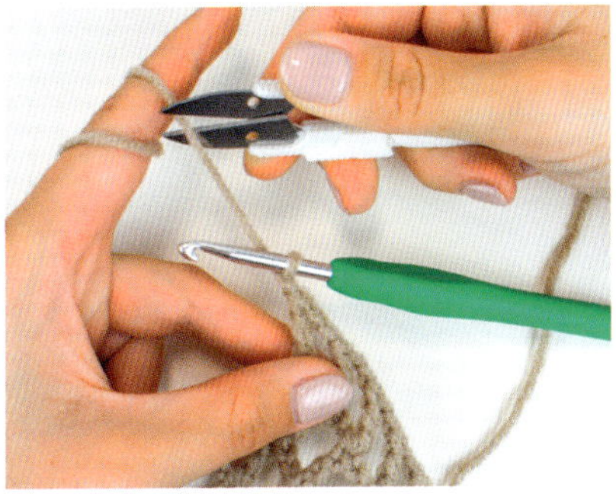

Schritt 11: Bevor du den Faden abschneidest häkle noch 1 Luftmasche.

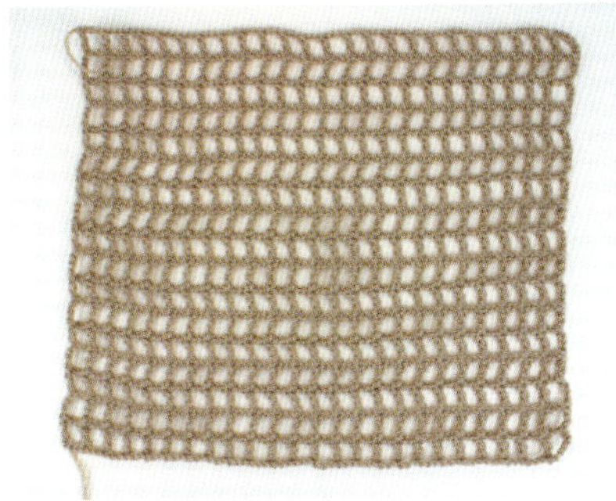

Schritt 12: Zieh den Faden durch und fertig ist das erste Teil. Häkle dieses Teil noch ein zweites Mal, dies werden deine Vorder- und Rückseite vom Oberteil.

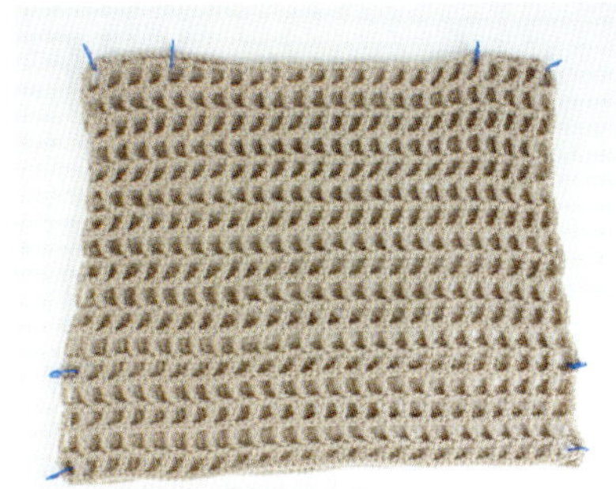

Schritt 13: Lege beide Teile aufeinander und verbinde sie so miteinander, dass an den Seiten jeweils eine Öffnung für den Ärmel ist, und oben eine Öffnung für den Hals. Dafür verbindest du sowohl an den Seiten als auch an den Schultern jeweils 5 Freiräume miteinander.

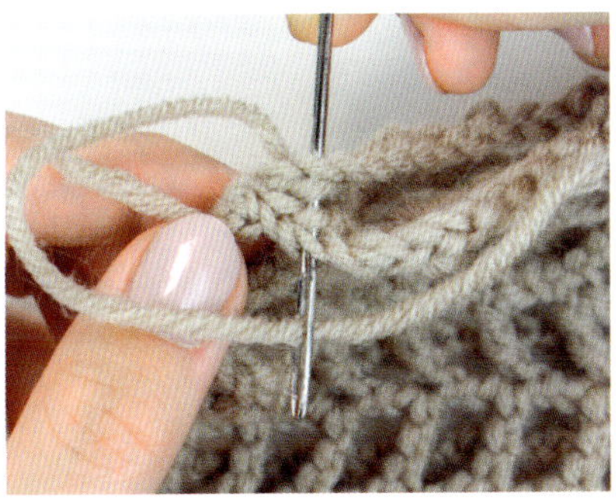

Schritt 14: Zum Verbinden nimmst du eine Wollnadel und jeweils ein langes Stück Faden.

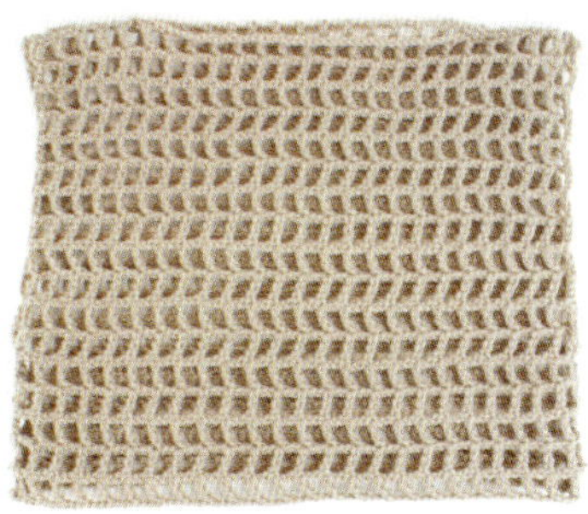

Schritt 15: Wenn du fertig mit dem Verbinden bist, drehst du das Teil auf rechts.

Tipp: Wenn du deinen Ärmel enger oder weiter haben möchtest, verbinde mehr oder weniger Reihen an den Seiten miteinander. Entsprechend hast du dann weniger oder mehr Maschen für den Ärmel. Das gleiche gilt für den Halsausschnitt.

Ärmel

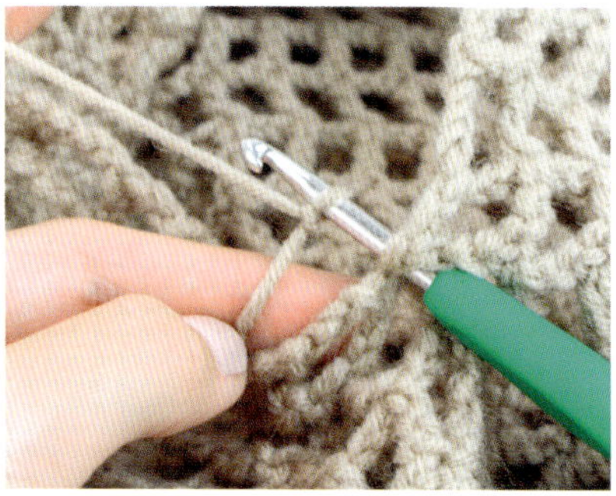

Schritt 16: Stich mit der Häkelnadel durch die Achsel und mache eine Anfangsschlaufe auf die Nadel.

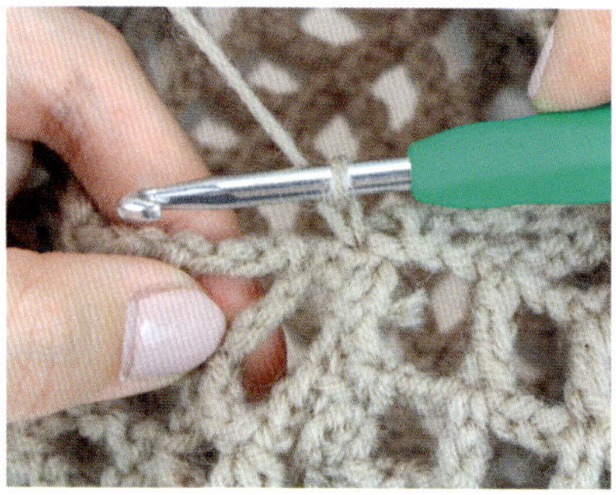

Schritt 17: Zieh sie durch und häkle 1 Luftmasche.

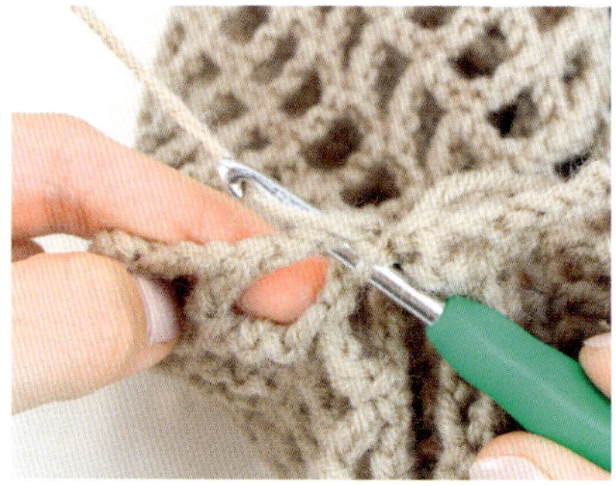

Schritt 18: Jetzt stichst du in den ersten Freiraum auf der linken Seite ein ...

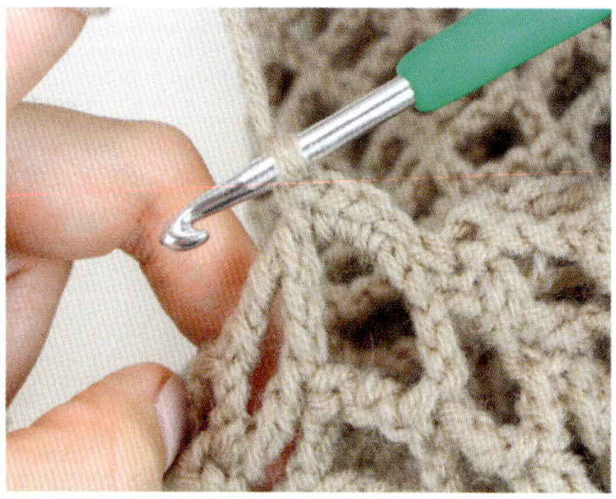

Schritt 19: ... und häkelst 4 feste Maschen hinein.

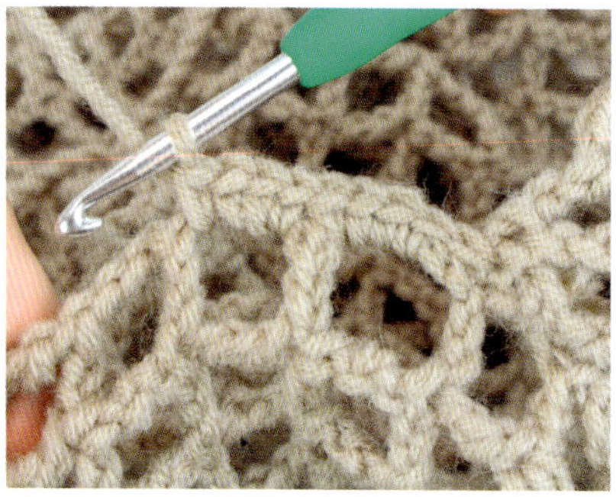

Schritt 20: Häkle in jeden Freiraum jeweils 4 feste Maschen (= insgesamt 96 (bzw. 120) feste Maschen).

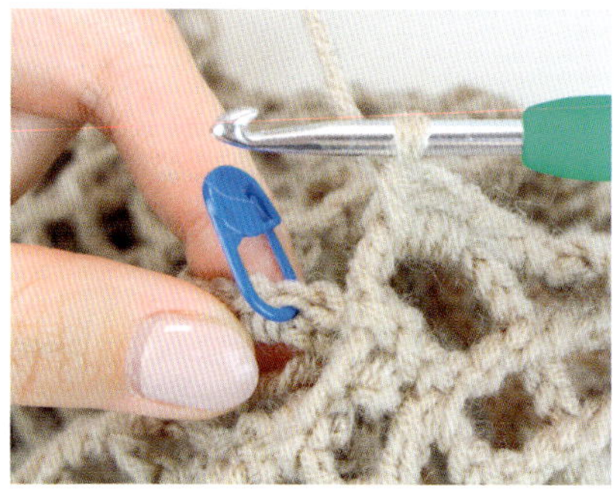

Schritt 21: Häkle 1 Kettmasche in die 1. feste Masche (Auf dem Bild mit einem blauen Maschenmarkierer markiert). Überspringe dafür die Luftmasche vom Anfang.

Falls du ein Video zur Hilfe beim Oberteil brauchst, scanne einfach diesen Code:

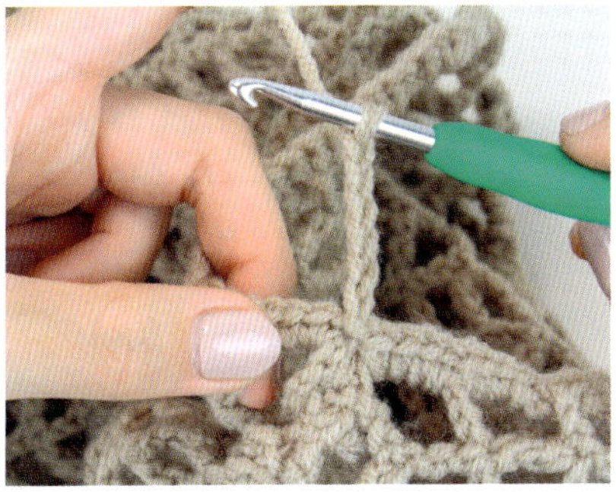

Schritt 22: Häkle 6 Luftmaschen.

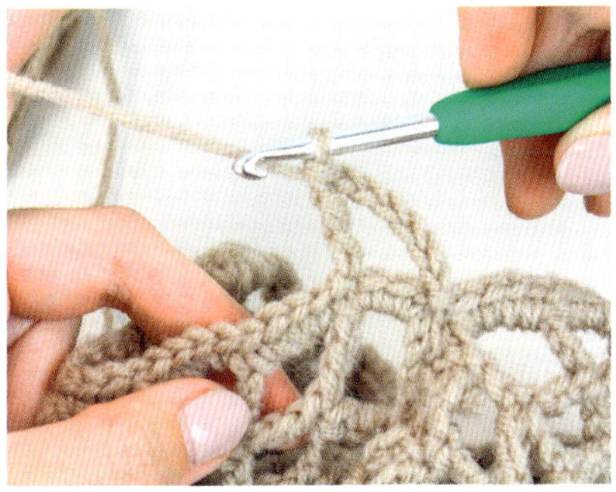

Schritt 23: Überspringe 2 Maschen und häkle 1 doppeltes Stäbchen in die 3. Masche.

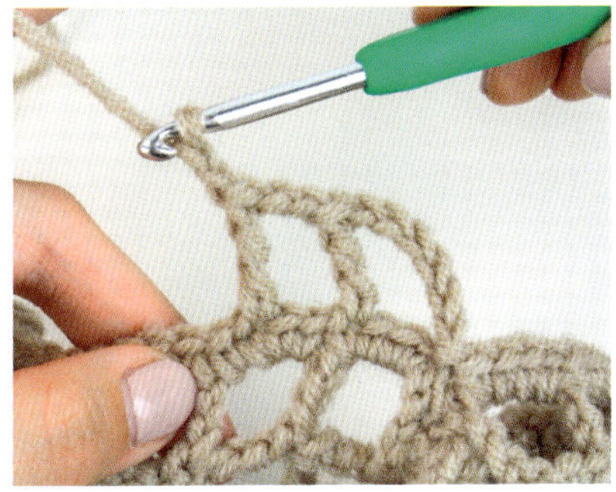

Schritt 24: Häkle 2 Luftmaschen.

Schritt 25: Wiederhole Schritt 23+24 noch 30-mal (bzw 38-mal) (= insgesamt 31 (bzw. 39) doppelte Stäbchen + Luftmaschenkette vom Anfang der Runde).

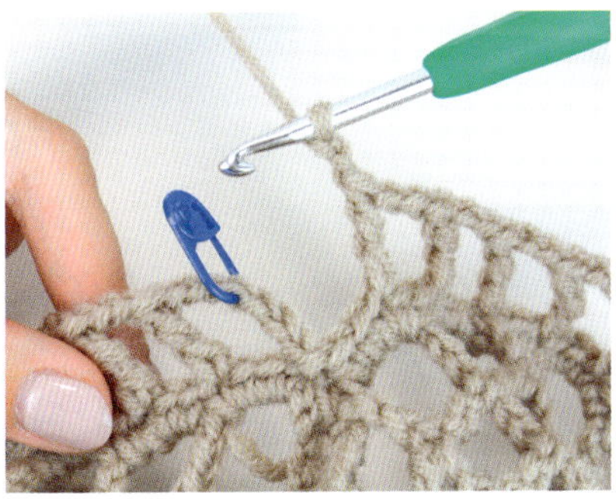

Schritt 26: Um die Runde zu schließen häkle 1 Kettmasche in die 4. Luftmasche vom Anfang (Auf dem Bild mit einem blauen Maschenmarkierer markiert).

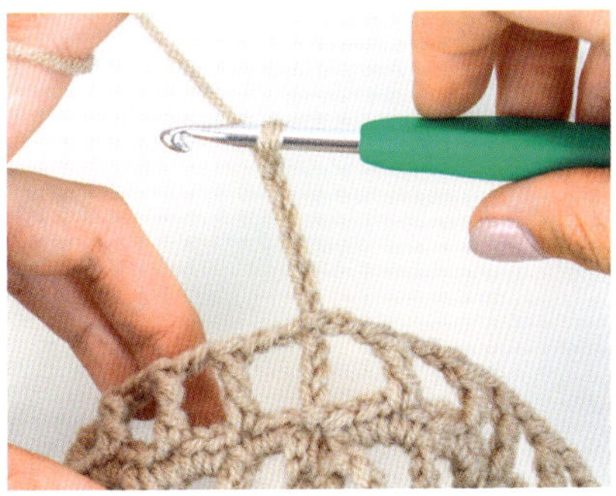

Schritt 27: Häkle 6 Luftmaschen am Anfang einer Runde.

Schritt 28: Häkle 1 doppeltes Stäbchen in das 1. doppelte Stäbchen aus der Vorrunde und häkle 2 Luftmaschen.

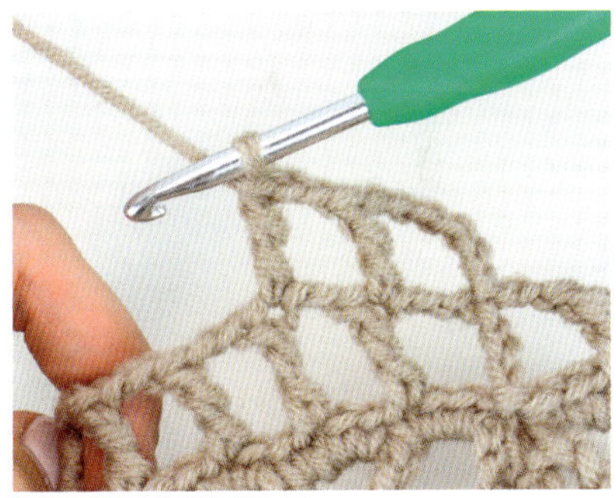

Schritt 29: Häkle 1 doppeltes Stäbchen in die 3. Masche.

Schritt 30: Häkle 2 Luftmaschen.

Schritt 31: Wiederhole Schritt 29+30 noch 29-mal (bzw. 37-mal) (= insgesamt 31 (bzw. 39) doppelte Stäbchen + Luftmaschenkette vom Anfang der Runde).

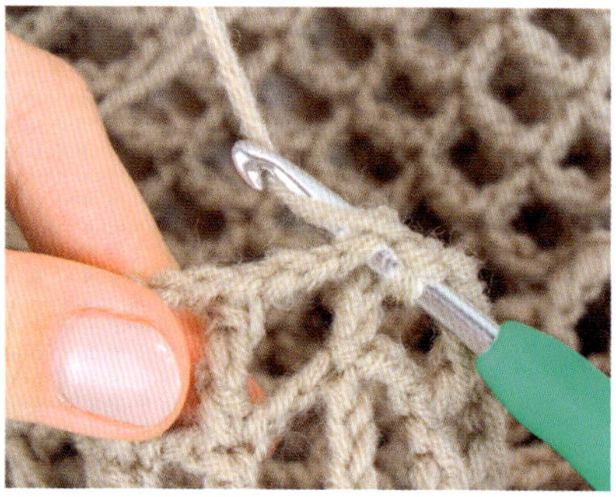

Schritt 32: Am Ende einer Runde häkelst du 1 Kettmasche in die 4. Luftmasche vom Anfang.

Schritt 33: Wiederhole Schritt 27-32 noch 30-mal (= insgesamt 33 Runden). So lang wird der Ärmel sein.

Tipp: Wenn dein Ärmel länger oder kürzer sein soll, häkle mehr oder weniger Runden.

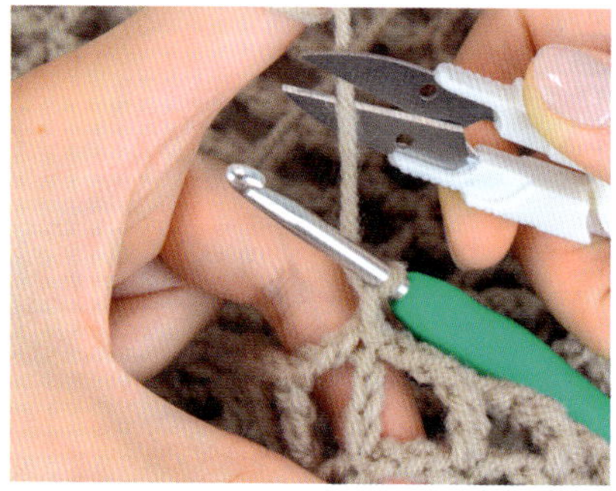

Schritt 34: Häkle 1 Luftmasche, schneide den Faden ab und zieh ihn durch.

Schritt 35: Jetzt fehlt nur noch der zweite Ärmel. Wiederhole dafür Schritt 16-34 auf der anderen Seite des Oberteils.

Schritt 36: Zum Schluss müssen nur noch die überstehenden Fadenenden mit einer Wollnadel verwebt werden, und fertig ist das Oberteil.

Tipp: Wenn du dieses Oberteil mit kurzen Ärmeln haben möchtest, hör bei den Ärmeln nach 11 Runden auf.

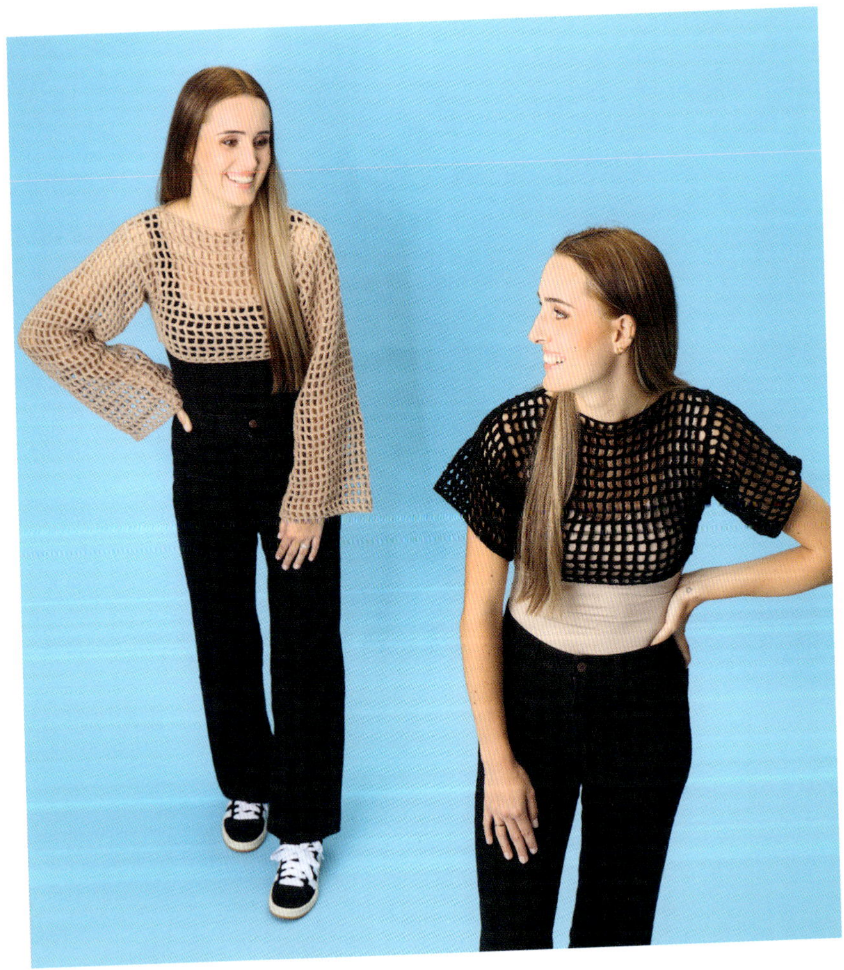

Deiner Kreativität sind beim Häkeln keine Grenzen gesetzt. Das Schöne daran ist, dass du selbst entscheiden kannst, wie deine Klamotten später aussehen und sitzen sollen.

Du kannst aus einem enganliegenden Teil ganz leicht ein oversized geschnittenes Teil machen, indem du mehr Maschen und Reihen häkelst.

Wir haben das Oberteil auch schon in mehreren Varianten gehäkelt, zum Beispiel mit kurzen Ärmeln und in anderen Farben.

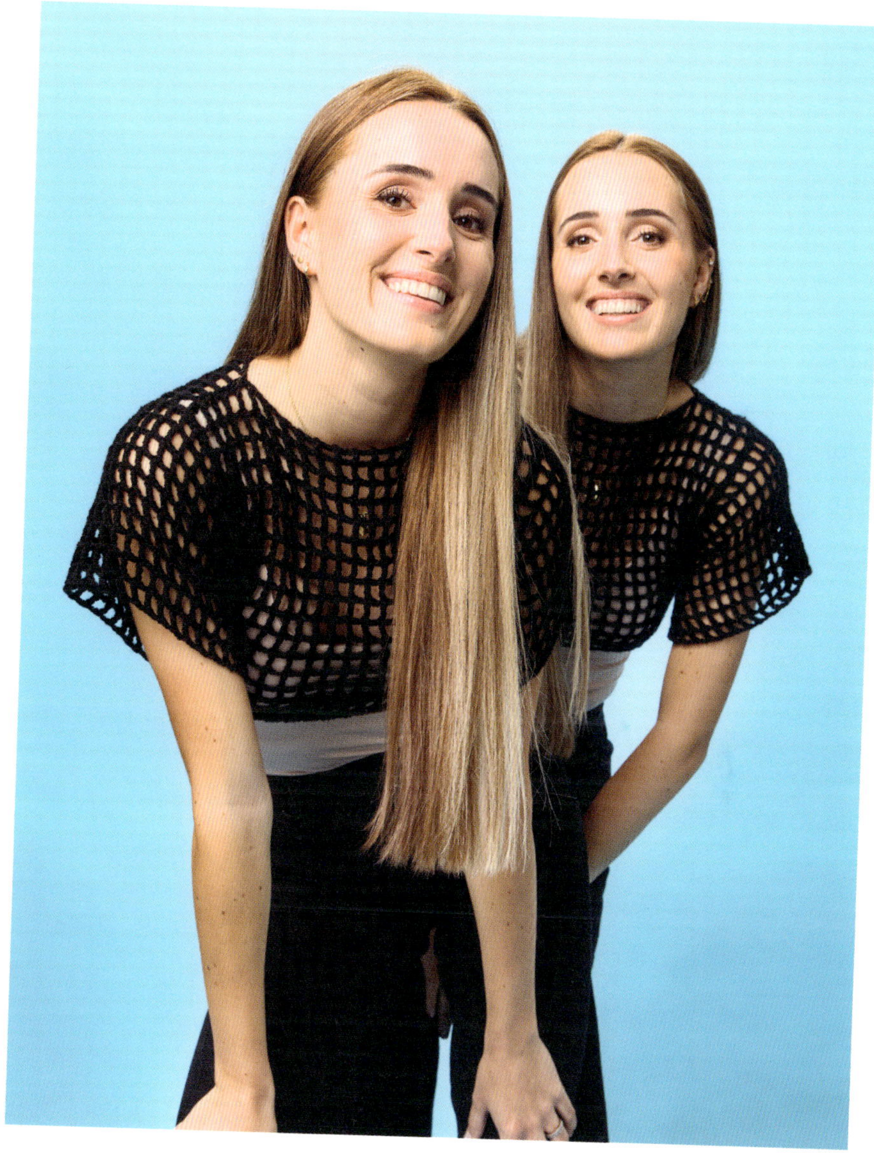

Falls du ein Video zur Hilfe beim Oberteil brauchst, scanne einfach diesen Code:

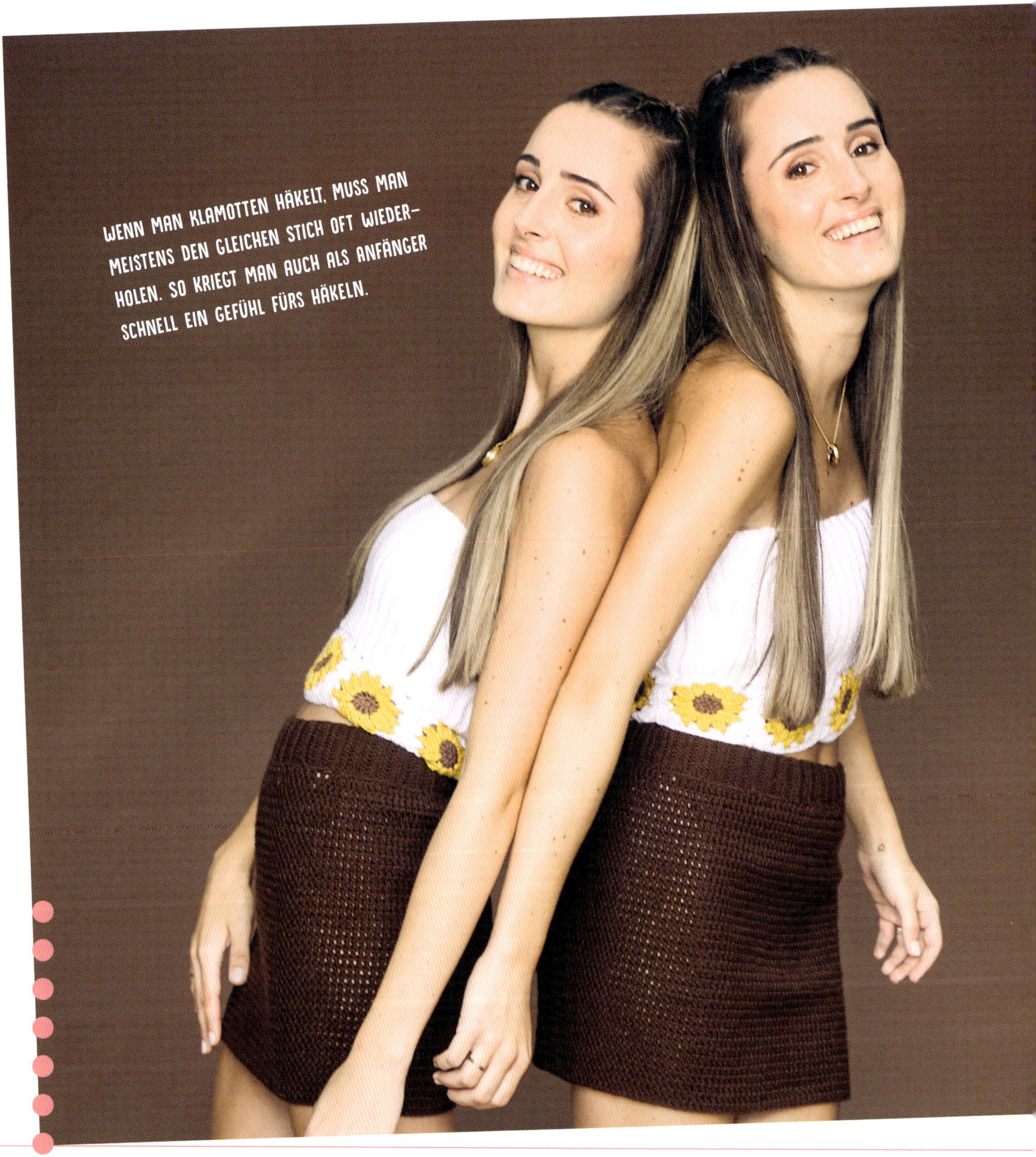
WENN MAN KLAMOTTEN HÄKELT, MUSS MAN
MEISTENS DEN GLEICHEN STICH OFT WIEDER-
HOLEN. SO KRIEGT MAN AUCH ALS ANFÄNGER
SCHNELL EIN GEFÜHL FÜRS HÄKELN.

BASIC ROCK

Diese Anleitung ist für einen Rock in der Größe S geschrieben. Du kannst ihn aber auch in einer anderen Größe häkeln.

Größe

XS, S, M, L; Quadratisches Granny, 8 cm x 8 cm

Benötigtes Material

- Polyacrylgarn (100% Polyacryl; LL 133 m/50 g) in Braun
- Größe XS+S: 200 g
- Größe M+L: 250 g
- Häkelnadel 4,0 mm
- Wollnadel

Für das verwendete Garn ist eine Häkelnadel der Stärke 3,5-4,5 mm empfohlen.

Wir haben hier folgende Wolle benutzt: Gründl Lisa Premium uni in Braun

Notiz an mich:

So viele Reihen habe ich beim Bund gehäkelt:

So viele Reihen habe ich beim Rock gehäkelt:

So viele Stäbchen habe ich pro Reihe gehäkelt:

Wie häkle ich Größe XS, S, M, L?
Wenn du eine andere Größe häkeln möchtest, häkelst du sowohl mehr oder weniger Reihen beim Bund als auch mehr oder weniger Reihen und Stäbchen beim Rock. Häkle wie in der Anleitung, aber beachte Folgendes:

Größe XS: 40 cm breit, 36 cm lang
Bund: Insgesamt 82 Reihen mit jeweils 11 halben Stäbchen + 1 Wendeluftmasche
Rock: Insgesamt 34 Runden mit jeweils 130 Stäbchen + 2 Luftmaschen

Größe S: 41,5 cm breit, 37 cm lang
Bund: Insgesamt 85 Reihen mit jeweils 11 halben Stäbchen + 1 Wendeluftmasche
Rock: Insgesamt 35 Runden mit jeweils 135 Stäbchen + 2 Luftmaschen

Größe M: 43 cm breit, 38 cm lang
Bund: Insgesamt 91 Reihen mit jeweils 11 halben Stäbchen + 1 Wendeluftmasche
Rock: Insgesamt 36 Runden mit jeweils 144 Stäbchen + 2 Luftmaschen

Größe L: 45 cm breit, 39 cm lang
Bund: Insgesamt 96 Reihen mit jeweils 11 halben Stäbchen + 1 Wendeluftmasche
Rock: Insgesamt 37 Runden mit jeweils 151 Stäbchen + 2 Luftmaschen

Anleitung

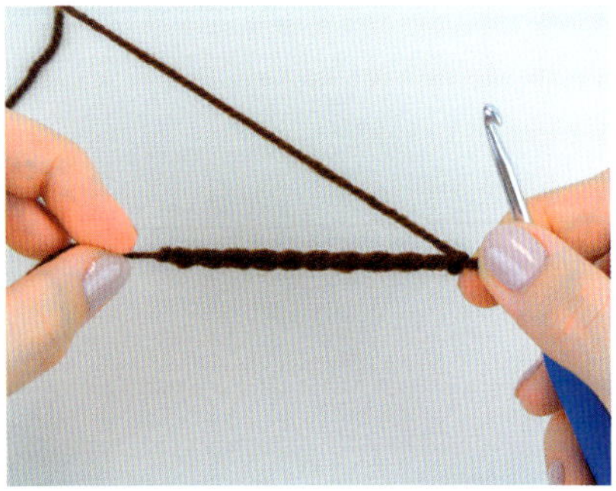

Schritt 1: Mache eine Anfangsschlaufe und häkle 11 Luftmaschen und 1 Wendeluftmasche (= insgesamt 12 Luftmaschen).

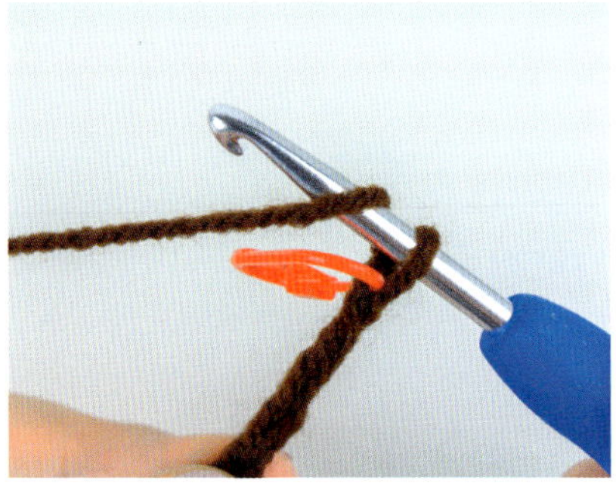

Schritt 2: Überspringe die Wendeluftmasche (Auf dem Bild mit einem roten Maschenmarkierer markiert) und häkle 1 halbes Stäbchen nur ins hintere Maschenglied.

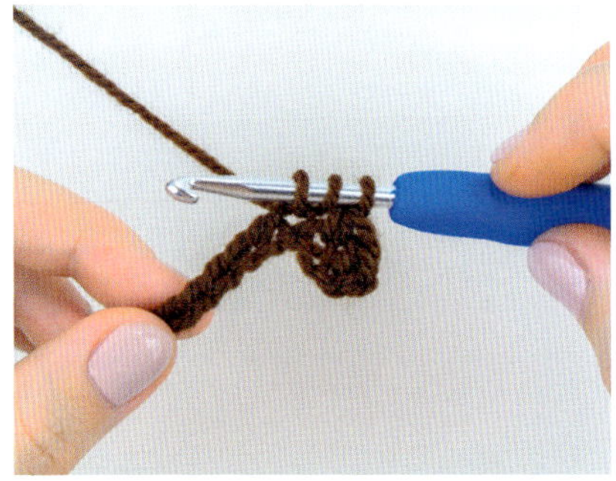

Schritt 3: Häkle in jede weitere Masche 1 halbes Stäbchen nur ins hintere Maschenglied (= insgesamt 11 halbe Stäbchen).

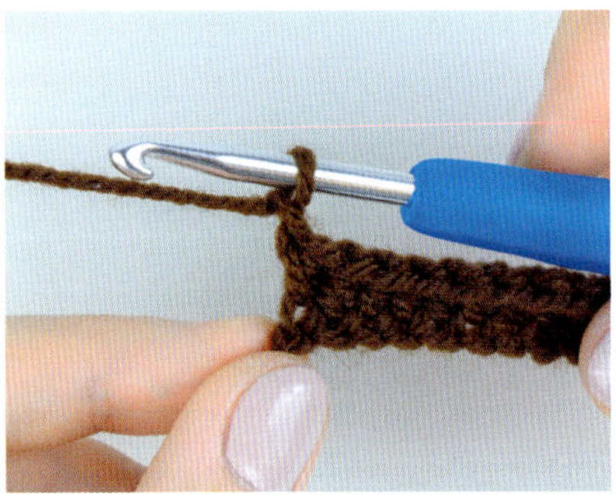

Schritt 4: Am Ende der Reihe häkelst du 1 Wendeluftmasche.

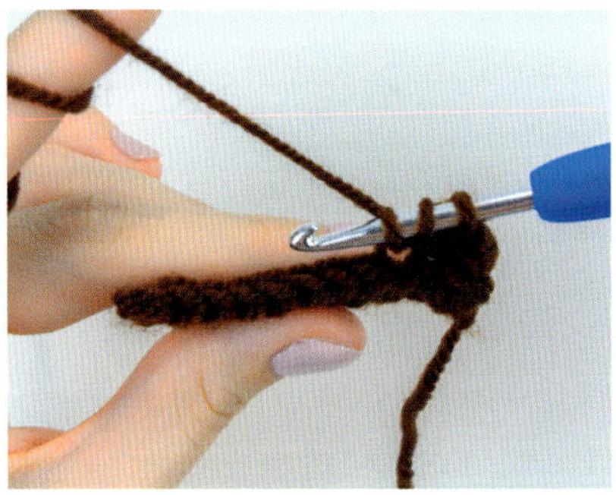

Schritt 5: Wiederhole Schritt 2-4 noch 83-mal (= insgesamt 85 Reihen) (bzw. für Größe XS 80-mal (= insgesamt 82 Reihen), Größe M 89-mal (= insgesamt 91 Reihen), Größe L 94-mal (= insgesamt 96 Reihen)). So breit wird der Bund sein.

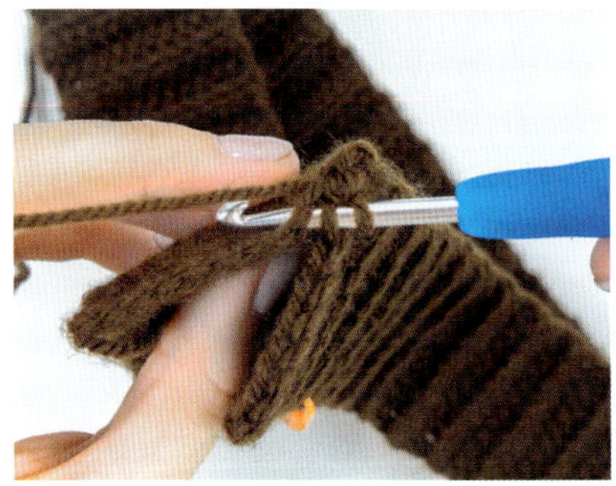

Schritt 6: Um den Bund zu schließen häkelst du jetzt Kettmaschen. Stich dafür nur ins hintere Maschenglied und nimm dir jetzt das andere Ende vom Bund. Dort stichst du zusätzlich durch die 1. Masche und häkelst durch beide Teile 1 Kettmasche.

Achte darauf, dass der Bund nicht verdreht ist, wenn du ihn verbindest.

Falls du ein Video zur Hilfe beim Rock brauchst, scanne einfach diesen Code:

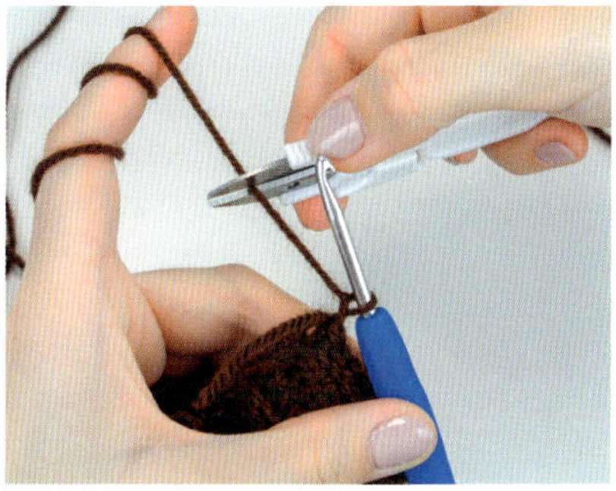

Schritt 7: Häkle so in jede weitere Masche beider Enden (= insgesamt 11 Kettmaschen). Am Ende angekommen häkelst du 1 Luftmasche, schneidest den Faden ab und ziehst ihn durch.

Schritt 8: Drehe das Stück auf rechts.

Tipp: Halte dir das gehäkelte Stück zwischendurch mal an, so siehst du, ob dir der Bund schon breit genug ist. Achte darauf, dass du nicht zu viele Reihen häkelst, damit der Rock später nicht rutscht.

Jetzt häkelst du den Rock

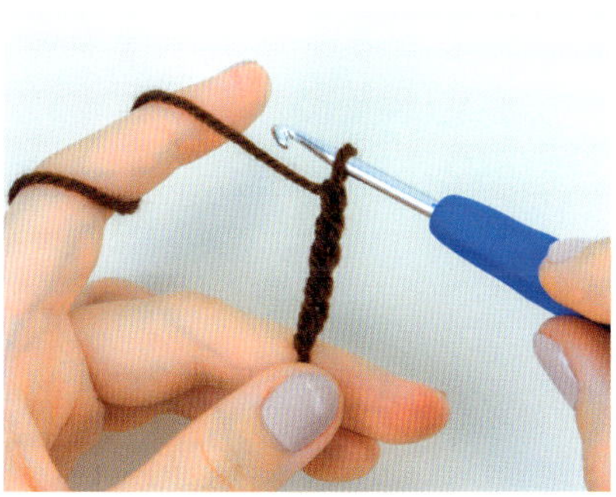

1. Runde: Mache eine Anfangsschlaufe und häkle 135 (bzw. für Größe XS 130, Größe M 144, Größe L 151) Luftmaschen.

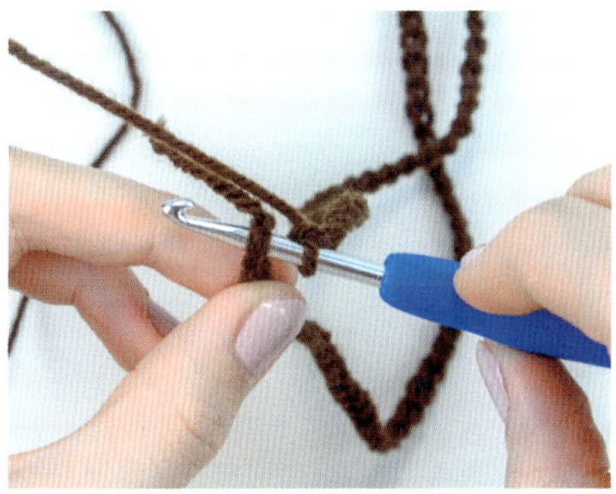

Häkle 1 Kettmasche in die 1. Luftmasche.

Achte darauf, dass die Luftmaschenkette nicht verdreht ist, wenn du die Kettmasche häkelst.

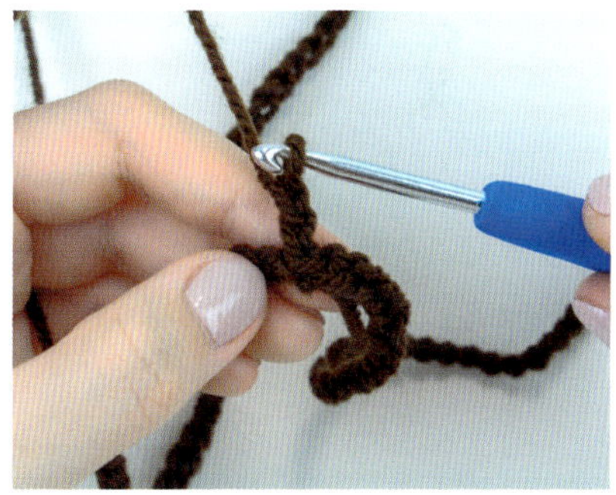

2. Runde: Am Anfang jeder Runde häkelst du 2 Luftmaschen.

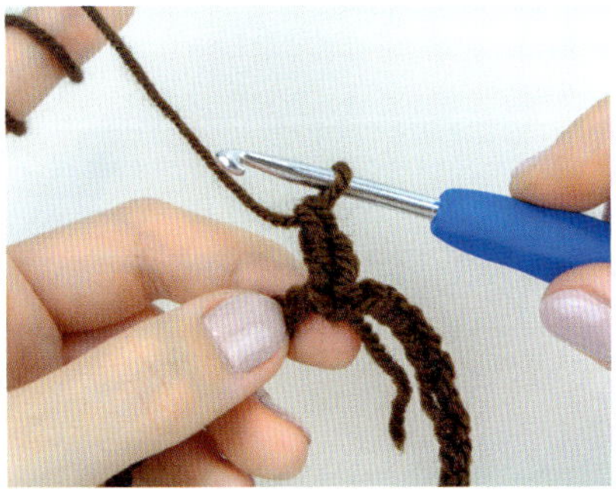

Häkle in die gleiche Masche 1 Stäbchen.

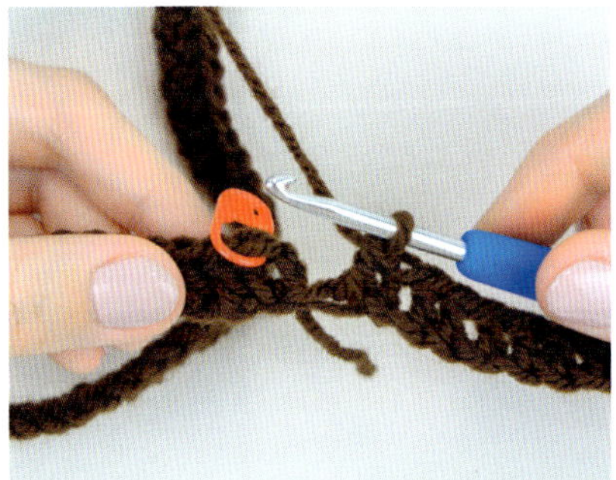

In jede weitere Masche häkelst du 1 Stäbchen (= insgesamt 135 (bzw. für Größe XS 130, Größe M 144, Größe L 151) Stäbchen + 2 Luftmaschen vom Anfang der Runde). Um die Runde zu schließen häkle 1 Kettmasche in das 1. Stäbchen (Auf dem Bild mit einem roten Maschenmarkierer markiert). Überspringe dafür die 2 Luftmaschen vom Anfang der Runde.

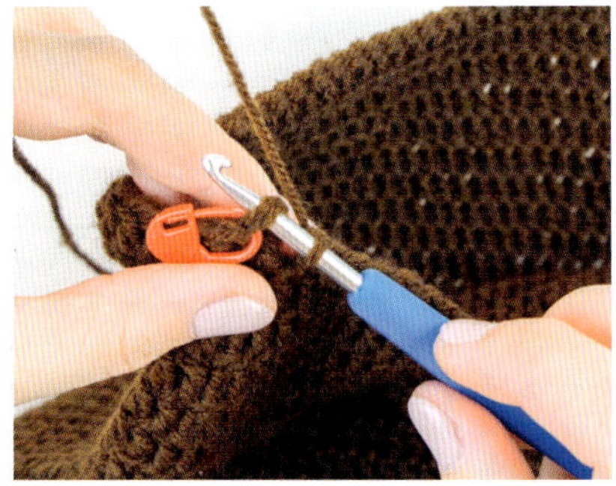

3.-35. Runde: Wiederhole die Schritte aus der 2. Runde. Für Größe XS häkelst du allerdings nur **34** Runden, Größe M **36** Runden, Größe L **37** Runden insgesamt.

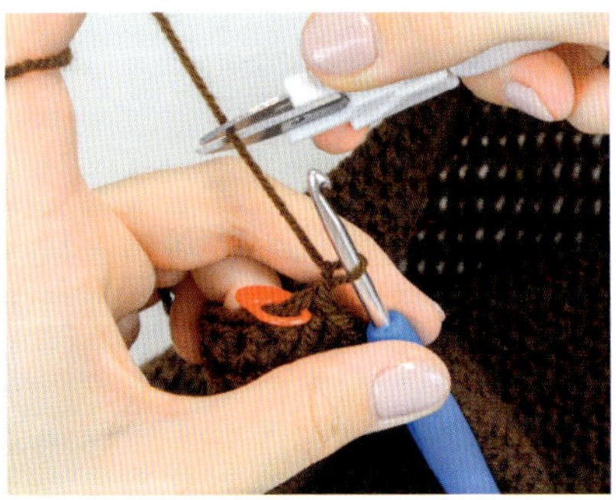

Schritt 9: Häkle 1 Luftmasche, schneide den Faden ab und zieh ihn durch.

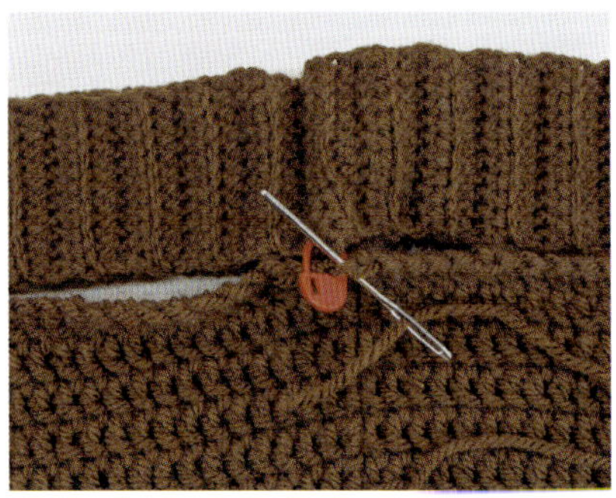

Schritt 10: Nimm eine Wollnadel und ein langes Stück braunen Faden, um den Rock mit dem Bund zu verbinden.

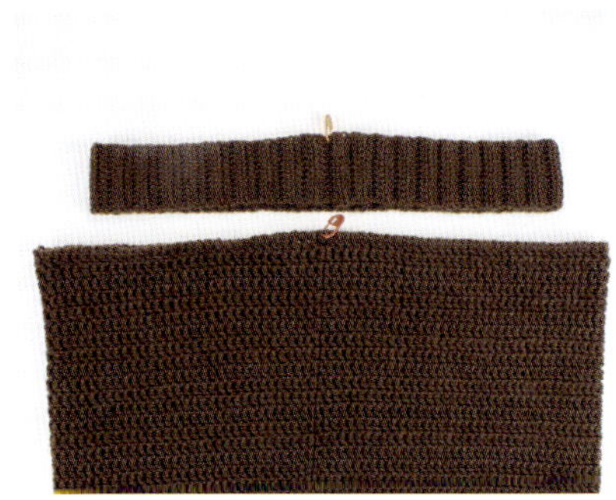

Tipp: Verbinde die Teile so miteinander, dass die „Naht" vom Rock bei der „Naht" vom Bund liegt.

Falls du ein Video zur Hilfe beim Rock brauchst, scanne einfach diesen Code:

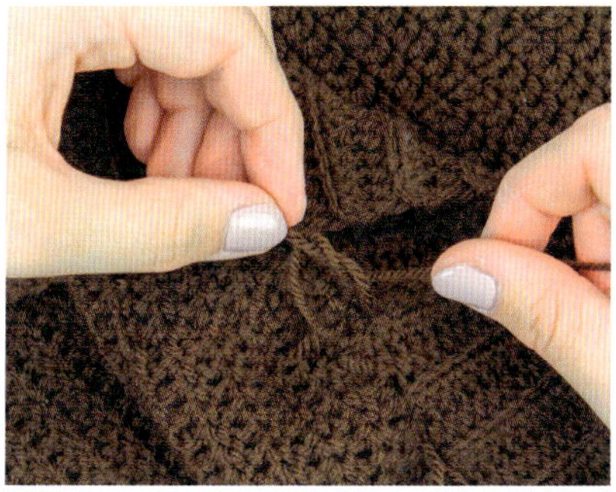

Schritt 11: Verknote die Fadenenden ...

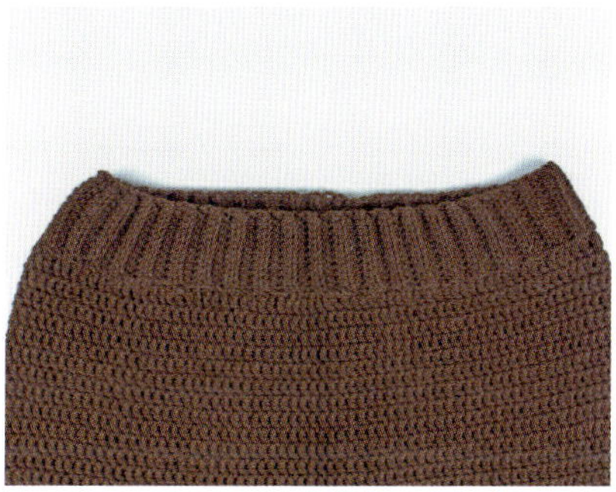

Schritt 12: ... verwebe sie und fertig ist der Rock.

Tipp: Wenn der Rock kürzer oder länger sein soll, häkle einfach weniger oder mehr Runden.

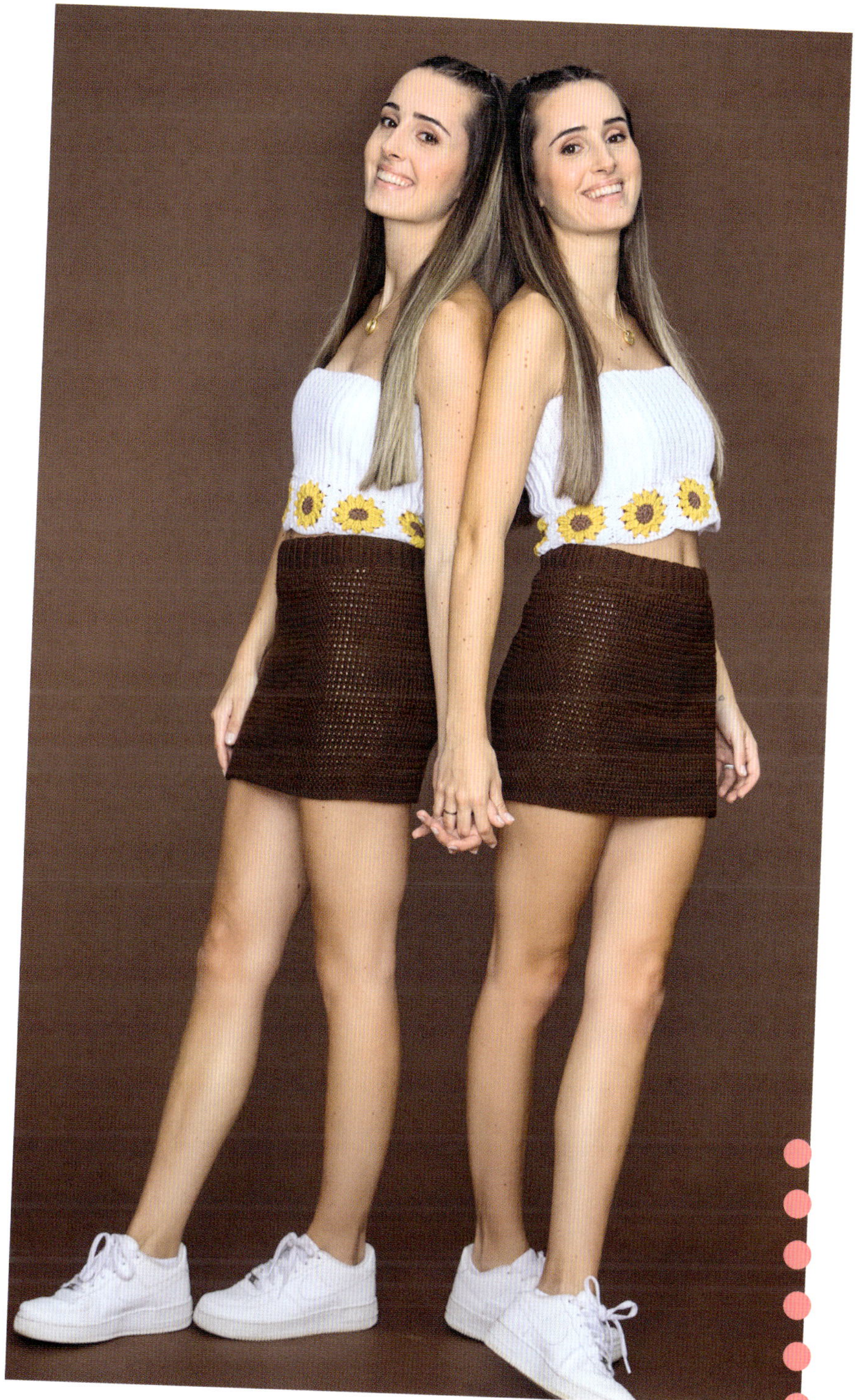

DAS HAARBAND HAT MAN GANZ SCHNELL GEMACHT. WIR HABEN ES SELBST IN MEHREREN FARBEN, SO HABEN WIR IMMER EIN PASSENDES HAARBAND ZUM OUTFIT.

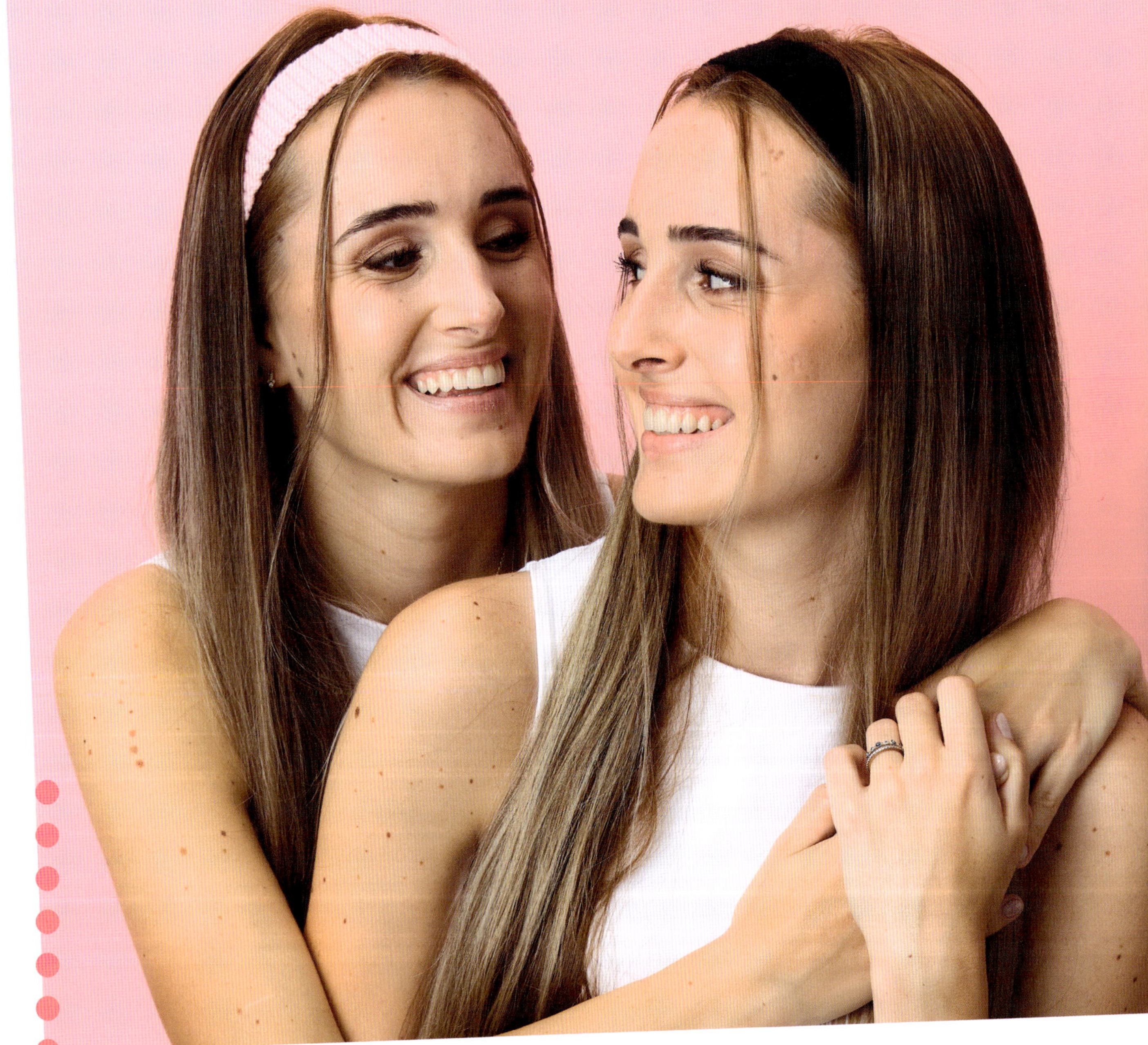

HAARBAND

Größe

One Size

Benötigtes Material

- Polyacrylgarn (100% Polyacryl; LL 133 m/50 g) in Lila 15 g
- Häkelnadel 3,5 mm

Für das verwendete Garn ist eine Häkelnadel der Stärke 3,5-4,5 mm empfohlen.

Wir haben hier folgende Wolle benutzt: Gründl Lisa Premium uni in Lila

Anleitung

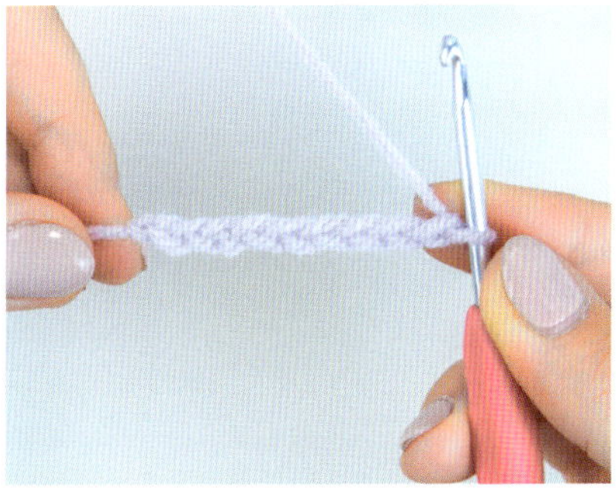

Schritt 1: Mache eine Anfangsschlaufe und häkle 8 Luftmaschen und 1 Wendeluftmasche (= insgesamt 9 Luftmaschen).

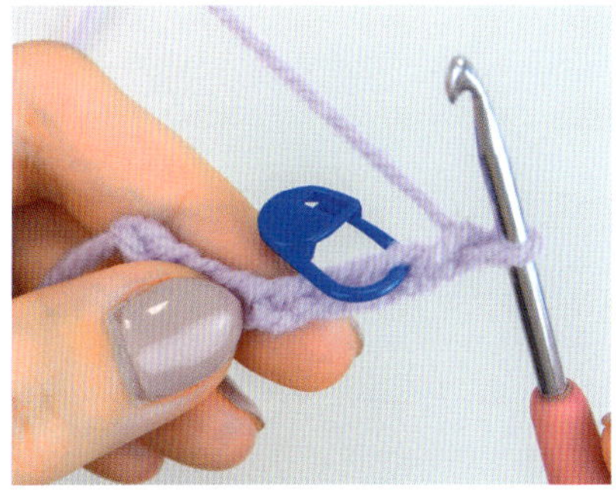

Schritt 2: Überspringe die Wendeluftmasche und häkle in die darauffolgende Masche 1 feste Masche (Auf dem Bild mit einem blauen Maschenmarkierer markiert).

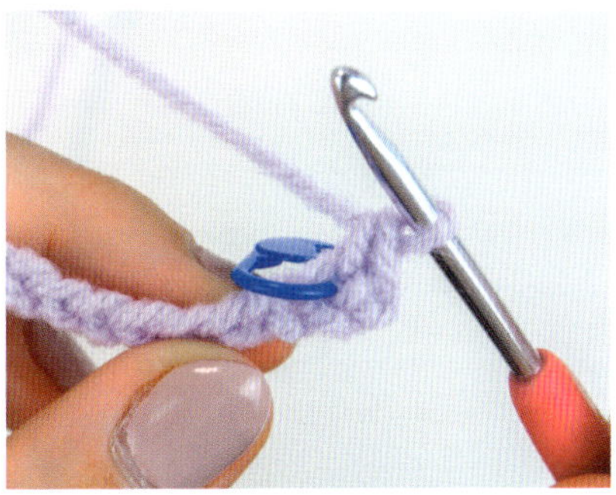

Schritt 3: Häkle in jede weitere Masche 1 feste Masche (= insgesamt 8 feste Maschen).

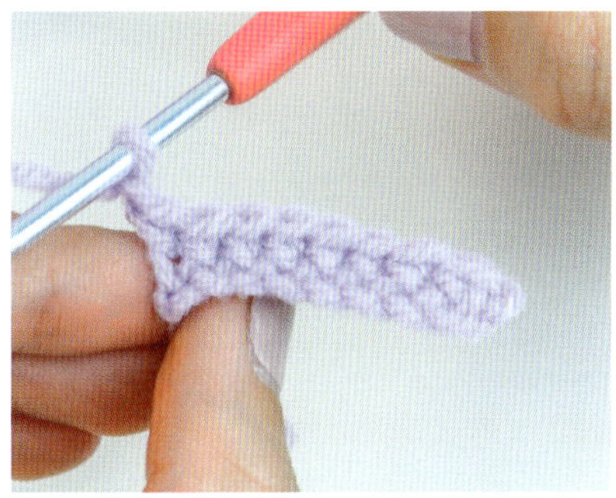

Schritt 4: Am Ende der Reihe häkelst du 1 Wendeluftmasche.

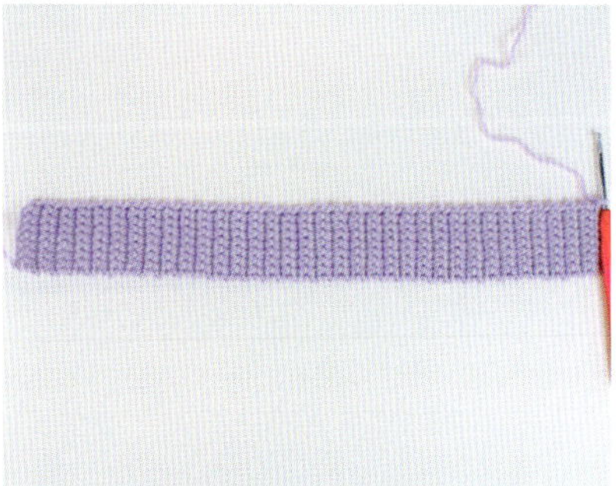

Schritt 5: Wiederhole Schritt 2-4 noch 67-mal (= insgesamt 69 Reihen).

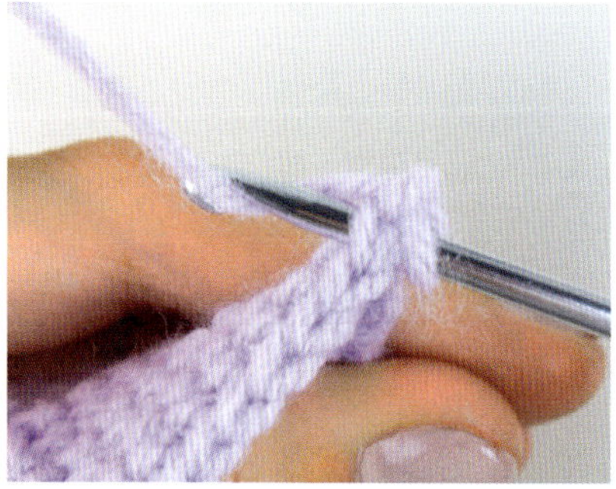

Schritt 6: Jetzt häkelst du 1 Abnahme. Das bedeutet, du gehst wie gewohnt in deine 1. Masche und holst den Faden durch die Masche ...

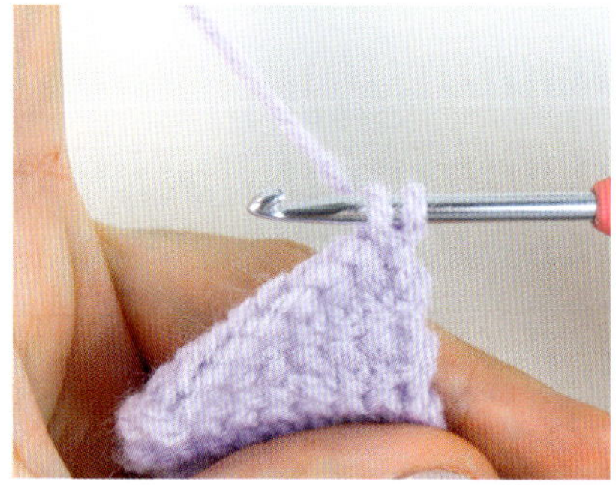

Schritt 7: ... ziehst den Faden jetzt allerdings nicht durch die beiden Schlaufen auf deiner Nadel ...

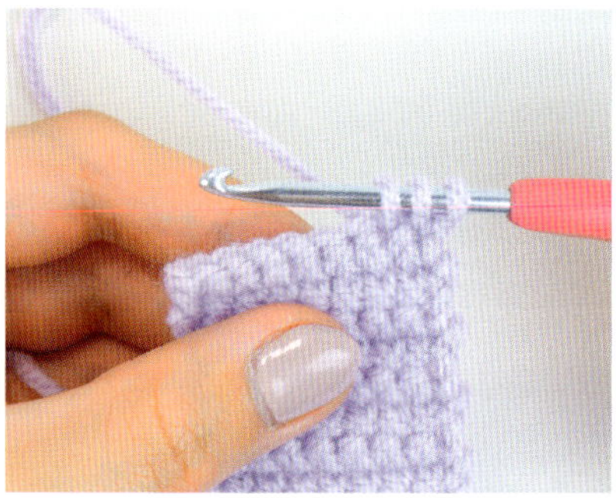

Schritt 8: ... sondern stichst mit der Häkelnadel direkt in die 2. Masche ein und holst dir auch da den Faden durch die Masche. Jetzt hast du 3 Schlaufen auf der Nadel.

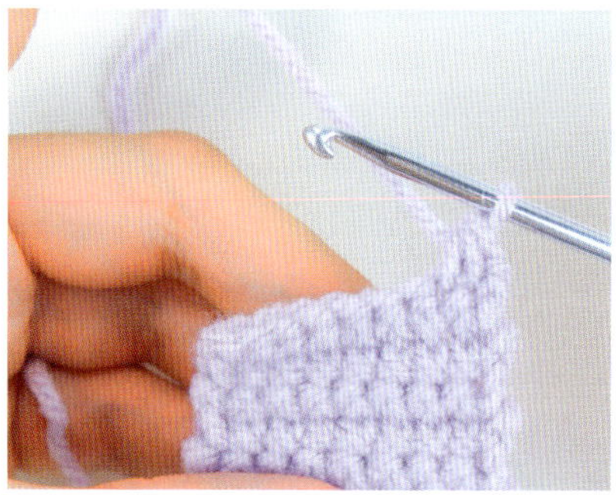

Schritt 9: Zieh den Faden durch alle 3 Schlaufen und fertig ist die 1. Abnahme.

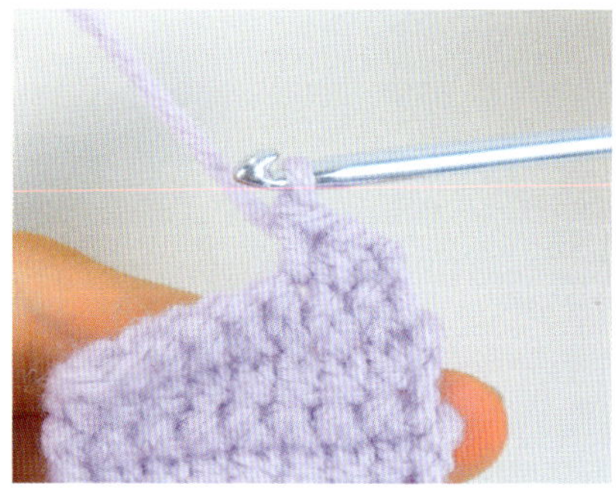

Schritt 10: In die nächste Masche häkelst du 1 feste Masche.

Falls du ein Video zur Hilfe beim Haarband brauchst, scanne einfach diesen Code:

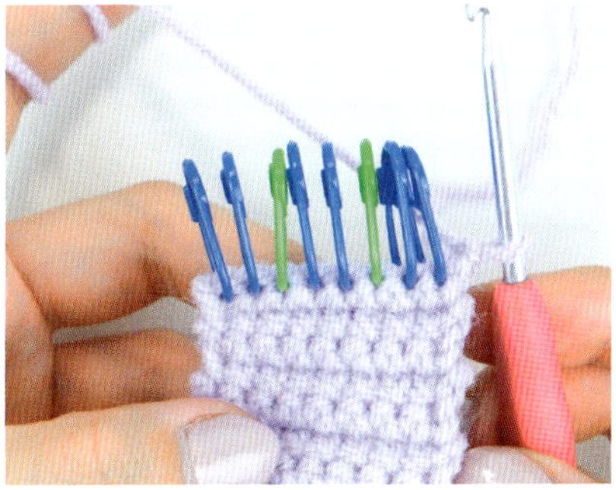

Schritt 11: Häkle immer abwechselnd 1 Abnahme (Auf dem Bild mit blauen Maschenmarkierern markiert) und 1 feste Masche.

Die Maschen mit den blauen Maschenmarkierern werden immer für 1 Abnahme zusammen abgemascht.

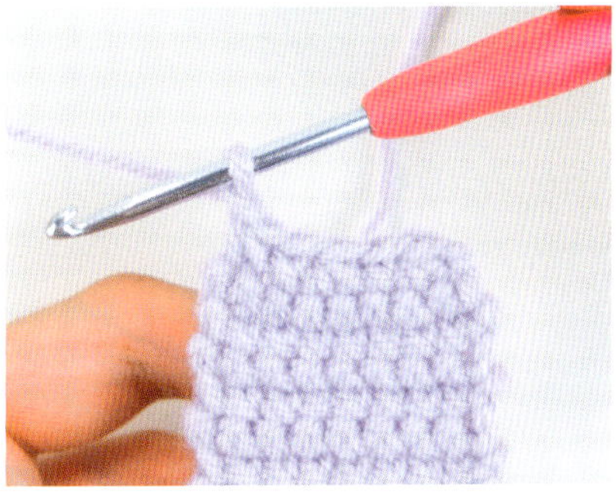

Schritt 12: Häkle 1 Wendeluftmasche am Ende der Reihe.

Jetzt hat die Reihe nur noch 5 feste Maschen + 1 Wendeluftmasche.

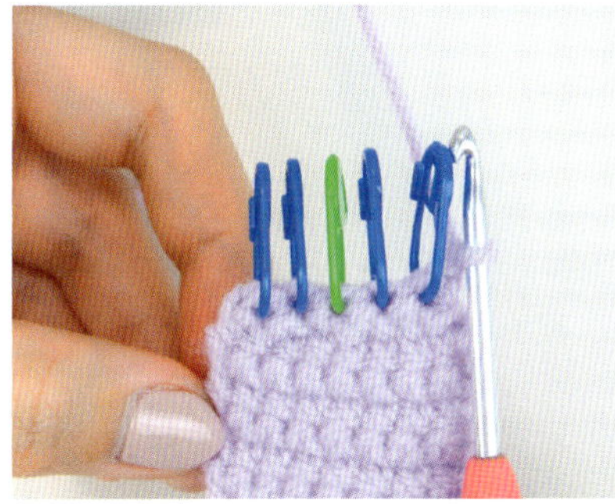

Schritt 13: Wiederhole Schritt 6-12, diesmal musst du allerdings nur 2 Abnahmen häkeln (Auf dem Bild mit blauen Maschenmarkierern markiert).

Die Maschen mit den blauen Maschenmarkierern werden immer zusammen abgemascht.

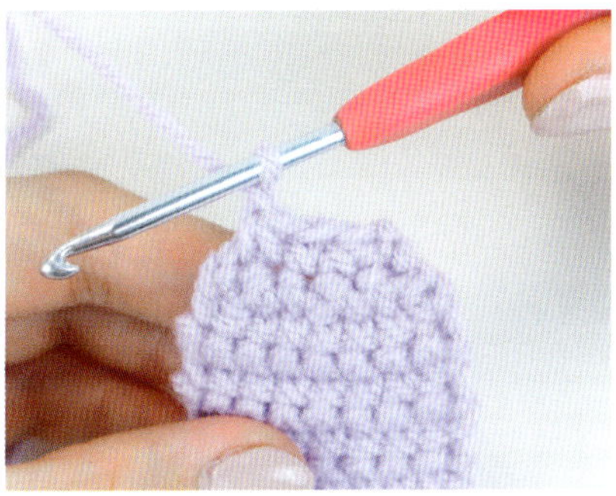

Jetzt hat die Reihe nur noch 3 feste Maschen + 1 Wendeluftmasche.

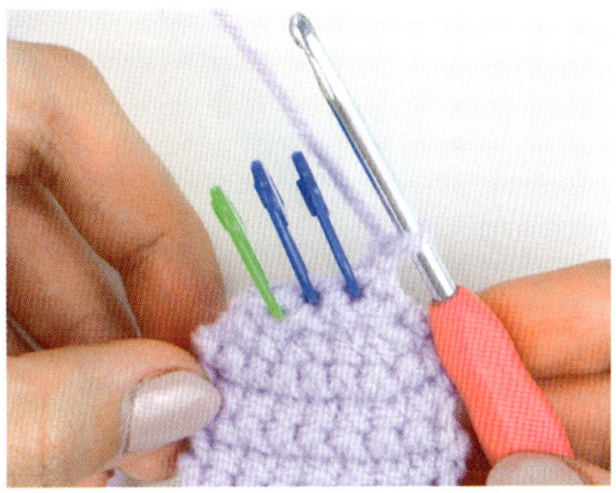

Schritt 14: Wiederhole Schritt 6-12, diesmal musst du allerdings nur 1 Abnahme häkeln (Auf dem Bild mit blauen Maschenmarkierern markiert).

Die Maschen mit den blauen Maschenmarkierern werden immer zusammen abgemascht.

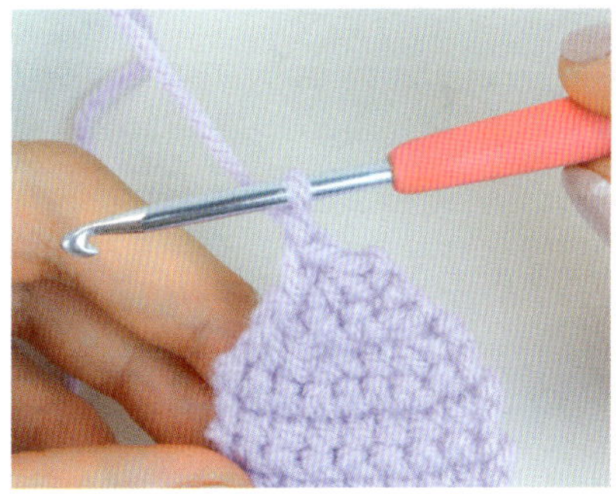

Jetzt hat die Reihe nur noch 2 feste Maschen + 1 Wendeluftmasche.

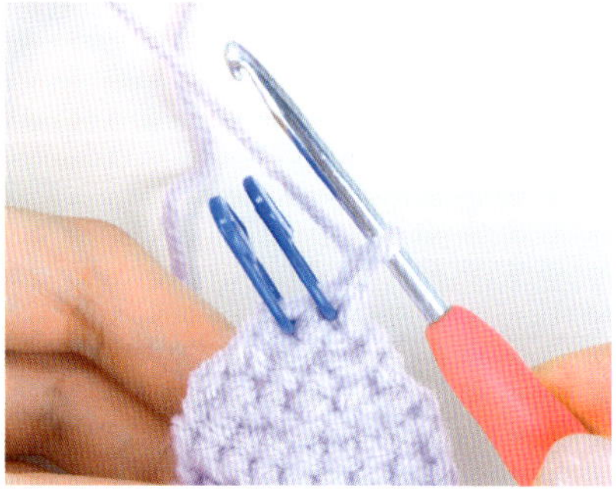

Schritt 15: Wiederhole Schritt 6-9, diesmal hast du nämlich nur noch 1 Abnahme (Auf dem Bild mit blauen Maschenmarkierern markiert).

Die Maschen mit den blauen Maschenmarkierern werden immer zusammen abgemascht.

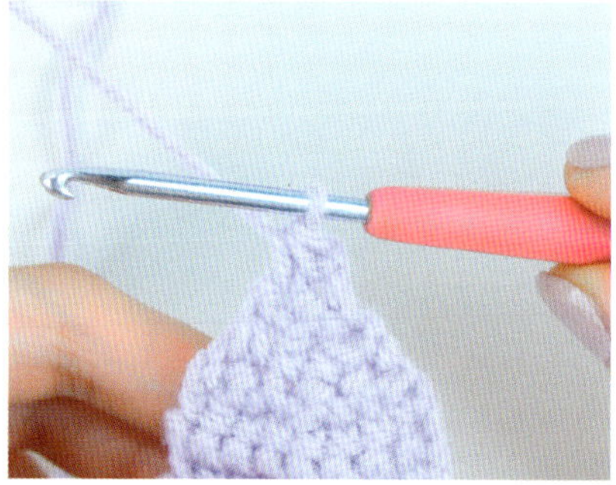

Jetzt hast du nur noch 1 Masche.

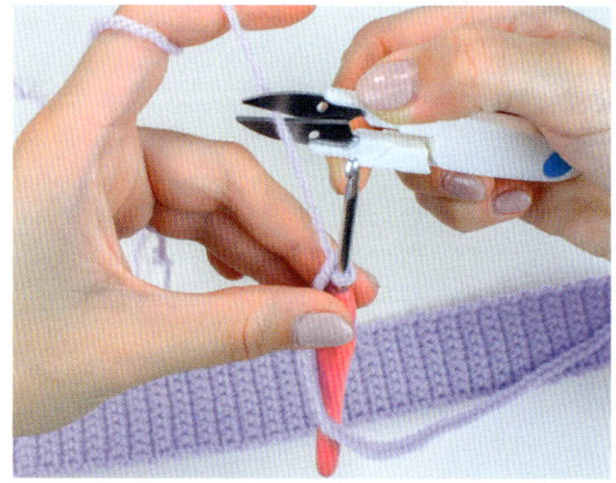

Schritt 16: Häkle 70 Luftmaschen, schneide den Faden ab und zieh ihn durch.

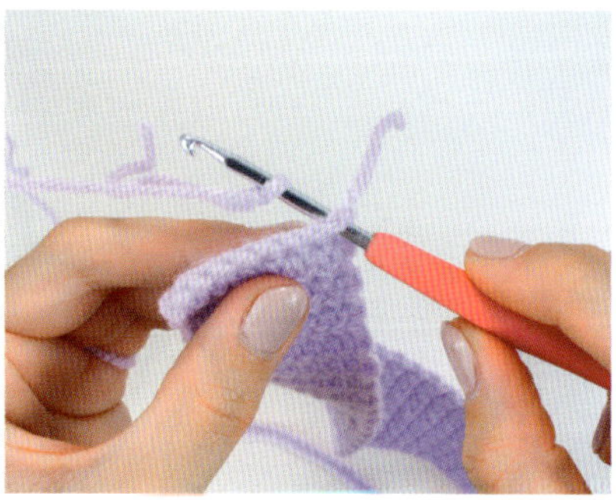

Schritt 17: Stich mit der Häkelnadel (ohne Faden) am anderen Ende in die 1. Masche ein und mache eine Anfangsschlaufe ...

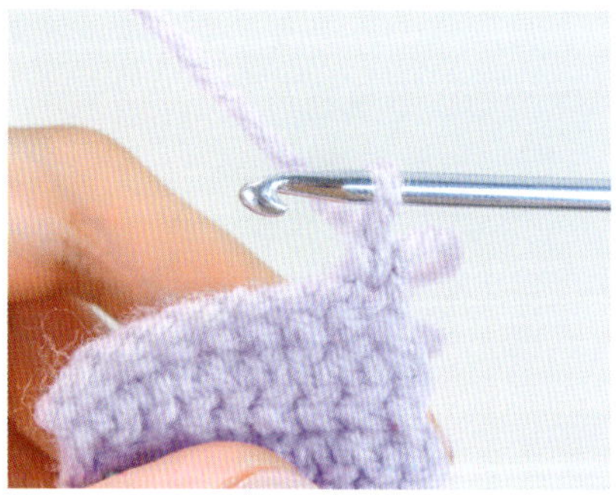

Schritt 18: ... zieh sie durch und häkle 1 Luftmasche, um den Faden zu befestigen.

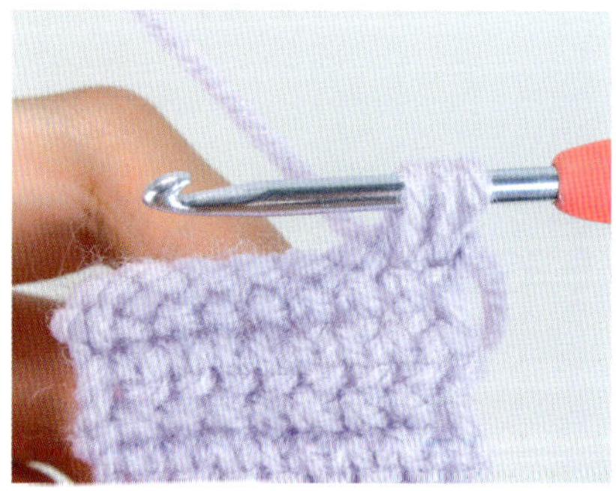

Stich für deine 1. Masche nochmal in die gleiche Masche ein, in der du deinen Faden festgemacht hast.

Falls du ein Video zur Hilfe beim Haarband brauchst, scanne einfach diesen Code:

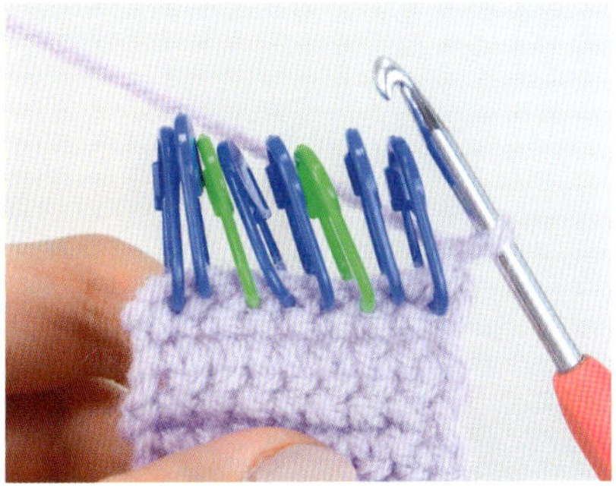

Schritt 19: Wiederhole Schritt 6-16.

Die Maschen mit den blauen Maschenmarkierern werden immer für 1 Abnahme zusammen abgemascht.

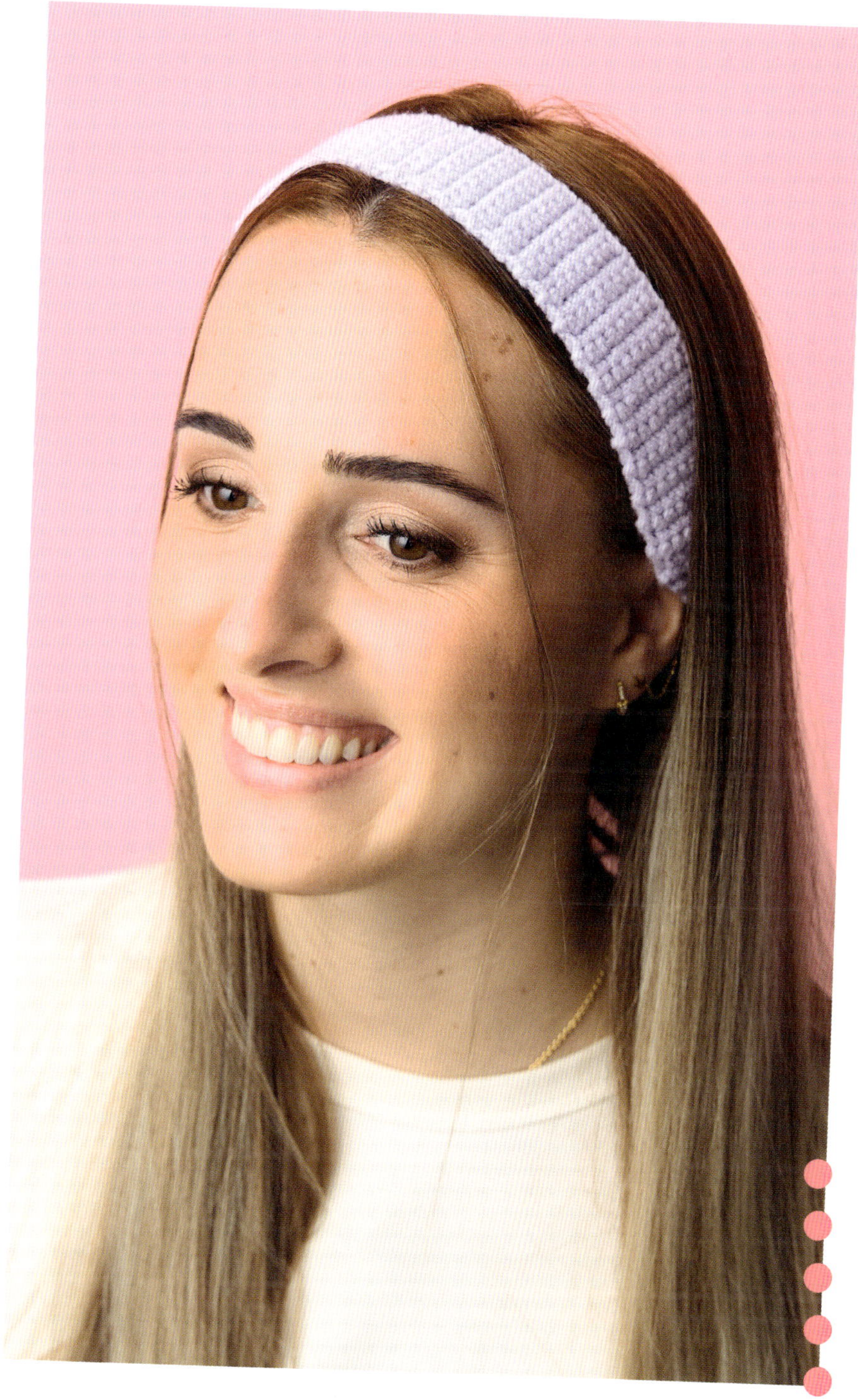

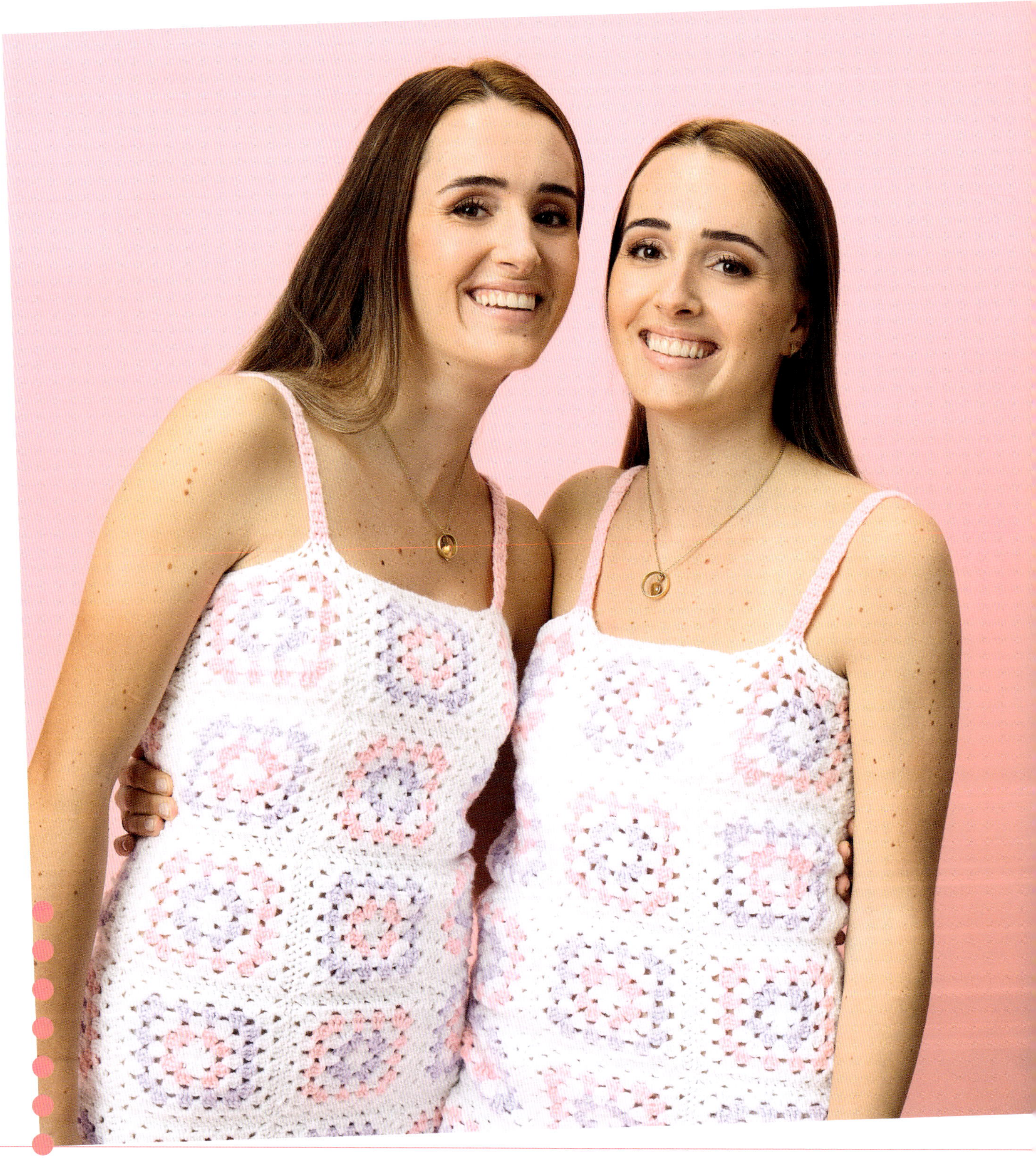

RETRO GRANNY

Größe

Quadratisches Granny, 12 cm x 12 cm

Benötigtes Material

- Polyacrylgarn (100% Polyacryl; LL 1040 m/400 g) in Weiß, Polyacrylgarn (100% Polyacryl; LL 133 m/50 g) in Lila und Rosa
- Häkelnadel 4,5 mm
- Wollnadel

Für das verwendete Garn ist eine Häkelnadel der Stärke 3,5-4,5 mm empfohlen.

Wir haben hier folgende Wolle benutzt: Gründl Big Mamma uni in Weiß; Gründl Lisa Premium uni in Lila und Rosa

So verändert sich die Größe beim quadratischen Granny:

- Häkelnadel 3,5 mm, 4 Runden: 8 cm x 8 cm
- Häkelnadel 3,5 mm, 5 Runden: 9 cm x 9 cm
- Häkelnadel 4,5 mm, 5 Runden: 10 cm x 10 cm
- Häkelnadel 4,5 mm, 6 Runden: 12 cm x 12 cm

Anleitung quadratisches Granny

Fang mit dem weißen Garn an

1. Runde:

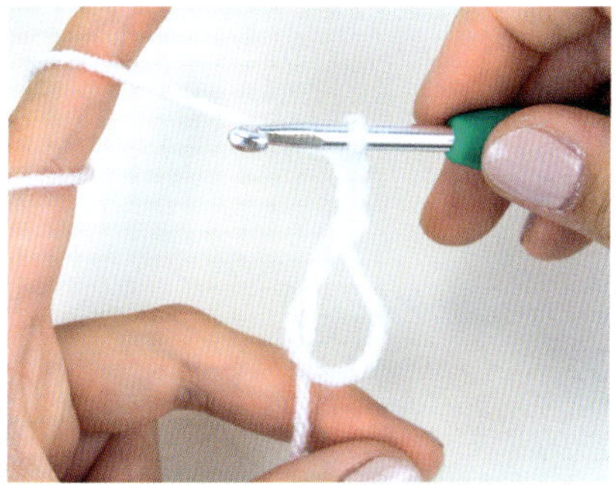

Schritt 1: Mache einen Fadenring und häkle 3 Luftmaschen. Diese ersetzen dein 1. Stäbchen.

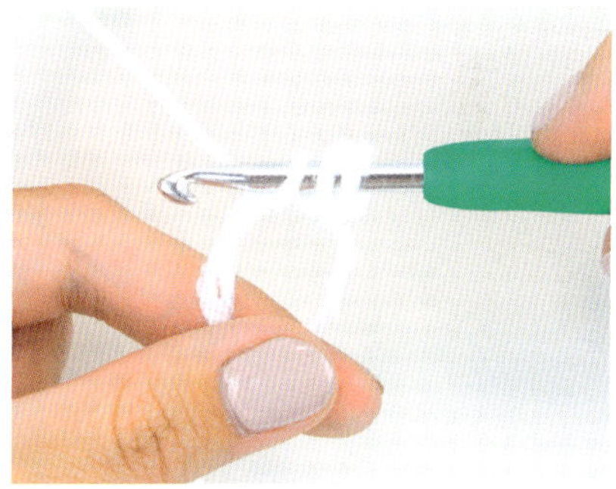

Schritt 2: Häkle 2 Stäbchen in den Fadenring.

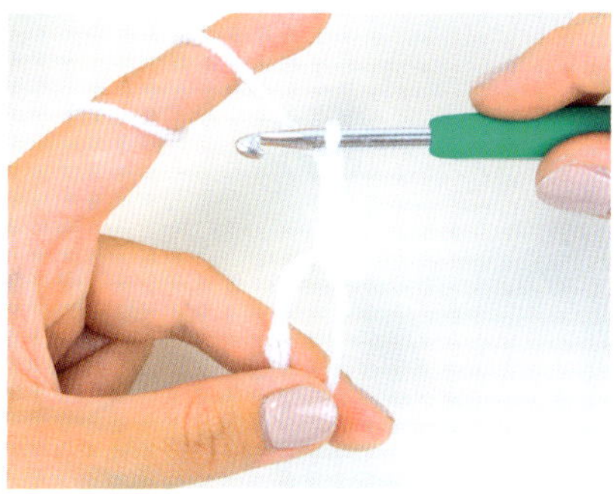

Schritt 3: Häkle 2 Luftmaschen.

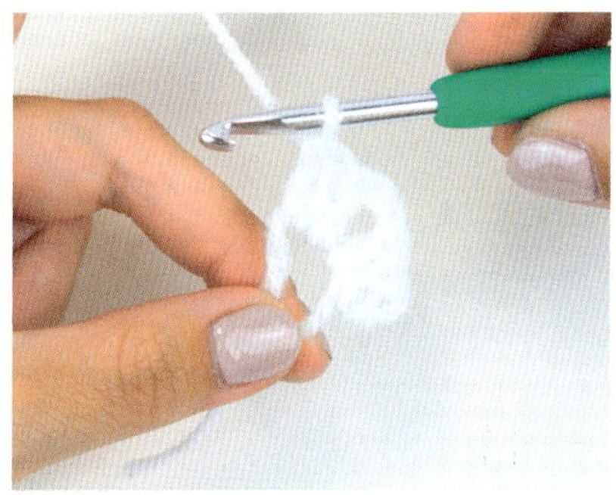

Schritt 4: Jetzt häkelst du 3 Stäbchen in den Fadenring.

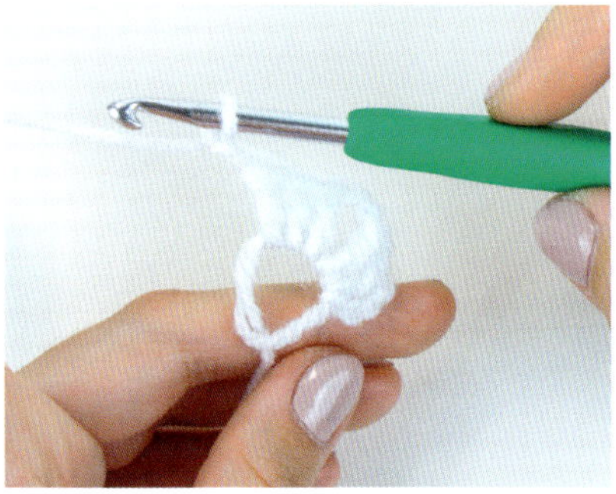

Schritt 5: Häkle 2 Luftmaschen.

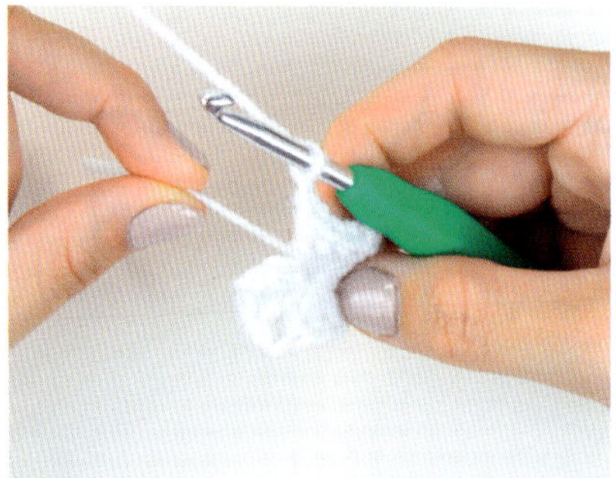

Schritt 6: Wiederhole Schritt 4+5 noch 2-mal, und zieh den Fadenring zu, indem du am Fadenende ziehst.

Jetzt nimmst du das rosa Garn 2. Runde:

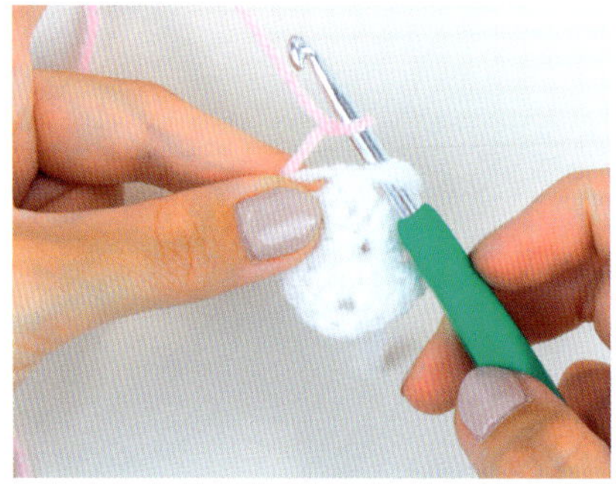

Schritt 9: Gehe mit der Häkelnadel (ohne Faden) durch eine Ecke, mache eine Anfangsschlaufe ...

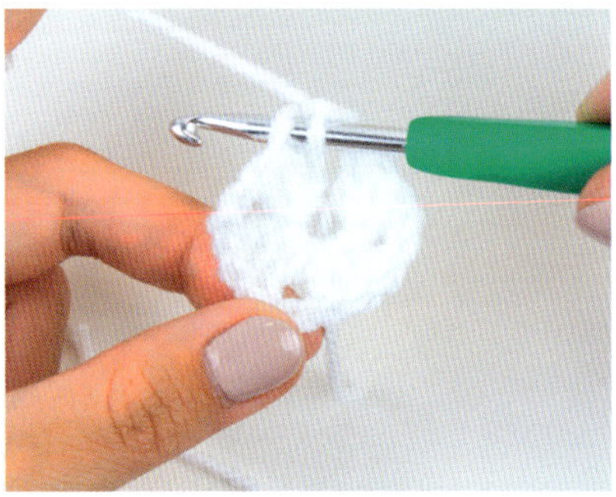

Schritt 7: Häkle 1 Kettmasche in die 3. Luftmasche vom Anfang, um die Runde zu schließen.

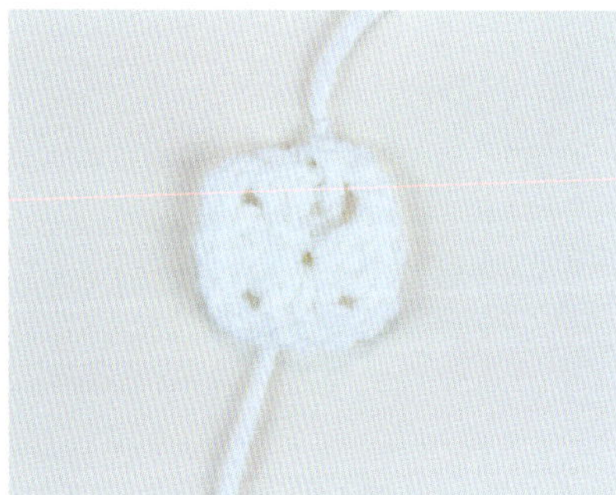

Schritt 8: Häkle 1 Luftmasche, schneide den Faden ab und zieh ihn durch.

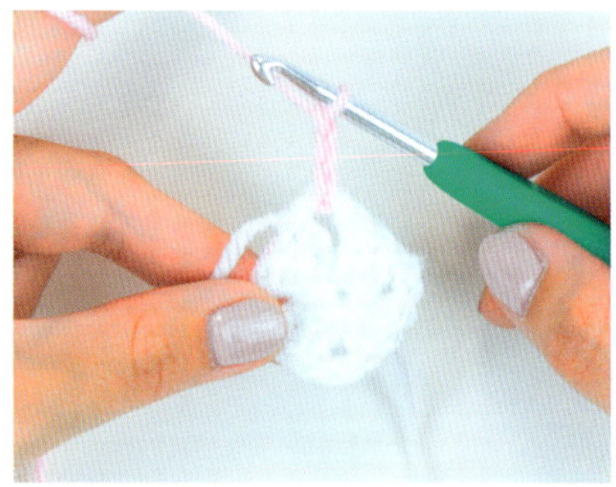

Schritt 10: ... zieh sie durch und häkle 3 Luftmaschen. Diese ersetzen wieder dein 1. Stäbchen.

Falls du ein Video zur Hilfe beim quadratischen Retro Granny brauchst, scanne einfach diesen Code:

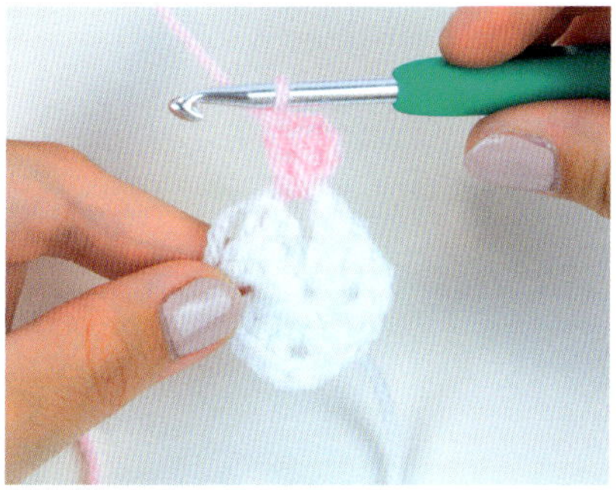

Schritt 11: Häkle in die gleiche Ecke 2 Stäbchen.

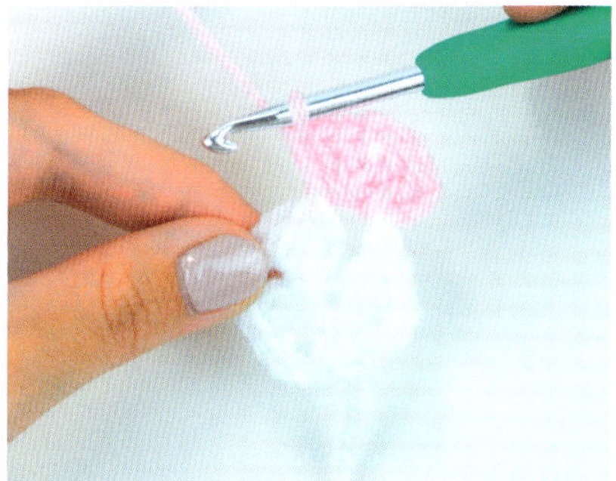

Schritt 12: Jetzt häkelst du 2 Luftmaschen und anschließend 3 Stäbchen in die gleiche Ecke.

Schritt 13: Häkle in die nächste Ecke 3 Stäbchen, dann 2 Luftmaschen und nochmal 3 Stäbchen.

Schritt 14: Wiederhole Schritt 13 noch 2-mal.

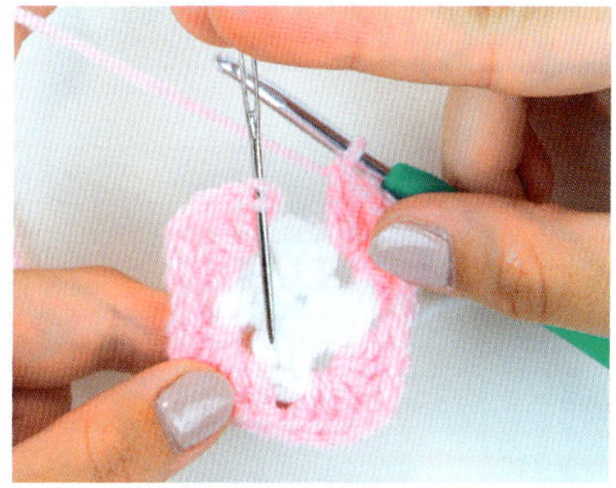

Schritt 15: Häkle 1 Kettmasche in die 3. Luftmasche vom Anfang, um die Runde zu schließen.

Schritt 16: Häkle 1 Luftmasche, schneide den Faden ab und zieh ihn durch.

Jetzt nimmst du wieder das weiße Garn

3. Runde:

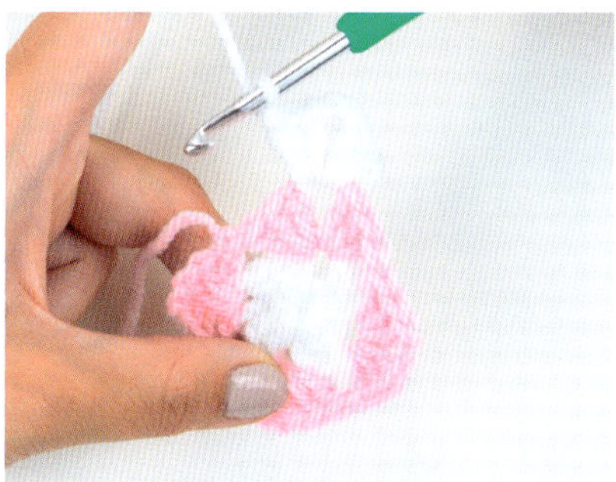

Schritt 17: Wiederhole Schritt 9-12.

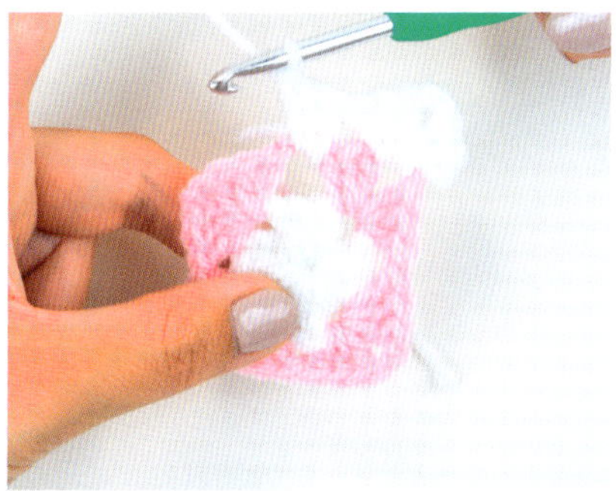

Schritt 18: Häkle 3 Stäbchen in den nächsten Freiraum.

Schritt 19: Häkle in die nächste Ecke 3 Stäbchen, dann 2 Luftmaschen und nochmal 3 Stäbchen.

Schritt 20: Wiederhole Schritt 18+19 noch 2-mal.

Schritt 21: Häkle noch 3 Stäbchen in den letzten Freiraum und schließe die Runde anschließend mit 1 Kettmasche in die 3. Luftmasche vom Anfang.

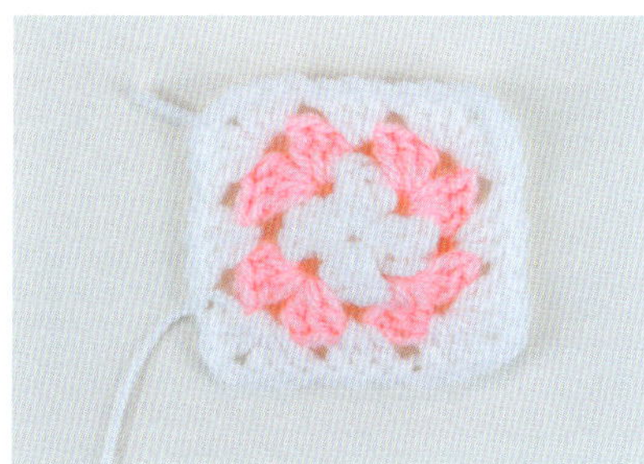

Schritt 22: Häkle 1 Luftmasche, schneide den Faden ab und zieh ihn durch.

Jetzt nimmst du das lila Garn
4. Runde:

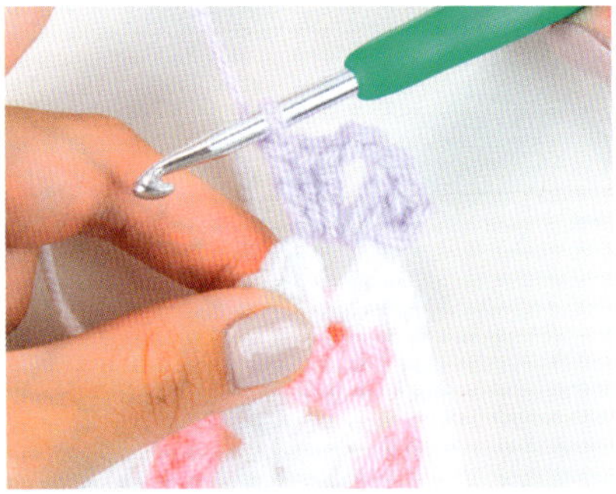

Schritt 23: Wiederhole Schritt 9-12.

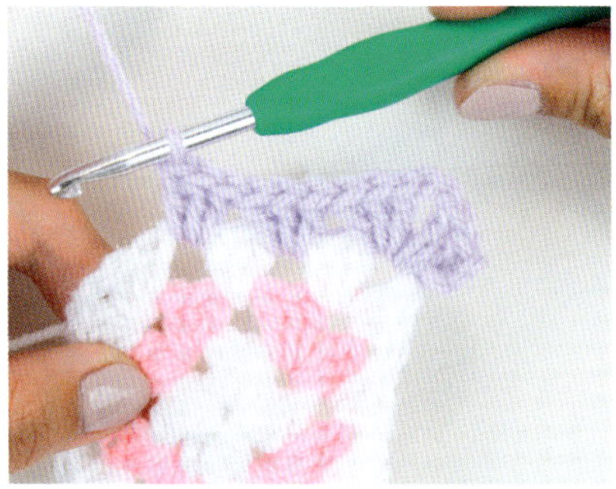

Schritt 24: In die nächsten beiden Freiräume häkelst du jeweils 3 Stäbchen.

Schritt 25: Häkle in die nächste Ecke 3 Stäbchen, dann 2 Luftmaschen und nochmal 3 Stäbchen.

Schritt 26: Wiederhole Schritt 24+25 noch 2-mal.

Schritt 27: Häkle noch in die letzten beiden Freiräume jeweils 3 Stäbchen, und schließe die Runde anschließend mit 1 Kettmasche in die 3. Luftmasche vom Anfang.

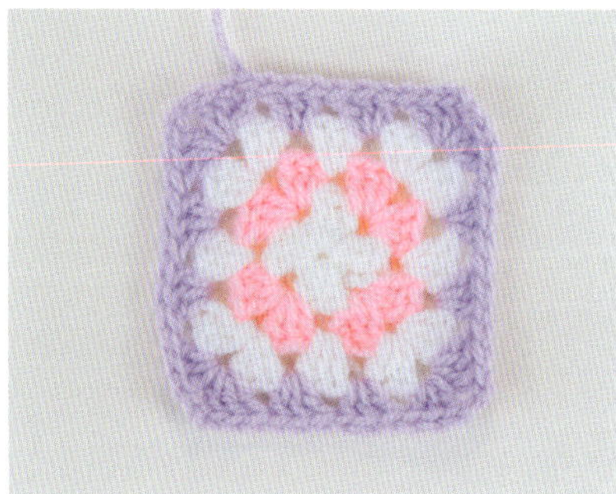

Schritt 28: Häkle 1 Luftmasche, schneide den Faden ab und zieh ihn durch.

Hinweis: Wenn du ein 8 cm x 8 cm großes Retro Granny möchtest, häkle mit einer 3,5 mm Häkelnadel und höre nach dieser Runde auf. Damit kannst du zum Beispiel ein Sonnenblumen Granny ersetzen.

Jetzt nimmst du wieder das weiße Garn
5. Runde:

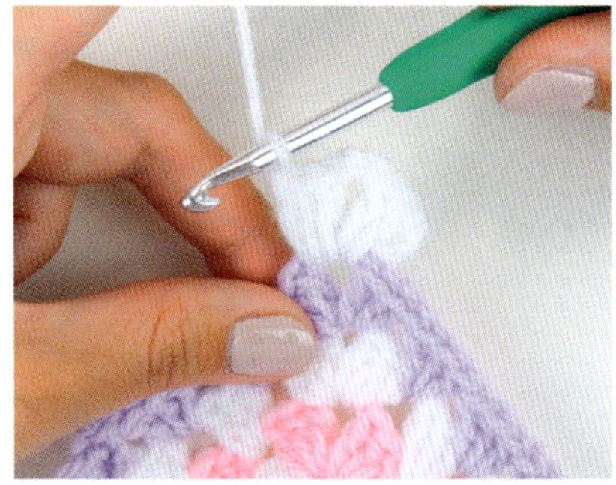

Schritt 29: Wiederhole Schritt 9-12.

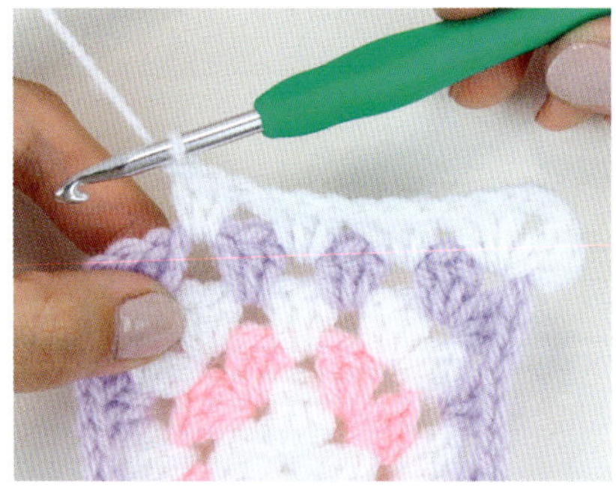

Schritt 30: In die nächsten 3 Freiräume häkelst du jeweils 3 Stäbchen.

Schritt 31: Häkle in die nächste Ecke 3 Stäbchen, dann 2 Luftmaschen und nochmal 3 Stäbchen.

Schritt 32: Wiederhole Schritt 30+31 noch 2-mal.

Schritt 33: Häkle noch in die letzten 3 Freiräume jeweils 3 Stäbchen, und schließe die Runde anschließend mit 1 Kettmasche in die 3. Luftmasche vom Anfang.

Falls du ein Video zur Hilfe beim quadratischen Retro Granny brauchst, scanne einfach diesen Code:

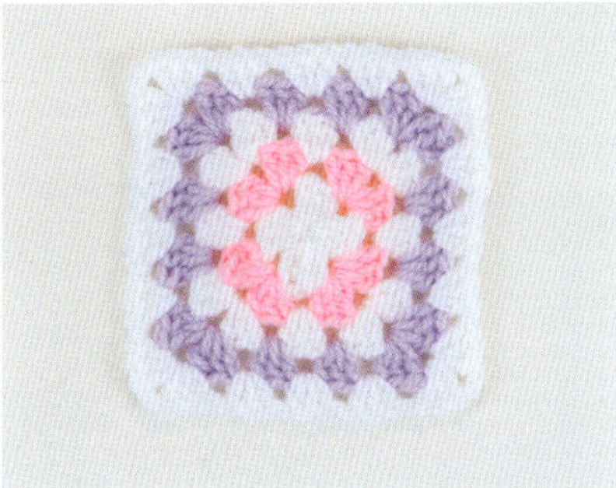

Schritt 34: Häkle 1 Luftmasche, schneide den Faden ab und zieh ihn durch.

Hinweis: Wenn du ein 9 cm x 9 cm großes Retro Granny möchtest, häkle mit einer 3,5 mm Häkelnadel und höre nach dieser Runde auf. Das brauchst du zum Beispiel für den Trendy Rock. Jetzt nimmst du noch ein letztes Mal das weiße Garn.

6. Runde:

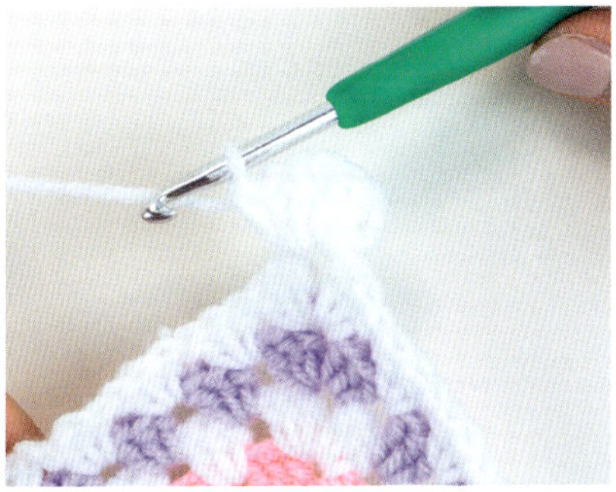

Schritt 35: Wiederhole Schritt 9-12.

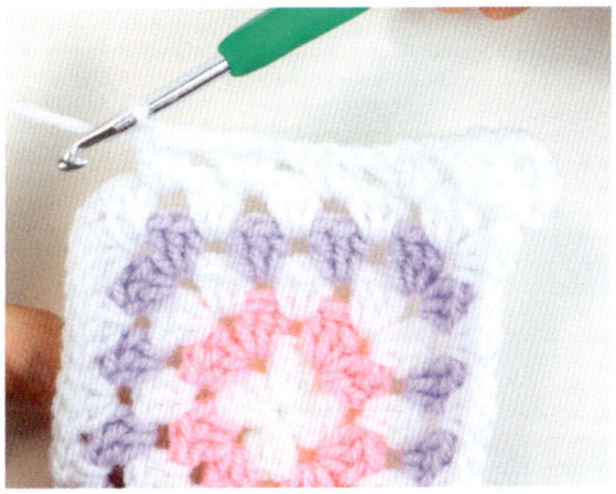

Schritt 36: In die nächsten 4 Freiräume häkelst du jeweils 3 Stäbchen.

Schritt 37: Häkle in die nächste Ecke 3 Stäbchen, dann 2 Luftmaschen und nochmal 3 Stäbchen.
Schritt 38: Wiederhole Schritt 36+37 noch 2-mal.

Schritt 39: Häkle noch in die letzten 4 Freiräume jeweils 3 Stäbchen, und schließe die Runde anschließend mit 1 Kettmasche in die 3. Luftmasche vom Anfang.

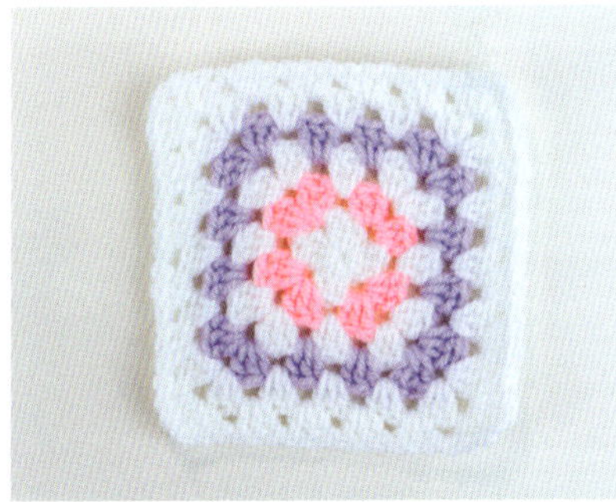

Schritt 40: Häkle 1 Luftmasche, schneide den Faden ab, zieh ihn durch und verwebe alle Fadenenden.

Anleitung dreieckiges Granny

Fang mit dem weißen Garn an
1. Reihe:

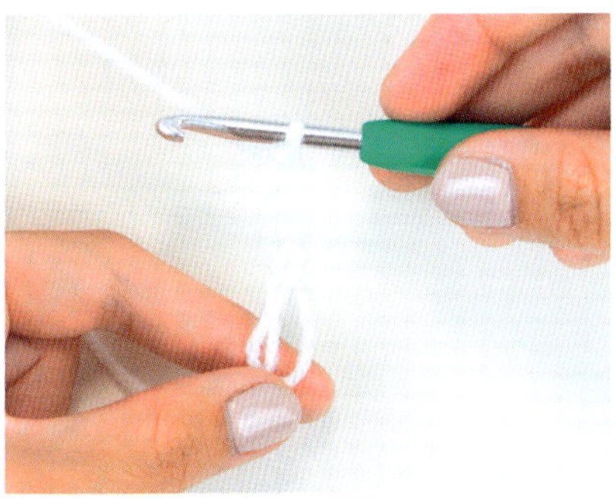

Schritt 1: Mache einen Fadenring und häkle 4 Luftmaschen. Diese ersetzen dein 1. Stäbchen und bilden schon den ersten Freiraum.

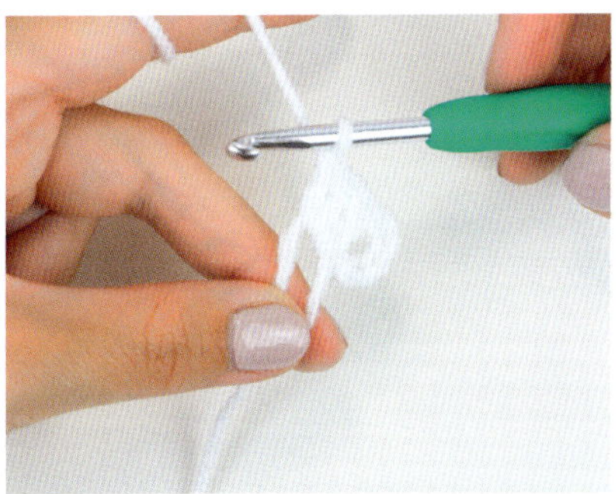

Schritt 2: Häkle 3 Stäbchen in den Fadenring.

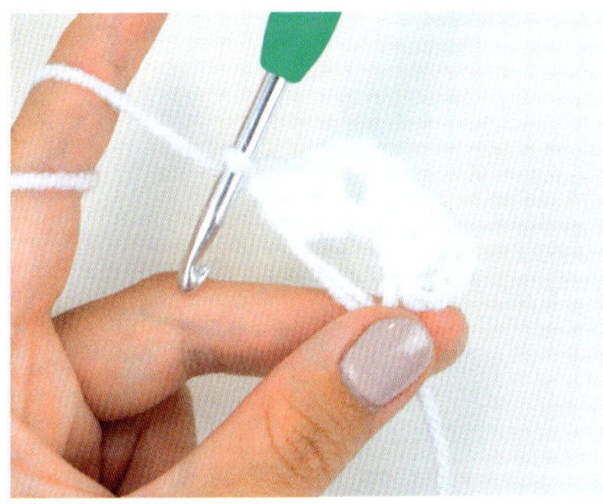

Schritt 3: Häkle 2 Luftmaschen und nochmal 3 Stäbchen in den Fadenring. Das wird die Spitze.

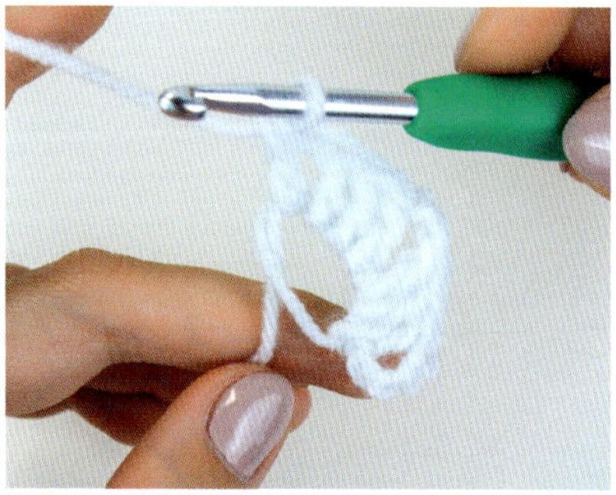

Schritt 4: Häkle 1 Luftmasche und anschließend noch 1 Stäbchen in den Fadenring …

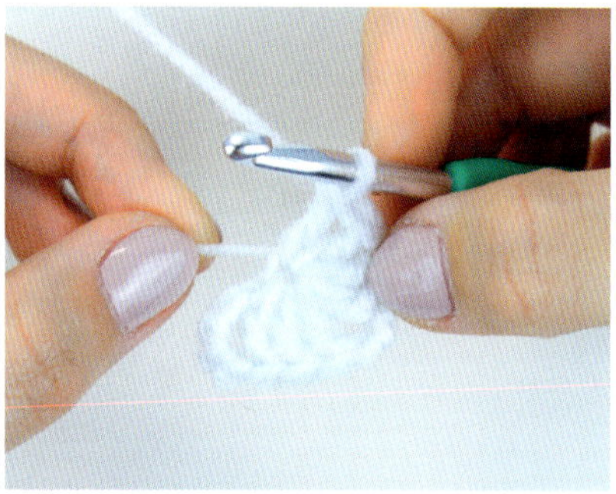

Schritt 5: … und zieh ihn zu, indem du am Fadenende ziehst.

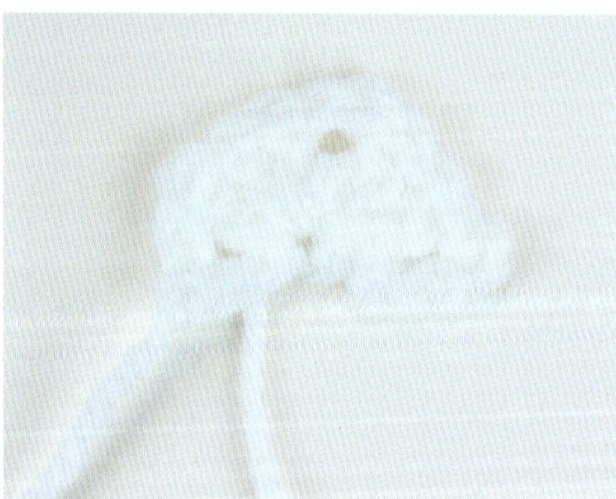

Schritt 6: Häkle 1 Luftmasche, schneide den Faden ab und zieh ihn durch.

Jetzt nimmst du das rosa Garn
2. Reihe:

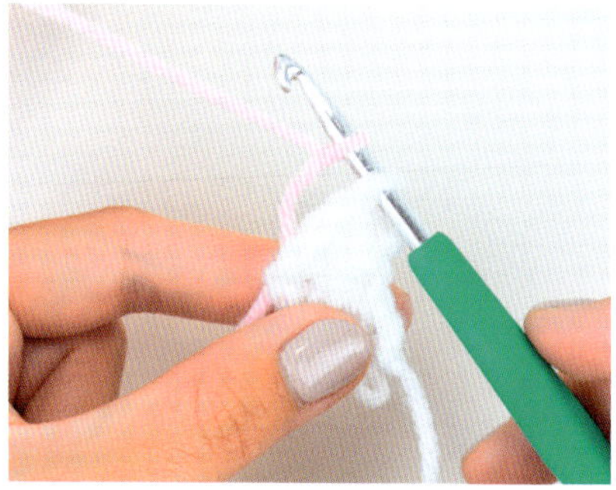

Schritt 7: Stich mit der Häkelnadel (ohne Faden) in die 3. Luftmasche der Luftmaschenkette vom Anfang aus der Vorreihe ein. Mache eine Anfangsschlaufe …

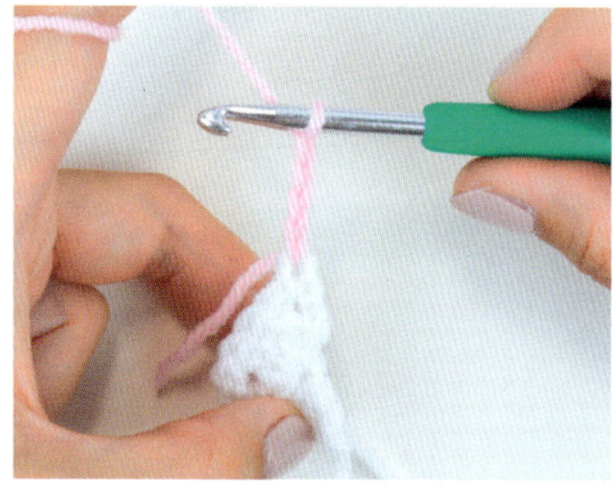

Schritt 8: … zieh sie durch und häkle 4 Luftmaschen. Diese ersetzen wieder dein 1. Stäbchen und bilden schon den ersten Freiraum.

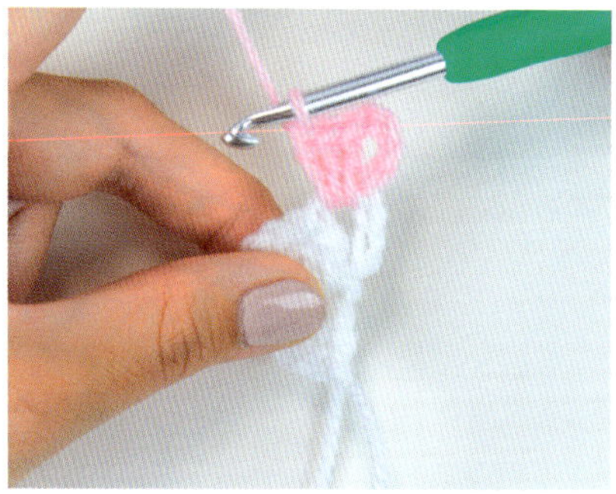

Schritt 9: Häkle in den ersten Freiraum 3 Stäbchen.

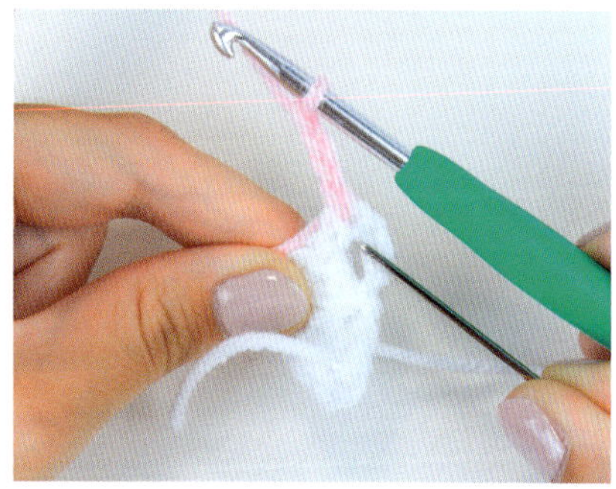

Hinweis: Der erste Freiraum ist etwas versteckt, übersieh ihn nicht.

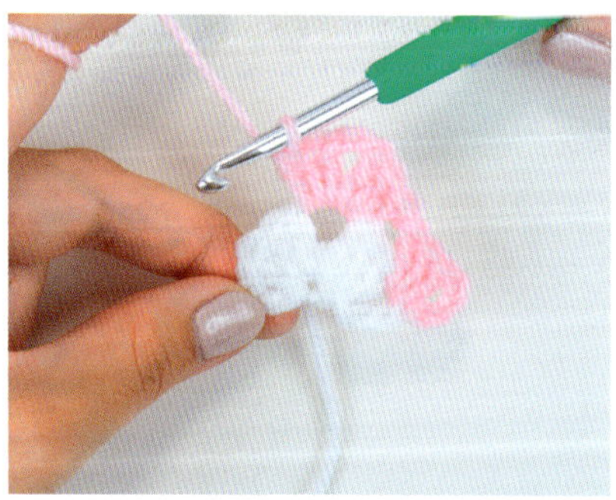

Schritt 10: Häkle in den nächsten Freiraum 3 Stäbchen, dann 2 Luftmaschen und nochmal 3 Stäbchen. Das wird die Spitze des Dreiecks.

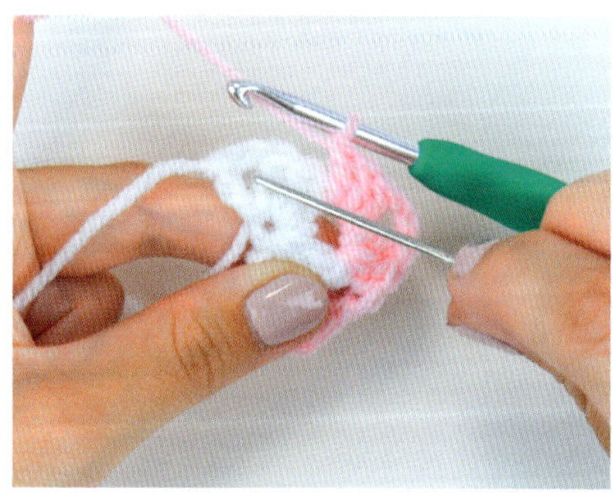

Schritt 11: Häkle 3 Stäbchen in den nächsten Freiraum.

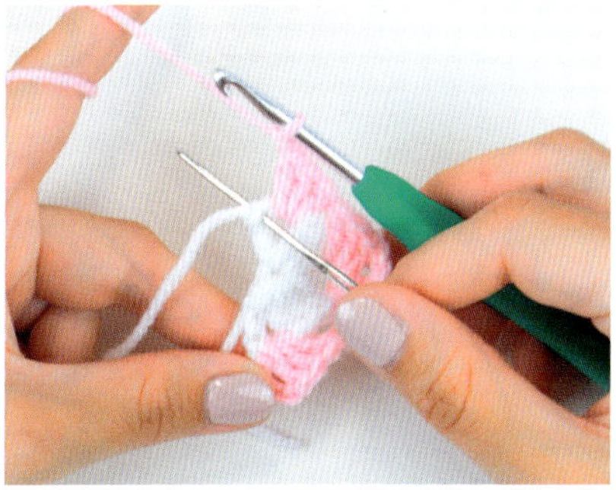

Schritt 12: Häkle 1 Luftmasche und anschließend 1 Stäbchen in das letzte Stäbchen aus der Vorreihe.

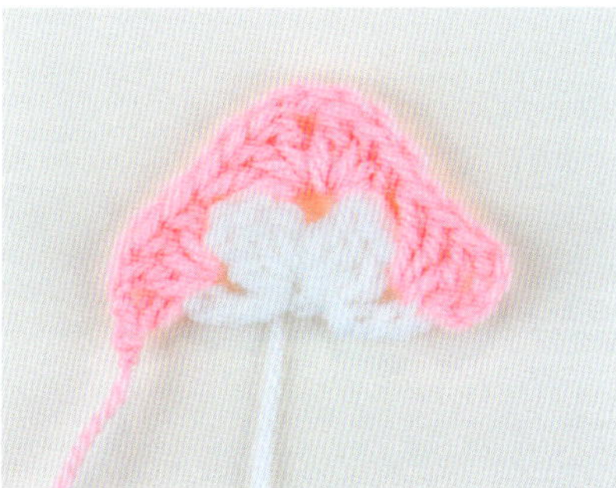

Schritt 13: Häkle 1 Luftmasche, schneide den Faden ab und zieh ihn durch.

Jetzt nimmst du wieder das weiße Garn
3. Reihe:

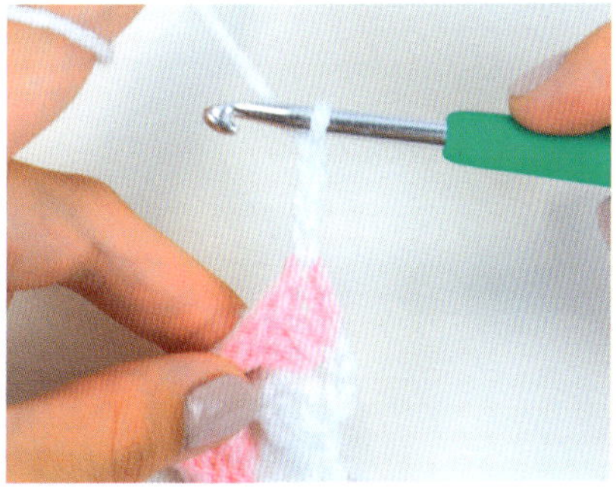

Schritt 14: Wiederhole Schritt 7-9.

Schritt 15: Häkle 3 Stäbchen in den nächsten Freiraum.

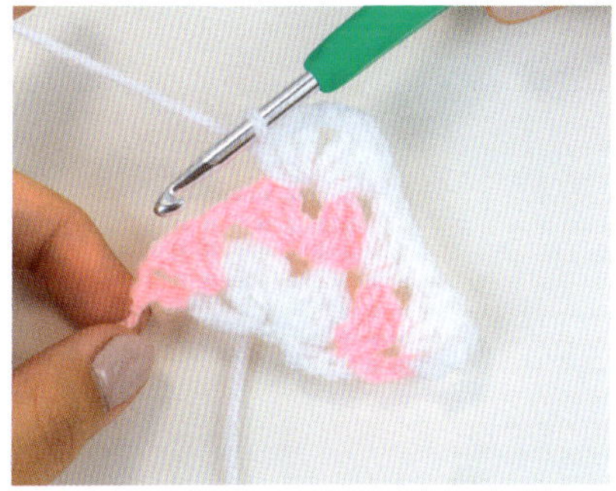

Schritt 16: Der Freiraum danach ist die Spitze des Dreiecks. Häkle dort 3 Stäbchen, dann 2 Luftmaschen und nochmal 3 Stäbchen hinein.

Schritt 17: Häkle noch in die letzten beiden Freiräume jeweils 3 Stäbchen.

Schritt 18: Häkle 1 Luftmasche und anschließend 1 Stäbchen in das letzte Stäbchen aus der Vorreihe.

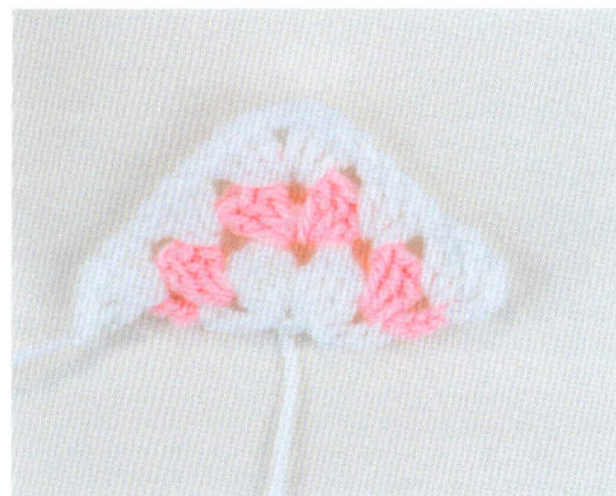

Schritt 19: Häkle 1 Luftmasche, schneide den Faden ab und zieh ihn durch.

Falls du ein Video zur Hilfe beim dreieckigen Retro Granny brauchst, scanne einfach diesen Code:

Jetzt nimmst du das lila Garn
4. Reihe:

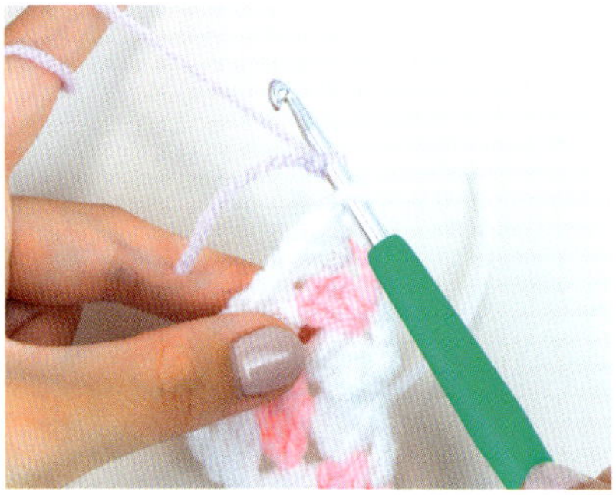

Schritt 20: Wiederhole Schritt 7-9.

Schritt 21: In die nächsten beiden Freiräume häkelst du jeweils 3 Stäbchen.

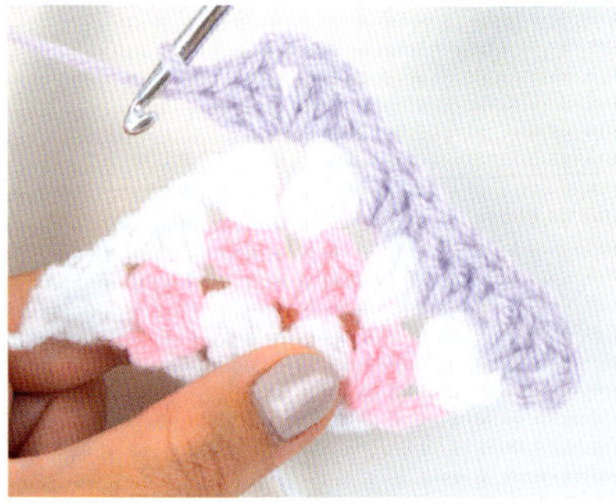

Schritt 22: Der Freiraum danach ist die Spitze des Dreiecks. Häkle dort 3 Stäbchen, dann 2 Luftmaschen und nochmal 3 Stäbchen hinein.

Schritt 23: Häkle noch in die letzten 3 Freiräume jeweils 3 Stäbchen.

Schritt 24: Häkle 1 Luftmasche und anschließend 1 Stäbchen in das letzte Stäbchen aus der Vorreihe.

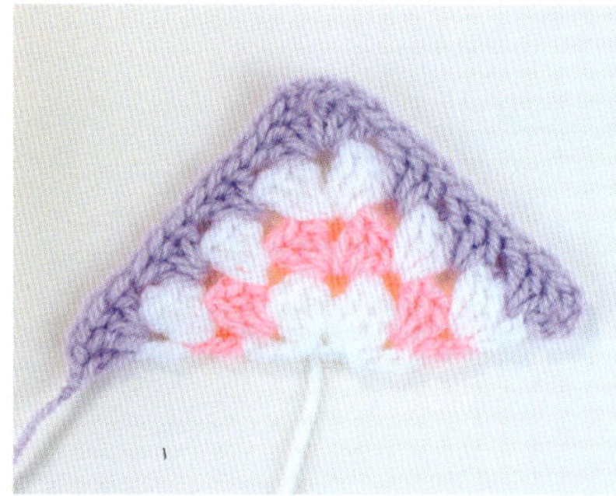

Schritt 25: Häkle 1 Luftmasche, schneide den Faden ab und zieh ihn durch.

Jetzt nimmst du wieder das weiße Garn

5. Reihe:

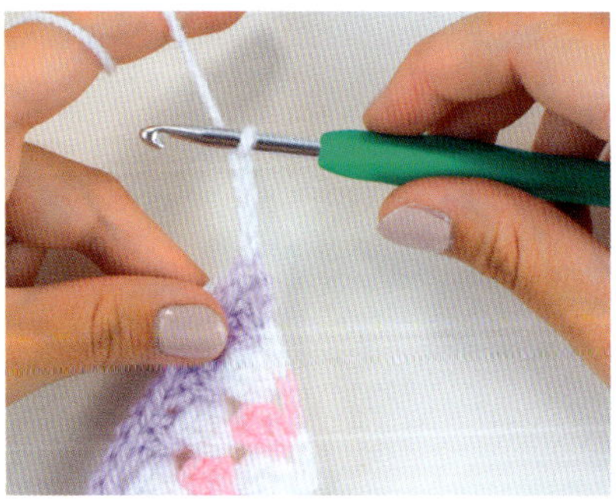

Schritt 26: Wiederhole Schritt 7-9.

Schritt 27: In die nächsten 3 Freiräume häkelst du jeweils 3 Stäbchen.

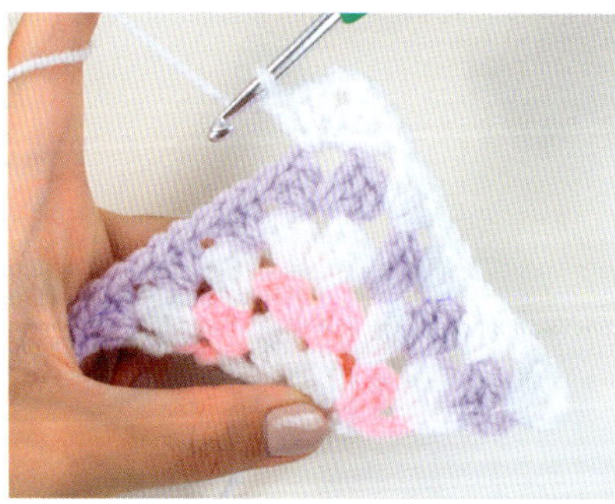

Schritt 28: Der Freiraum danach ist die Spitze des Dreiecks. Häkle dort 3 Stäbchen, dann 2 Luftmaschen und nochmal 3 Stäbchen hinein.

Schritt 29: Häkle noch in die letzten 4 Freiräume jeweils 3 Stäbchen.

Schritt 30: Häkle 1 Luftmasche und anschließend 1 Stäbchen in das letzte Stäbchen aus der Vorreihe.

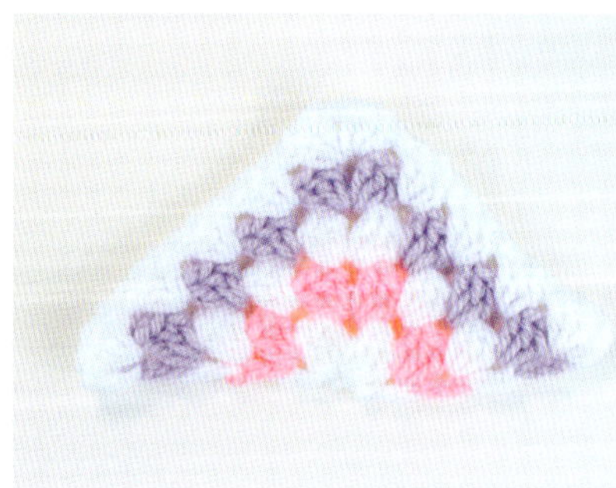

Schritt 31: Häkle 1 Luftmasche, schneide den Faden ab und zieh ihn durch.

Jetzt nimmst du noch ein letztes Mal das weiße Garn
6. Reihe:

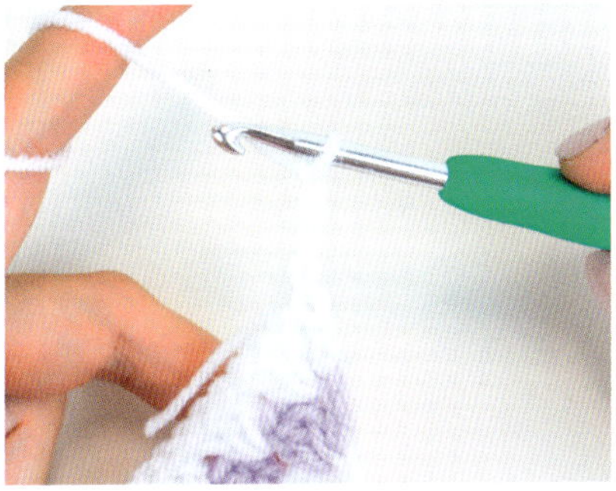

Schritt 32: Wiederhole Schritt 7-9.

Schritt 33: In die nächsten 4 Freiräume häkelst du jeweils 3 Stäbchen.

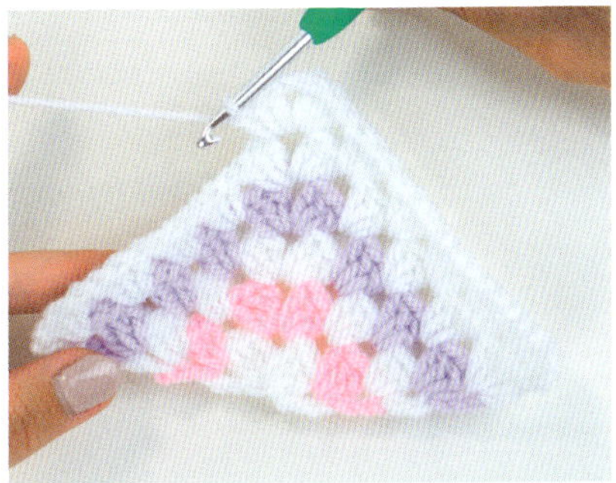

Schritt 34: Der Freiraum danach ist die Spitze des Dreiecks. Häkle dort 3 Stäbchen, dann 2 Luftmaschen und nochmal 3 Stäbchen hinein.

Schritt 35: Häkle noch in die letzten 5 Freiräume jeweils 3 Stäbchen.

Schritt 36: Häkle 1 Luftmasche und anschließend 1 Stäbchen in das letzte Stäbchen aus der Vorreihe.

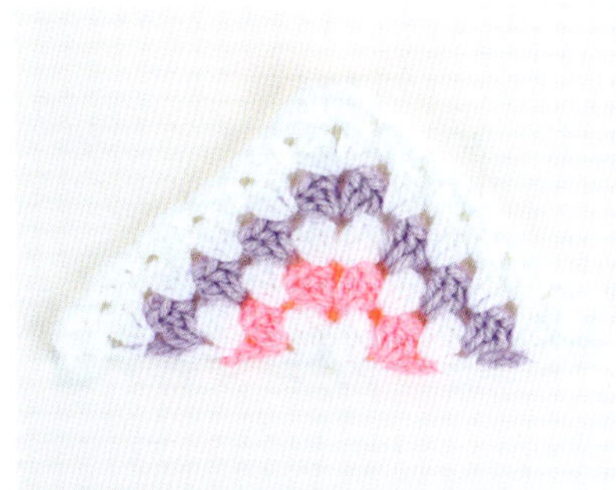

Schritt 37: Häkle 1 Luftmasche, schneide den Faden ab, zieh ihn durch und verwebe alle Fadenenden.

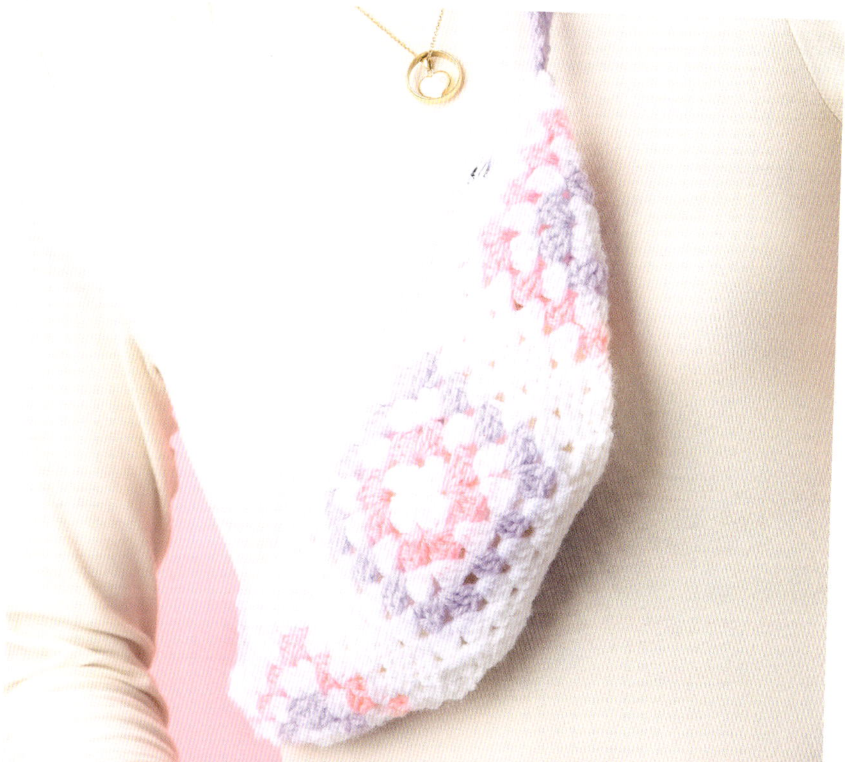

Falls du ein Video zur Hilfe beim dreieckigen Retro Granny brauchst, scanne einfach diesen Code:

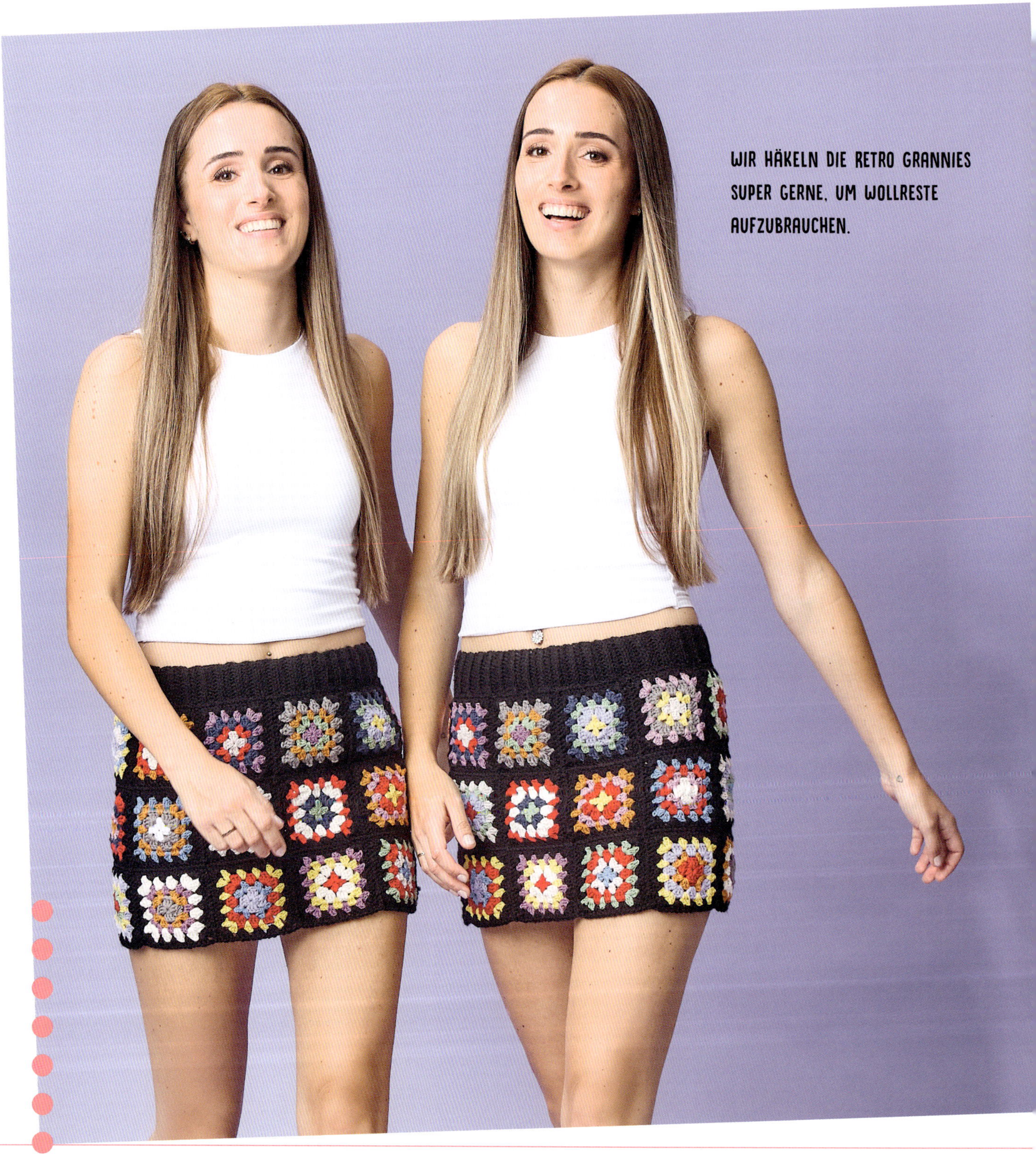
WIR HÄKELN DIE RETRO GRANNIES
SUPER GERNE, UM WOLLRESTE
AUFZUBRAUCHEN.

TRENDY ROCK

Diese Anleitung ist für einen Rock in der Größe S geschrieben. Du kannst ihn aber auch in einer anderen Größe häkeln.

Größe

XS, S, M, L; Quadratisches Granny, 9 cm x 9 cm

Benötigtes Material

- Polyacrylgarn (100% Polyacryl; LL 1040 m/400 g) in Schwarz, bunte Wollreste
- Größe XS+S: 120 g in Schwarz, 180 g bunte Wollreste
- Größe M+L: 170 g in Schwarz, 230 g bunte Wollreste
- Häkelnadel 3,5 mm
- Wollnadel

Für das verwendete Garn ist eine Häkelnadel der Stärke 3,5–4,5 mm empfohlen.

Wir haben hier folgende Wolle benutzt: Gründl Big Mamma uni in Schwarz und verschiedenste Wollreste

Notiz an mich:
So viele Reihen habe ich beim Bund gehäkelt:

Wie häkle ich Größe XS, S, M, L?
Wenn du eine andere Größe häkeln möchtest, häkelst du mehr oder weniger Reihen beim Bund. Außerdem häkelst du zum Teil mehr Grannies. Häkle wie in der Anleitung, aber beachte Folgendes:

Größe XS: 46 cm breit, 27 cm lang
Bund: Insgesamt 82 Reihen mit jeweils 11 halben Stäbchen + 1 Wendeluftmasche
Rock: 30 Quadratische Grannies

Größe S: 48 cm breit, 27 cm lang
Bund: Insgesamt 85 Reihen mit jeweils 11 halben Stäbchen + 1 Wendeluftmasche
Rock: 30 Quadratische Grannies

Größe M: 52 cm breit, 36 cm lang
Bund: Insgesamt 91 Reihen mit jeweils 11 halben Stäbchen + 1 Wendeluftmasche
Rock: 40 Quadratische Grannies

Größe L: 55 cm breit, 36 cm lang
Bund: Insgesamt 96 Reihen mit jeweils 11 halben Stäbchen + 1 Wendeluftmasche
Rock: 44 Quadratische Grannies

Größe XS/S

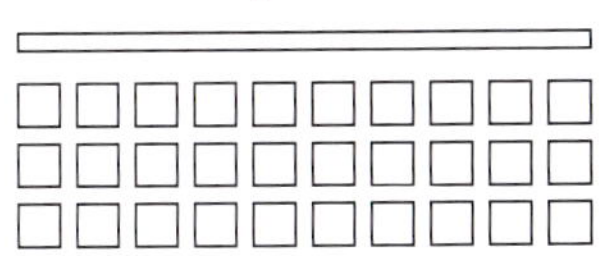

Größe M

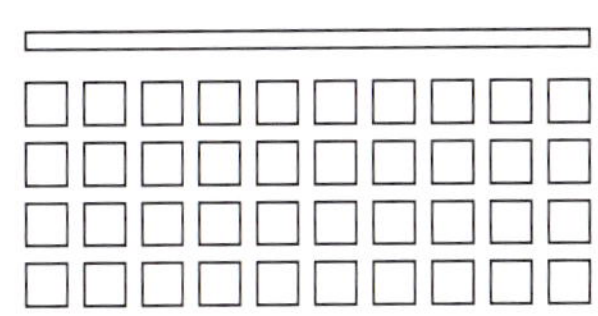

Größe L

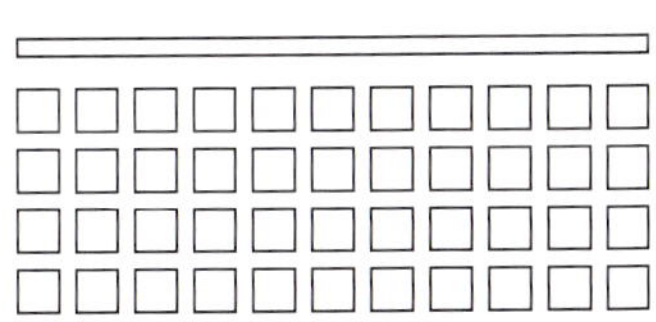

Anleitung

Fang mit dem Bund an

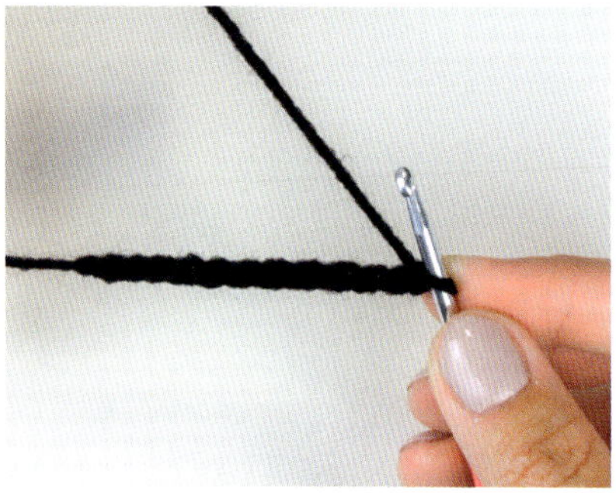

Schritt 1: Mache eine Anfangsschlaufe und häkle 11 Luftmaschen und 1 Wendeluftmasche (= insgesamt 12 Luftmaschen).

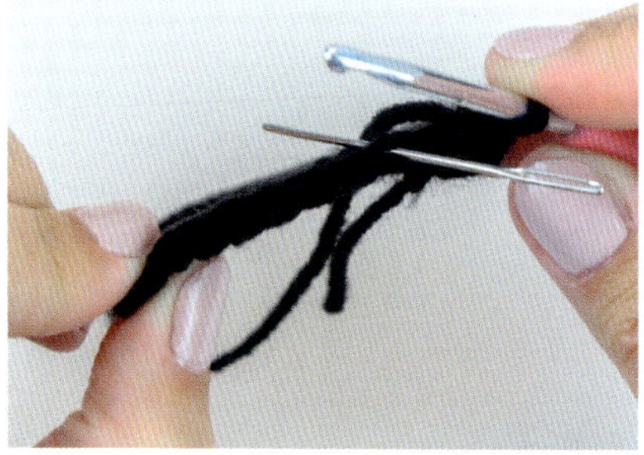

Schritt 2: Überspringe die Wendeluftmasche und häkle 1 halbes Stäbchen nur ins hintere Maschenglied.

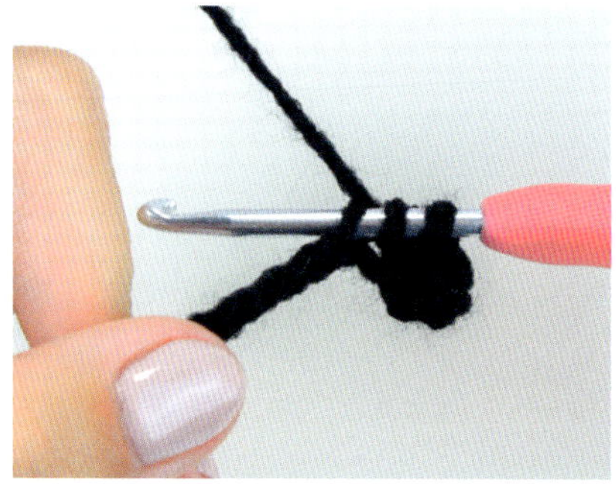

Schritt 3: Häkle in jede weitere Masche 1 halbes Stäbchen nur ins hintere Maschenglied (= insgesamt 11 halbe Stäbchen).

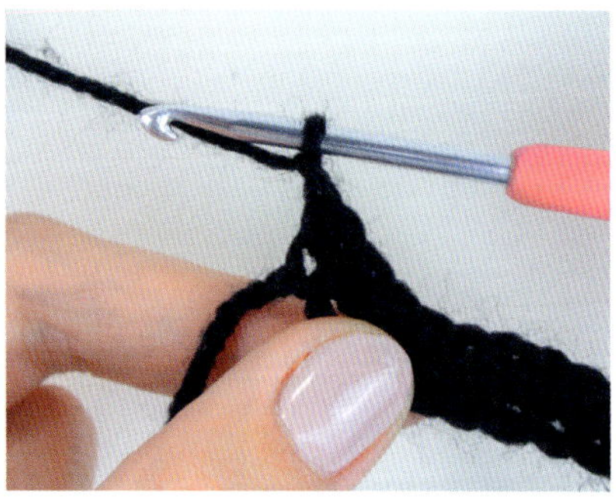

Schritt 4: Am Ende der Reihe häkelst du 1 Wendeluftmasche.

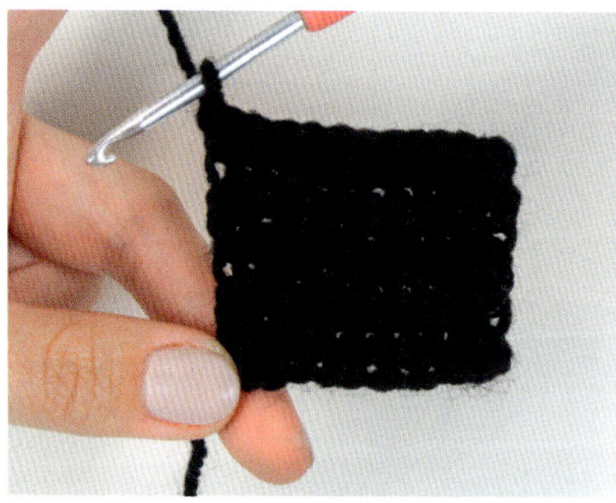

Schritt 5: Wiederhole Schritt 2-4 noch 83-mal (= insgesamt 85 Reihen) (bzw. für Größe XS 80-mal (= insgesamt 82 Reihen), Größe M 89-mal (= insgesamt 91 Reihen), Größe L 94-mal (= insgesamt 96 Reihen)). So breit wird der Bund sein.

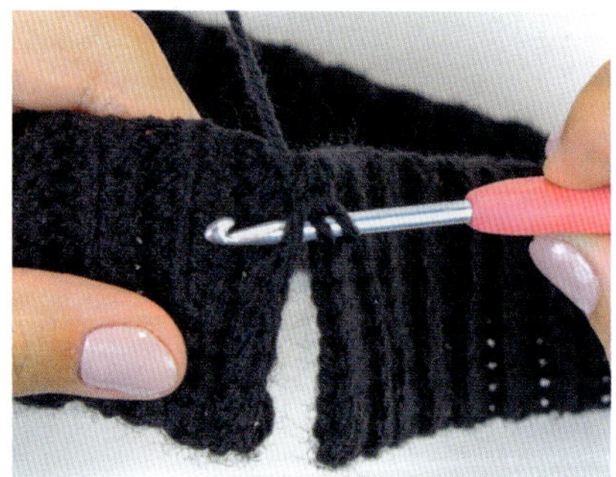

Schritt 6: Um den Bund zu schließen häkelst du jetzt Kettmaschen. Stich dafür nur ins hintere Maschenglied und nimm dir jetzt das andere Ende vom Bund. Dort stichst du zusätzlich durch die 1. Masche und häkelst durch beide Teile 1 Kettmasche.

Achte darauf, dass der Bund nicht verdreht ist, wenn du ihn verbindest.

Jetzt häkelst du den Rock

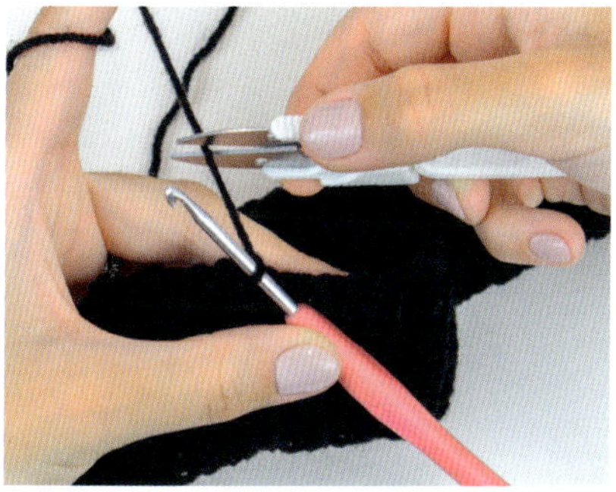

Schritt 7: Häkle so in jede weitere Masche beider Enden (= insgesamt 11 Kettmaschen). Am Ende angekommen häkelst du 1 Luftmasche, schneidest den Faden ab und ziehst ihn durch.

Schritt 8: Drehe das Stück auf rechts.

Tipp: Halte dir das gehäkelte Stück zwischendurch mal an, so siehst du ob dir der Bund schon breit genug ist. Achte darauf, dass du nicht zu viele Reihen häkelst, damit der Rock später nicht rutscht.

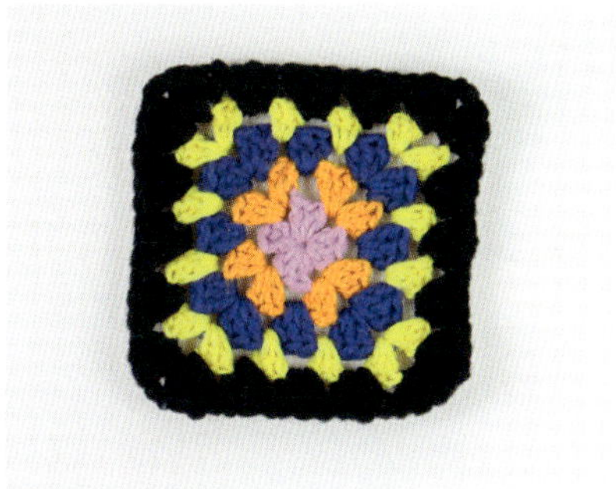

Schritt 9: Häkle 30 (bzw. für Größe XS 30, Größe M 40, Größe L 44) quadratische Retro Grannies. Für diese benutzt du jetzt deine bunten Wollreste, nur die äußerste Runde häkelst du in Schwarz. Die Anleitung für ein quadratisches Retro Granny findest du auf Seite 49.

Hinweis: Häkle mit einer Häkelnadel der Stärke 3,5 mm und hör nach der fünften Runde auf. So werden die Grannies 9 cm x 9 cm groß.

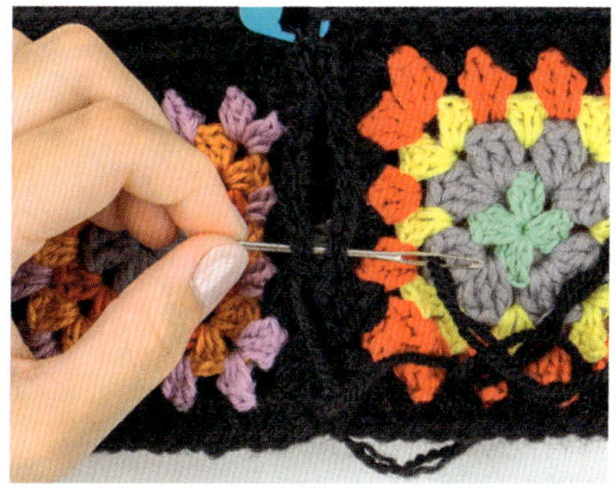

Schritt 10: Verbinde diese wie in der Abbildung auf Seite 59 miteinander. Nimm dafür eine Wollnadel und jeweils ein langes Stück schwarzen Faden.

Falls du ein Video zur Hilfe beim Rock brauchst, scanne einfach diesen Code:

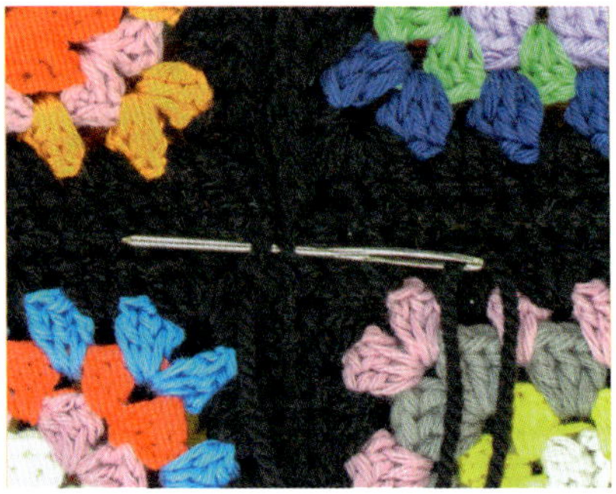

Tipp: Verbinde zuerst die Längsseiten und dann die Runden miteinander. Wenn du bei einer Runde an einer Ecke angekommen bist …

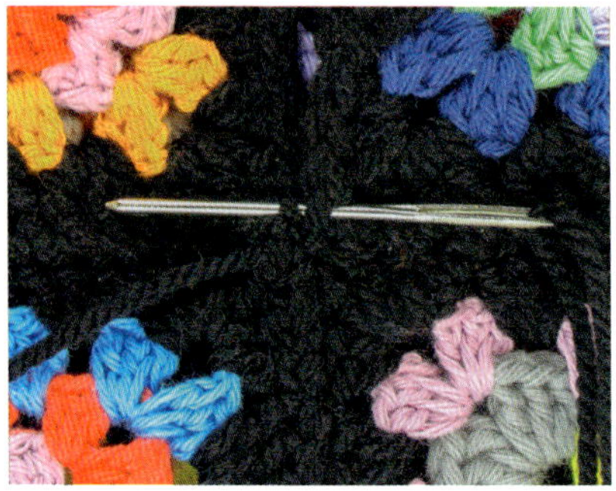

… überspringe die Schnittstelle einfach. Du gehst dort also immer nur durch 1 Luftmasche pro Ecke.

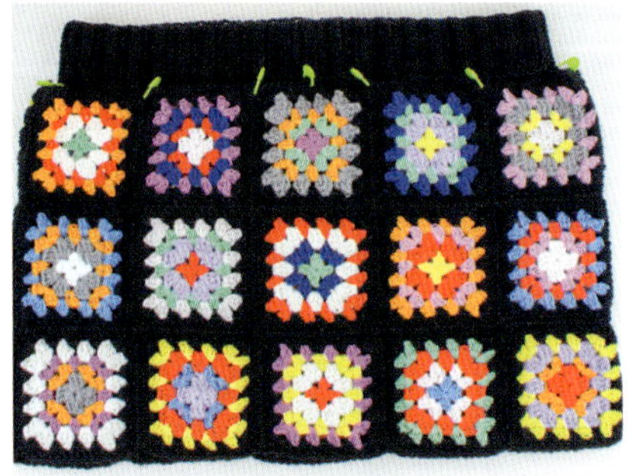

Schritt 11: Verbinde den Bund mit den Grannies, also dem Rock.

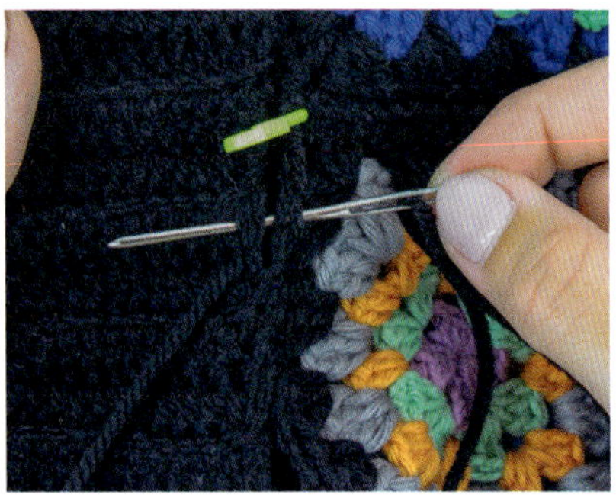

Schritt 12: Nimm dir dafür wieder deine Wollnadel und ein langes Stück schwarzen Faden. Zum Schluss verwebst du nur noch die Fadenenden, und fertig ist der Rock.

Tipp: Wenn dir der Rock zu kurz ist, häkle einfach noch eine Runde Grannies unten dran.

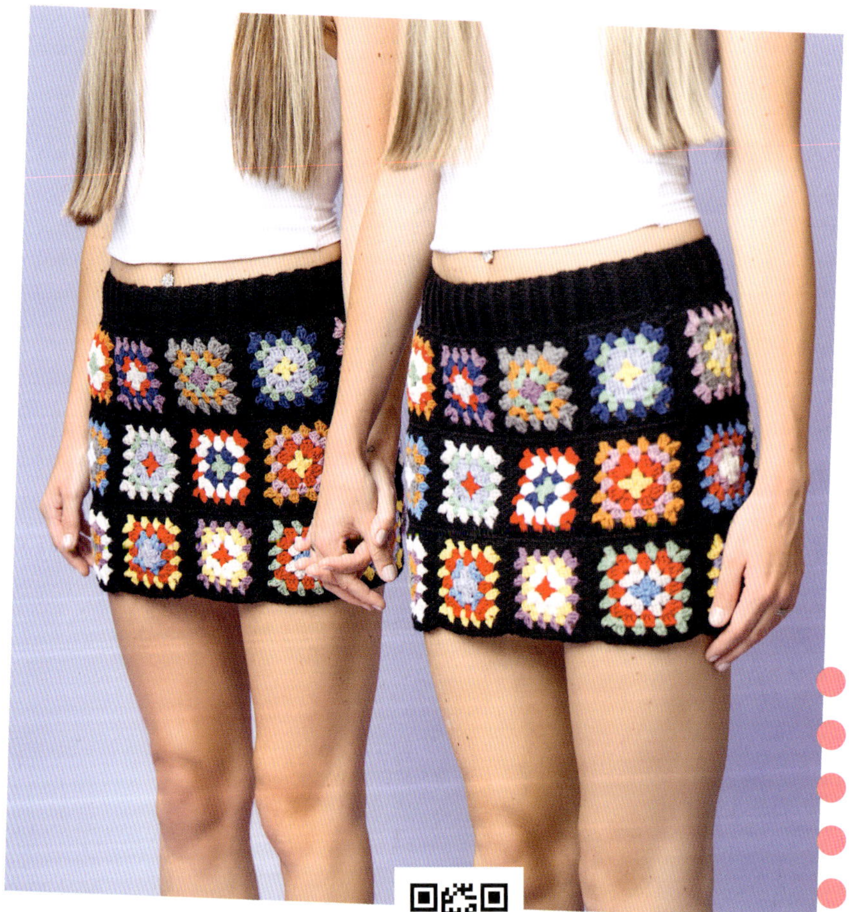

Falls du ein Video zur Hilfe beim Rock brauchst, scanne einfach diesen Code:

WIE KOMMEN WIR EIGENTLICH AUF DIE DESIGNS?

Wir häkeln super gerne Sachen aus Grannies. Einerseits lernt man sie sehr schnell zu häkeln und kommt auch schnell in eine Routine, weil man die ganze Zeit das Gleiche macht. Andererseits kann man leicht die Größe verändern, indem man ein Granny mehr oder weniger häkelt, also ist es nicht ganz so schlimm, wenn ein Teil nicht direkt passt.

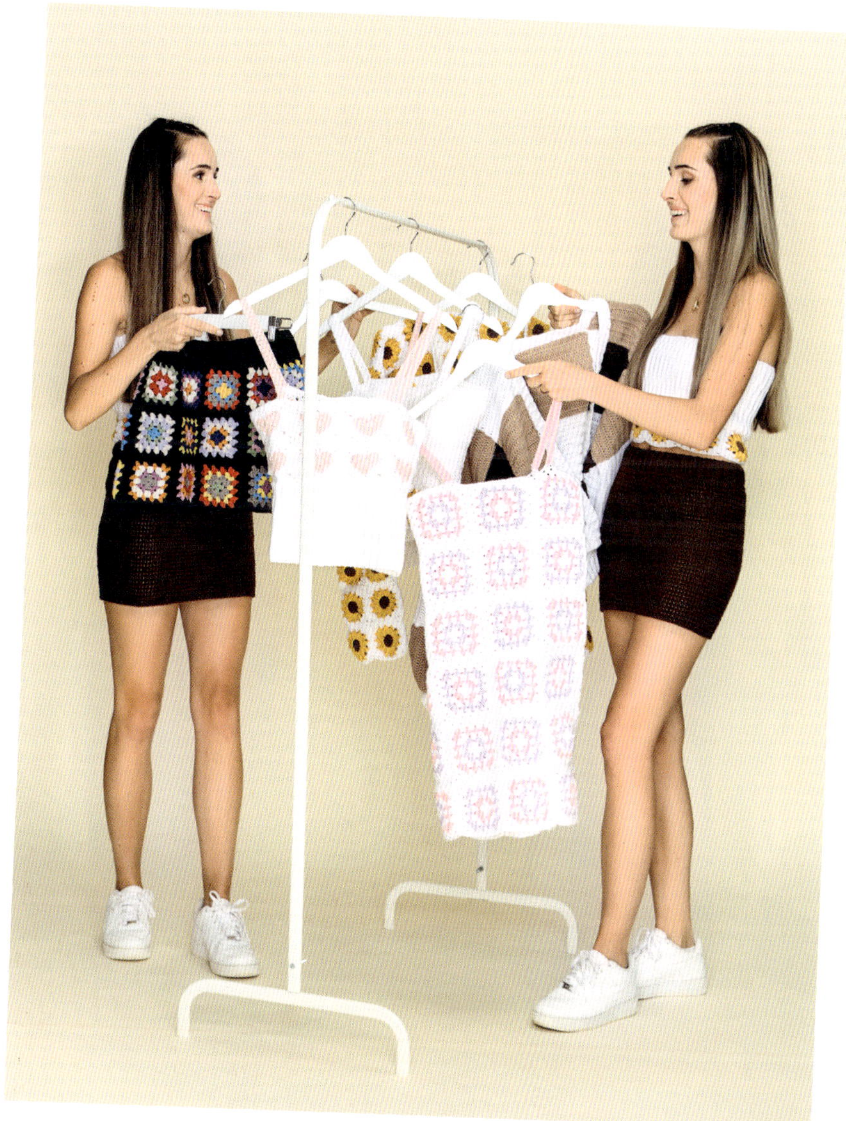

Es macht einfach unglaublich viel Spaß – sowohl das Häkeln, als auch sich die Designs zu überlegen.

Gerade zu einem Anlass, wie Valentinstag oder Weihnachten, häkeln wir gerne ein passendes Kleidungsstück selbst.

Von Social Media holen wir uns auch viel Inspiration, dort findet man auch einige Bilder von gehäkelten Teilen.

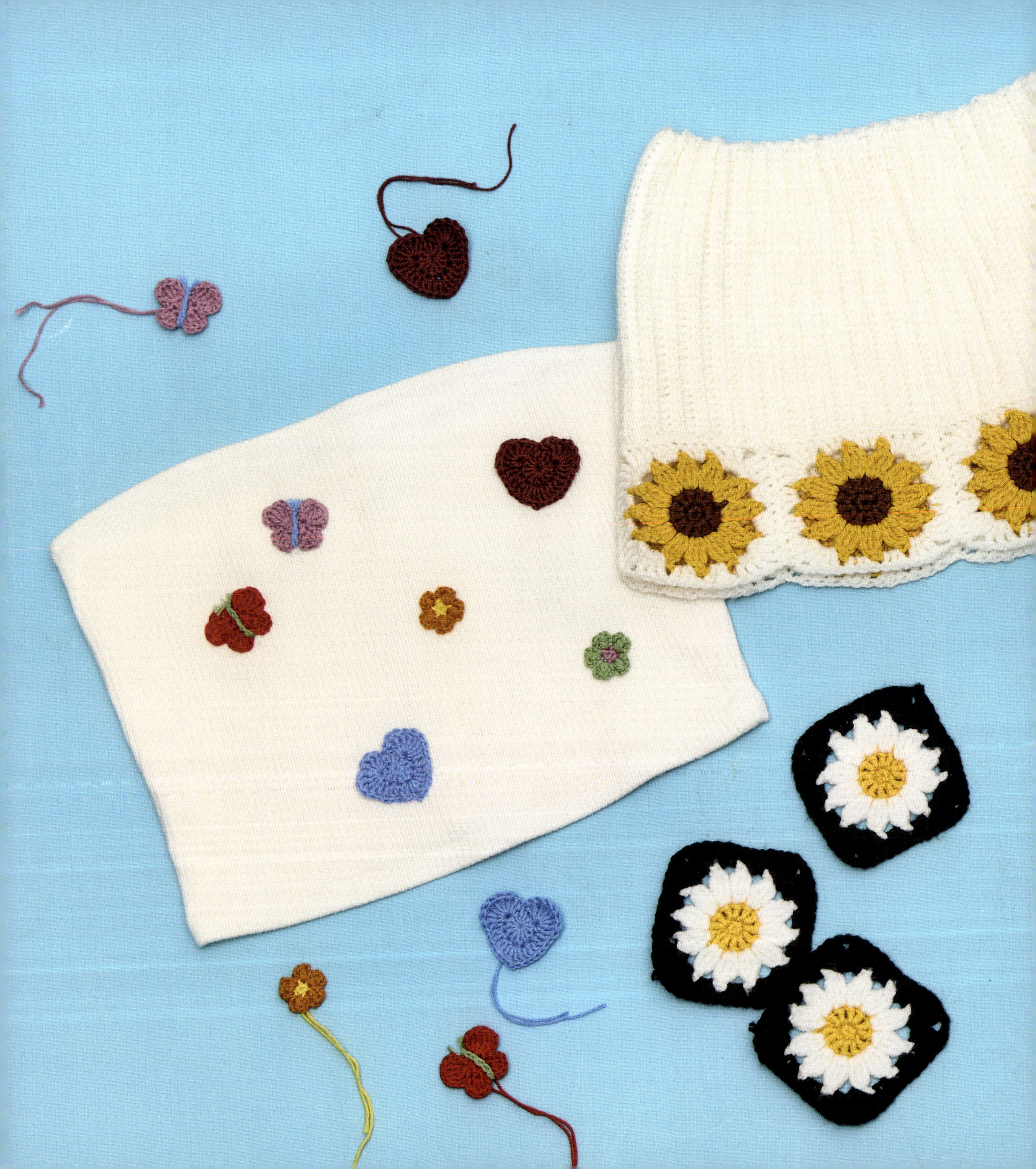

FORTGESCHRITTENE MODELLE

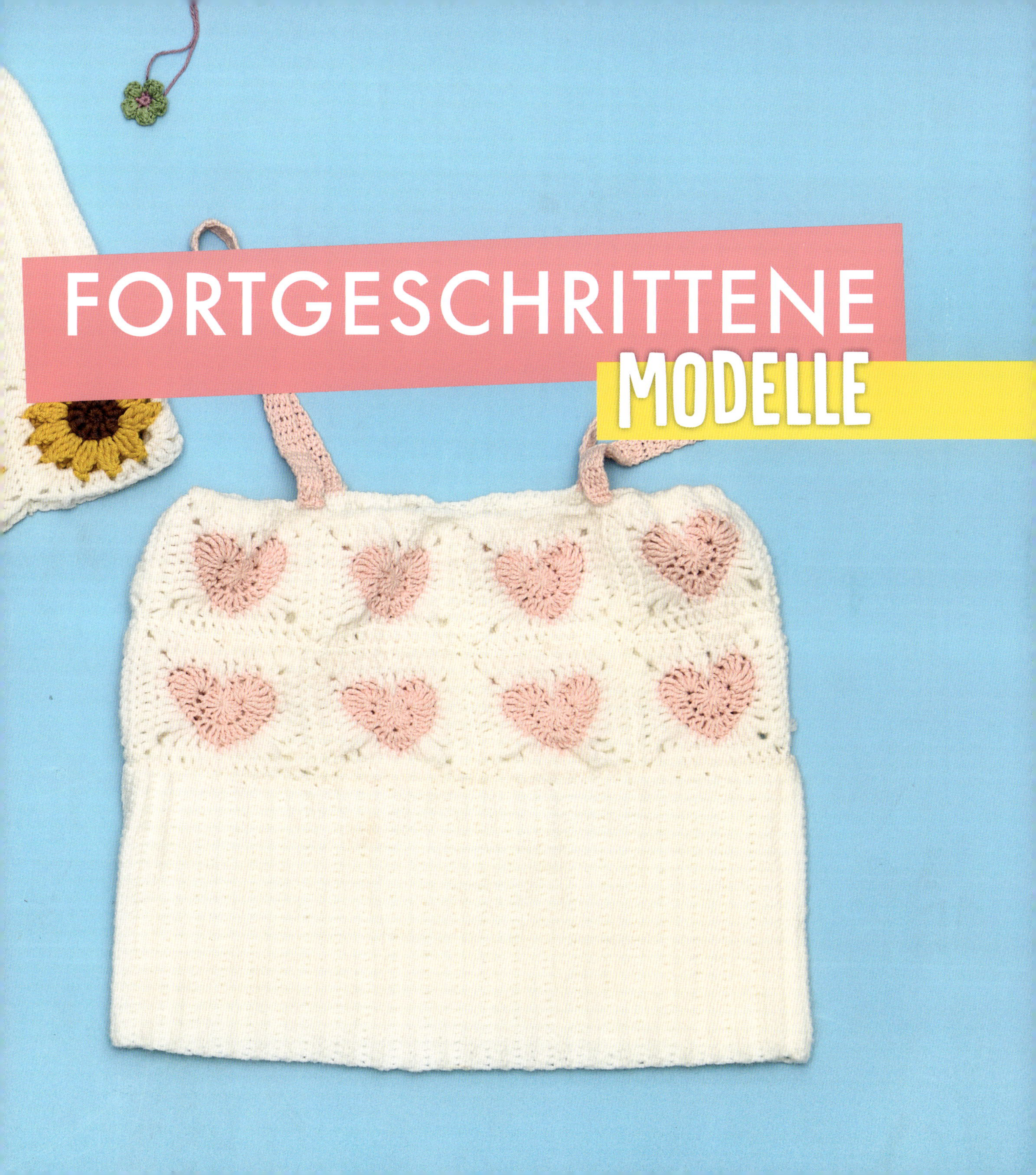

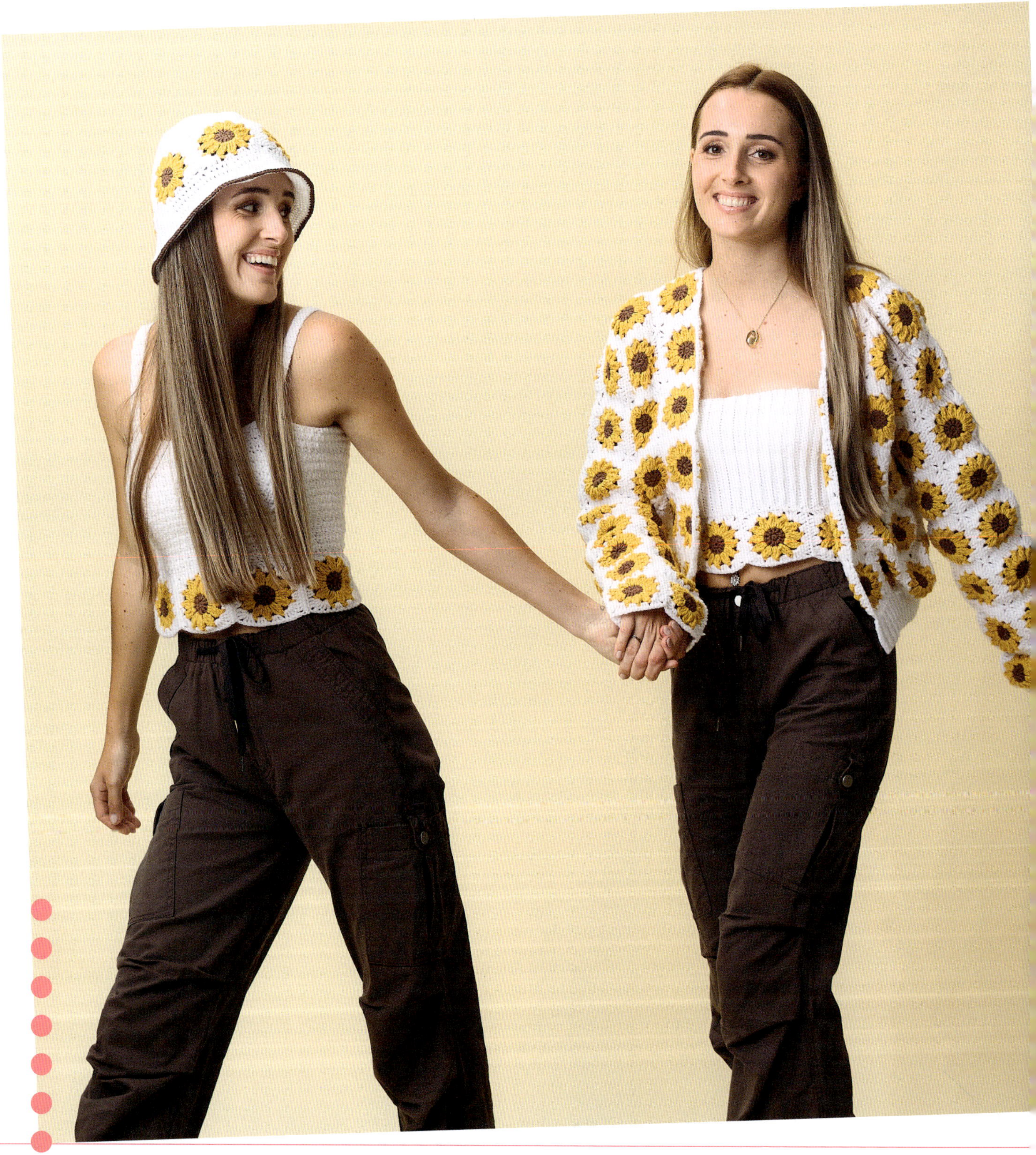

SONNENBLUMEN GRANNY

Größe

Quadratisches Granny, 8 cm x 8 cm

Benötigtes Material

- Baumwollgarn (100% Baumwolle; LL 75 m/50 g) in Braun und Gelb, Polyacrylgarn (100% Polyacryl; LL 1040 m/400 g) in Weiß
- Häkelnadel 3,5 mm
- Wollnadel

Für das verwendete Garn in Braun und Gelb ist eine Häkelnadel der Stärke 3,5-4,0 mm und für das Garn in Weiß eine Häkelnadel der Stärke 3,5–4,5 mm empfohlen.

Wir haben hier folgende Wolle benutzt:
hobbii Rainbow 8/8 in Gelb und Braun; Gründl Big Mamma uni in Weiß

Anleitung

Fang mit dem braunen Garn an

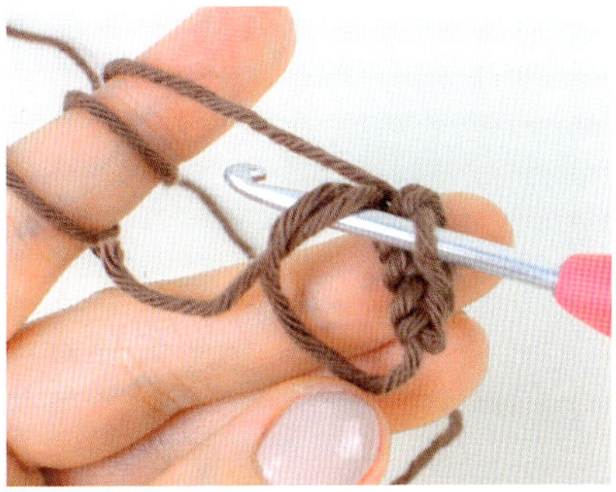

Schritt 1: Mache einen Fadenring und häkle 6 feste Maschen hinein.

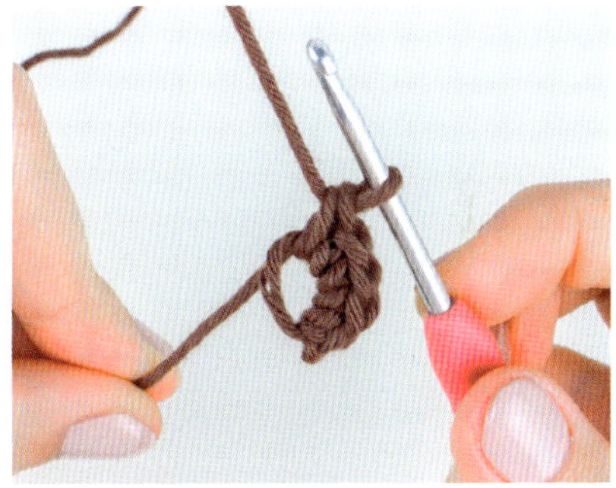

Schritt 2: Zieh den Fadenring zu, indem du am Fadenende ziehst ...

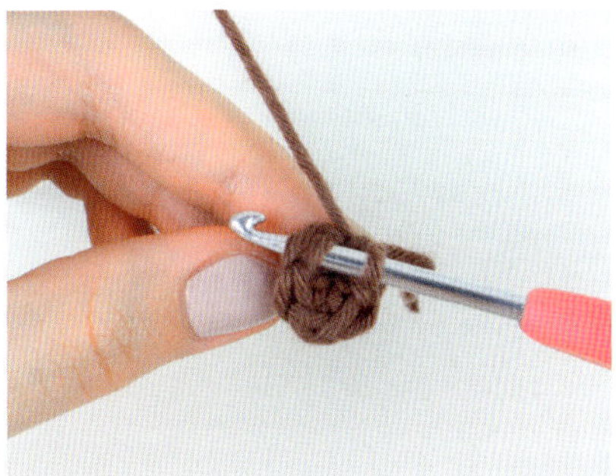

Schritt 3: ... und häkle 1 Kettmasche in die 1. feste Masche.

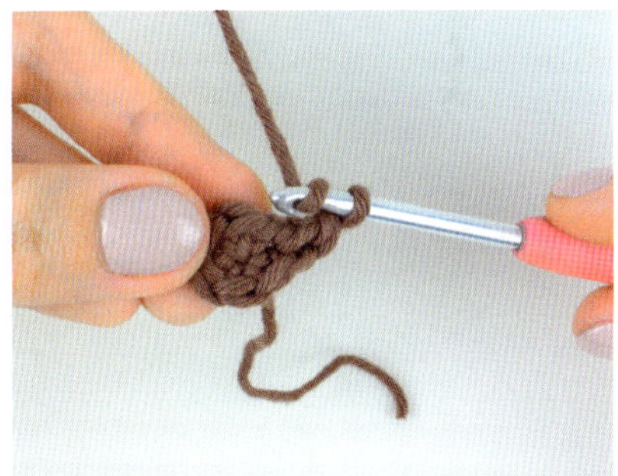

Schritt 4: Häkle 1 Luftmasche.

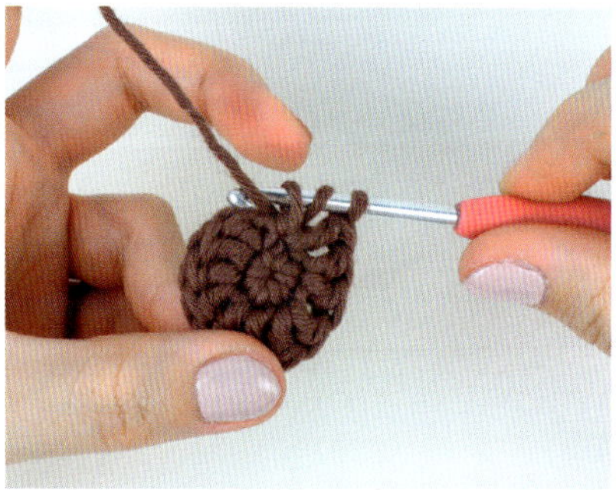

Schritt 5: Jetzt überspringst du die Luftmasche und häkelst in jede Masche 2 Stäbchen (= insgesamt 12 Stäbchen).

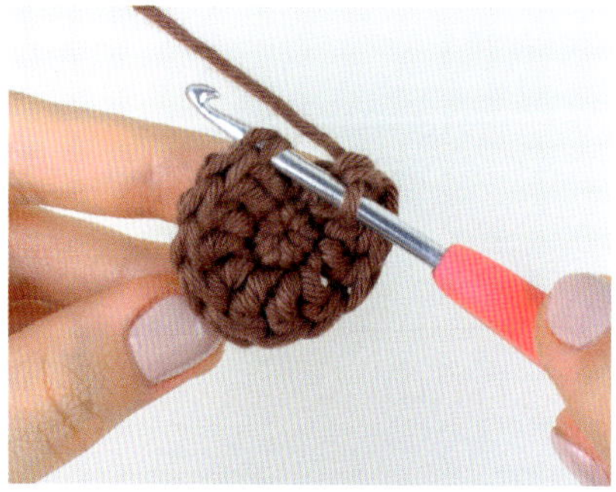

Schritt 6: Häkle 1 Kettmasche in das 1. Stäbchen, um die Runde zu schließen.

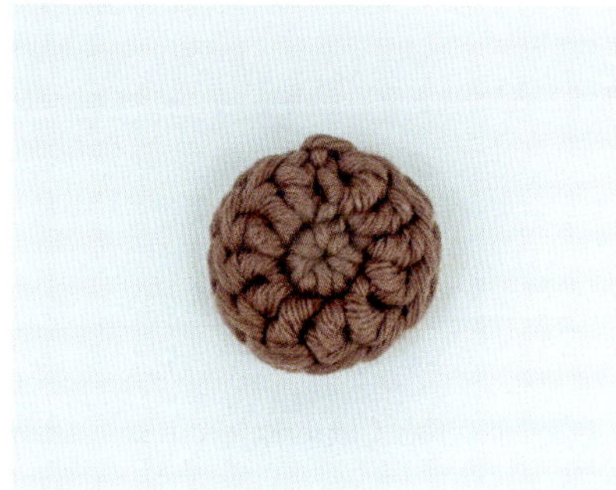

Schritt 7: Häkle 1 Luftmasche, schneide den Faden ab und zieh ihn durch.

Jetzt nimmst du das gelbe Garn

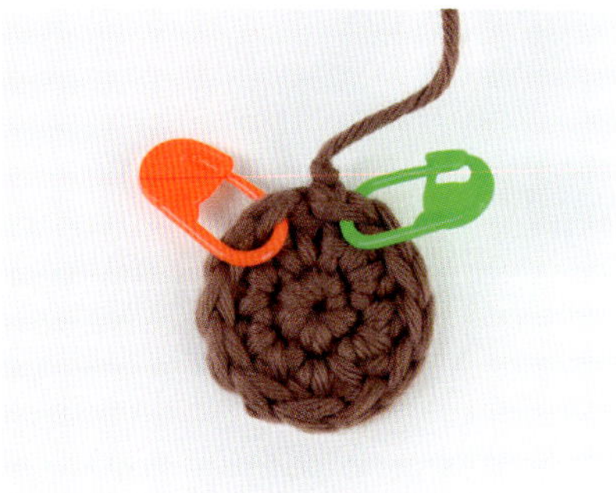

Schritt 8: Stich mit der Häkelnadel (ohne Faden) in das letzte Stäbchen ein. Die Masche ist rechts neben dem Endknoten (Auf dem Bild mit einem grünen Maschenmarkierer markiert).

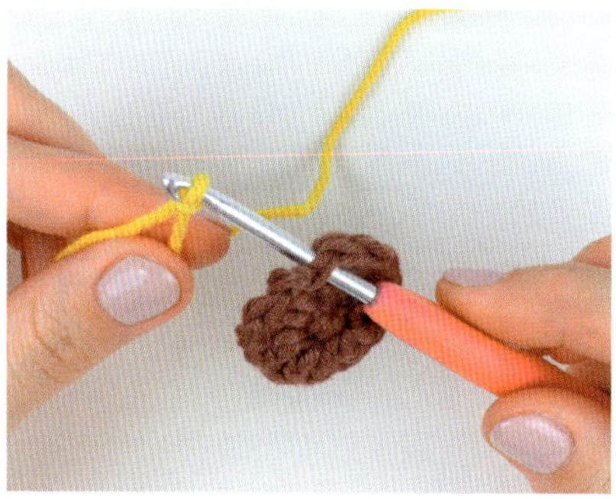

Schritt 9: Jetzt machst du eine Anfangsschlaufe und ziehst sie durch die Masche.

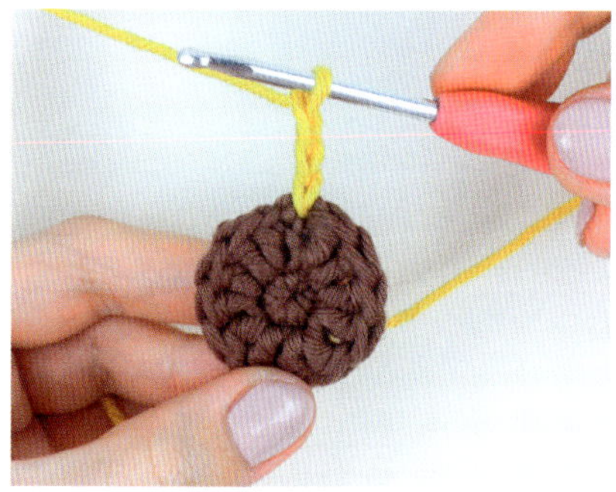

Schritt 10: Häkle 3 Luftmaschen.

Falls du ein Video zur Hilfe beim Sonnenblumen Granny brauchst, scanne einfach diesen Code:

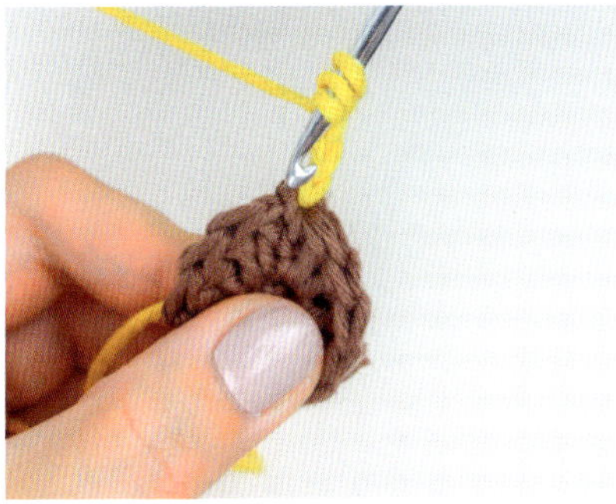

Schritt 11: Schlage den Faden 2-mal um die Nadel und stich nochmal in die gleiche Masche ein ...

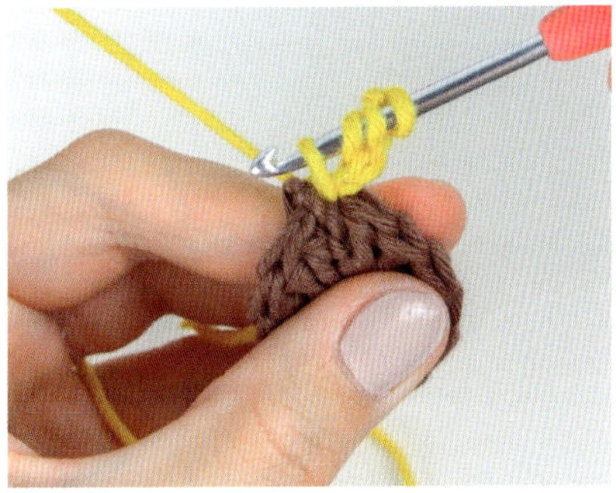

Schritt 12: ... hol den Faden und zieh ihn durch die Masche. Jetzt hast du 4 Schlaufen auf der Nadel.

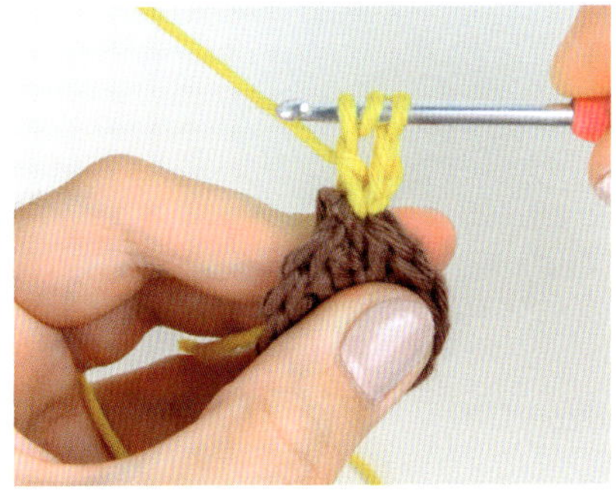

Schritt 13: Hol dir den Faden und zieh ihn nur durch die ersten beiden Schlaufen, sodass du noch 3 Schlaufen auf der Nadel hast.

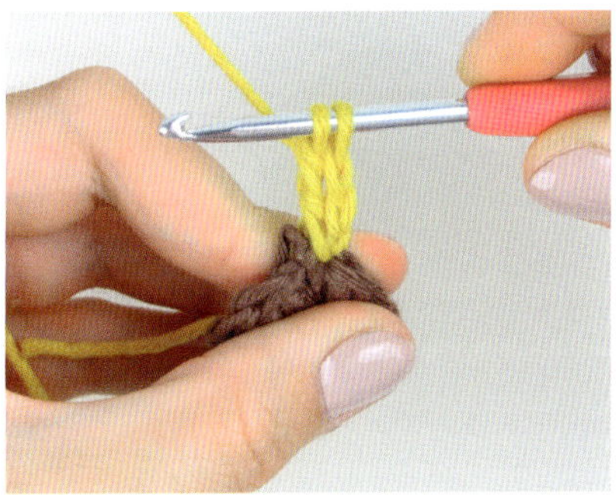

Schritt 14: Nun ziehst du den Faden durch die nächsten beiden Schlaufen, sodass du noch 2 Schlaufen auf der Nadel hast.

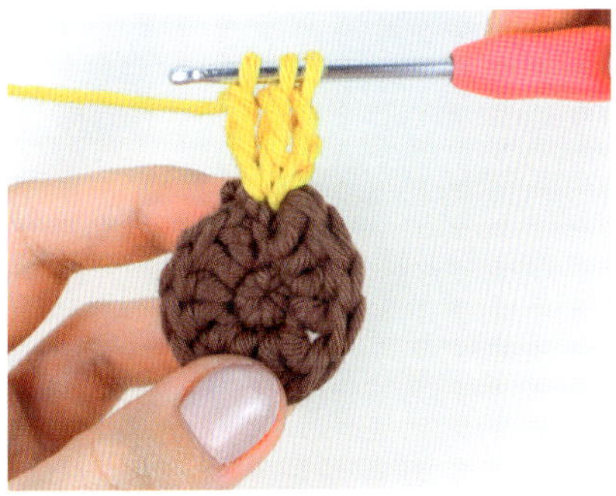

Schritt 15: Wiederhole Schritt 11-14. Diesmal hast du aber immer 1 Schlaufe mehr auf der Nadel und endest so mit 3 Schlaufen auf der Nadel.

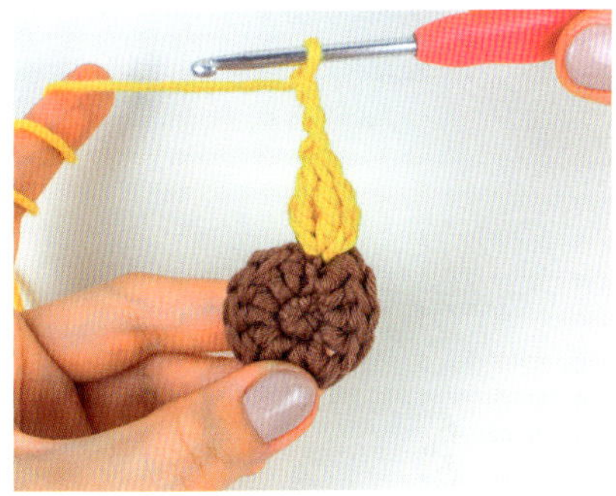

Schritt 16: Jetzt ziehst du den Faden durch alle 3 Schlaufen und häkelst anschließend 3 Luftmaschen. Fertig ist das erste Blütenblatt.

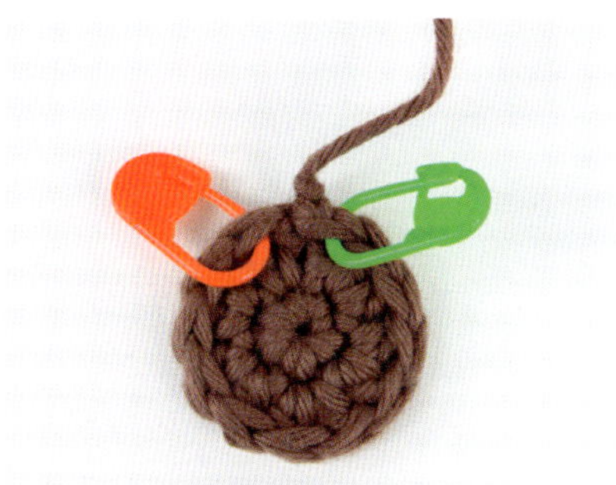

Tipp: Die Masche für das zweite Blütenblatt ist auf dem Bild mit einem roten Maschenmarkierer markiert.

Schritt 17: Schlage den Faden wieder 2-mal um die Nadel und stich in die nächste Masche ein ...

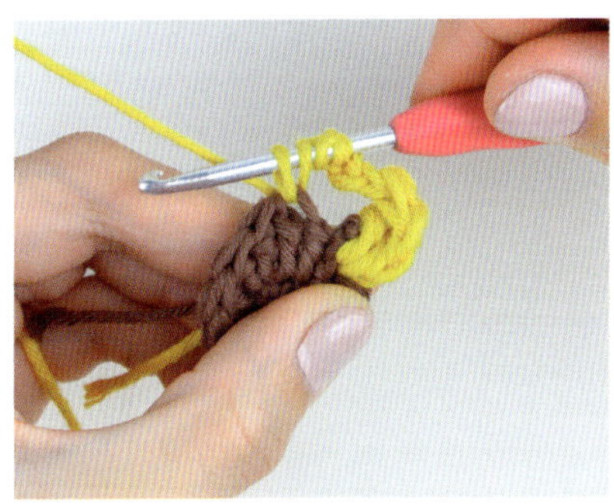

Schritt 18: ... und hol den Faden durch die Masche (= 4 Schlaufen auf der Nadel).

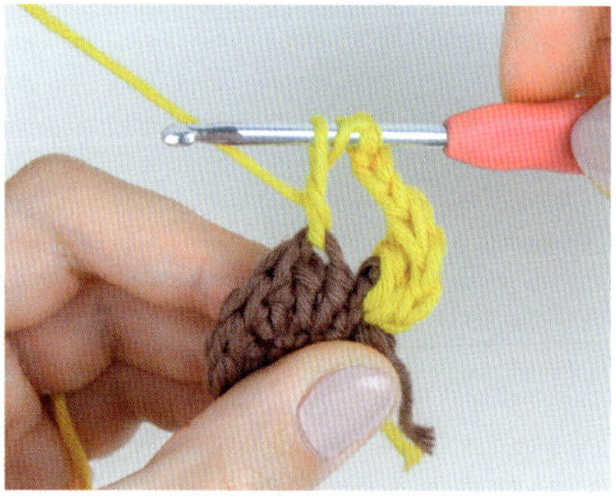

Schritt 19: Zieh den Faden durch die ersten beiden Schlaufen (= 3 Schlaufen auf der Nadel).

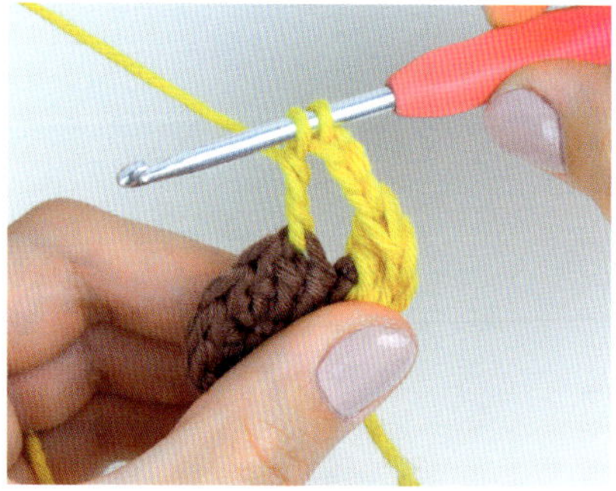

Schritt 20: Anschließend ziehst du den Faden durch die nächsten beiden Schlaufen (= 2 Schlaufen auf der Nadel).

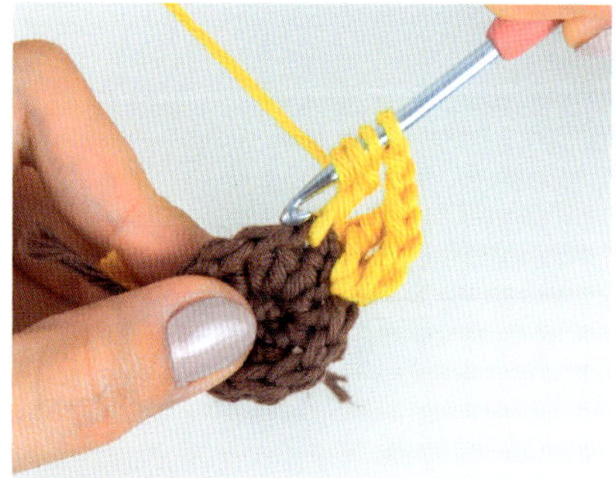

Schritt 21: Schlage den Faden 2-mal um die Nadel und stich in die gleiche Masche ein.

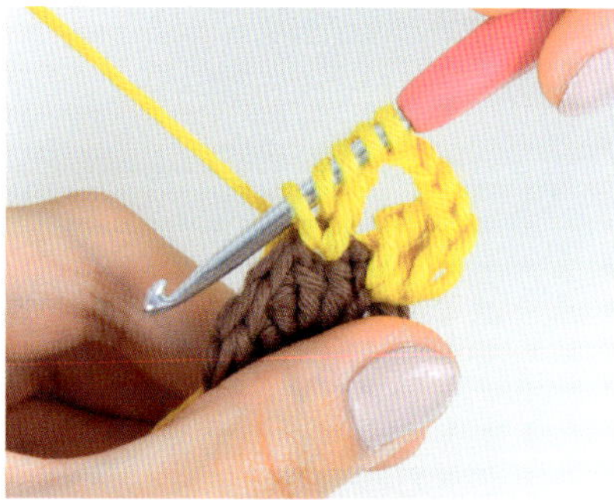

Schritt 22: Dort holst du den Faden durch die Masche (= 5 Schlaufen auf der Nadel).

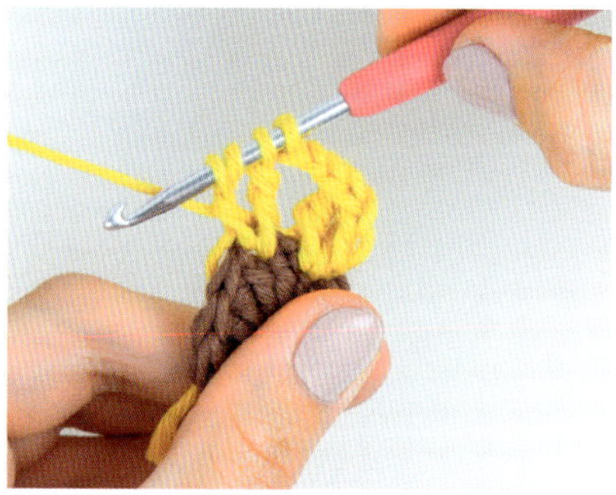

Schritt 23: Zieh den Faden durch die ersten beiden Schlaufen (= 4 Schlaufen auf der Nadel).

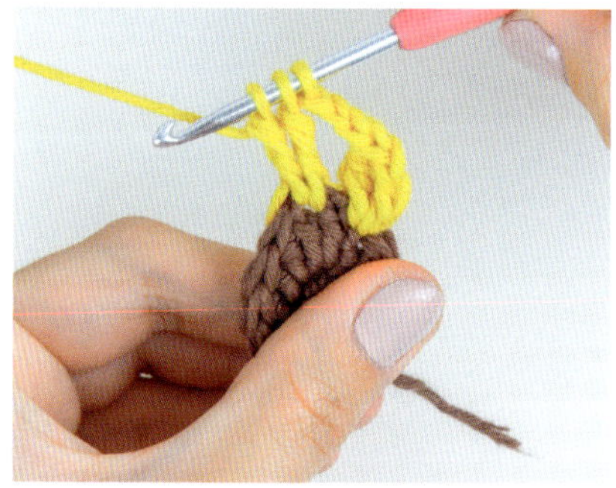

Schritt 24: Jetzt ziehst du den Faden noch durch die nächsten beiden Schlaufen (= 3 Schlaufen auf der Nadel).

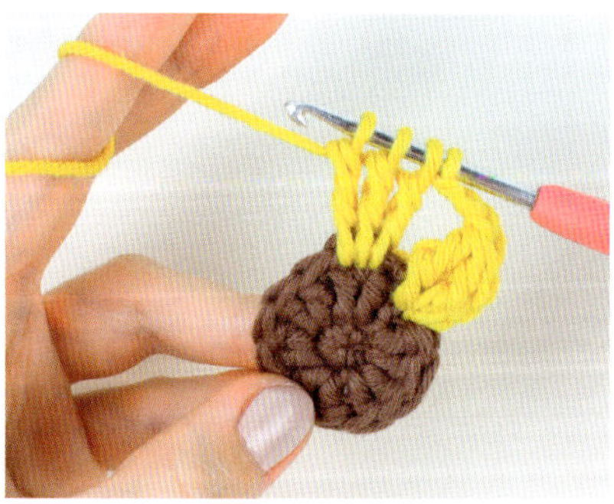

Schritt 25: Wiederhole Schritt 21-24, du wirst immer 1 Schlaufe mehr auf der Nadel haben. Am Ende hast du also 4 Schlaufen auf der Nadel.

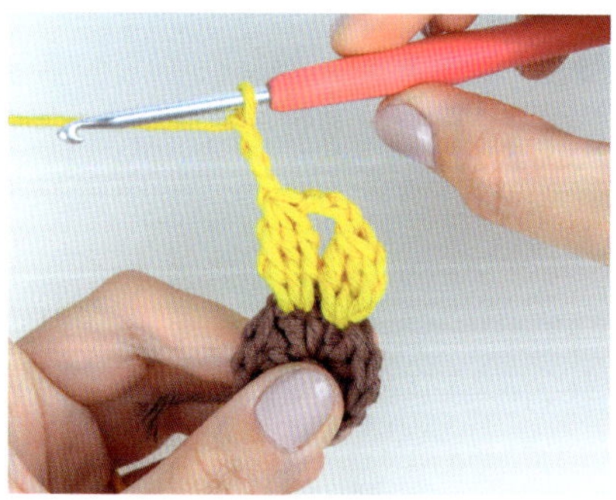

Schritt 26: Zieh den Faden durch alle 4 Schlaufen und häkle 3 Luftmaschen.

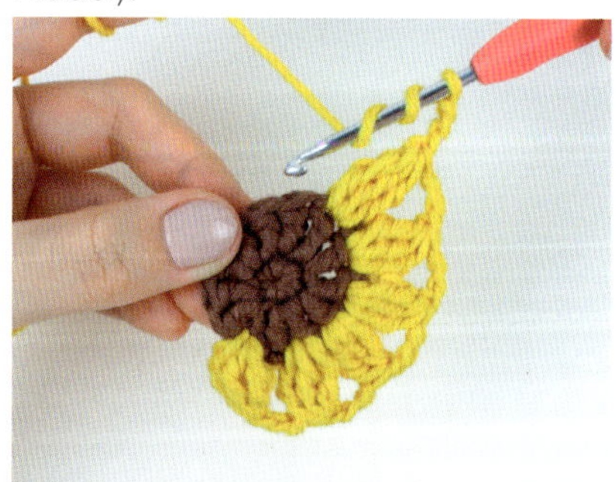

Schritt 27: Wiederhole Schritt 17-26 noch 10-mal (= insgesamt 12 Blütenblätter).

Falls du ein Video zur Hilfe beim Sonnenblumen Granny brauchst, scanne einfach diesen Code:

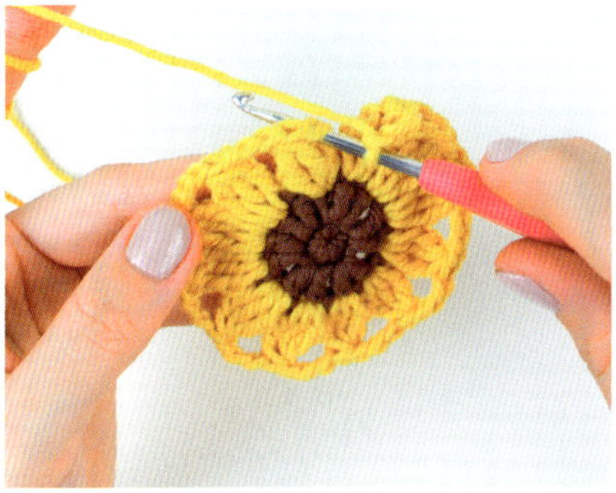

Schritt 28: Häkle 1 Kettmasche in die 3. Luftmasche vom Anfang.

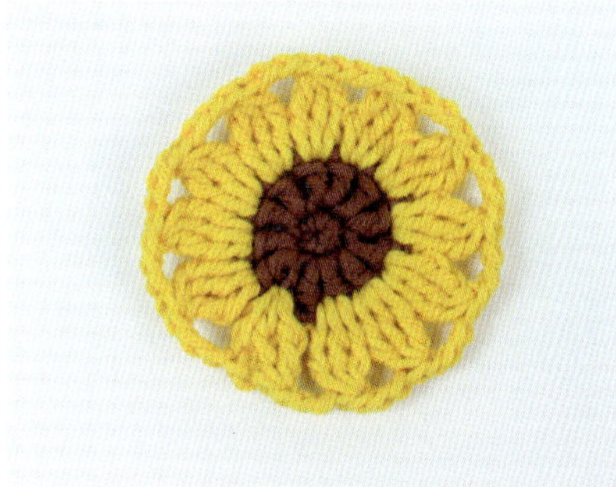

Schritt 29: Häkle 1 Luftmasche, schneide den Faden ab und zieh ihn durch.

Jetzt nimmst du das weiße Garn

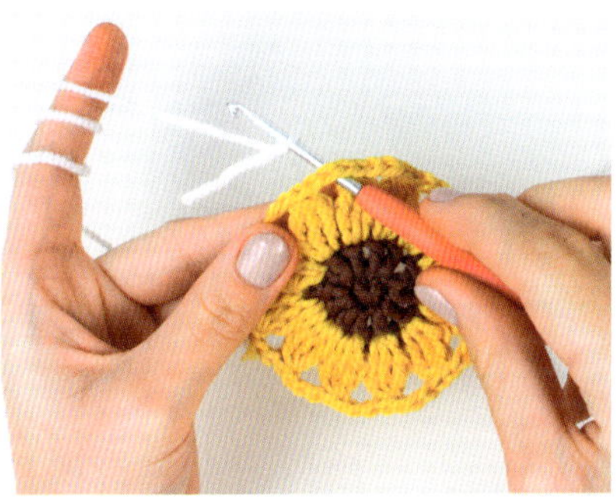

Schritt 30: Gehe mit der Nadel (ohne Faden) durch einen Freiraum zwischen 2 Blütenblättern. Dort machst du eine Anfangsschlaufe ...

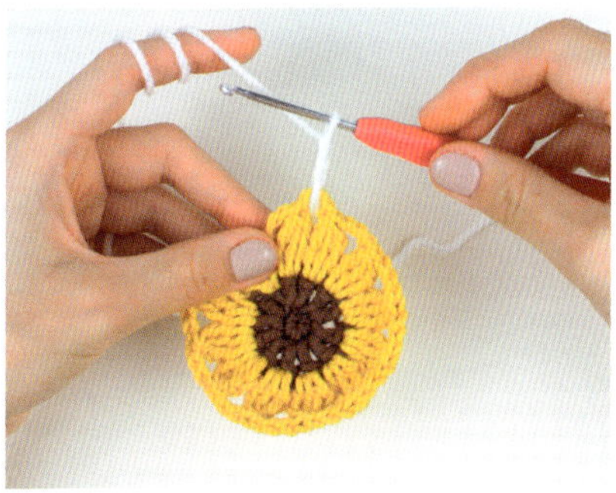

Schritt 31: ... ziehst sie durch und häkelst 3 Luftmaschen.

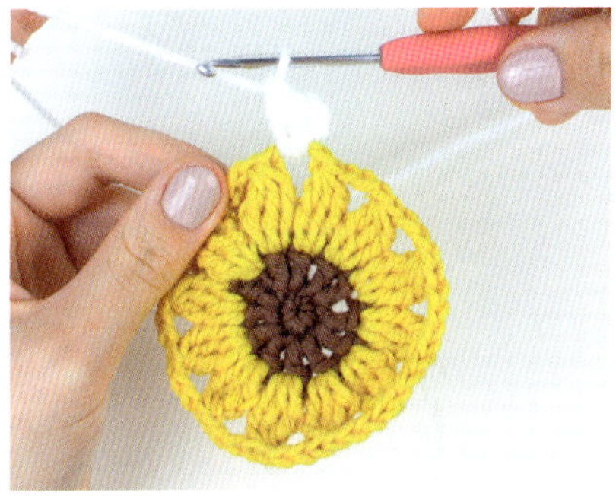

Schritt 32: Häkle 2 Stäbchen in den gleichen Freiraum.

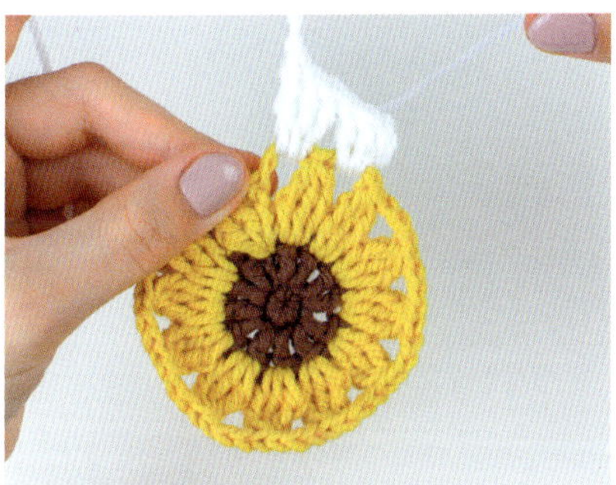

Schritt 33: Jetzt häkelst du 3 doppelte Stäbchen in den nächsten Freiraum und machst dann noch 2 Luftmaschen.

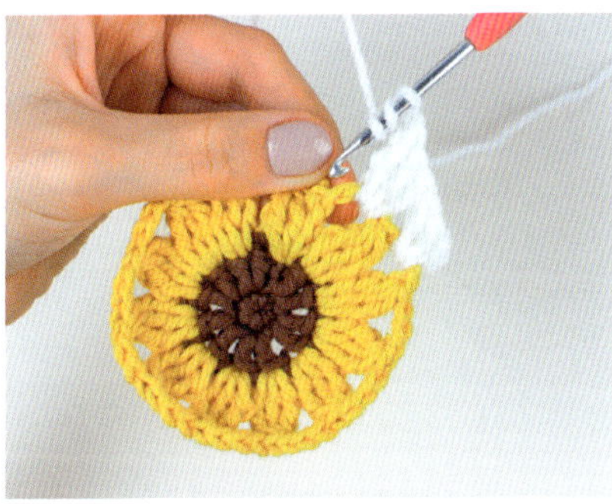

Schritt 34: Häkle nochmal 3 doppelte Stäbchen in den gleichen Freiraum ...

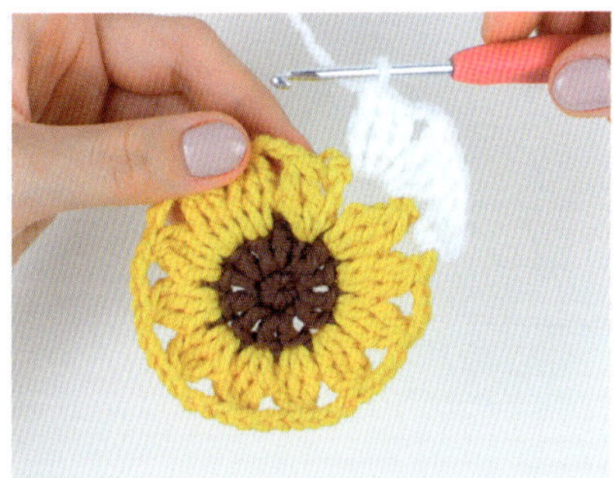

Schritt 35: ... und fertig ist eine Ecke.

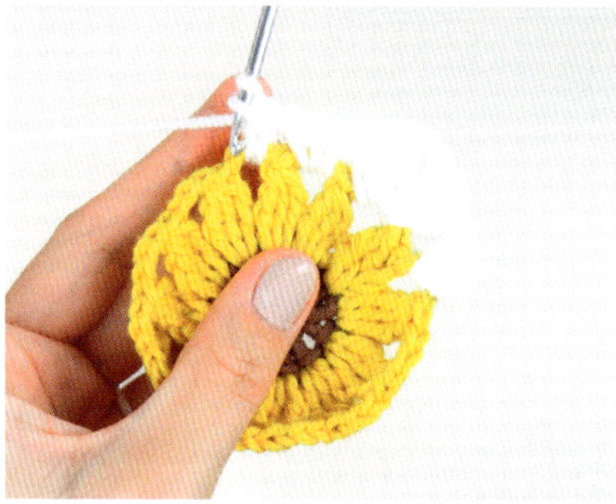

Schritt 36: Häkle in die nächsten beiden Freiräume jeweils 3 Stäbchen.

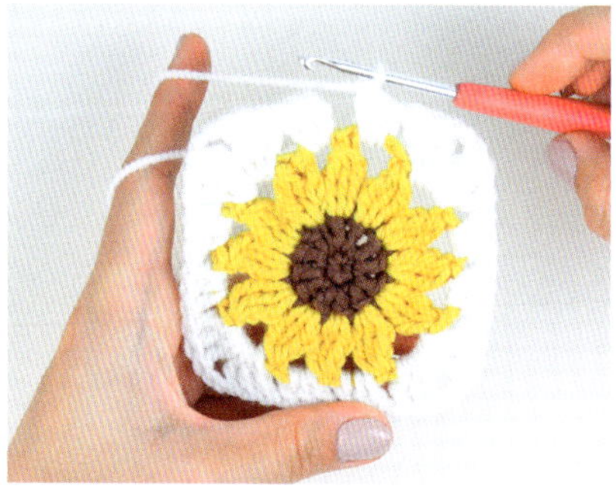

Schritt 37: Wiederhole Schritt 33-36 noch 3-mal. Beim letzten Mal häkelst du allerdings nur noch in einen Freiraum 3 Stäbchen, da du daneben in dem Freiraum angefangen hast.

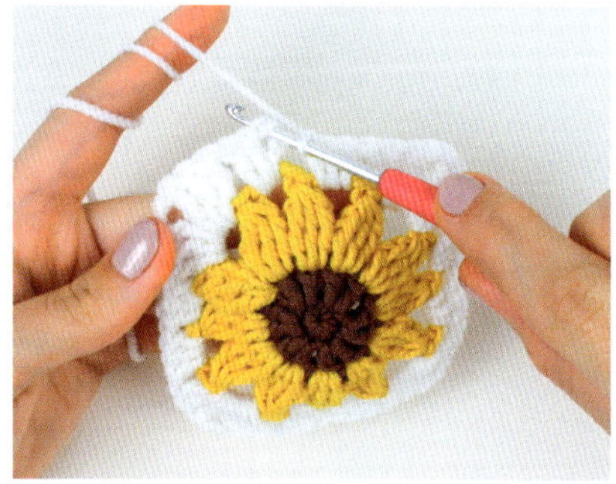

Schritt 38: Häkle 1 Kettmasche in die 3. Luftmasche vom Anfang.

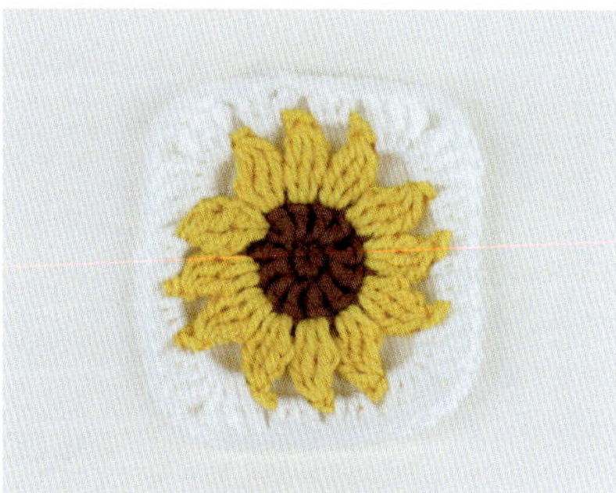

Schritt 39: Häkle 1 Luftmasche, schneide den Faden ab und zieh ihn durch. Verwebe alle Fadenenden mit einer Wollnadel, fertig ist das Sonnenblumen Granny.

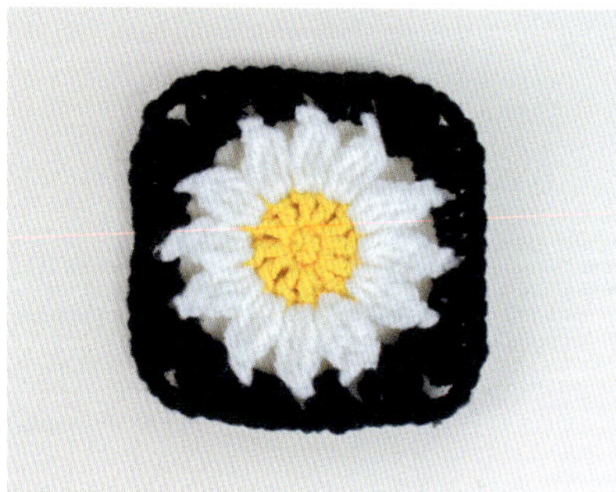

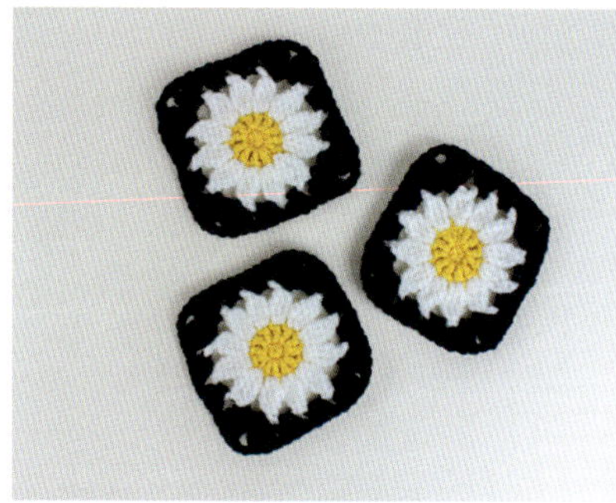

Tipp: Du hast keine Lust auf Sonnenblumen? Dann tausch doch einfach die Farben und häkle zum Beispiel Gänseblümchen.

Falls du ein Video zur Hilfe beim Sonnenblumen Granny brauchst, scanne einfach diesen Code:

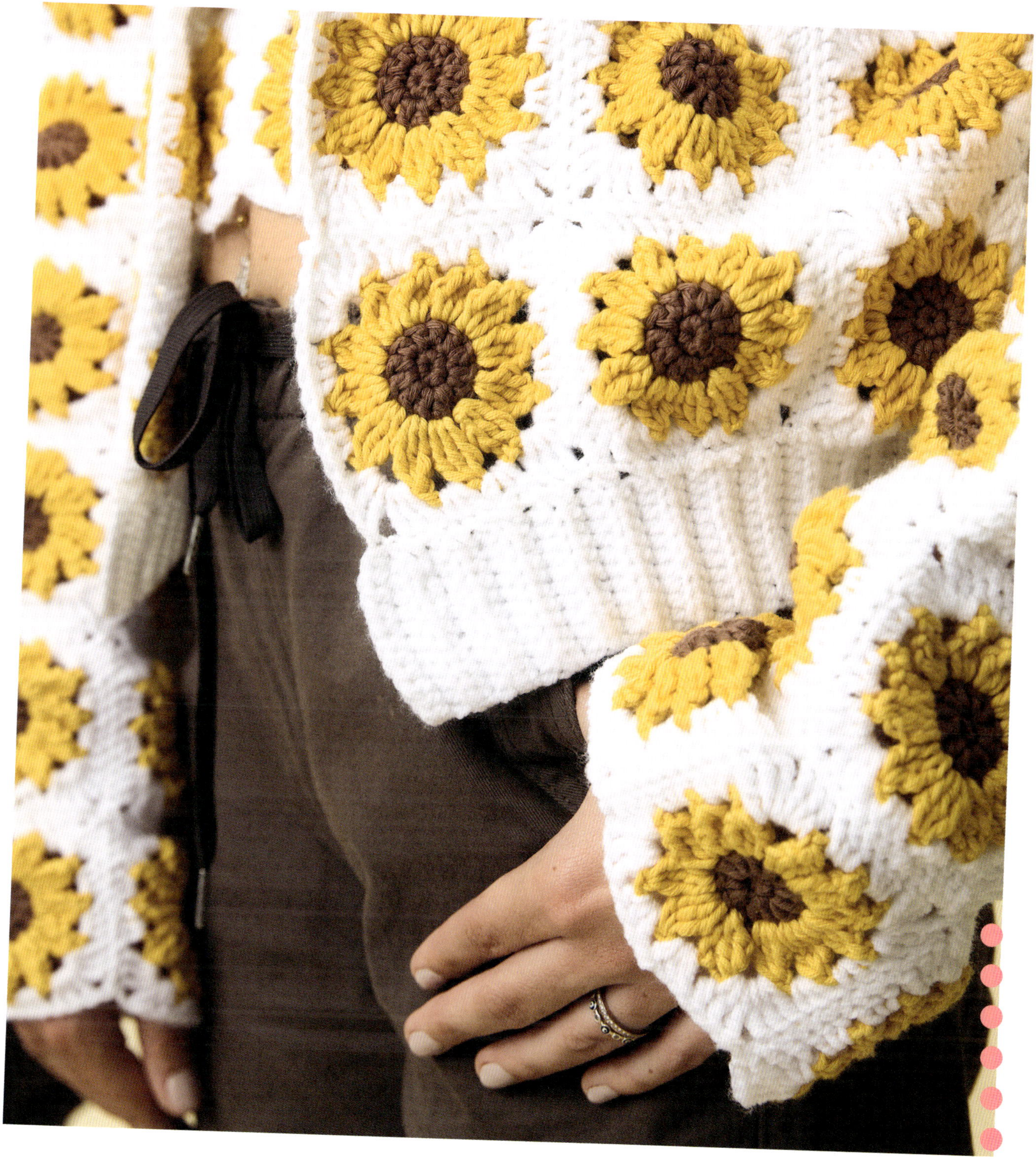

DIESES TOP HABEN WIR AUF EINEM LANGSTRECKEN-FLUG GEHÄKELT, WEIL WIR UNS DIE LANGEWEILE DAMIT VERTREIBEN WOLLTEN. ALLERDINGS WAREN WIR SCHON NACH DEM HINFLUG DAMIT FERTIG, SODASS WIR AUF DEM RÜCKFLUG NICHTS MEHR ZU TUN HATTEN.

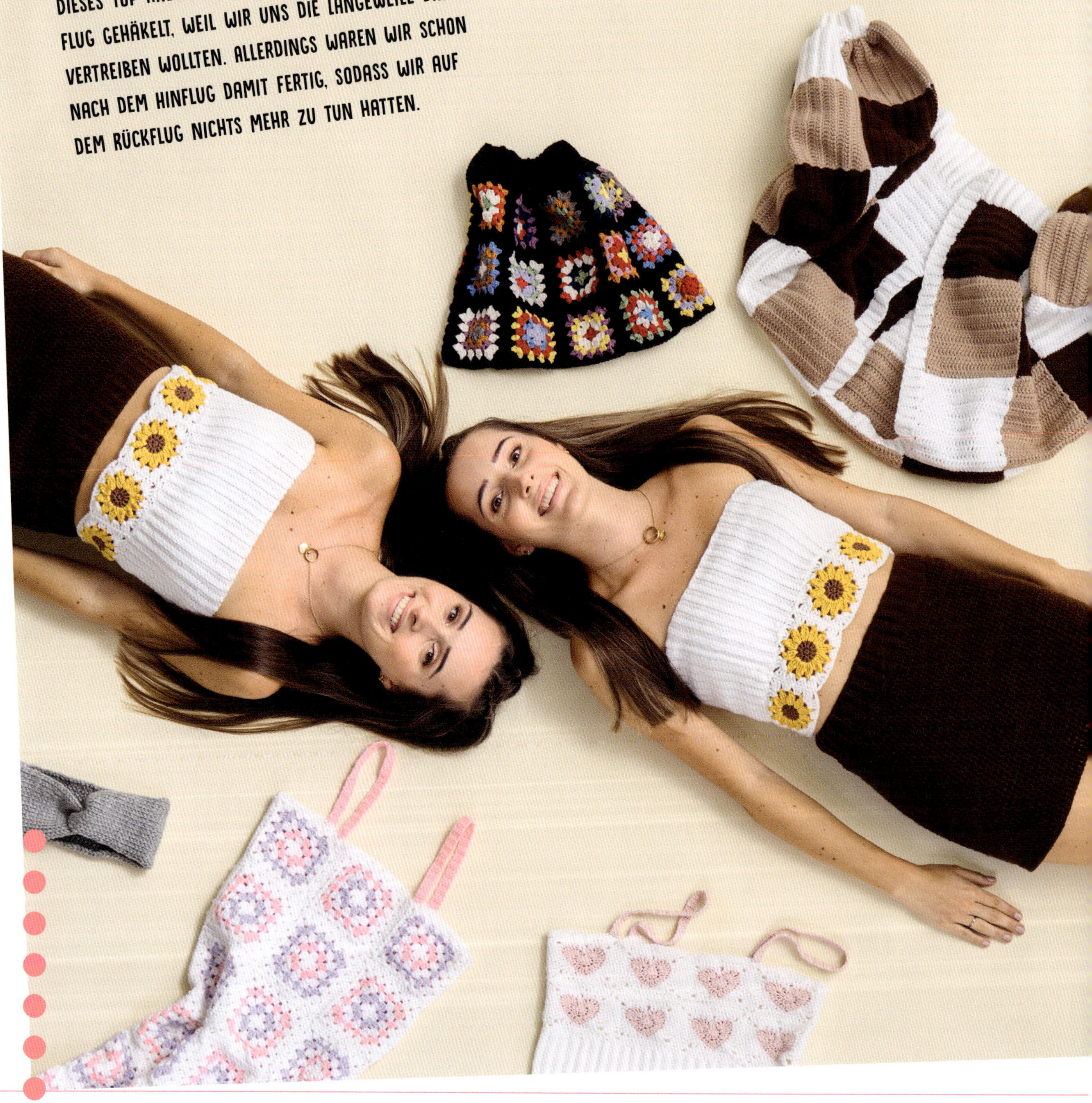

TRÄGERLOSES TOP

Diese Anleitung ist für ein Oberteil in der Größe S geschrieben. Du kannst es aber auch in einer anderen Größe häkeln.

Größe

XS, S, M, L; Quadratisches Granny, 8 cm x 8 cm

Benötigtes Material

- Polyacrylgarn (100% Polyacryl; LL 1040 m/400 g) in Weiß, Baumwollgarn (100% Baumwolle; LL 75 m/50 g) in Gelb und Braun
- Größe XS+S: 150 g in Weiß, 30 g in Gelb und 10 g in Braun
- Größe M+L: 200 g in Weiß, 40 g in Gelb und 15 g in Braun
- Häkelnadel 3,5 mm
- Wollnadel

Für das verwendete Garn in Weiß ist eine Häkelnadel der Stärke 3,5–4,5 mm und für das Garn in Gelb und Braun eine Häkelnadel der Stärke 3,5-4,0 mm empfohlen.

Wir haben hier folgende Wolle benutzt:

hobbii Rainbow 8/8 in Gelb und Braun; Gründl Big Mamma uni in Weiß

Notiz an mich:

So viele halbe Stäbchen habe ich pro Reihe gehäkelt:
So viele Reihen habe ich gehäkelt:

Wie häkle ich Größe XS, S, M, L?

Wenn du eine andere Größe häkeln möchtest, häkelst du mehr oder weniger Reihen und halbe Stäbchen ins hintere Maschenglied als in der Anleitung angegeben. Außerdem brauchst du dann mehr oder weniger Sonnenblumen Grannies. Häkle wie in der Anleitung, aber beachte Folgendes:

Größe XS: 33 cm breit, 22,5 cm lang

- Insgesamt 97 Reihen mit jeweils 37 halben Stäbchen + 1 Wendeluftmasche
- Insgesamt 7 Sonnenblumen Grannies

Größe S: 35 cm breit, 24 cm lang

- Insgesamt 102 Reihen mit jeweils 40 halben Stäbchen + 1 Wendeluftmasche
- Insgesamt 8 Sonnenblumen Grannies

Größe M: 37 cm breit, 25,5 cm lang

- Insgesamt 107 Reihen mit jeweils 43 halben Stäbchen + 1 Wendeluftmasche
- Insgesamt 9 Sonnenblumen Grannies

Größe L: 39 cm breit, 27 cm lang

- Insgesamt 112 Reihen mit jeweils 46 halben Stäbchen + 1 Wendeluftmasche
- Insgesamt 10 Sonnenblumen Grannies

Anleitung

Fang mit dem weißen Garn an

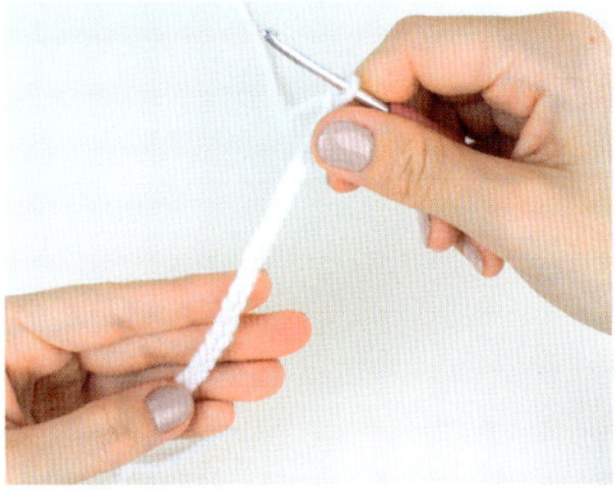

Schritt 1: Mache eine Anfangsschlaufe und häkle 40 (bzw. für Größe XS 37, Größe M 43, Größe L 46) Luftmaschen und 1 Wendeluftmasche (= insgesamt 41 (bzw. für Größe XS 38, Größe M 44, Größe L 47) Luftmaschen).

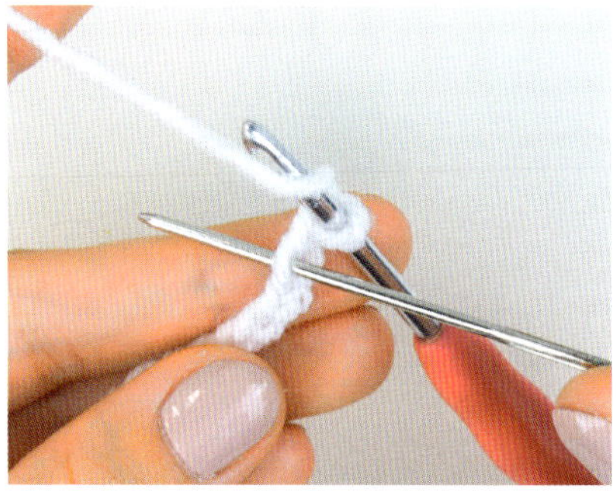

Schritt 2: Überspringe die Wendeluftmasche und häkle 1 halbes Stäbchen nur ins hintere Maschenglied.

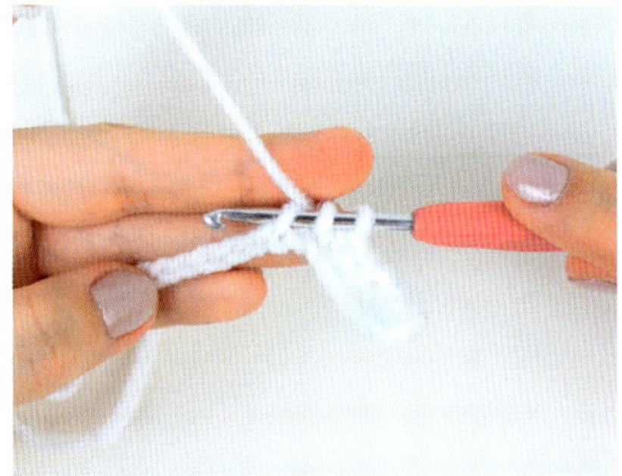

Schritt 3: Häkle in jede weitere Masche 1 halbes Stäbchen nur ins hintere Maschenglied (= insgesamt 40 (bzw. für Größe XS 37, Größe M 43, Größe L 46) halbe Stäbchen).

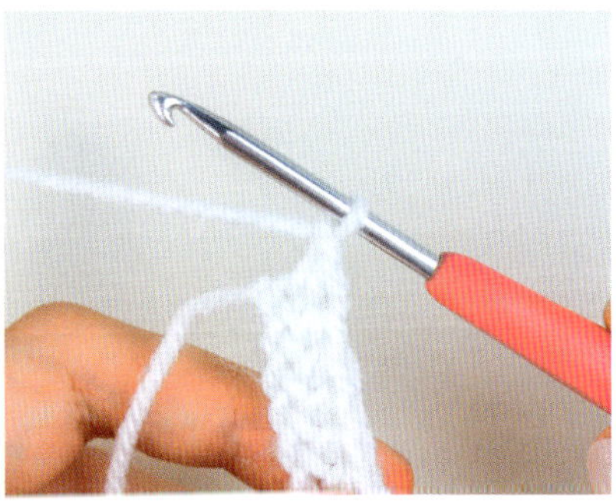

Schritt 4: Am Ende der Reihe häkelst du 1 Wendeluftmasche.

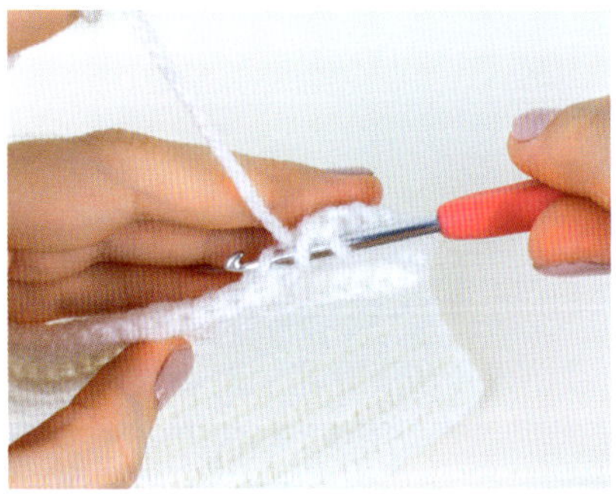

Schritt 5: Wiederhole Schritt 2-4 noch 100-mal (= insgesamt 102 Reihen) (bzw. für Größe XS 95-mal (= insgesamt 97 Reihen), Größe M 105-mal (= insgesamt 107 Reihen), Größe L 110-mal (= insgesamt 112 Reihen)). So breit wird das Oberteil sein.

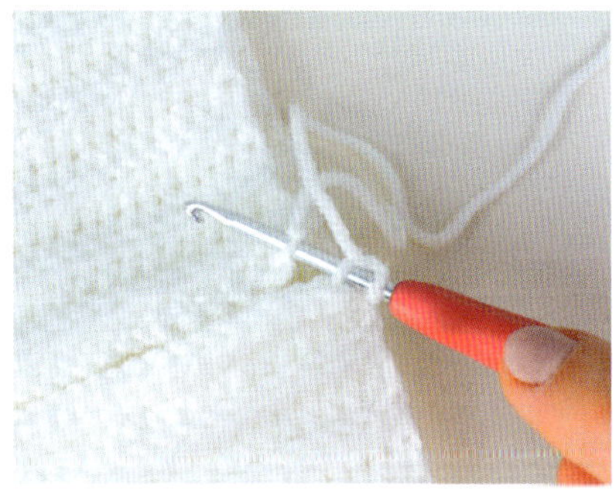

Schritt 6: Um das Oberteil zu schließen häkelst du jetzt Kettmaschen. Stich dafür nur ins hintere Maschenglied und nimm dir jetzt das andere Ende vom Oberteil dazu. Dort stichst du auch noch durch die 1. Masche und häkelst 1 Kettmasche.

Achte darauf, dass das Oberteil nicht verdreht ist, wenn du es verbindest.

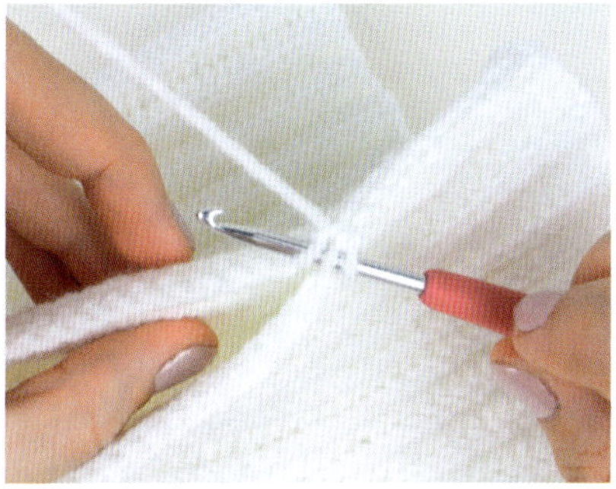

Schritt 7: Häkle so in jede weitere Masche beider Enden (= insgesamt 40 (bzw. für Größe XS 37, Größe M 43, Größe L 46) Kettmaschen).

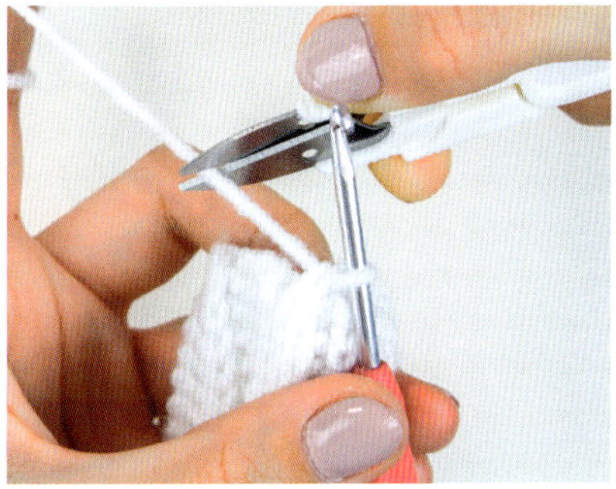

Schritt 8: Häkle 1 Luftmasche, schneide den Faden ab und zieh ihn durch.

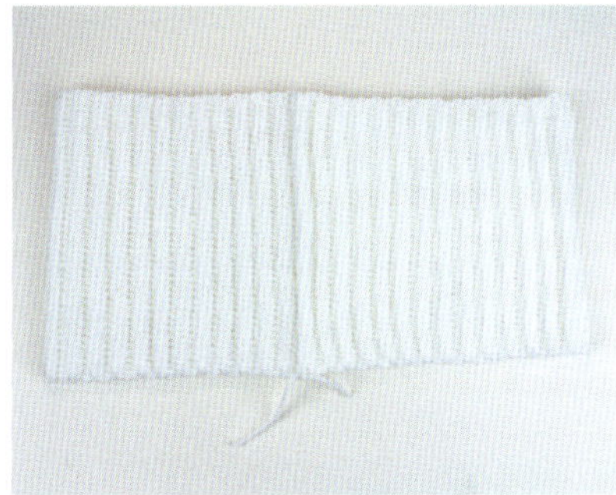

Schritt 9: Drehe das Stück auf rechts.

Tipp: Halte dir das gehäkelte Stück zwischendurch mal an, so siehst du ob es dir breit genug ist. Achte darauf, dass du nicht zu viele Reihen häkelst, damit es später nicht rutscht.

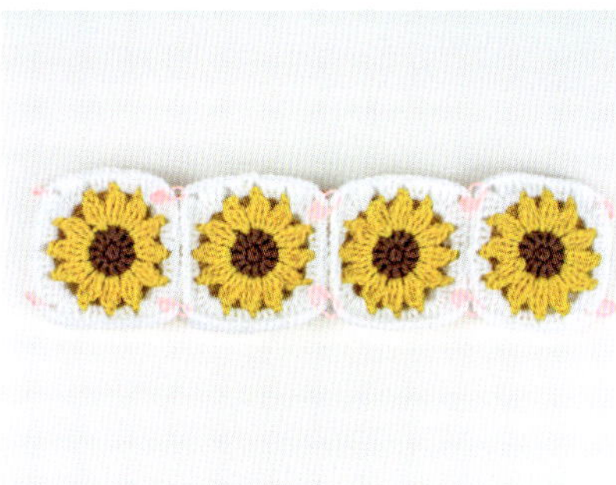

Schritt 10: Häkle 8 (bzw. für Größe XS 7, Größe M 9, Größe L 10) Sonnenblumen Grannies. Die Anleitung für ein Sonnenblumen Granny findest du auf Seite 67.

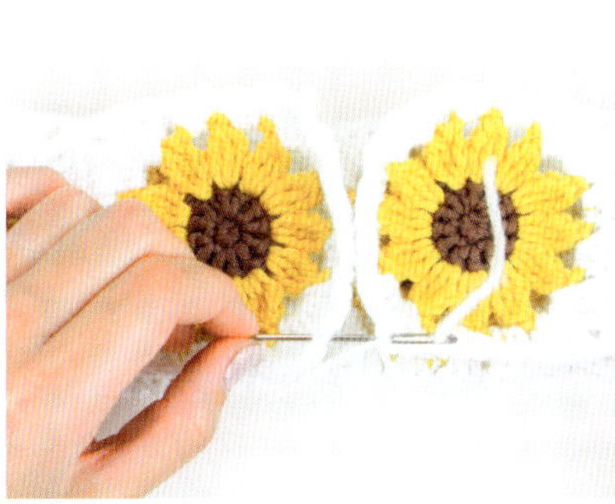

Schritt 11: Verbinde alle Grannies, ...

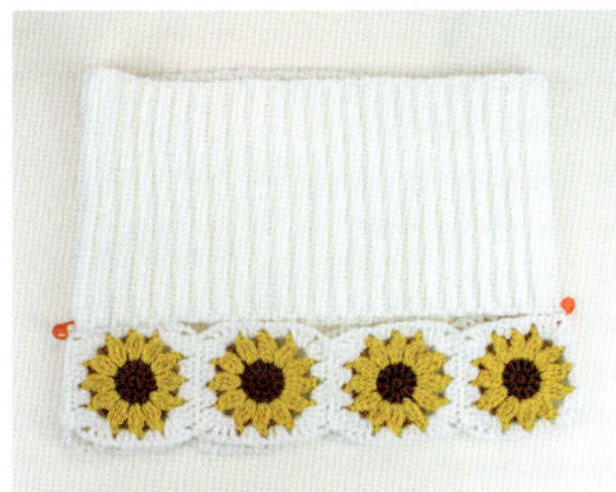

Schritt 12: ... sodass sie zu einem Kreis geschlossen sind, der später um deinen Bauch passt.

Falls du ein Video zur Hilfe beim trägerlosen Top brauchst, scanne einfach diesen Code:

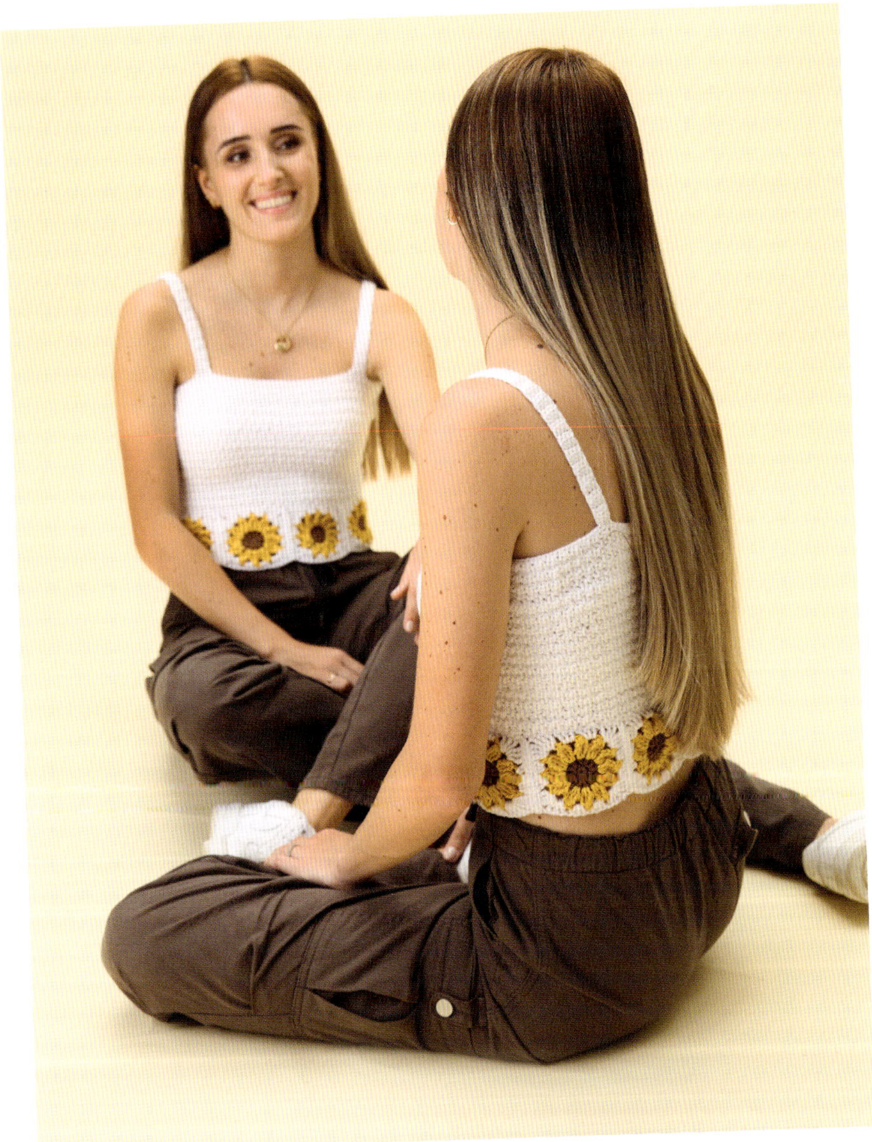

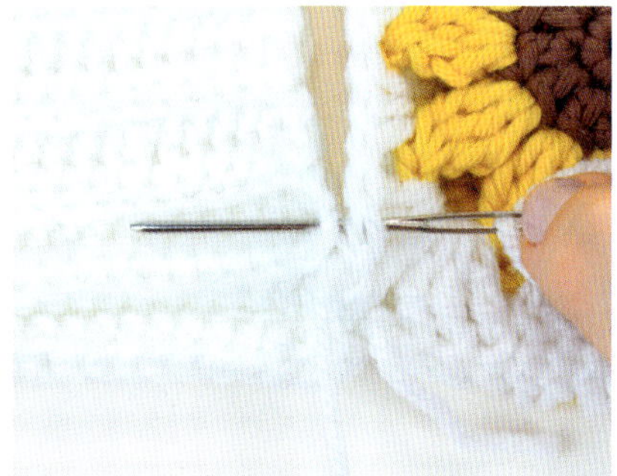

Schritt 13: Verbinde die Sonnenblumen Grannies mit dem weißen Teil, das du davor gehäkelt hast.

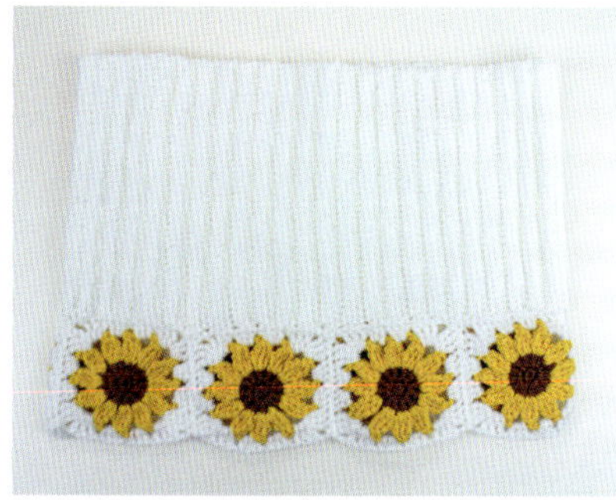

Schritt 14: Verwebe alle Fadenenden mit einer Wollnadel, und fertig ist das Top.

Tipp: Wenn du Träger an deinem Oberteil haben möchtest, häkle einfach noch welche dran. Die Anleitung dafür findest du auf Seite 137.

Das erste Kleidungsstück, das wir uns gehäkelt haben, war ein Sonnenblumen Top.

Dazu hatten wir aber keine Anleitung, sondern nur eine Vorstellung, wie es aussehen soll. Also haben wir einfach drauf los gehäkelt und die ganzen Sonnenblumen Grannies auch schon am ersten Tag gemacht. Danach wussten wir aber nicht, wie wir weiter machen sollen – also ist erstmal ein halbes Jahr vergangen.

Als wir das unfertige Stück dann wiedergefunden haben, wollten wir es unbedingt bis zum Sommer fertig bekommen. Also haben wir wieder ohne Anleitung drauf los gehäkelt. Auch wenn wir immer mal wieder alles auftrennen und nochmal neu beginnen mussten, sind wir noch rechtzeitig fertig geworden.

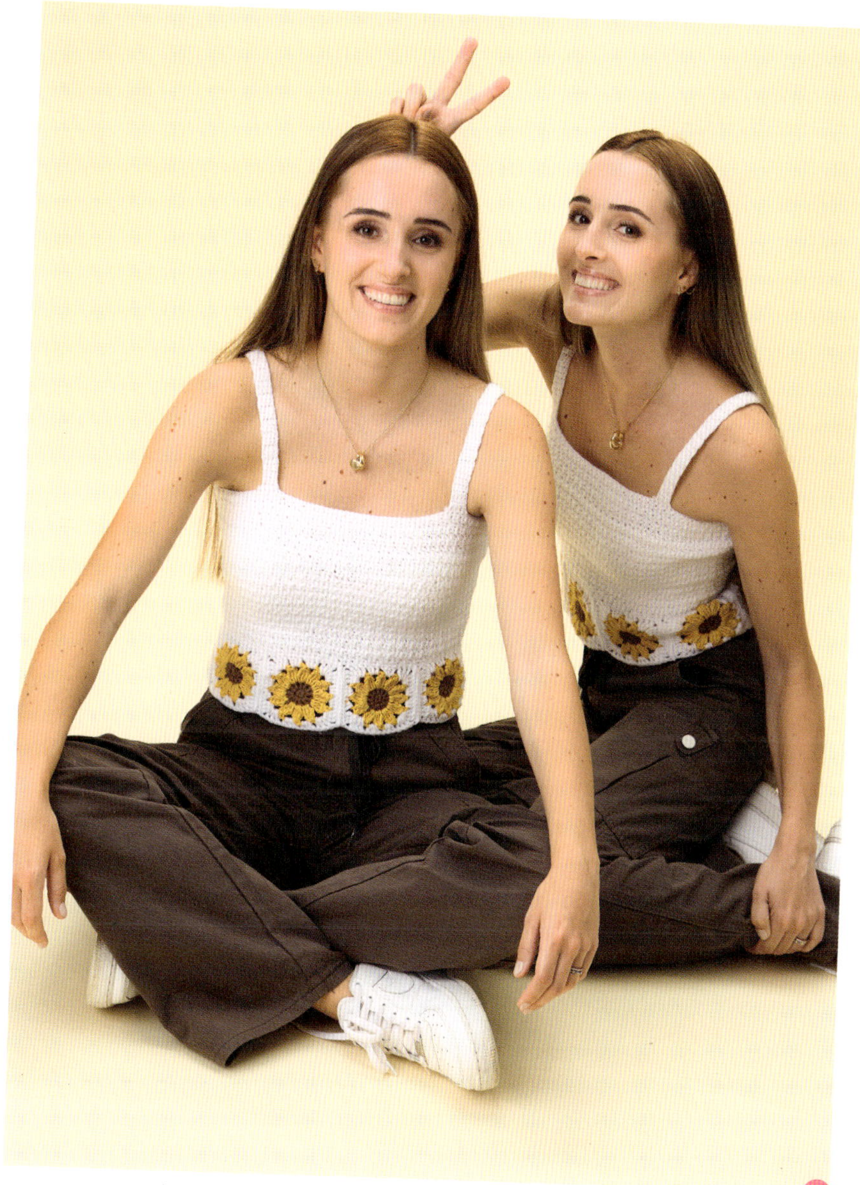

Falls du ein Video zur Hilfe beim trägerlosen Top brauchst, scanne einfach diesen Code:

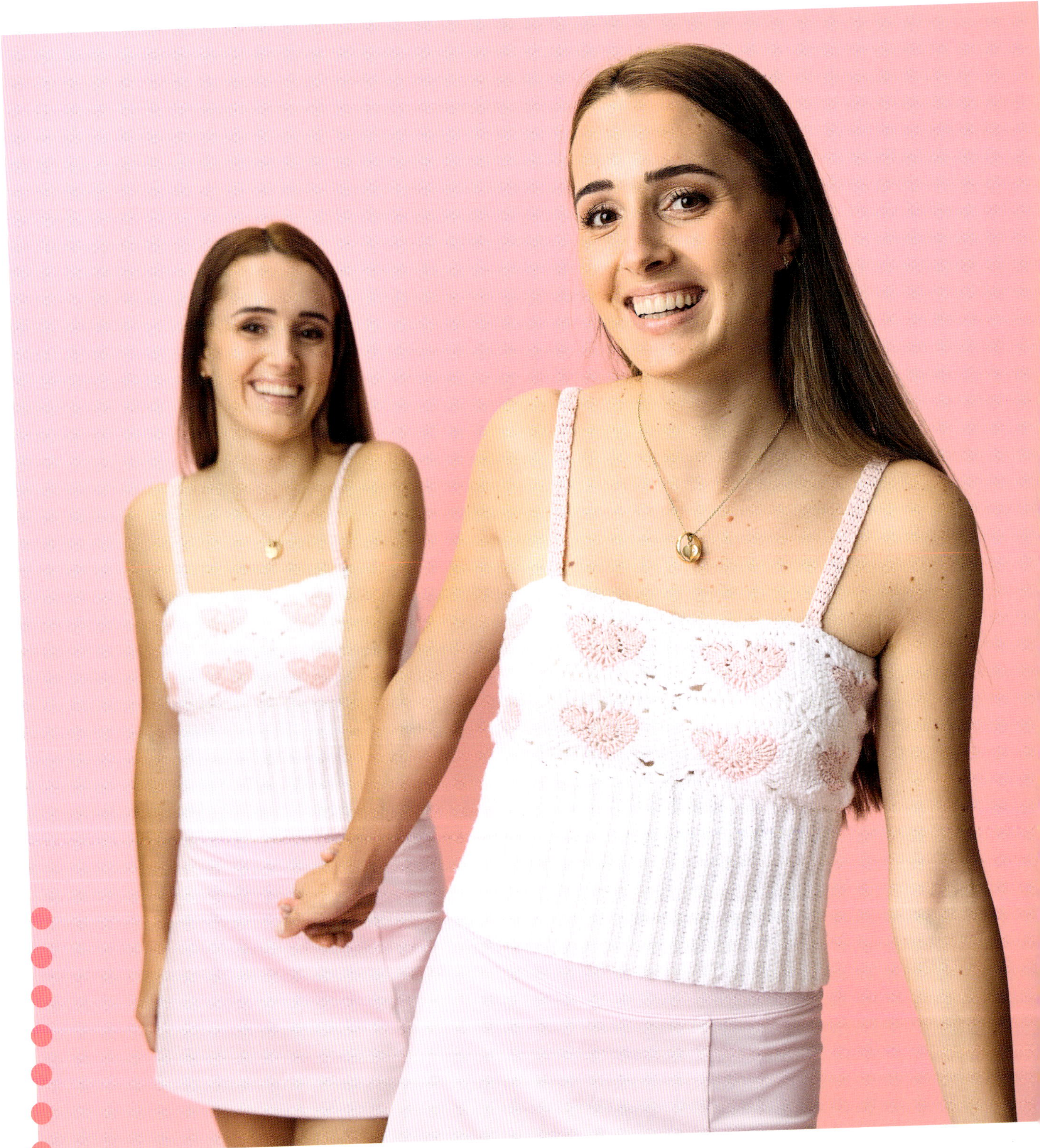

HERZCHEN GRANNY

Größe

Rechteckiges Granny, 9 cm x 7,5 cm

Benötigtes Material

- Polyacrylgarn (100% Polyacryl; LL 1040 m/400 g) in Weiß, Baumwollgarn (100% Baumwolle; LL 170 m/50 g) in Rosa
- Häkelnadel 3,5 mm
- Wollnadel

Für das verwendete Garn in Weiß ist eine Häkelnadel der Stärke 3,5-4,5 mm und für das Garn in Rosa eine Häkelnadel der Stärke 2,5-3,5 mm empfohlen.

Wir haben hier folgende Wolle benutzt: Gründl Big Mamma uni in Weiß; hobbii Baby Cotton in Rosa

Anleitung

Fang mit dem rosa Garn an

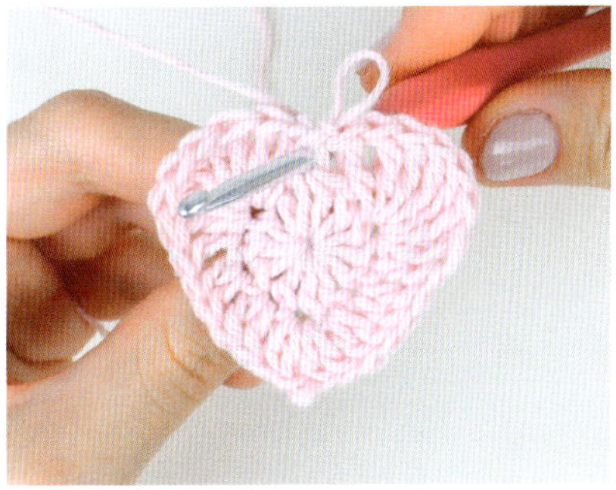

Schritt 1: Häkle ein kleines Herz. Die Anleitung dafür findest du auf Seite 103.

Jetzt nimmst du das weiße Garn

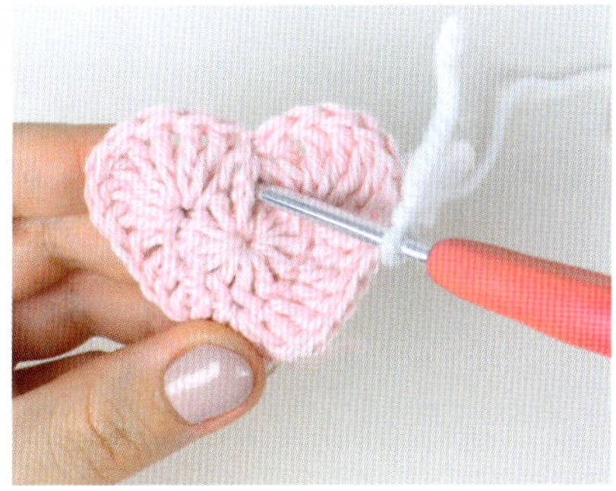

Schritt 2: Mache eine Anfangsschlaufe und stich von vorne mit der Häkelnadel durch die „Lücke" rechts unter der letzten Kettmasche.

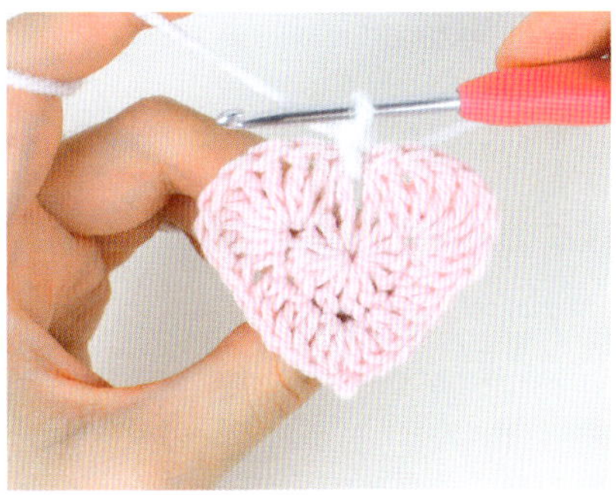

Schritt 3: Hol dir den Faden und häkle 1 feste Masche.

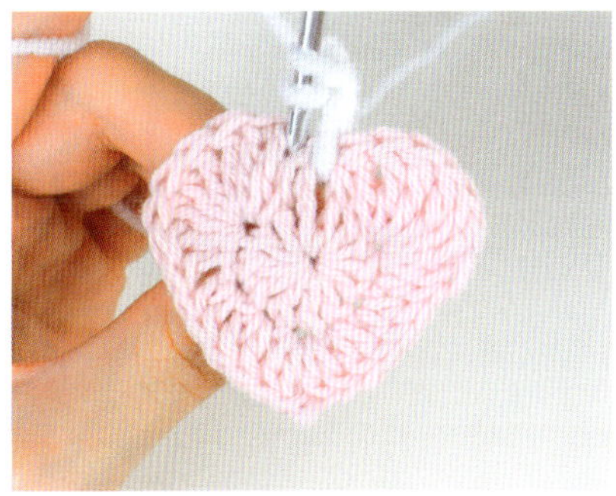

Schritt 4: Häkle 3 Luftmaschen und anschließend 1 Stäbchen in die 1. Masche (links neben der oberen Spitze).

Schritt 5: Häkle 1 halbes Stäbchen in die nächste Masche.

Schritt 6: Häkle 1 feste Masche in die nächste Masche.

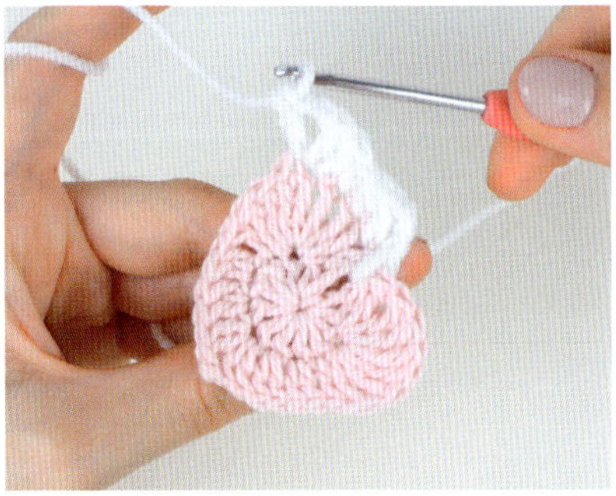

Schritt 7: Als nächstes häkelst du die erste Ecke. Häkle dafür 2 Stäbchen in die nächste Masche, dann 2 Luftmaschen und dann noch 1 Stäbchen in die gleiche Masche.

Schritt 8: In die nächsten 3 Maschen häkelst du jeweils 1 halbes Stäbchen.

Schritt 9: In die nächsten 2 Maschen häkelst du jeweils 1 Stäbchen.

Schritt 10: Häkle 1 doppeltes Stäbchen in die nächste Masche.

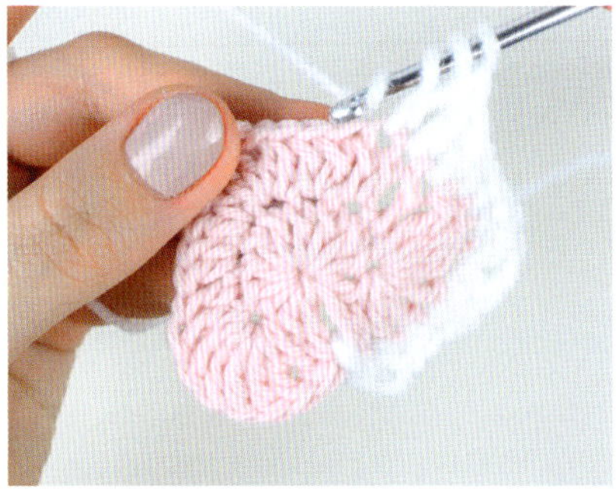

Schritt 11: Jetzt häkelst du die zweite Ecke. Häkle dafür 1 dreifaches Stäbchen in die nächste Masche ...

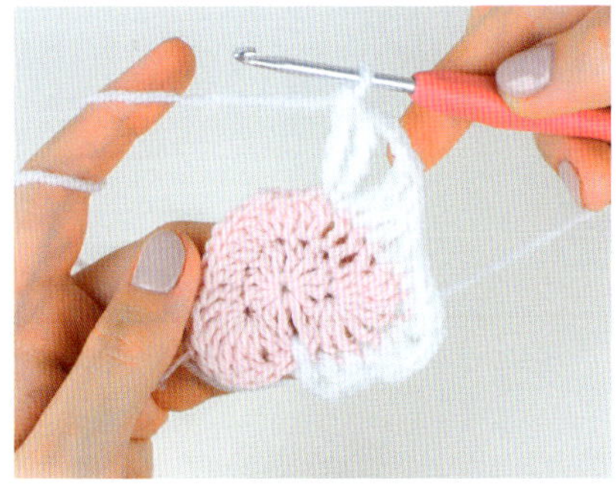

Schritt 12: ...und dann 2 Luftmaschen. Häkle noch 1 dreifaches Stäbchen und dann 1 doppeltes Stäbchen in die gleiche Masche.

Schritt 13: Häkle 1 Stäbchen in die nächste Masche.

Schritt 14: Häkle 1 halbes Stäbchen in die nächste Masche.

Schritt 15: Häkle 1 feste Masche in die nächste Masche.

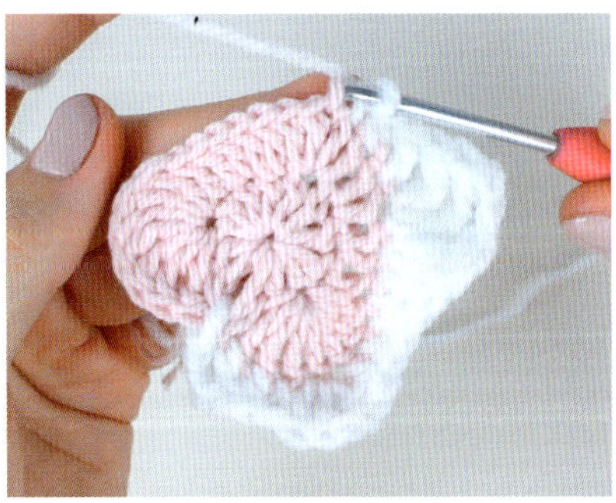

Schritt 16: Jetzt bist du an der unteren Spitze vom Herz angekommen. Stich mit der Nadel nur in das vordere Maschenglied von der Spitze und häkle 1 Kettmasche.

Stich nur durch das Maschenglied ein, welches zu dir zeigt.

Jetzt machst du das ganze spiegelverkehrt zurück, das heißt:

Schritt 17: Häkle 1 feste Masche in die nächste Masche.

Schritt 18: Häkle 1 halbes Stäbchen in die nächste Masche.

Schritt 19: Häkle 1 Stäbchen in die nächste Masche.

Schritt 20: Jetzt häkelst du die dritte Ecke. Häkle dafür 1 doppeltes Stäbchen in die nächste Masche und dann 1 dreifaches Stäbchen in die gleiche Masche. Häkle 2 Luftmaschen und dann noch 1 dreifaches Stäbchen in die gleiche Masche.

Schritt 21: Häkle 1 doppeltes Stäbchen in die nächste Masche.

Schritt 22: In die nächsten 2 Maschen häkelst du jeweils 1 Stäbchen.

Schritt 23: In die nächsten 3 Maschen häkelst du jeweils 1 halbes Stäbchen.

Falls du ein Video zur Hilfe beim Herzchen Granny brauchst, scanne einfach diesen Code:

Schritt 24: Als nächstes häkelst du die letzte Ecke. Häkle dafür 1 Stäbchen in die nächste Masche, dann 2 Luftmaschen und dann noch 2 Stäbchen in die gleiche Masche.

Schritt 25: Häkle 1 feste Masche in die nächste Masche.

Schritt 26: Häkle 1 halbes Stäbchen in die nächste Masche.

Schritt 27: Häkle 1 Stäbchen in die nächste Masche.

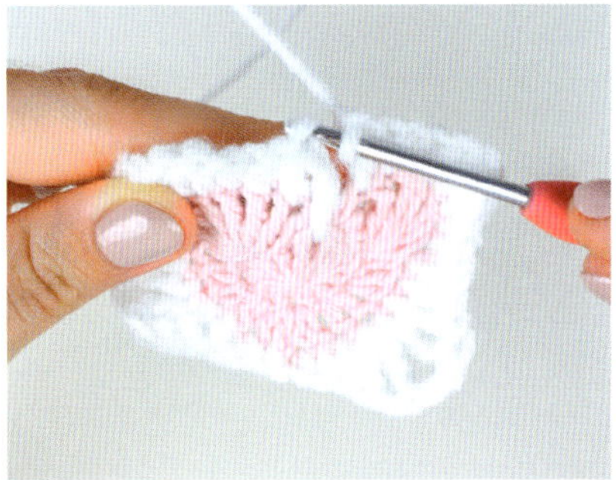

Schritt 28: Um die Runde zu schließen, häkle 1 Kettmasche nur ins hintere Maschenglied der 3. Luftmasche vom Anfang.

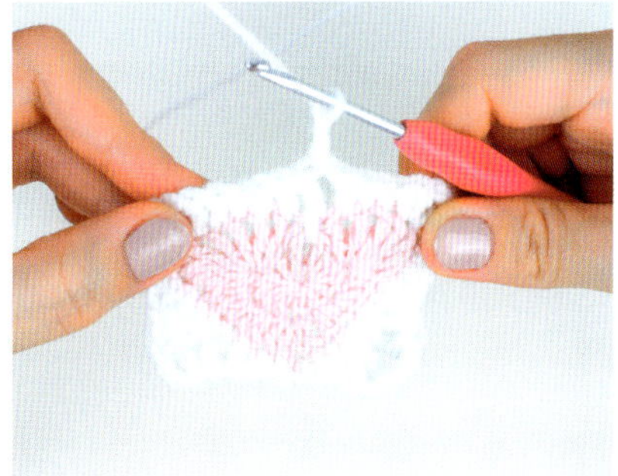

Schritt 29: Häkle 2 Luftmaschen.

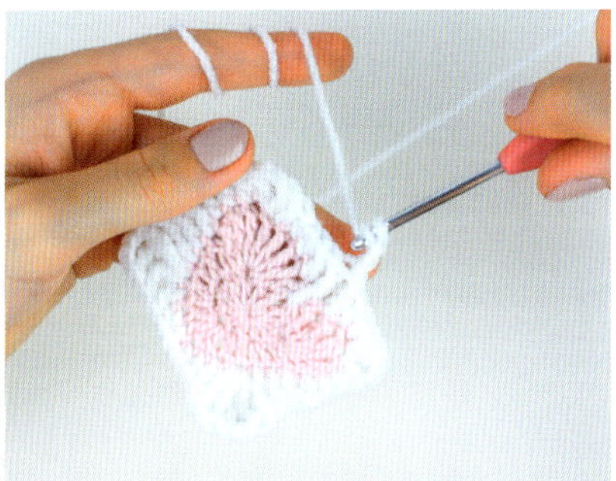

Schritt 30: Jetzt häkelst du 1 Stäbchen...

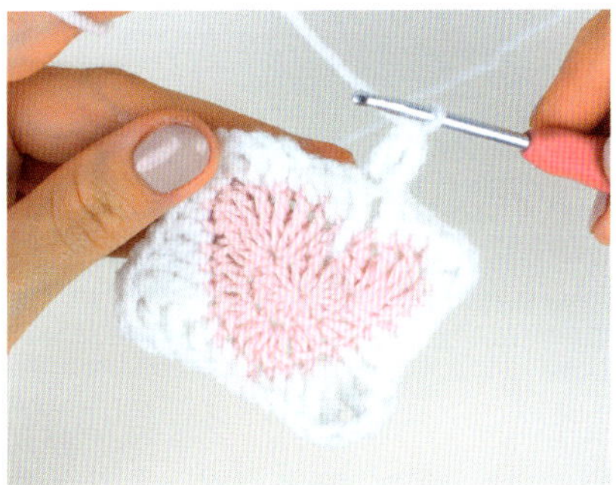

Schritt 31: ...nur ins hintere Maschenglied, wo du auch deine Kettmasche vorhin hinein gehäkelt hast.

Schritt 32: In die nächsten 5 Maschen häkelst du jeweils 1 Stäbchen.

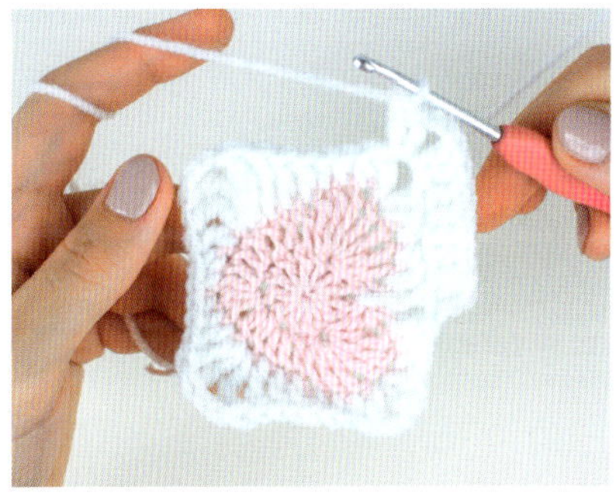

Schritt 33: Jetzt bist du an der Ecke angekommen. In den Freiraum häkelst du erst 2 Stäbchen, dann 2 Luftmaschen und dann nochmal 2 Stäbchen rein.

Schritt 34: In die nächsten 8 Maschen häkelst du jeweils 1 Stäbchen.

Schritt 35: Wiederhole Schritt 33.

Schritt 36: In die nächsten 11 Maschen häkelst du jeweils 1 Stäbchen.

Schritt 37: Wiederhole Schritt 33.

Schritt 38: In die nächsten 8 Maschen häkelst du jeweils 1 Stäbchen.

Schritt 39: Wiederhole Schritt 33.

Schritt 40: In die nächsten 6 Maschen häkelst du jeweils 1 Stäbchen.

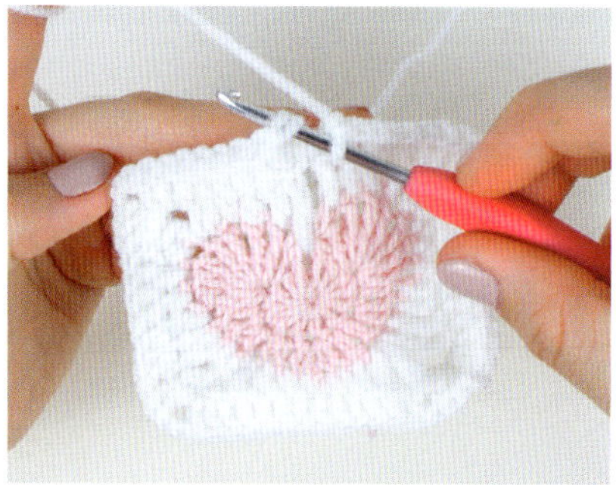

Schritt 41: Um die Runde zu schließen, häkle 1 Kettmasche in die 2. Luftmasche vom Anfang der Runde.

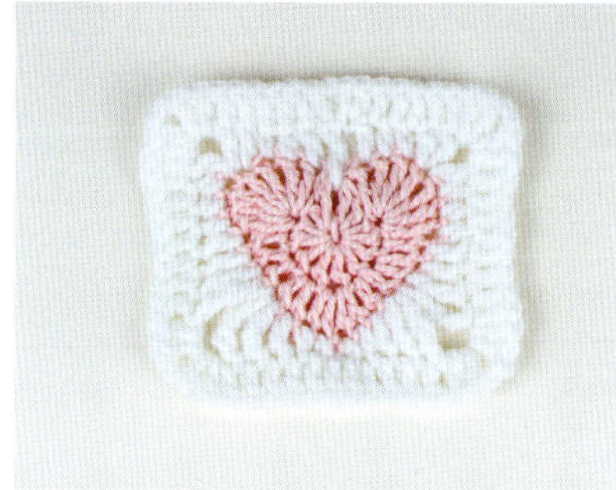

Schritt 42: Häkle 1 Luftmasche, schneide den Faden ab, zieh ihn durch und verwebe alle Fadenenden.

Falls du ein Video zur Hilfe beim Herzchen Granny brauchst, scanne einfach diesen Code:

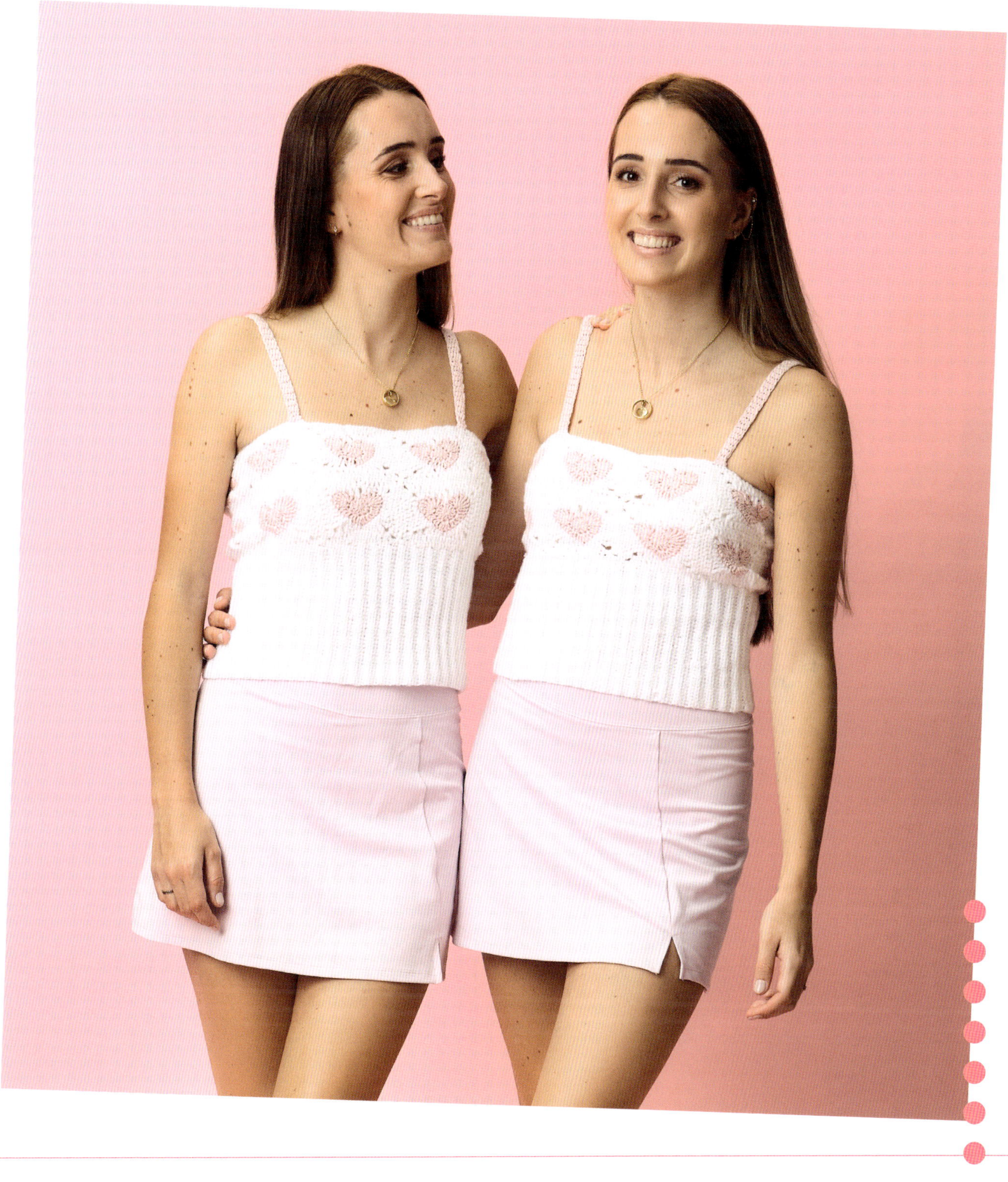

ANFANG DES JAHRES HATTEN WIR RICHTIG LUST NOCH EIN TOP ZU HÄKELN. ALS WIR UNS ÜBERLEGT HABEN WIE ES DIESMAL AUSSEHEN SOLL, IST UNS EINGEFALLEN, DASS VALENTINSTAG VOR DER TÜR STEHT. SO IST UNS DIE IDEE MIT DEN HERZCHEN DIREKT GEKOMMEN.

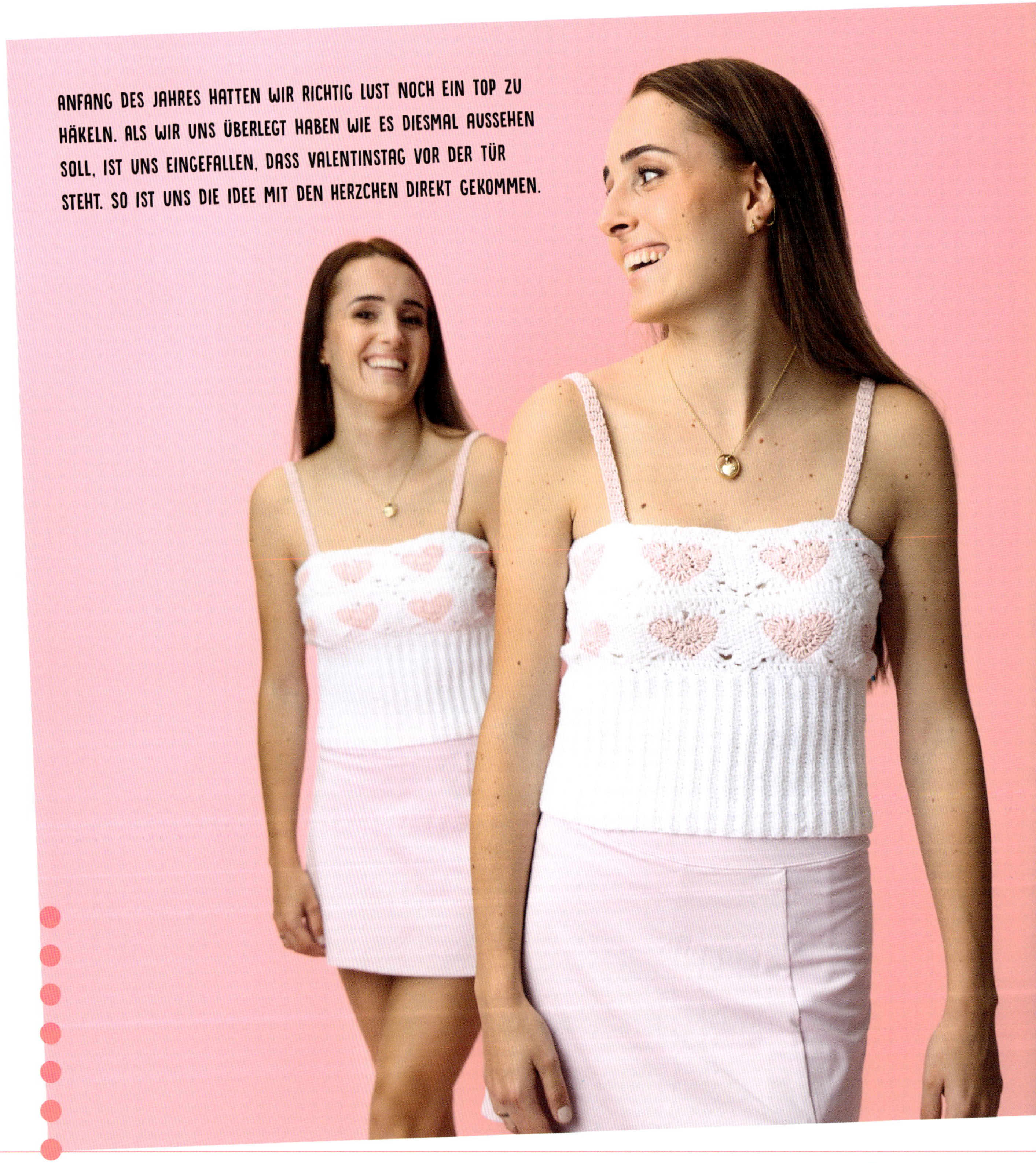

HERZCHEN TOP

Diese Anleitung ist für ein Oberteil in der Größe S geschrieben. Du kannst es aber auch in einer anderen Größe häkeln.

Größe

XS, S, M, L; Rechteckiges Granny, 9 cm x 7,5 cm

Benötigtes Material

- Polyacrylgarn (100% Polyacryl; LL 1040 m/400 g) in Weiß, Baumwollgarn (100% Baumwolle; LL 170 m/50 g) in Rosa
- Größe XS+S: 180 g in Weiß, 50 g in Rosa
- Größe M+L: 230 g in Weiß, 100 g in Rosa
- Häkelnadel 3,5 mm
- Wollnadel

Für das verwendete Garn in Weiß ist eine Häkelnadel der Stärke 3,5-4,5 mm und für das Garn in Rosa eine Häkelnadel der Stärke 2,5-3,5 mm empfohlen.

Wir haben hier folgende Wolle benutzt: Gründl Big Mamma uni in Weiß; hobbii Baby Cotton in Rosa

Notiz an mich:
So viele halbe Stäbchen habe ich pro Reihe gehäkelt:
So viele Reihen habe ich gehäkelt:

Wie häkle ich Größe XS, S, M, L?

Wenn du eine andere Größe häkeln möchtest, häkelst du mehr oder weniger Reihen und halbe Stäbchen ins hintere Maschenglied als in der Anleitung angegeben. Außerdem brauchst du dann mehr oder weniger Herzchen Grannies und Reihen bei den Trägern. Häkle wie in der Anleitung, aber beachte Folgendes:

Größe XS: 34 cm breit, 28 cm lang
Oberteil: Insgesamt 91 Reihen mit jeweils 32 halben Stäbchen + 1 Wendeluftmasche
14 Herzchen Grannies
Obere Kante: 140 feste Maschen
Träger: Insgesamt 47 Reihen mit jeweils 4 halben Stäbchen + 1 Wendeluftmasche

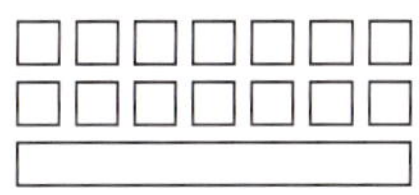

Größe S: 36 cm breit, 29 cm lang
Oberteil: Insgesamt 96 Reihen mit jeweils 35 halben Stäbchen + 1 Wendeluftmasche
16 Herzchen Grannies
Obere Kante: 160 feste Maschen
Träger: Insgesamt 49 Reihen mit jeweils 4 halben Stäbchen + 1 Wendeluftmasche

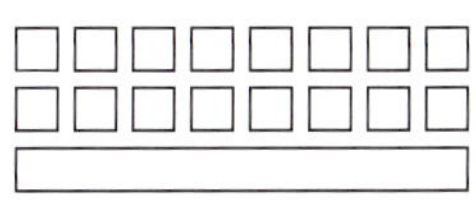

Größe M: 38 cm breit, 30 cm lang
Oberteil: Insgesamt 101 Reihen mit jeweils 38 halben Stäbchen + 1 Wendeluftmasche
18 Herzchen Grannies
Obere Kante: 180 feste Maschen
Träger: Insgesamt 51 Reihen mit jeweils 4 halben Stäbchen + 1 Wendeluftmasche

Größe L: 40 cm breit, 32 cm lang
Oberteil: Insgesamt 106 Reihen mit jeweils 28 halben Stäbchen + 1 Wendeluftmasche
27 Herzchen Grannies
Obere Kante: 180 feste Maschen
Träger: Insgesamt 53 Reihen mit jeweils 4 halben Stäbchen + 1 Wendeluftmasche

Anleitung

Fang mit dem Oberteil an

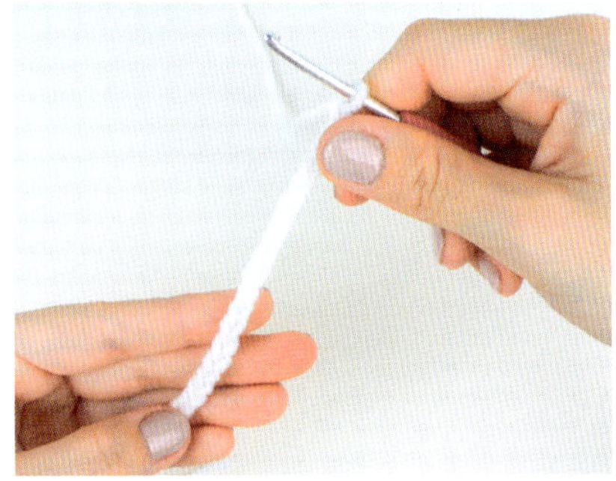

Schritt 1: Nimm dir das weiße Garn. Mache eine Anfangsschlaufe und häkle 35 (bzw. für Größe XS 32, Größe M 38, Größe L 28) Luftmaschen und 1 Wendeluftmasche (= insgesamt 36 (bzw. für Größe XS 33, Größe M 39, Größe L 29) Luftmaschen).

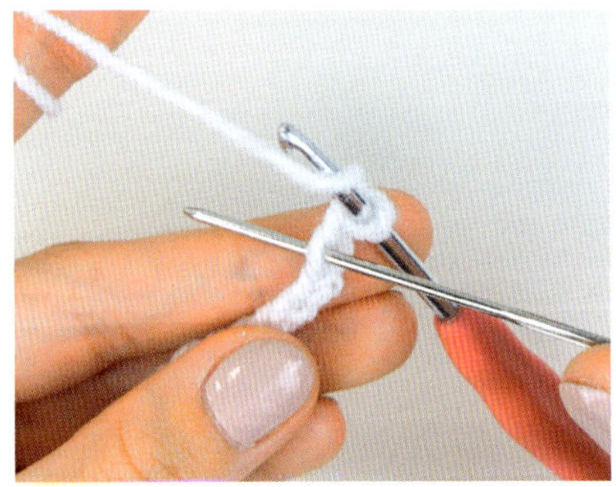

Schritt 2: Überspringe die Wendeluftmasche und häkle 1 halbes Stäbchen nur ins hintere Maschenglied.

Falls du ein Video zur Hilfe beim Top brauchst, scanne einfach diesen Code:

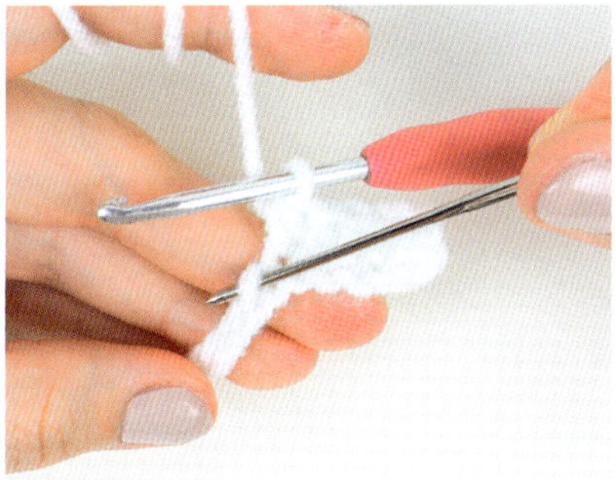

Schritt 3: Häkle in jede weitere Masche 1 halbes Stäbchen nur ins hintere Maschenglied (= insgesamt 35 (bzw. für Größe XS 32, Größe M 38, Größe L 28) halbe Stäbchen).

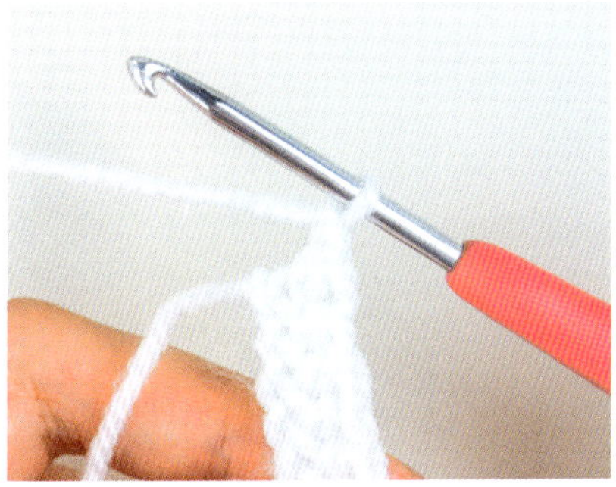

Schritt 4: Am Ende der Reihe häkelst du 1 Wendeluftmasche.

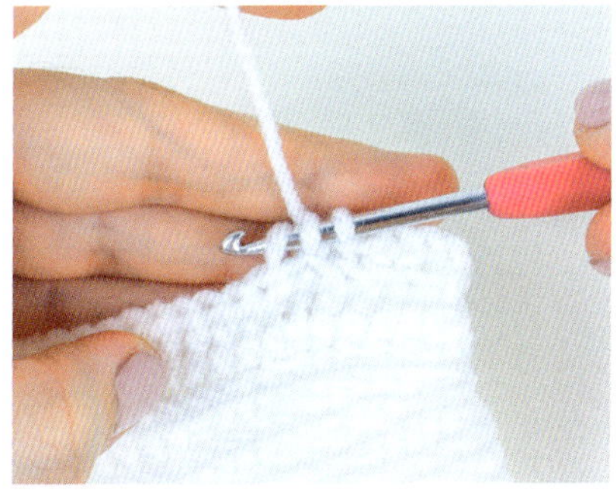

Schritt 5: Wiederhole Schritt 2-4 noch 94-mal (= insgesamt 96 Reihen) (bzw. für Größe XS 89-mal (= insgesamt 91 Reihen), Größe M 99-mal (= insgesamt 101 Reihen), Größe L 104-mal (= insgesamt 106 Reihen)). So breit wird das Oberteil sein.

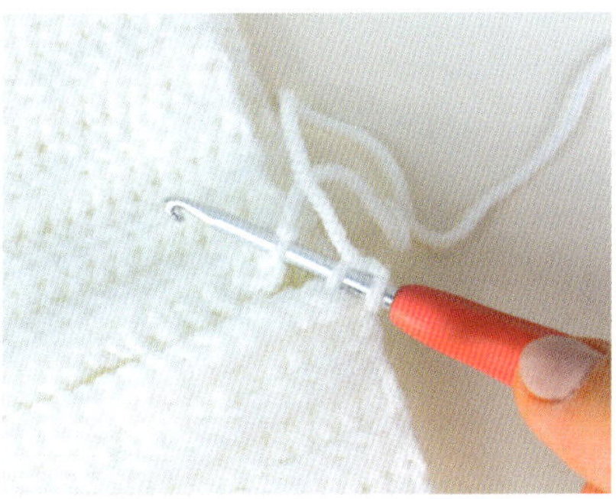

Schritt 6: Um das Oberteil zu schließen häkelst du jetzt Kettmaschen. Stich dafür nur ins hintere Maschenglied und nimm dir jetzt das andere Ende vom Oberteil. Dort stichst du zusätzlich durch die 1. Masche und häkelst durch beide Teile 1 Kettmasche.

Achte darauf, dass das Oberteil nicht verdreht ist, wenn du es verbindest.

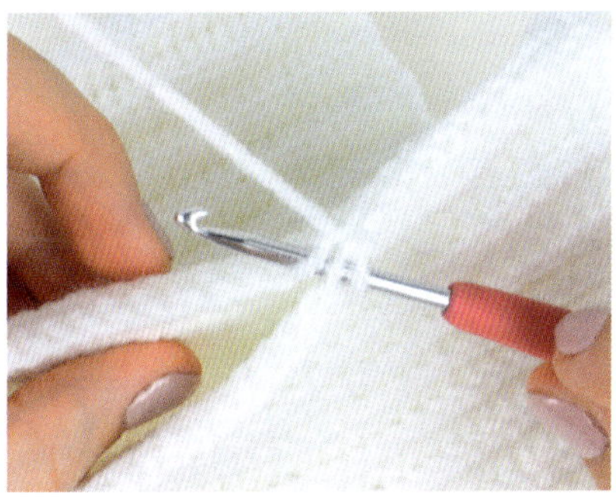

Schritt 7: Häkle so in jede weitere Masche beider Enden (= insgesamt 35 (bzw. für Größe XS 32, Größe M 38, Größe L 28) Kettmaschen).

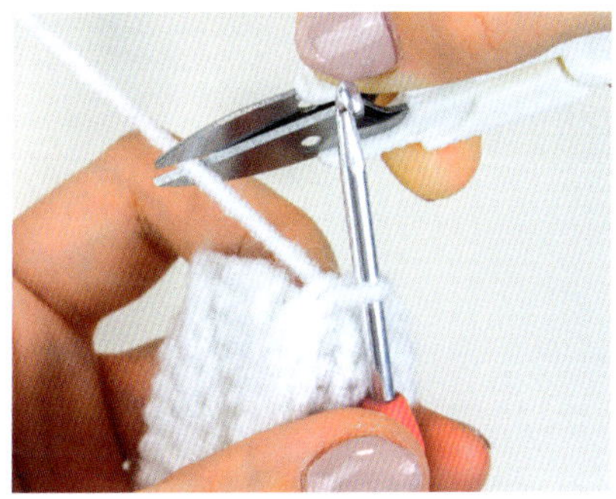

Schritt 8: Häkle 1 Luftmasche, schneide den Faden ab und zieh ihn durch.

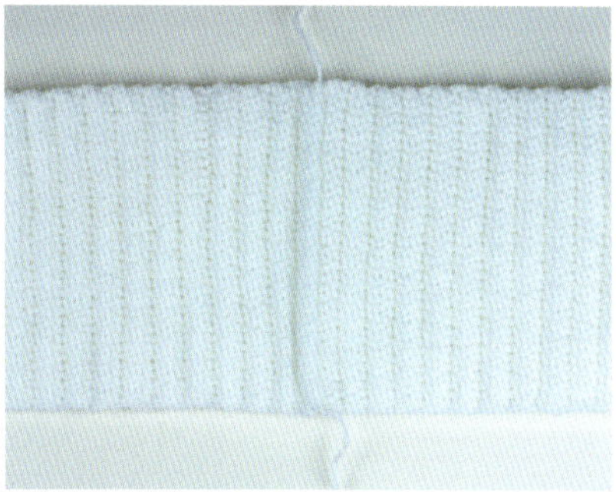

Schritt 9: Drehe das Stück auf rechts.

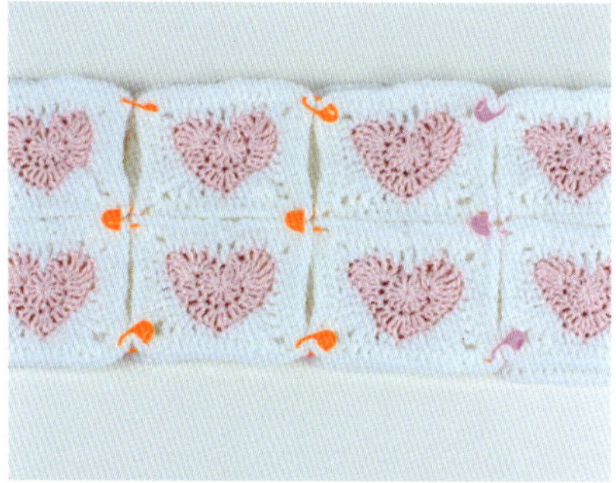

Schritt 10: Häkle 16 (bzw. für Größe XS 14, Größe M 18, Größe L 27) Herzchen Grannies. Die Anleitung für ein Herzchen Granny findest du auf Seite 81.

Tipp: Halte dir das gehäkelte Stück zwischendurch mal an, so siehst du, ob es dir breit genug ist.

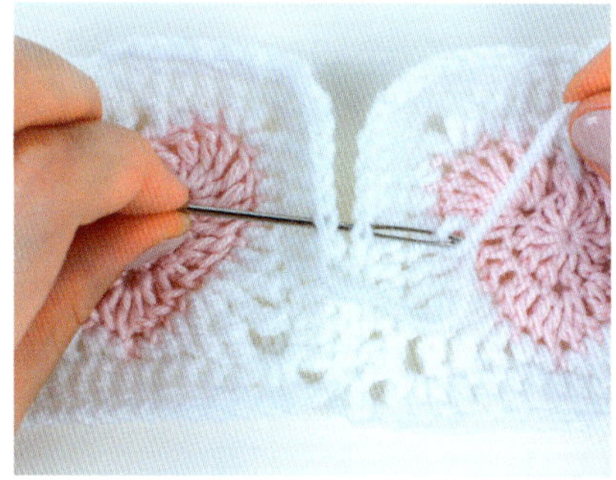

Schritt 11: Verbinde alle 16 (bzw. für Größe XS 14, Größe M 18, Größe L 27) Grannies wie in der Abbildung auf Seite 87 miteinander. Nimm dafür eine Wollnadel und jeweils ein langes Stück weißen Faden.

Tipp: Verbinde zuerst die kurzen und dann die langen Seiten miteinander. Wenn du bei der langen Seite an einer Ecke angekommen bist, überspringe die Schnittstelle einfach. Du gehst dort also immer nur durch 1 Luftmasche pro Ecke.

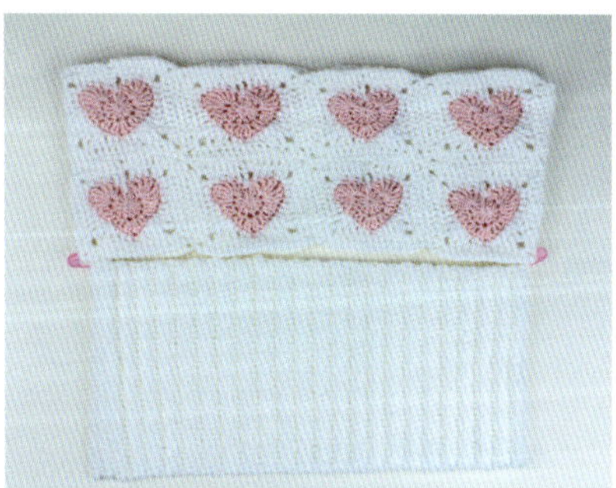

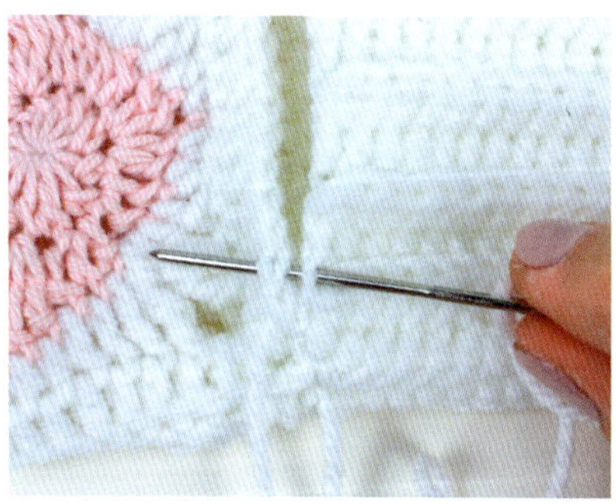

Schritt 12: Verbinde die Herzchen Grannies mit dem weißen Teil, das du davor gehäkelt hast.

Schritt 13: Um eine saubere Kante oben am Oberteil zu bekommen, nimmst du wieder das weiße Garn. Mache eine Anfangsschlaufe und stich mit der Nadel durch 1 Masche von einem Granny. Hol den Faden und häkle 1 feste Masche.

Falls du ein Video zur Hilfe beim Top brauchst, scanne einfach diesen Code:

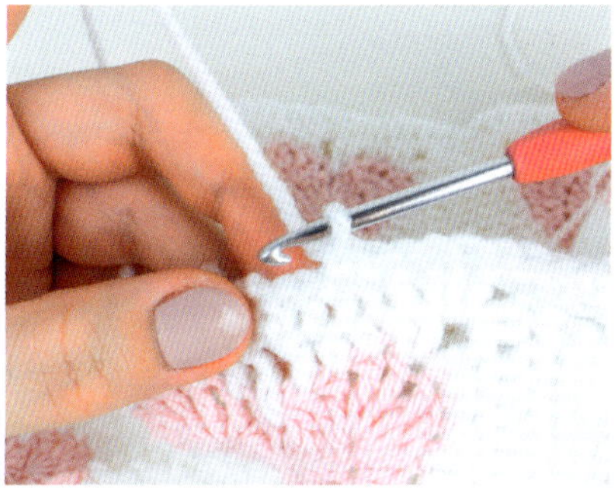

Schritt 14: Häkle in jede weitere Masche und in die Nähte zwischen zwei Grannies jeweils 1 feste Masche (= insgesamt 160 (bzw. für Größe XS 140, Größe M 180, Größe L 180) feste Maschen).

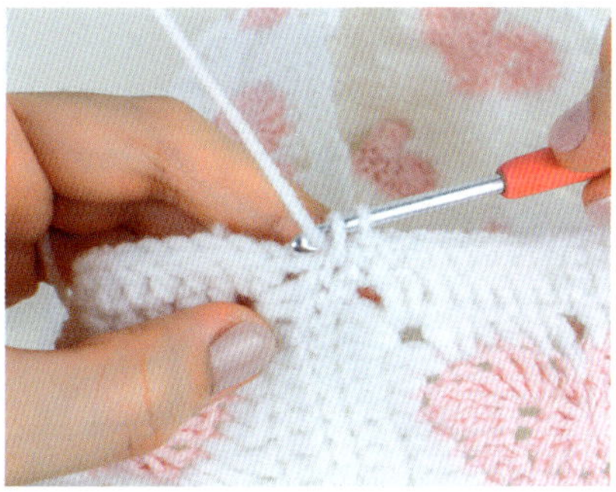

Schritt 15: Häkle 1 Kettmasche in die 1. feste Masche, schneide den Faden ab und zieh ihn durch.

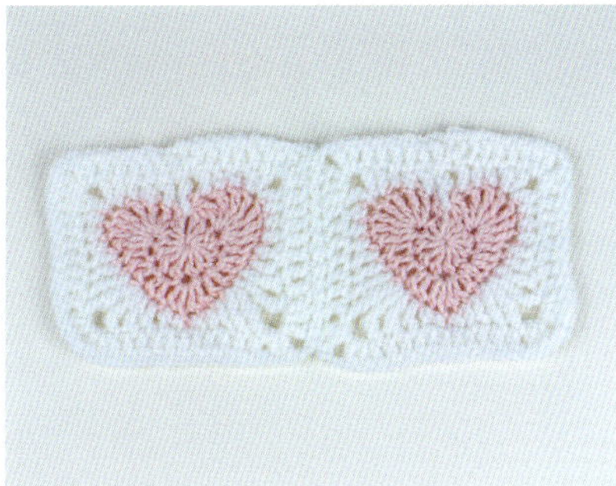

Hinweis: In der Ecke von einem Granny häkelst du nur in 1 Luftmasche, so kommst du pro Granny auf 19 Maschen. Hinzu kommen die 8 (bzw. für Größe XS 7, Größe M 9, Größe L 9) Nähte, in die du jeweils 1 feste Masche häkelst.

Jetzt häkelst du die Träger

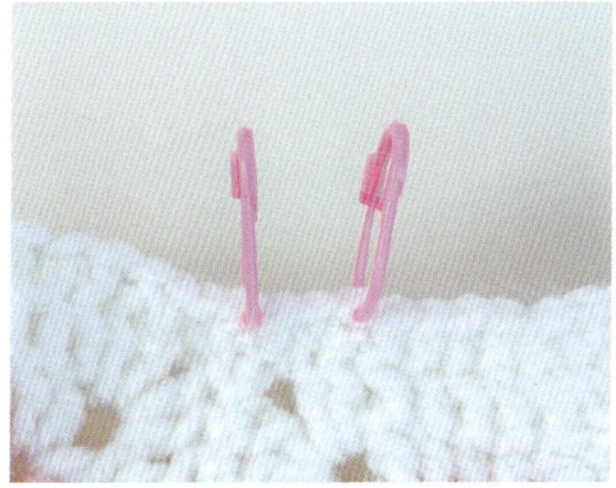

Schritt 16: Markiere dir wo die Träger später sein sollen, sowohl auf der Vorder- als auch auf der Rückseite vom Oberteil. Beachte dabei, dass jeder Träger 4 Maschen breit sein wird.

Tipp: Zieh das Oberteil an, um zu schauen wo die Träger sein sollen.

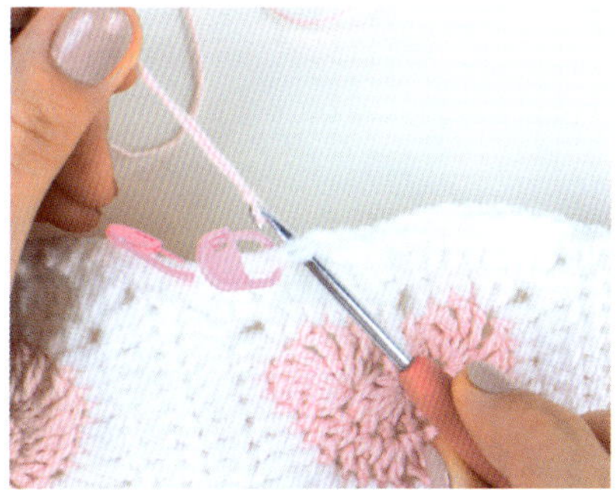

Schritt 17: Fang jetzt auf der Rückseite vom Oberteil an. Stich in die Masche rechts neben der Markierung vom Träger mit der Häkelnadel (ohne Faden) ein, nimm das rosa Garn und mache eine Anfangsschlaufe.

Schritt 18: Zieh den Faden durch und häkle 1 Luftmasche, um den Faden zu befestigen.

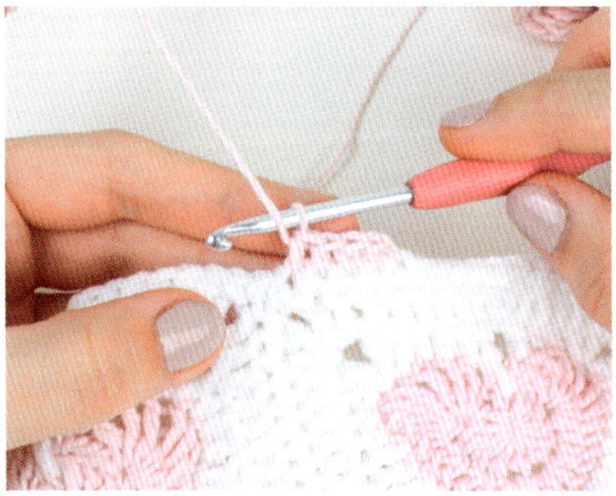

Schritt 19: Jetzt häkelst du in die nächsten 4 Maschen (die du dir vorher markiert hast) jeweils 1 halbes Stäbchen (= insgesamt 4 halbe Stäbchen + 1 Luftmasche vom Anfang).

Schritt 20: Am Ende der Reihe häkelst du 1 Wendeluftmasche.

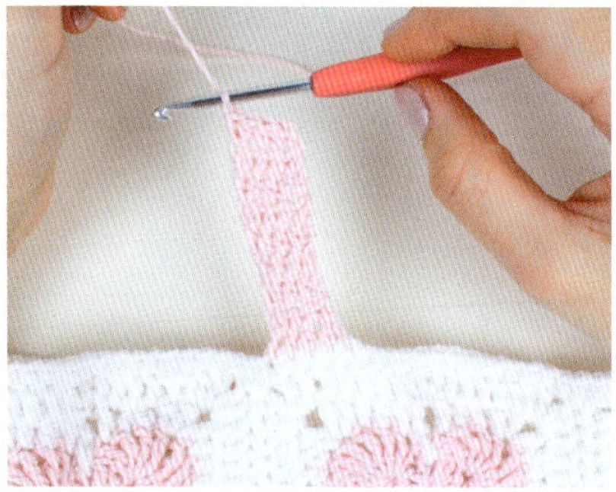

Schritt 21: Überspringe die Wendeluftmasche und häkle jeweils 1 halbes Stäbchen in die Maschen (= insgesamt 4 halbe Stäbchen). Am Ende der Reihe häkelst du 1 Wendeluftmasche.

Schritt 22: Wiederhole Schritt 21 noch 47-mal (= insgesamt 49 Reihen) (bzw. für Größe XS 45-mal (= insgesamt 47 Reihen), Größe M 49-mal (= insgesamt 51 Reihen), Größe L 51-mal (= insgesamt 53 Reihen)).

Tipp: Zieh das Oberteil zwischendurch mal an. So kannst du schauen, ob dir der Träger lang genug ist.

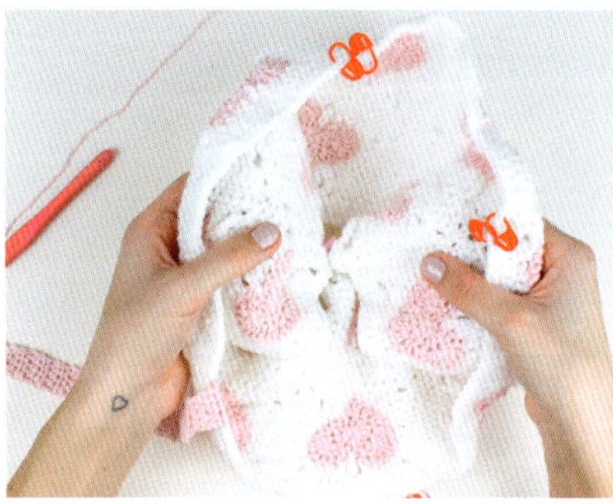

Schritt 23: Drehe das Oberteil auf links.

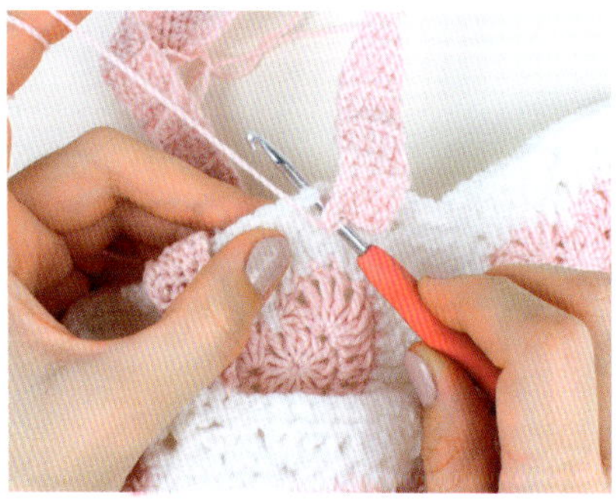

Schritt 24: Um den Träger auf der Vorderseite vom Oberteil zu befestigen häkelst du jetzt Kettmaschen. Stich dafür als erstes in die 1. Masche von deinem Träger, und anschließend in die 1. Masche vom Oberteil. Hol dir dann den Faden und häkle 1 Kettmasche.

Hinweis: Achte darauf, dass der Träger nicht verdreht ist, wenn du ihn am Oberteil befestigst.

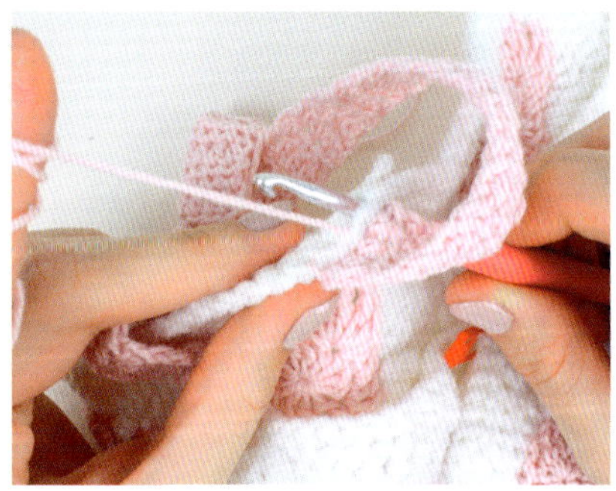

Schritt 25: So häkelst du noch in die nächsten 3 Maschen jeweils 1 Kettmasche (= insgesamt 4 Kettmaschen).

Falls du ein Video zur Hilfe beim Top brauchst, scanne einfach diesen Code:

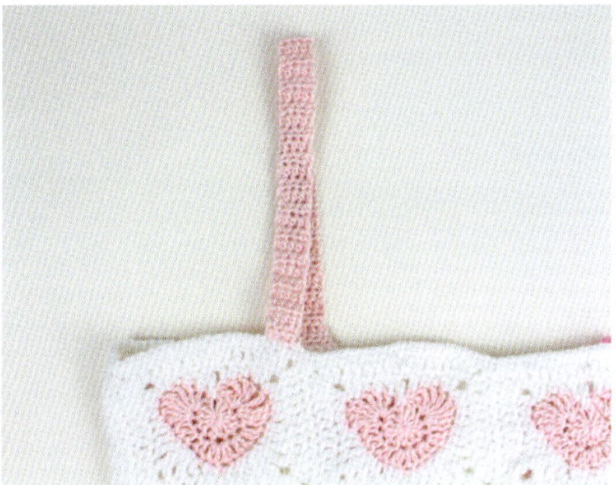

Schritt 26: Häkle 1 Luftmasche, schneide den Faden ab, zieh ihn durch und drehe das Oberteil wieder auf rechts.

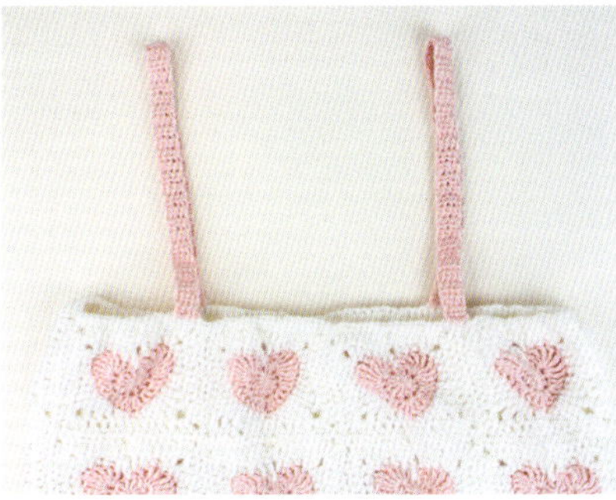

Schritt 27: Wiederhole Schritt 17-26 für den anderen Träger und verwebe anschließend alle Fadenenden. Fertig ist das Oberteil.

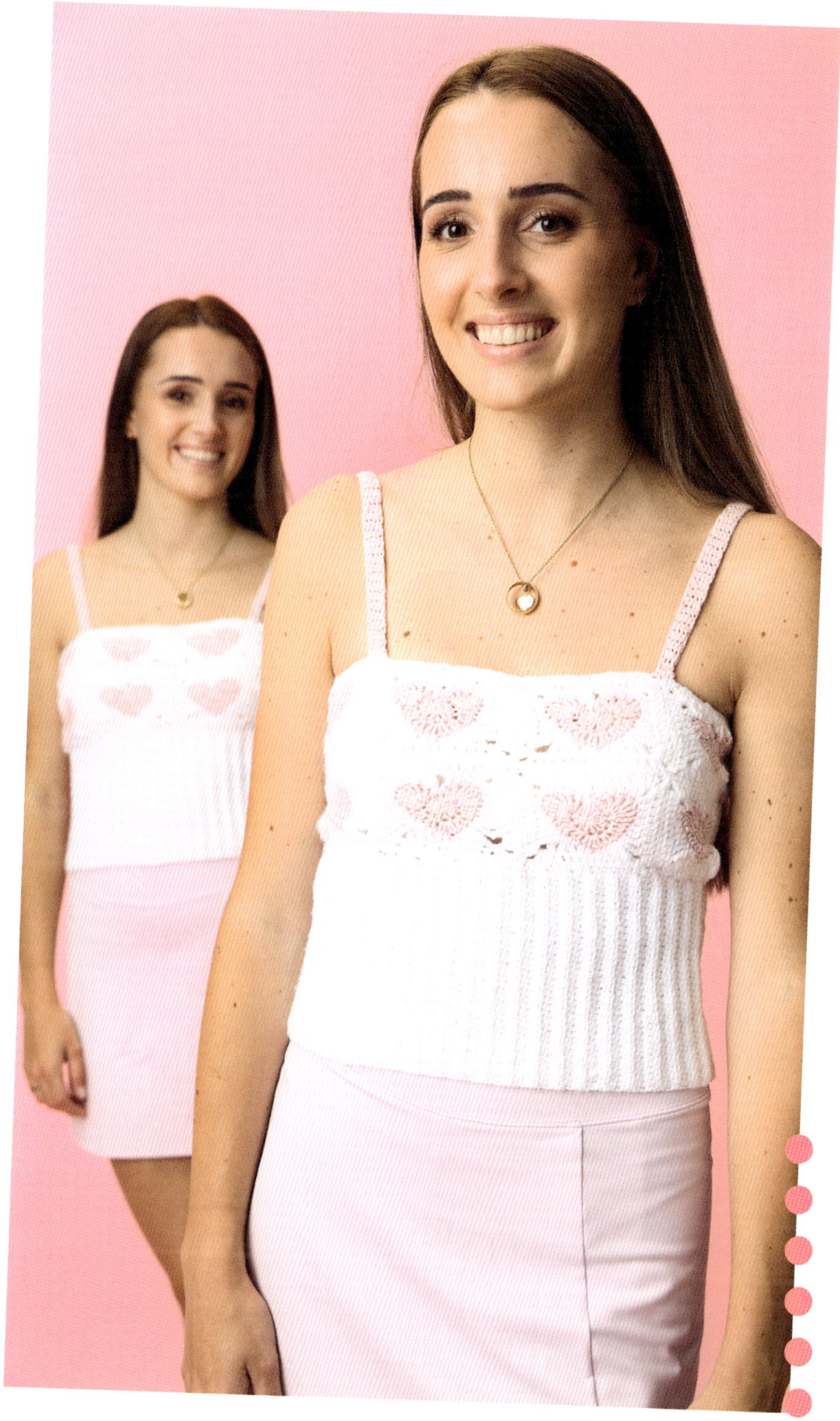

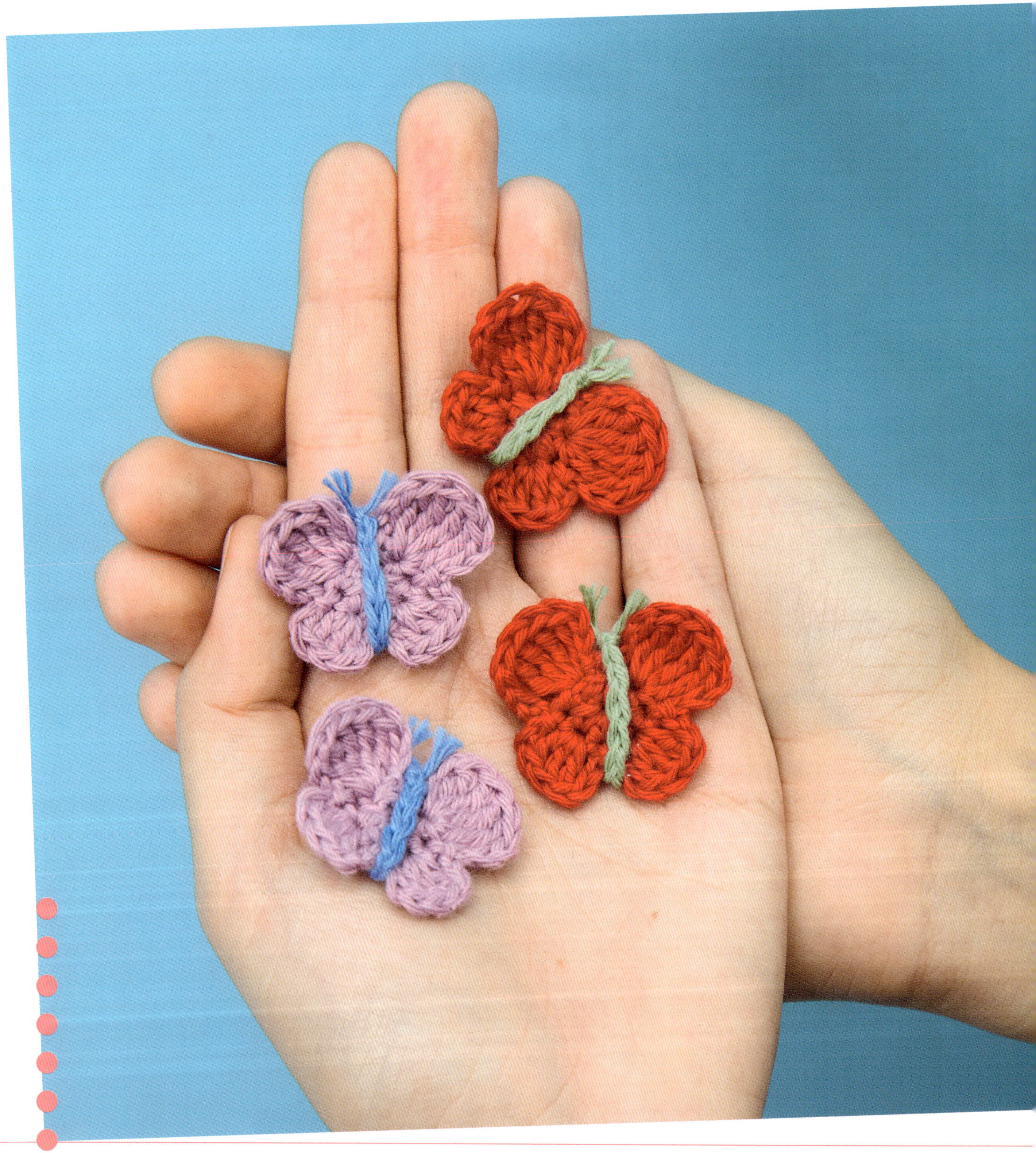

SÜSSER SCHMETTERLING

Diesen kleinen Schmetterling kannst du zum Beispiel auf ein Oberteil, eine Tasche oder eine Hose nähen.

Größe

4 cm breit, 3 cm lang

Benötigtes Material

- Wollreste
- Häkelnadel 3,0 mm
- Wollnadel

Für das verwendete Garn ist eine Häkelnadel der Stärke 2,5-3,5 mm empfohlen.

Anleitung

Nimm dir die Farbe, in der die Flügel sein sollen

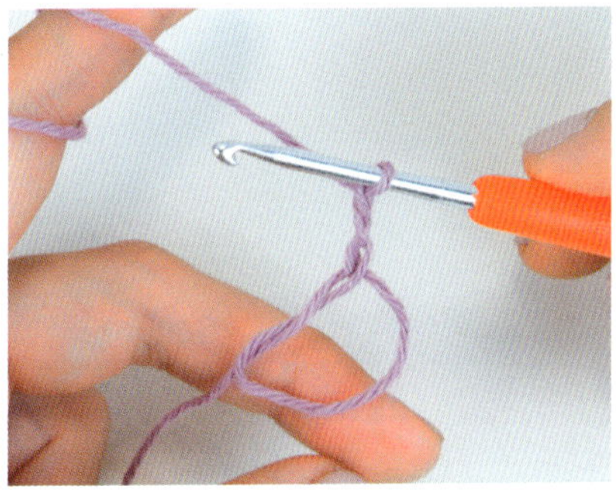

Schritt 1: Mache einen Fadenring und häkle 2 Luftmaschen.

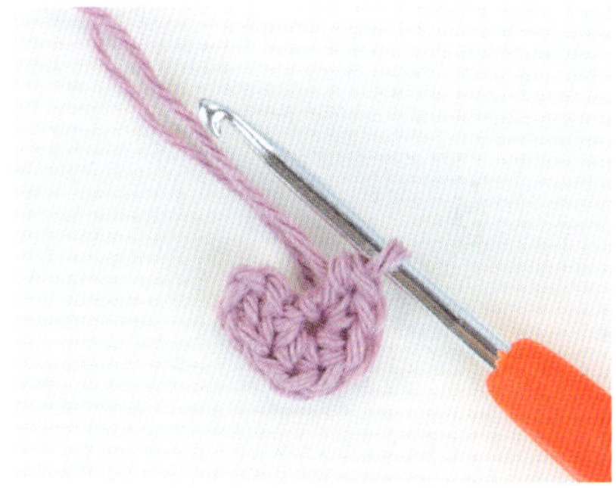

Schritt 2: Häkle 7 halbe Stäbchen in den Fadenring und zieh ihn zu, indem du am Fadenende ziehst.

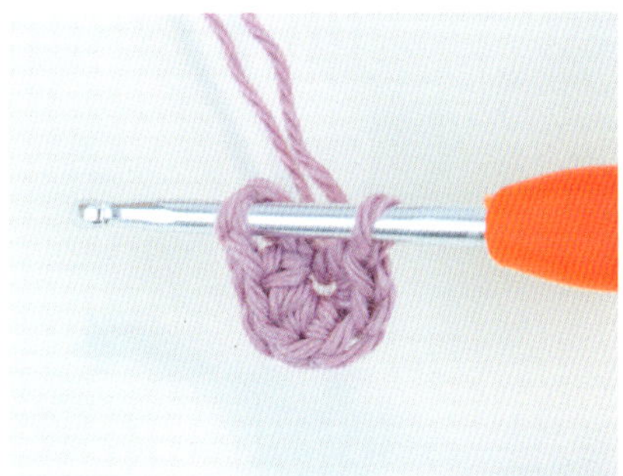

Schritt 3: Jetzt häkelst du 1 Kettmasche in die 2. Luftmasche vom Anfang.

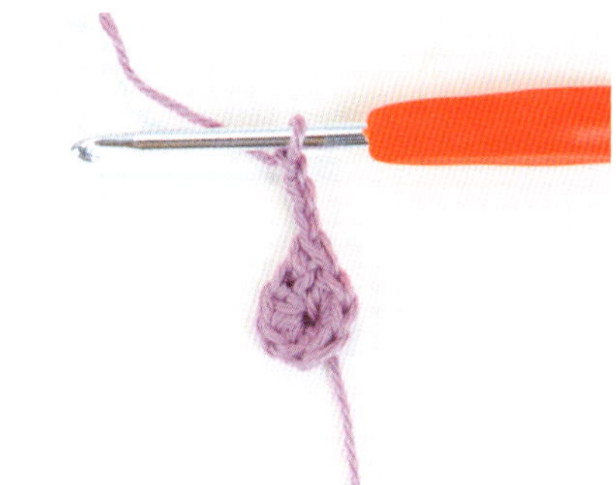

Schritt 4: Häkle 3 Luftmaschen ...

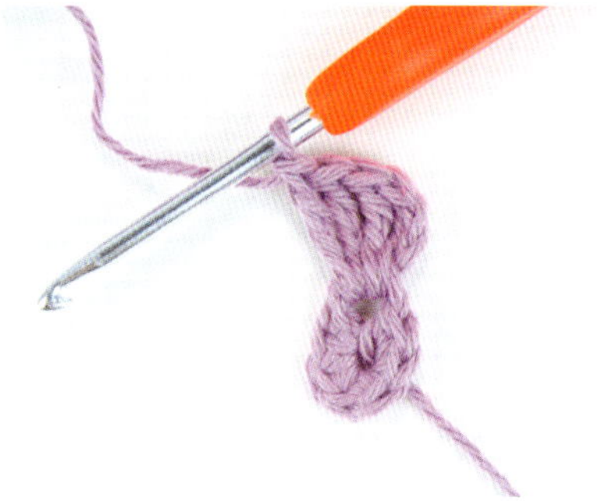

Schritt 5: ... und häkle in die gleiche Masche 4 doppelte Stäbchen.

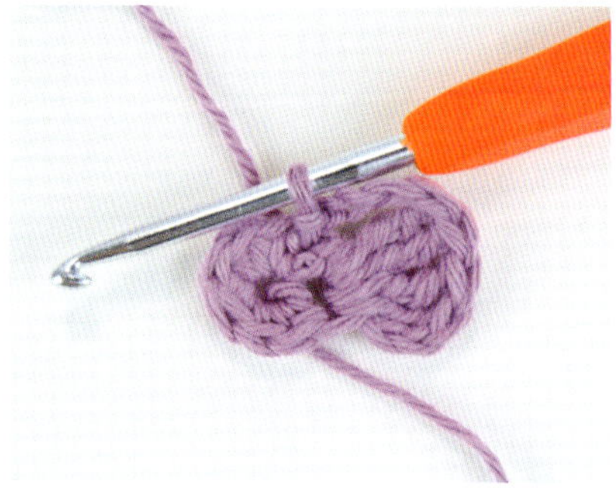

Schritt 6: Häkle 3 Luftmaschen und dann 1 Kettmasche in die nächste Masche.

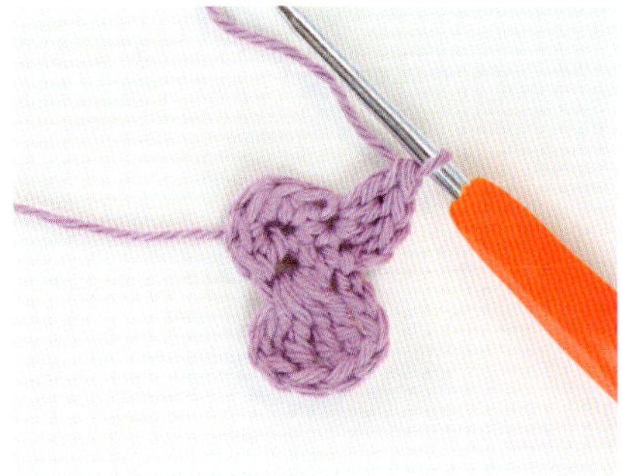

Schritt 7: Jetzt häkelst du 2 Luftmaschen, und dann 3 Stäbchen in die nächste Masche.

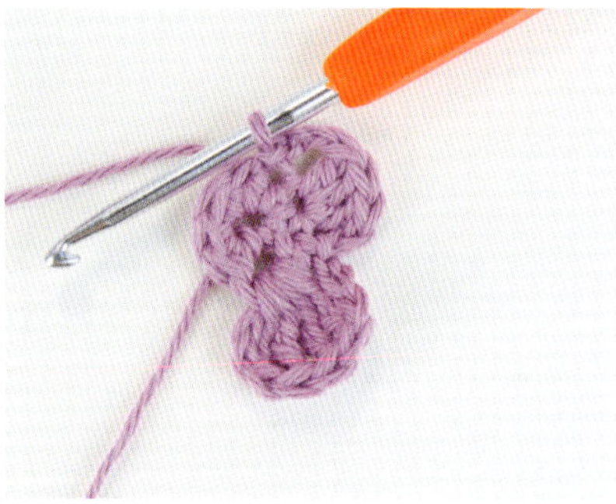

Schritt 8: Häkle 2 Luftmaschen und dann 1 Kettmasche in die nächste Masche. Fertig ist die erste Hälfte von dem Schmetterling.

Jetzt machst du das ganze spiegelverkehrt zurück, das heißt:

Schritt 9: Häkle 2 Luftmaschen und dann 3 Stäbchen in die nächste Masche.

Schritt 10: Häkle 2 Luftmaschen und dann 1 Kettmasche in die nächste Masche.

Schritt 11: Jetzt häkelst du 3 Luftmaschen, und dann 4 doppelte Stäbchen in die nächste Masche.

Schritt 12: Häkle jetzt noch 3 Luftmaschen und dann noch 1 Kettmasche in die letzte Masche.

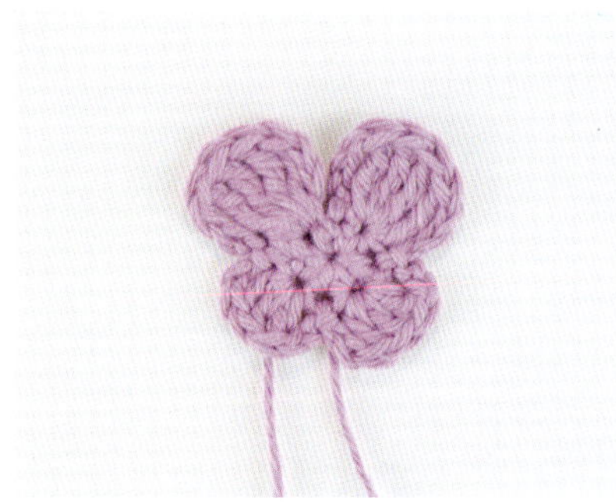

Schritt 13: Häkle 1 Luftmasche, schneide den Faden großzügig ab und zieh ihn durch. Dieses Fadenende ziehst du, mit Hilfe der Wollnadel, zum anderen Fadenende und verknotest sie miteinander.

Tipp: Lass beim Fadenring ein großzügiges Fadenende übrig. Das kannst du später zum Annähen verwenden.

Falls du ein Video zur Hilfe bei dem Schmetterling brauchst, scanne einfach diesen Code:

Nimm dir die Farbe, in der der Körper sein soll

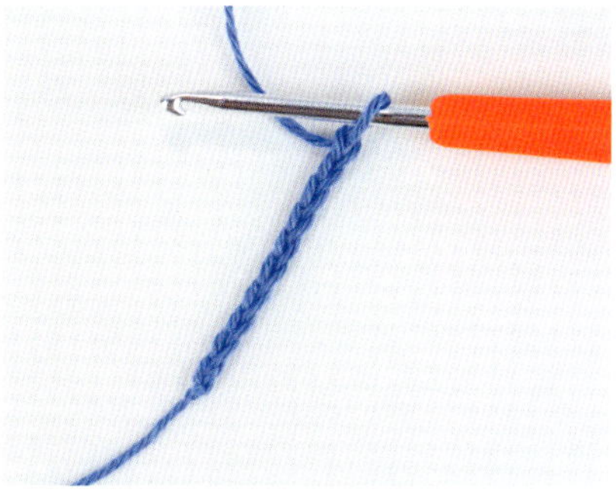

Schritt 14: Mache eine Anfangsschlaufe und häkle 10 Luftmaschen. Diese Luftmaschenkette bildet den Körper vom Schmetterling.

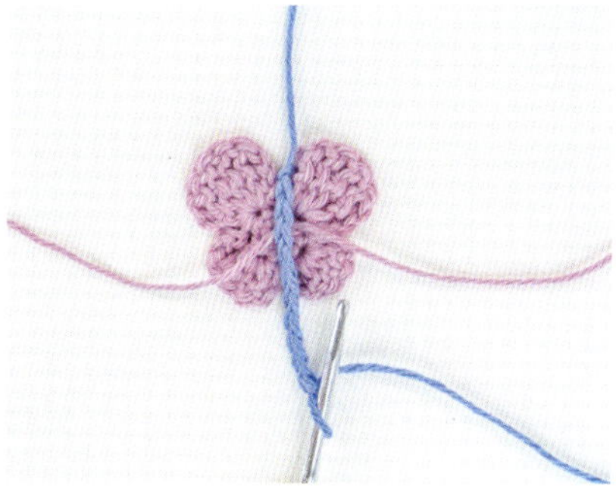

Schritt 15: Lege die Luftmaschenkette in die Mitte von deinem ersten Teil, sodass sie den Körper des Schmetterlings bildet.

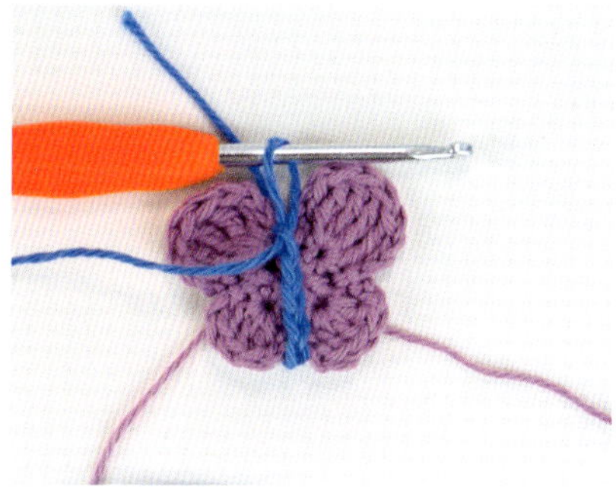

Schritt 16: Falte die Luftmaschenkette in der Hälfte ...

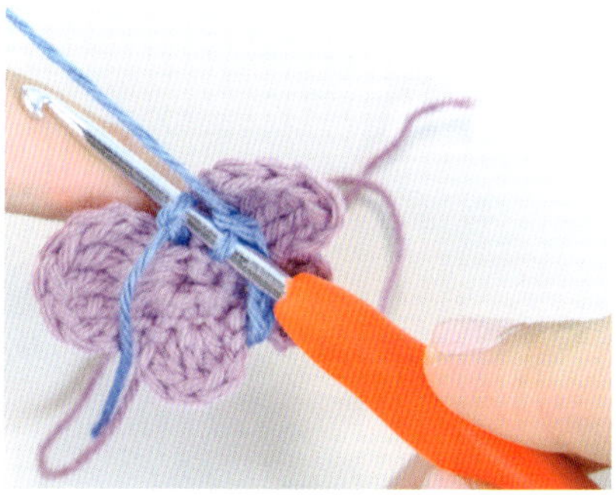

Schritt 17: ... und häkle 1 Kettmasche in die 1. Luftmasche der Luftmaschenkette.

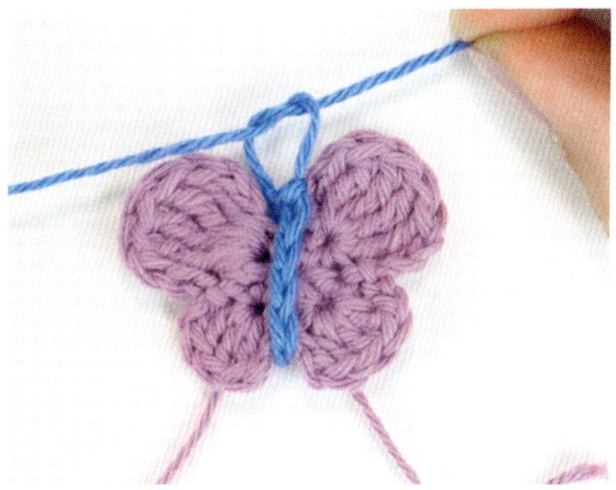

Schritt 18: Schneide den Faden ab, zieh ihn durch und verknote beide Enden miteinander.

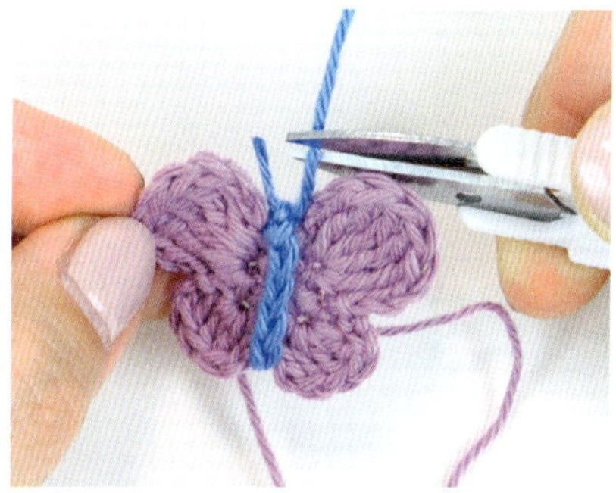

Schritt 19: Zum Schluss kürzt du noch beide Enden auf Fühlerlänge ...

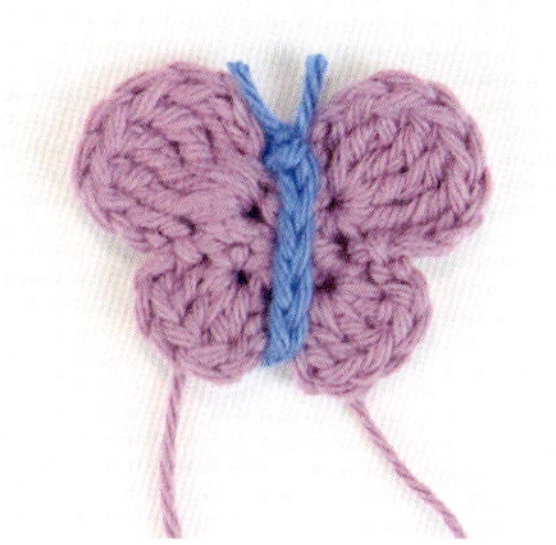

Schritt 20: ... und fertig ist der Schmetterling.

Tipp: Verwende die beiden Fadenenden, um den Schmetterling auf ein Kleidungsstück zu nähen.

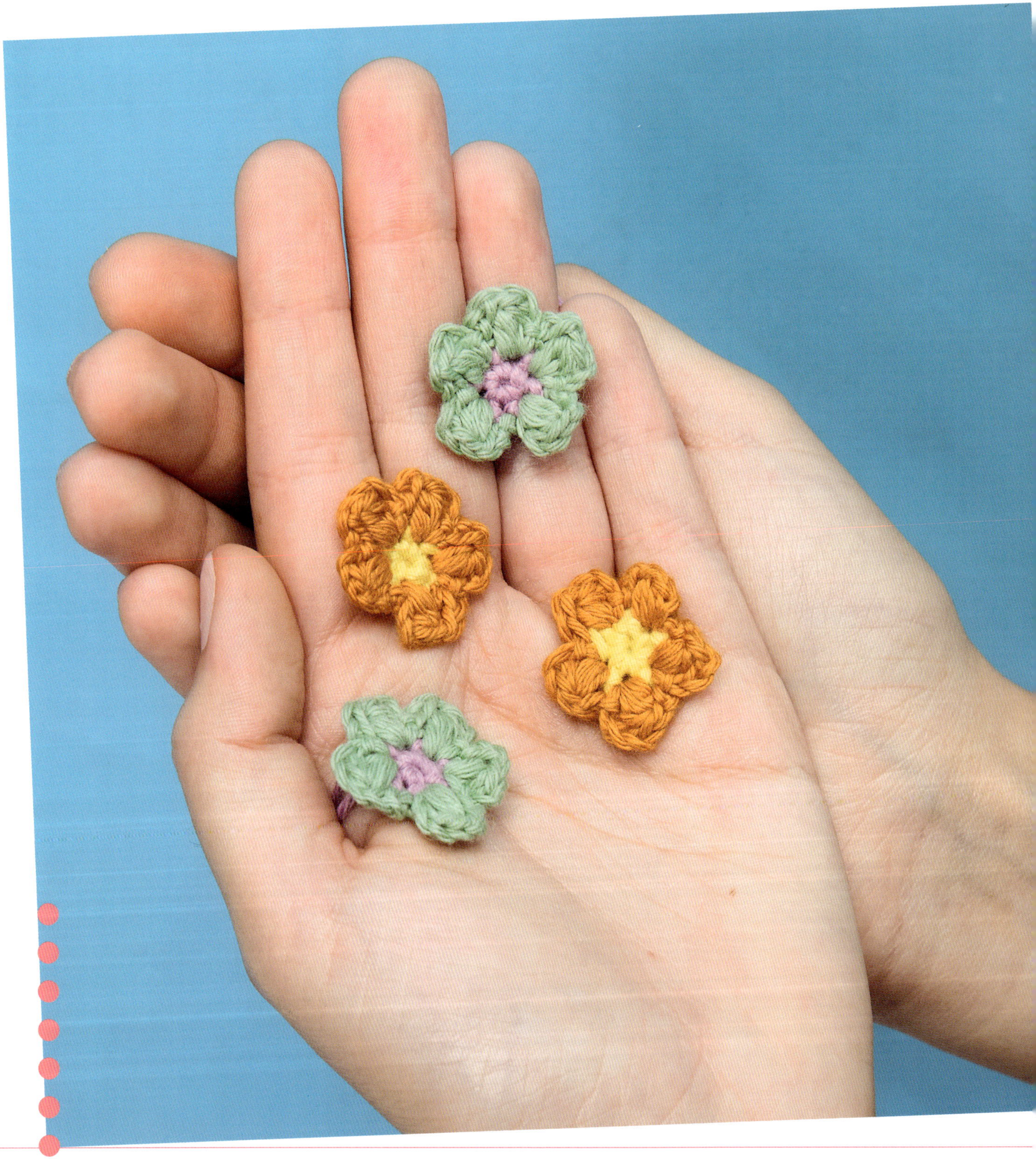

MINI BLUME

Diese kleine Blume kannst du zum Beispiel auf Kleidungsstücke nähen.

Größe

2,5 cm breit, 2,5 cm lang

Benötigtes Material

- Wollreste
- Häkelnadel 3,0 mm
- Wollnadel

Für das verwendete Garn ist eine Häkelnadel der Stärke 2,5-3,5 mm empfohlen.

Anleitung

Nimm dir die Farbe, in der der innere Teil der Blume sein soll

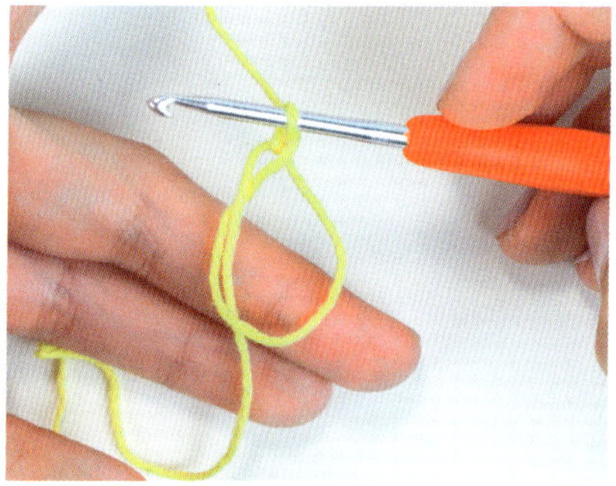

Schritt 1: Mache einen Fadenring ...

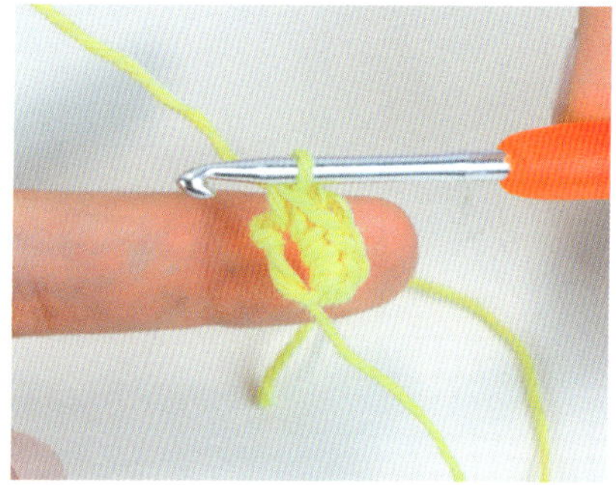

Schritt 2: ...und häkle 5 feste Maschen in den Ring. Zieh den Fadenring zu, indem du am Fadenende ziehst.

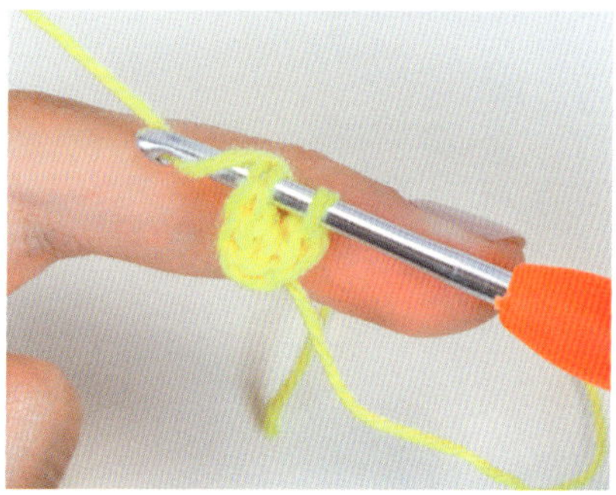

Schritt 3: Um die Runde zu schließen häkelst du 1 Kettmasche in die 1. feste Masche.

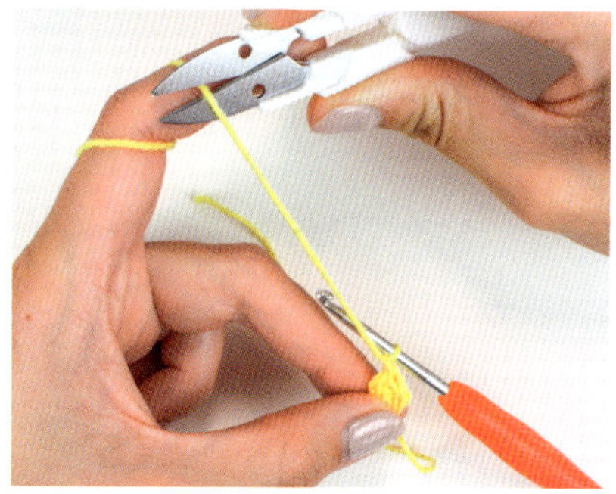

Schritt 4: Fertig ist der innere Teil der Blume. Häkle 1 Luftmasche, schneide den Faden großzügig ab und zieh ihn durch.

Tipp: Lass beim Fadenring ein großzügiges Fadenende übrig. Das kannst du später zum Annähen verwenden.

Nimm dir die Farbe, in der die Blütenblätter sein sollen

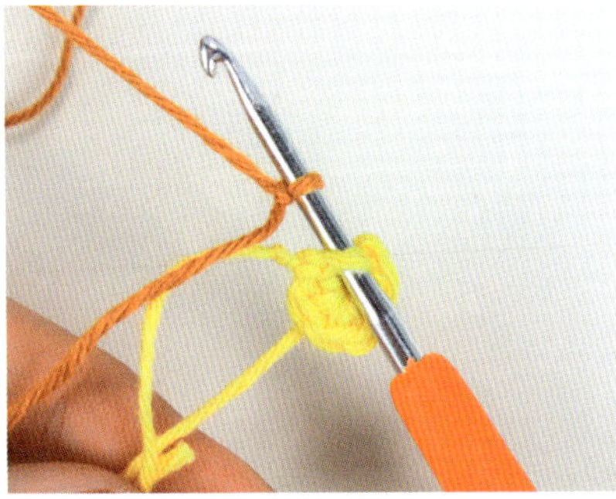

Schritt 5: Stich mit der Häkelnadel (ohne Faden) durch die Masche rechts neben der Kettmasche, mache eine Anfangsschlaufe und zieh sie durch.

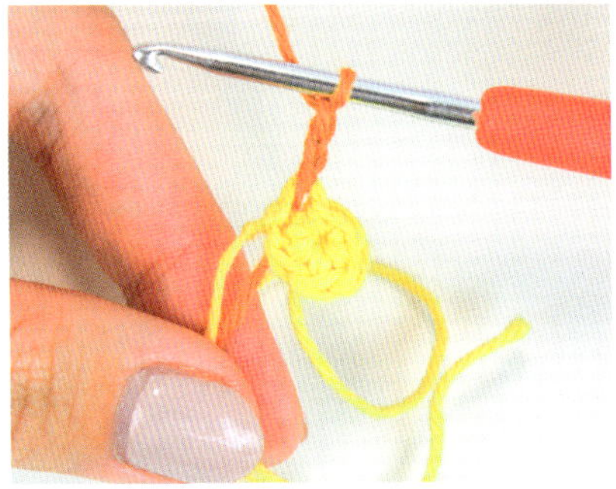

Schritt 6: Häkle 2 Luftmaschen.

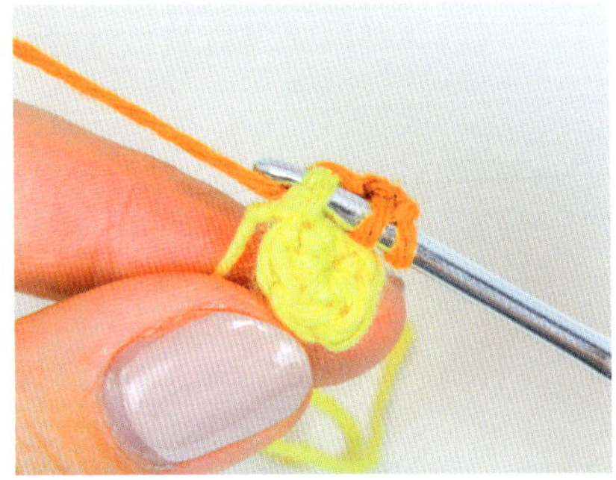

Schritt 7: Schlage den Faden 1-mal um die Nadel und stich in die gleiche Masche ein. Hol dir den Faden.

Stich in die gleiche Masche ein, in der du gerade deinen Faden festgemacht hast.

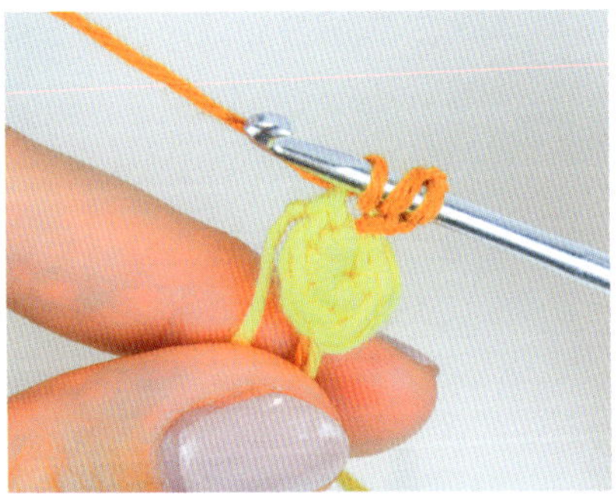

Schritt 8: Jetzt hast du 3 Schlaufen auf der Nadel.

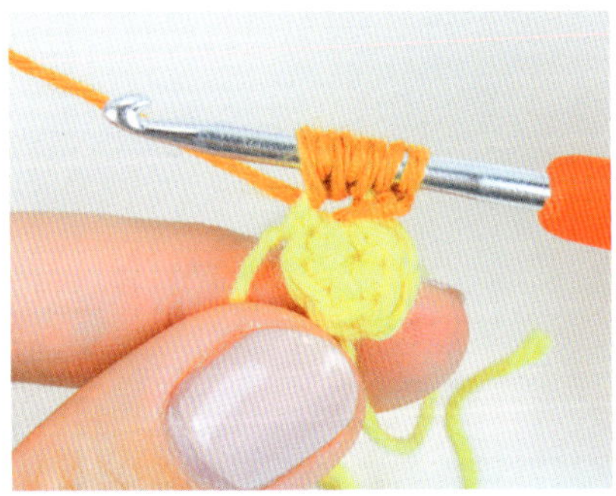

Schritt 9: Wiederhole Schritt 7 noch 2-mal. Jetzt hast du 7 Schlaufen auf der Nadel.

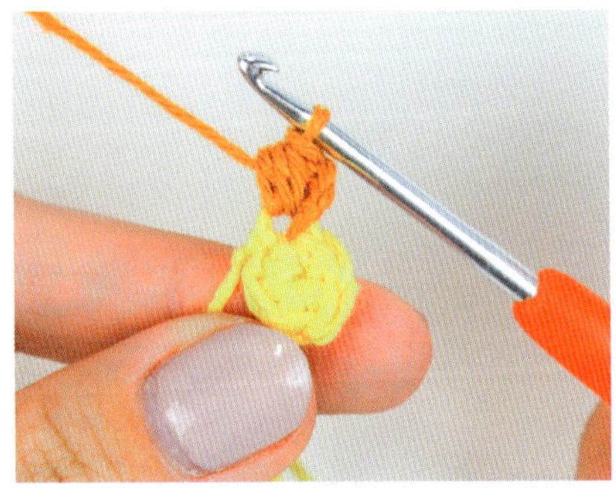

Schritt 10: Masche alle 7 Schlaufen zusammen ab, also hol dir den Faden und zieh ihn direkt durch alle 7 Schlaufen.

Falls du ein Video zur Hilfe bei der Blume brauchst, scanne einfach diesen Code:

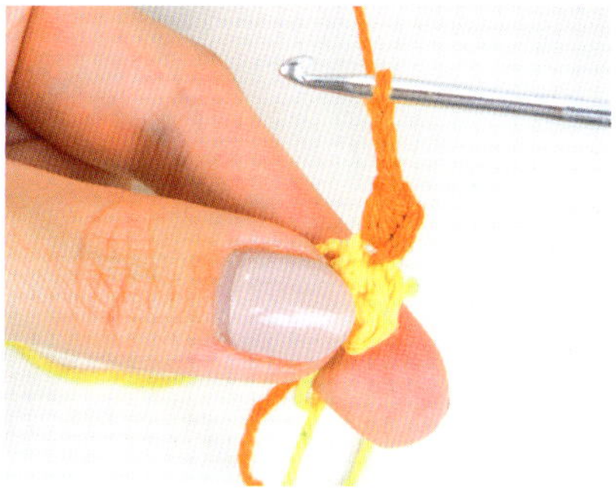

Schritt 11: Häkle 3 Luftmaschen.

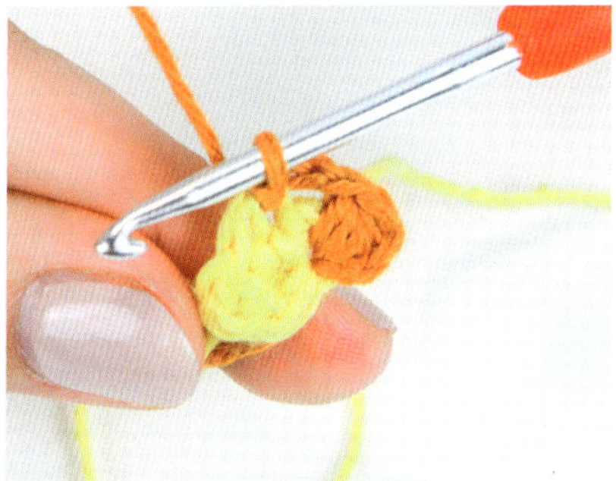

Schritt 12: Häkle 1 Kettmasche in die nächste Masche. Fertig ist ein Blütenblatt.

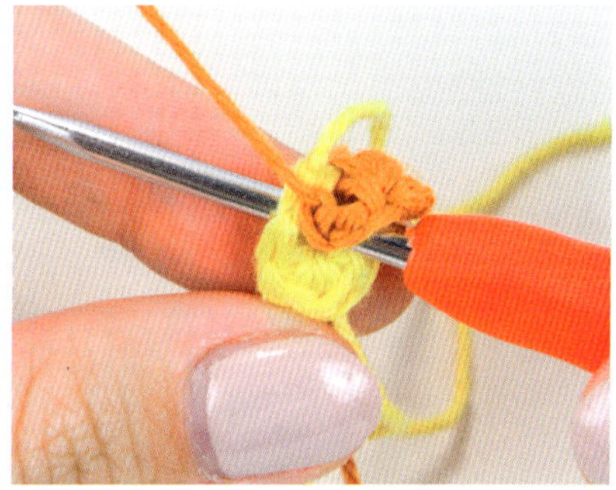

Hinweis: Beim ersten Blütenblatt überspringst du die Kettmasche aus der Vorrunde, wenn du deine Kettmasche machst.

Schritt 13: Wiederhole Schritt 6-12 noch 4-mal (= insgesamt 5 Blütenblätter).

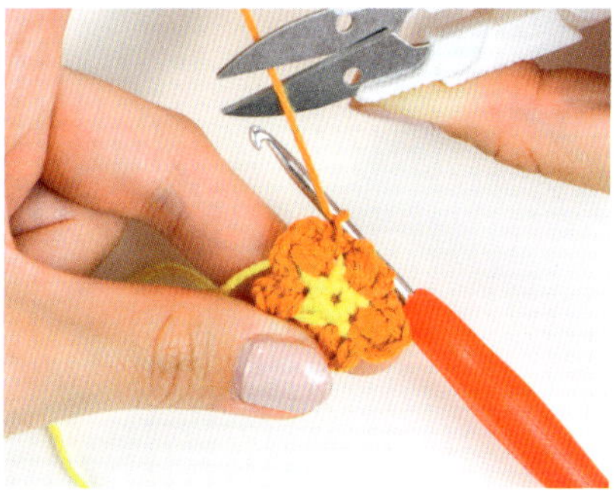

Schritt 14: Häkle 1 Luftmasche, schneide den Faden ab und zieh ihn durch.

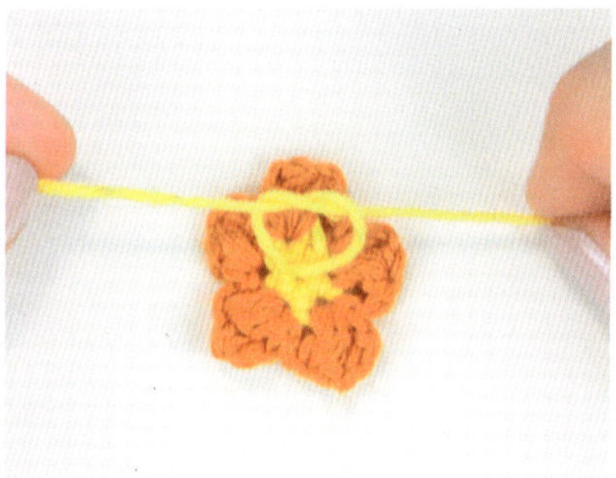

Schritt 15: Verwebe die Fadenenden der Blütenblätter. Zieh das eine Fadenende des inneren Teils mit Hilfe einer Wollnadel zum anderen, und verknote sie miteinander.

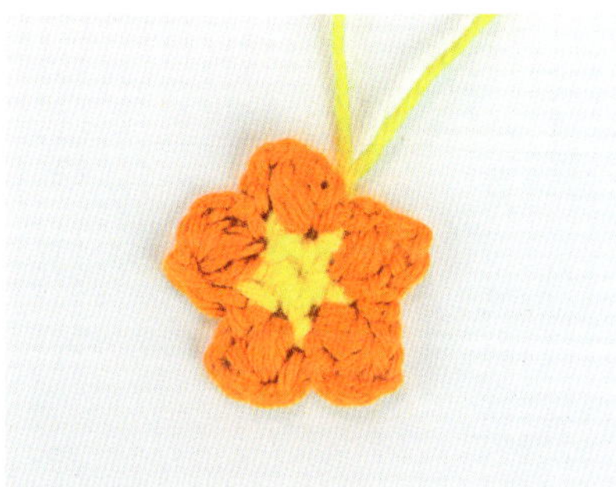

Fertig ist die Blume.

Tipp: Verwende die beiden Fadenenden, um die Blume auf ein Kleidungsstück zu nähen.

Alte Klamotten aufpimpen

Wir häkeln uns nicht nur gerne Klamotten, sondern pimpen alte Teile auch gerne auf.

Diese Applikationen eignen sich wunderbar dafür, sie später auf Klamotten zu nähen.

Man muss sich also nicht immer neue Teile kaufen, sondern kann so ganz leicht aus alten Sachen neue machen.

Tipp: Du kannst die Applikationen auch als Knöpfe verwenden.

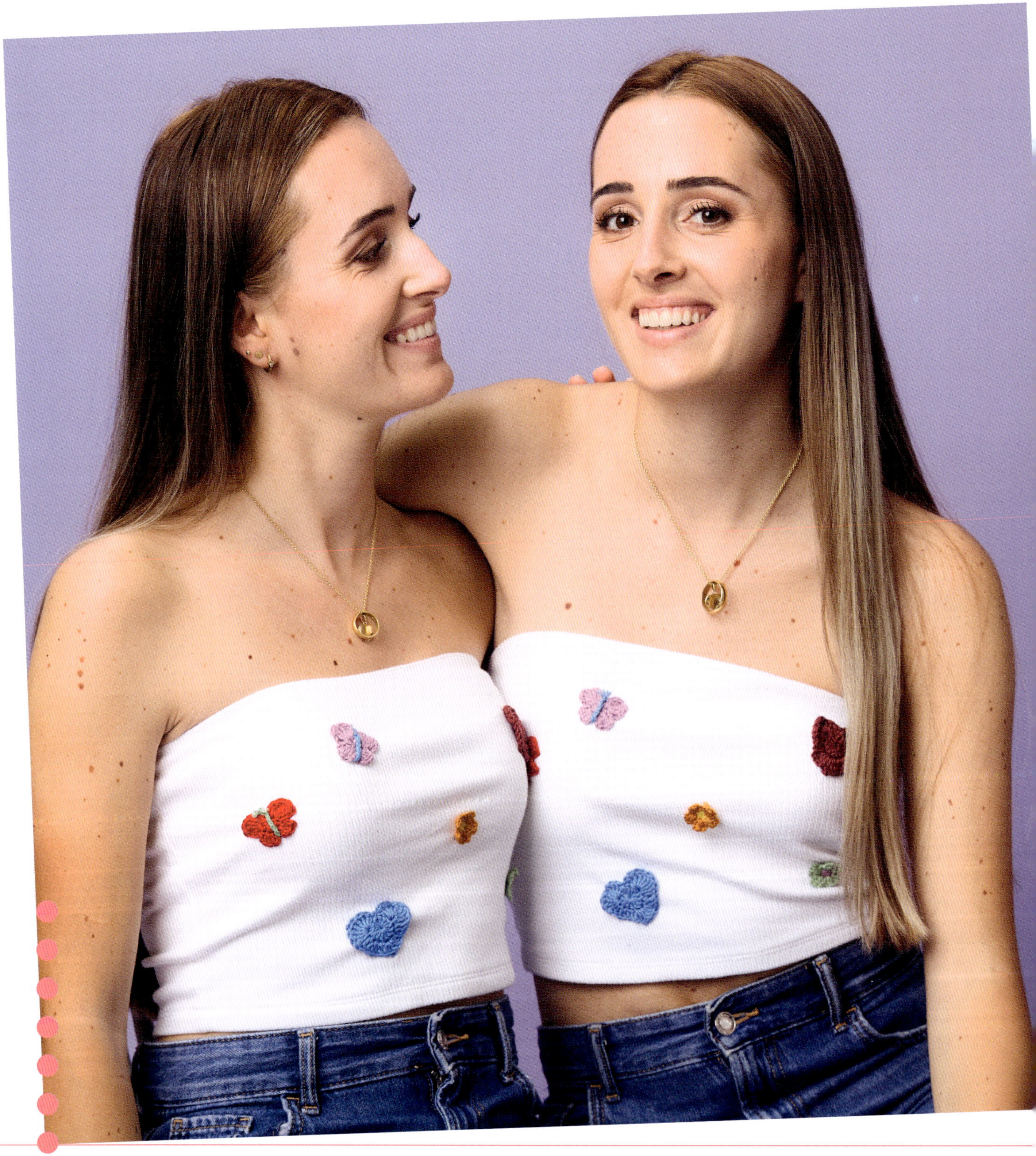

KLEINES HERZ

Dieses Herz kannst du zum Beispiel auf ein Kleidungsstück nähen. Außerdem kannst du ganz leicht ein Granny daraus machen. Die Anleitung dafür findest du auf Seite 81.

Größe

4,5 cm breit, 4 cm lang

Benötigtes Material

- Wollreste
- Häkelnadel 3,5 mm
- Wollnadel

Für das verwendete Garn ist eine Häkelnadel der Stärke 2,5-3,5 mm empfohlen.

Anleitung

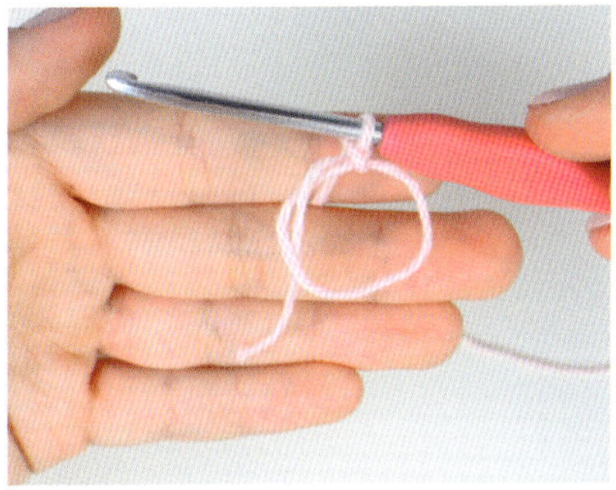

Schritt 1: Mache einen Fadenring ...

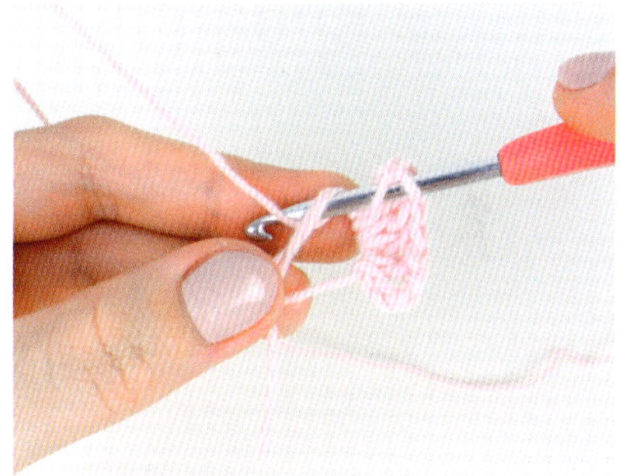

Schritt 2: ... und häkle 3 Luftmaschen. Jetzt häkelst du noch 12 Stäbchen in den Ring (= insgesamt 12 Stäbchen + Luftmaschenkette vom Anfang).

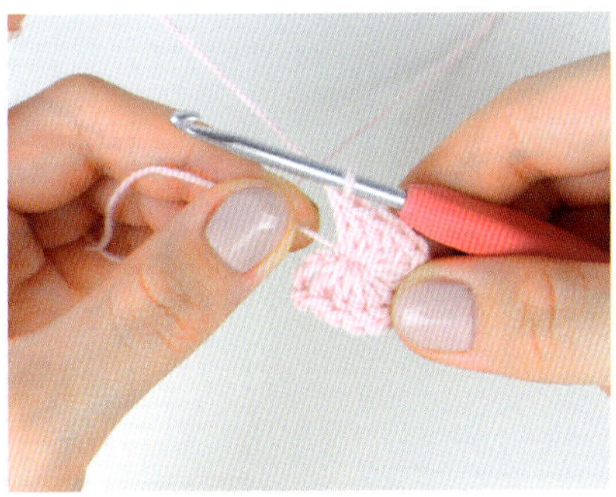

Schritt 3: Zieh den Fadenring zu, indem du am Fadenende ziehst ...

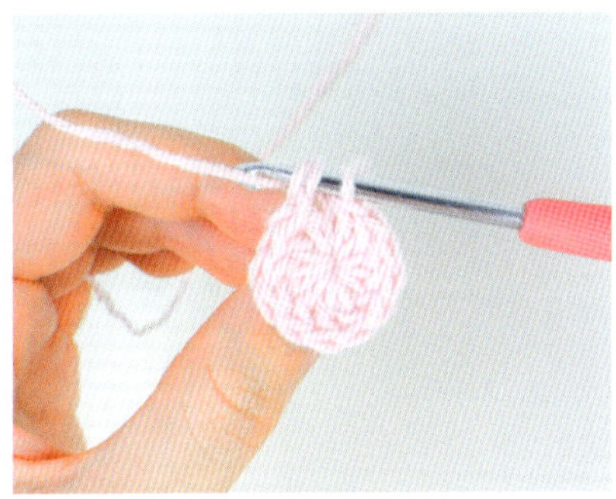

Schritt 4: ... und häkle 1 Kettmasche in die 3. Luftmasche vom Anfang.

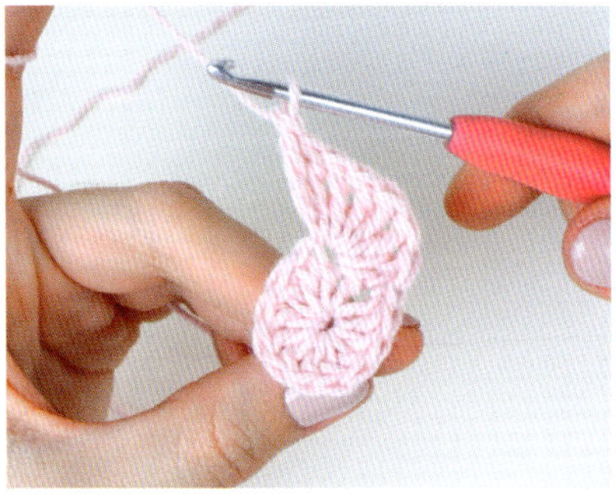

Schritt 5: Überspringe die 1. Masche und häkle 7 doppelte Stäbchen in die Masche daneben.

Tipp: Lass beim Fadenring ein großzügiges Fadenende übrig. Das kannst du später zum Annähen verwenden.

Schritt 6: Häkle 1 Stäbchen in die nächste Masche.

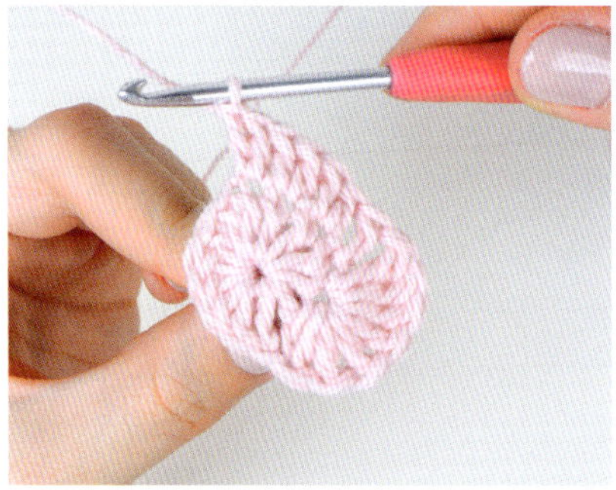

Schritt 7: In die nächsten 3 Maschen häkelst du jeweils 2 Stäbchen.

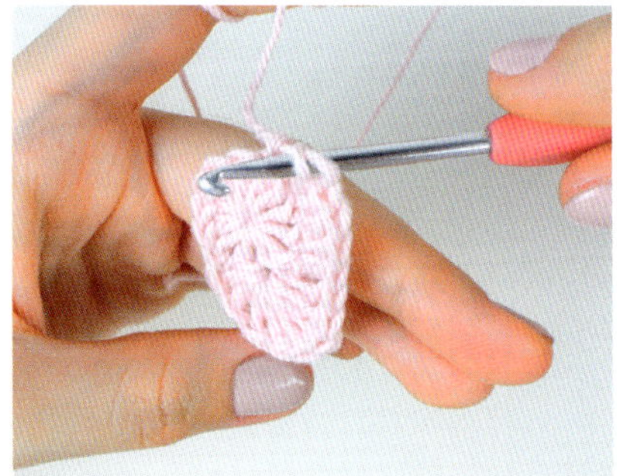

Schritt 8: Für die Spitze lockerst du den Faden auf der Häkelnadel, indem du die Nadel etwas hochziehst. Häkle jetzt 1 Kettmasche nur in das linke, einzelne Glied der „neuen" Masche (die du gerade gehäkelt hast).

Schritt 9: Häkle 2 Stäbchen in die gleiche Masche, in die du zuletzt schon 2 Stäbchen gehäkelt hast.

Schritt 10: In die nächsten 2 Maschen häkelst du jeweils 2 Stäbchen.

Schritt 11: Häkle 1 Stäbchen in die nächste Masche.

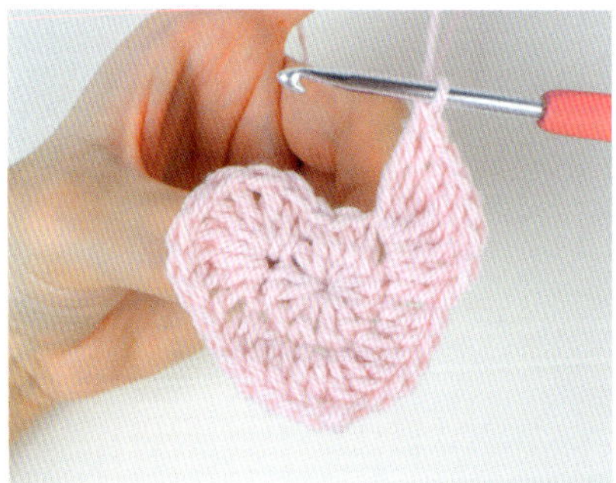

Schritt 12: Jetzt häkelst du 7 doppelte Stäbchen in die nächste Masche.

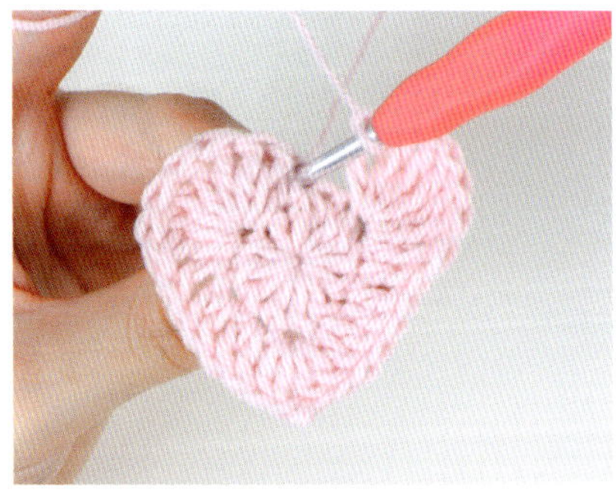

Schritt 13: Überspringe die nächsten 2 Maschen, und häkle 1 Kettmasche in die 3. Masche.

Falls du ein Video zur Hilfe bei dem Herz brauchst, scanne einfach diesen Code:

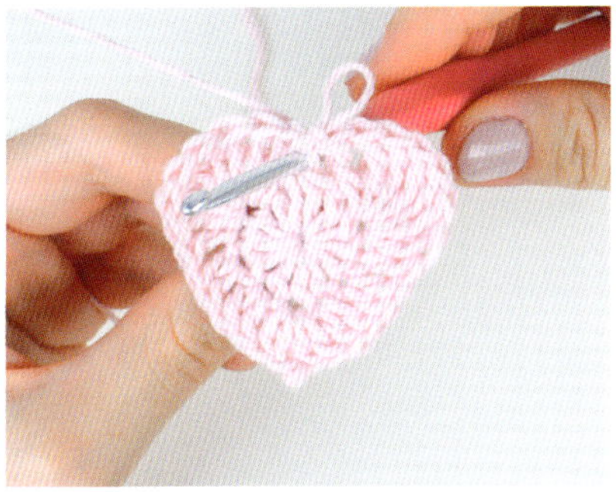

Schritt 14: Zieh an der Häkelnadel, sodass eine große Schlaufe entsteht. Nimm die Nadel aus dieser Schlaufe raus und stich von hinten durch die gleiche Masche, in die du gerade die Kettmasche gehäkelt hast.

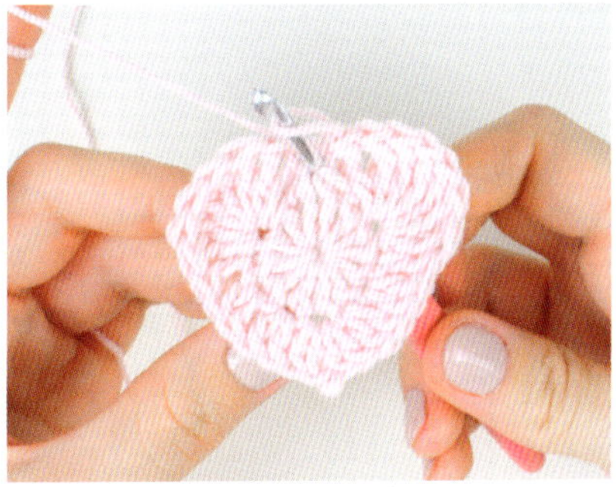

Schritt 15: Nimm die Schlaufe wieder auf die Nadel ...

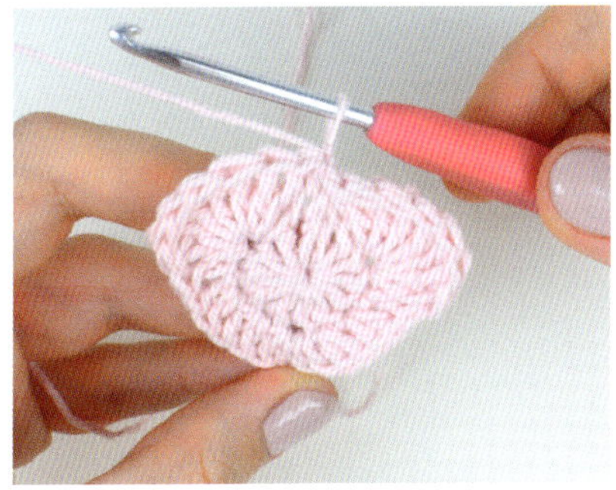

Schritt 16: ...und zieh sie durch.

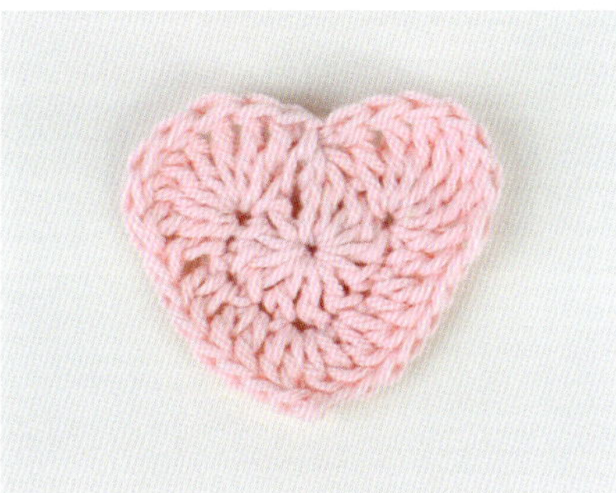

Schritt 17: Häkle 1 Luftmasche, schneide den Faden großzügig ab und zieh ihn durch.

Schritt 18: Zieh dieses Fadenende, mit Hilfe der Wollnadel, zum anderen Fadenende und verknote die Enden miteinander.

Tipp: Verwende die beiden Fadenenden, um das Herz auf ein Kleidungsstück zu nähen.

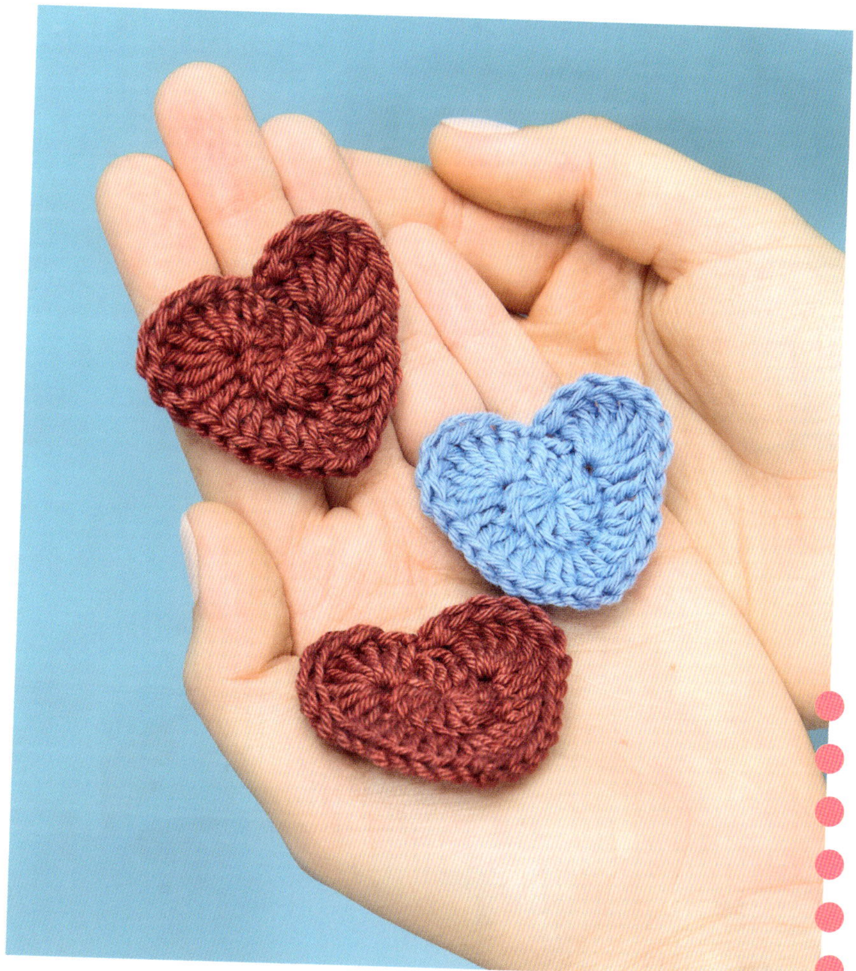

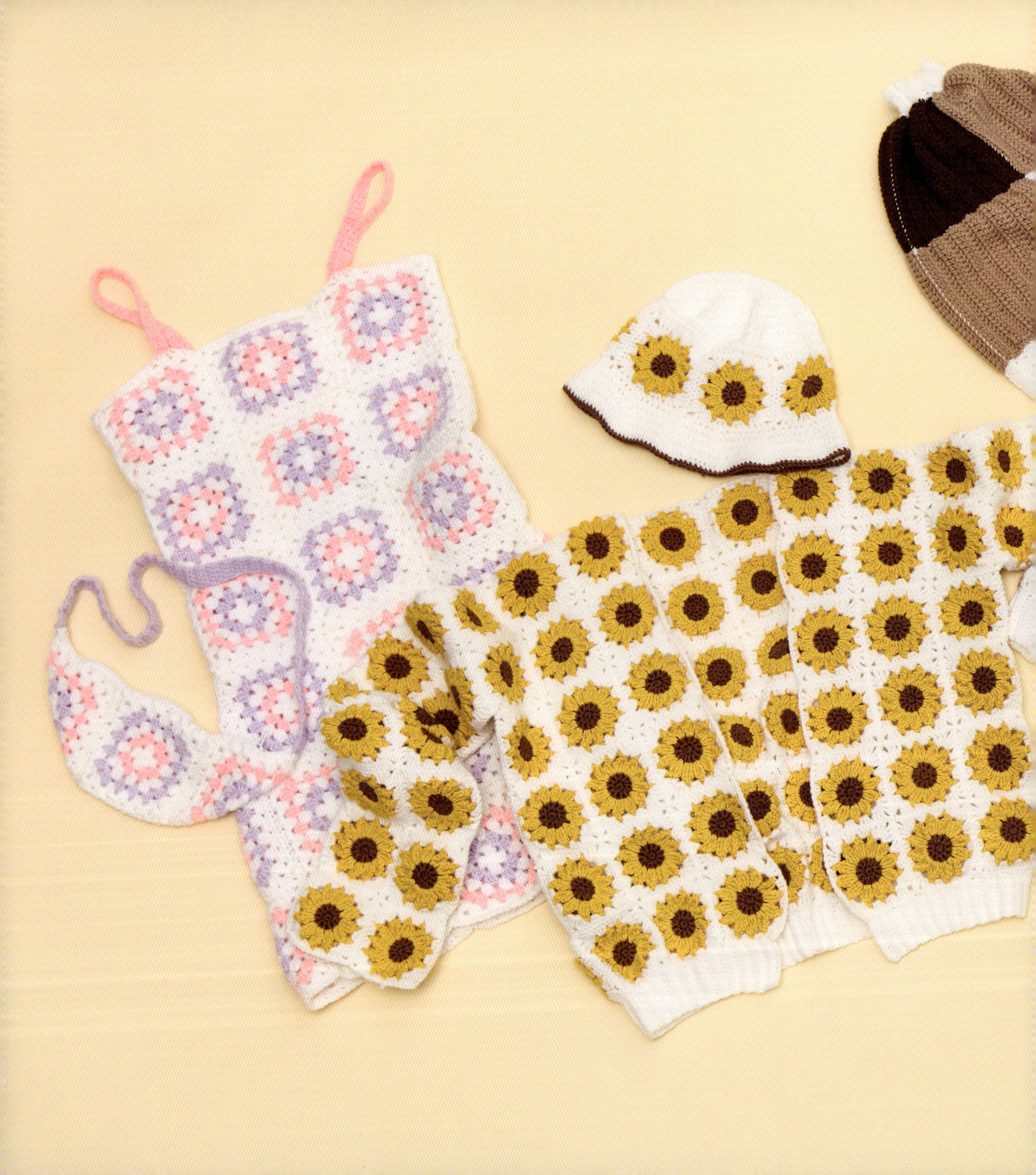

SCHWERE MODELLE

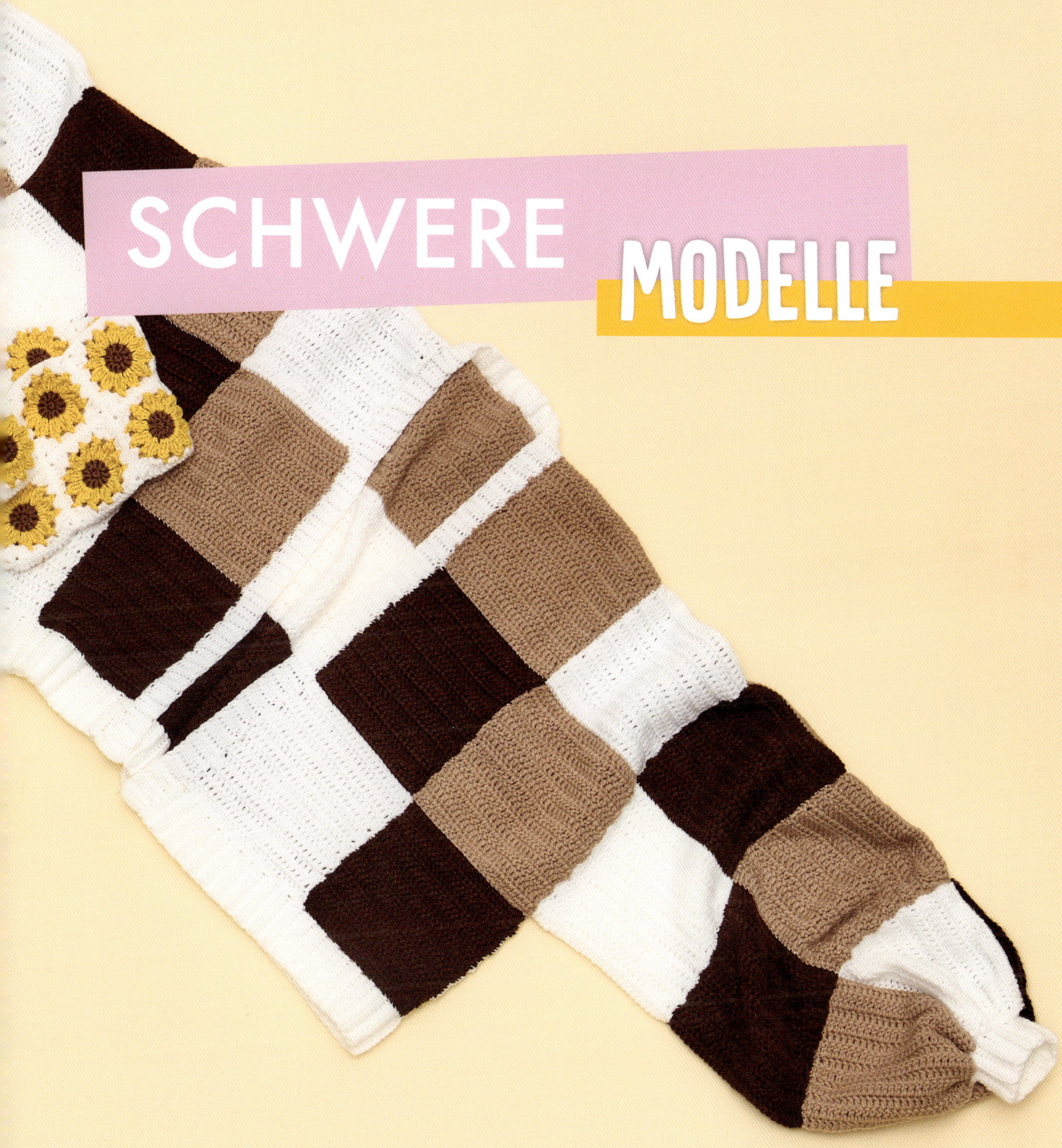

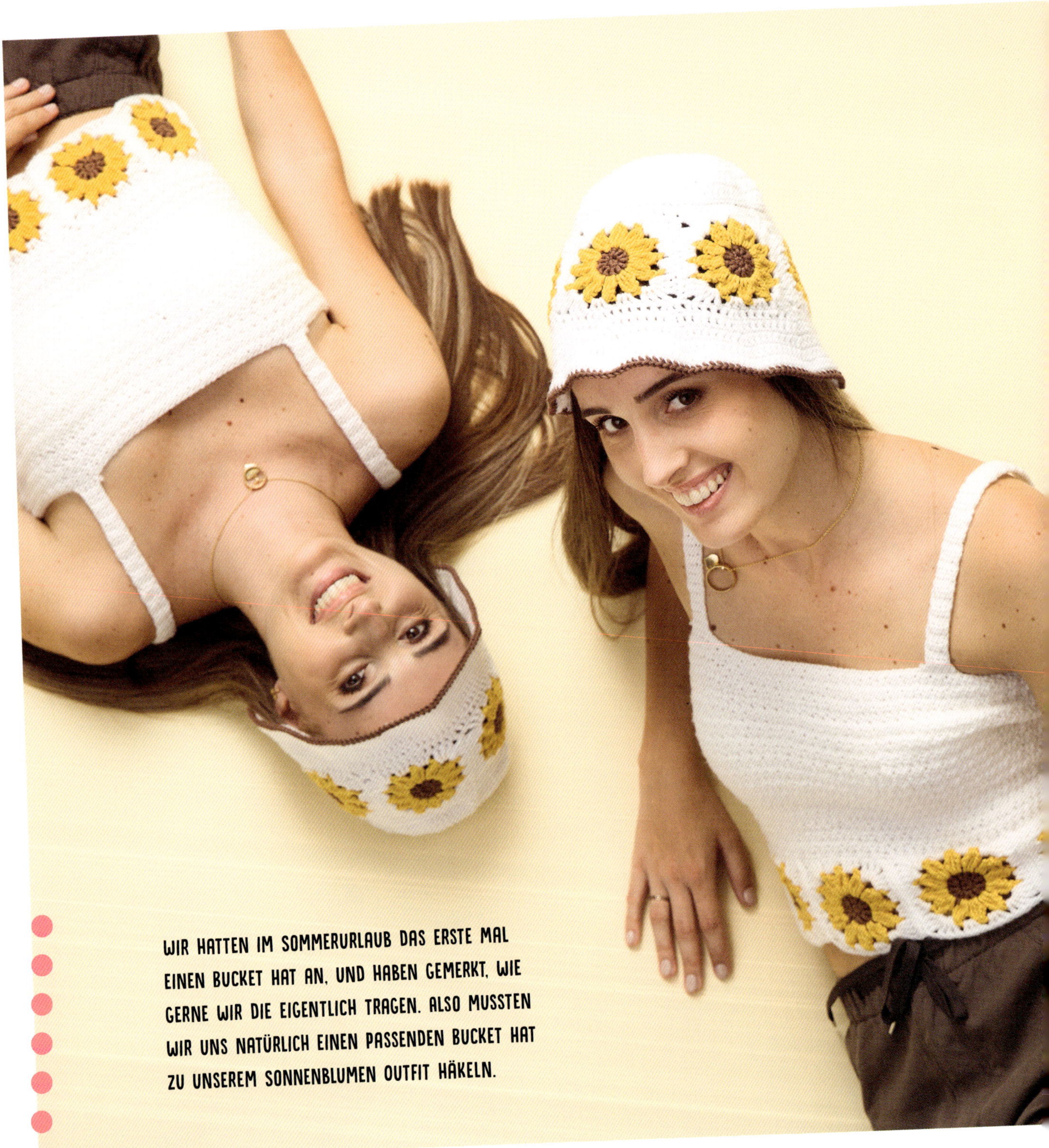

WIR HATTEN IM SOMMERURLAUB DAS ERSTE MAL EINEN BUCKET HAT AN, UND HABEN GEMERKT, WIE GERNE WIR DIE EIGENTLICH TRAGEN. ALSO MUSSTEN WIR UNS NATÜRLICH EINEN PASSENDEN BUCKET HAT ZU UNSEREM SONNENBLUMEN OUTFIT HÄKELN.

BUCKET HAT

Größe

One Size; Quadratisches Granny, 8 cm x 8 cm

Benötigtes Material

- Polyacrylgarn (100% Polyacryl; LL 1040 m/400 g) in Weiß 50 g, Baumwollgarn (100% Baumwolle; LL 75 m/50 g) in Gelb 30 g und in Braun 15 g
- Häkelnadel 3,5 mm
- Häkelnadel 4,5 mm
- Wollnadel

Für das verwendete Garn in Weiß ist eine Häkelnadel der Stärke 3,5–4,5 mm und für das Garn in Gelb und Braun eine Häkelnadel der Stärke 3,5–4,0 mm empfohlen.

Wir haben hier folgende Wolle benutzt: hobbii Rainbow 8/8 in Gelb und Braun; Gründl Big Mamma uni in Weiß

Anleitung

Nimm deine 4,5 mm Häkelnadel

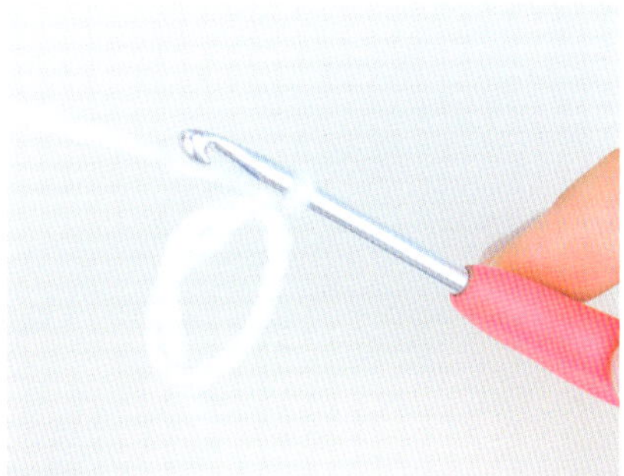

Schritt 1: Mache einen Fadenring in Weiß.

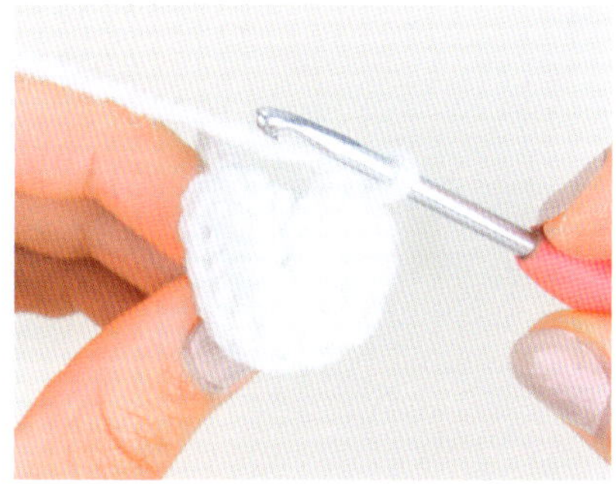

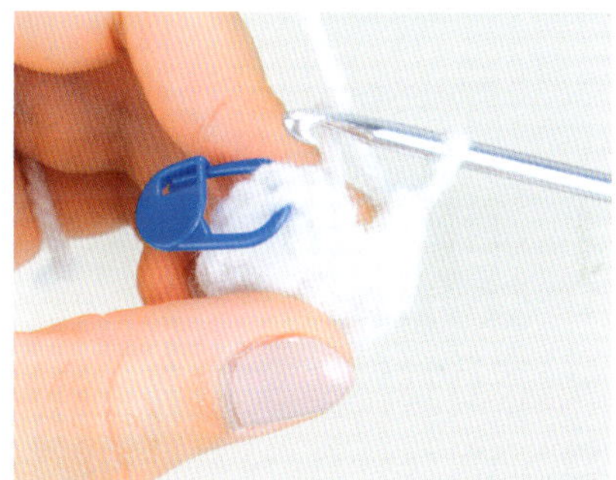

1. Runde: Häkle 2 Luftmaschen und anschließend 12 Stäbchen in den Fadenring. Zieh den Fadenring zu, indem du am Fadenende ziehst. Um die Runde zu schließen, häkelst du 1 Kettmasche in das 1. Stäbchen (Auf dem Bild mit einem blauen Maschenmarkierer markiert). Überspringe dafür die ersten 2 Luftmaschen vom Anfang.

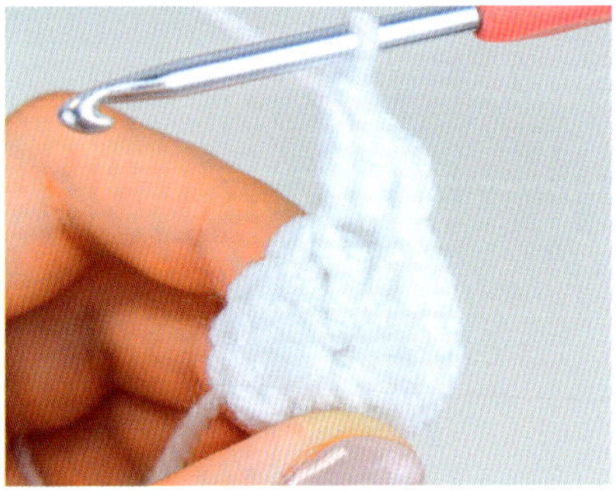

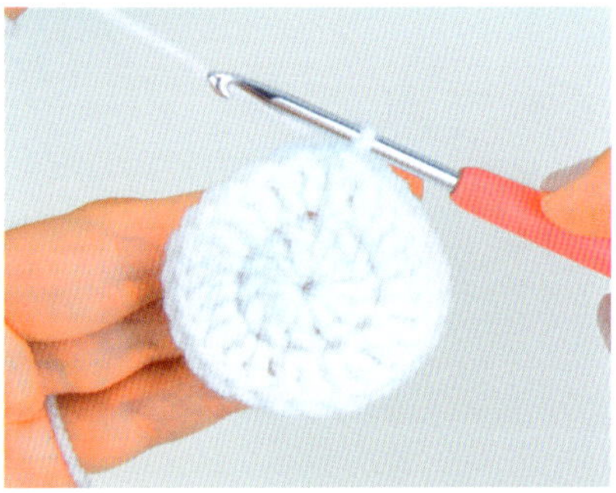

2. Runde: Häkle 2 Luftmaschen und verdopple jetzt jedes Stäbchen. Du häkelst also immer 2 Stäbchen in 1 Masche (= insgesamt 24 Stäbchen + Luftmaschenkette vom Anfang der Runde).
Die Runde schließt du mit 1 Kettmasche ins 1. Stäbchen. Überspringe dafür wieder die ersten 2 Luftmaschen vom Anfang der Runde.

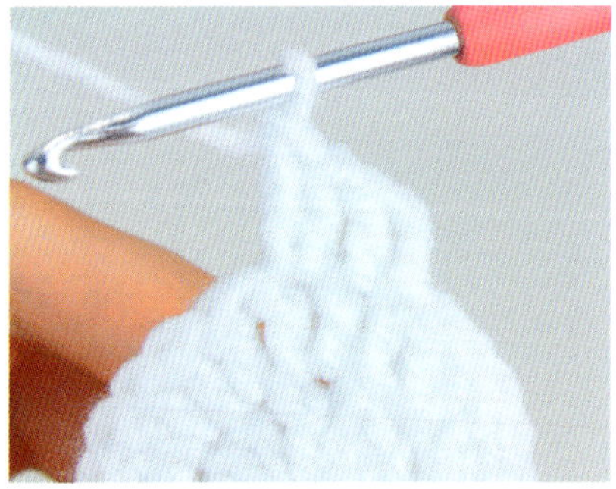

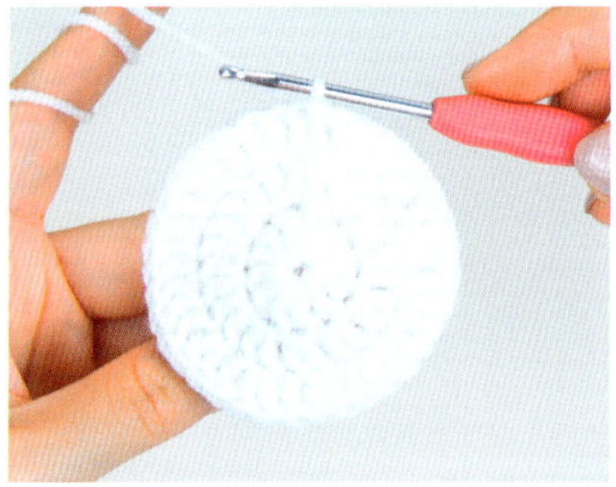

3. Runde: Häkle 2 Luftmaschen und verdopple jedes 2. Stäbchen. Das heißt du häkelst erst 1 Stäbchen in die 1. Masche und dann 2 Stäbchen in die 2. Masche. Nach diesem Prinzip häkelst du die Runde (= insgesamt 36 Stäbchen + Luftmaschenkette vom Anfang der Runde).
Die Runde schließt du mit 1 Kettmasche ins 1. Stäbchen.

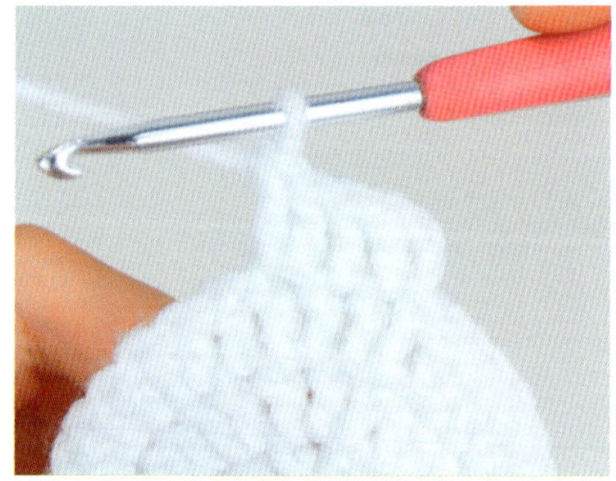

4. Runde: Häkle 2 Luftmaschen und verdopple jedes 3. Stäbchen (= insgesamt 48 Stäbchen + Luftmaschenkette vom Anfang der Runde). Die Runde schließt du mit 1 Kettmasche ins 1. Stäbchen.

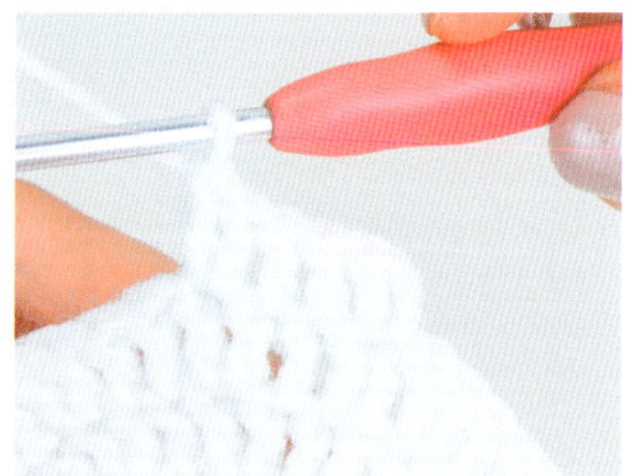

5. Runde: Häkle 2 Luftmaschen und verdopple jedes 4. Stäbchen (= insgesamt 60 Stäbchen + Luftmaschenkette vom Anfang der Runde).
Die Runde schließt du mit 1 Kettmasche ins 1. Stäbchen.

Falls du ein Video zur Hilfe beim Bucket Hat brauchst, scanne einfach diesen Code:

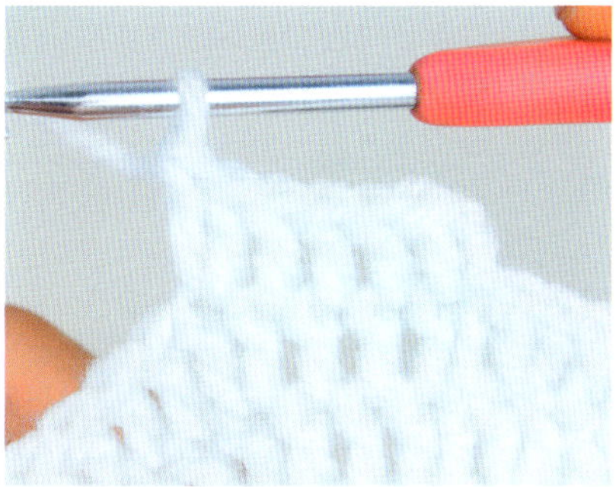

6. Runde: Häkle 2 Luftmaschen und verdopple jedes 5. Stäbchen (= insgesamt 72 Stäbchen + Luftmaschenkette vom Anfang der Runde).
Die Runde schließt du mit 1 Kettmasche ins 1. Stäbchen.

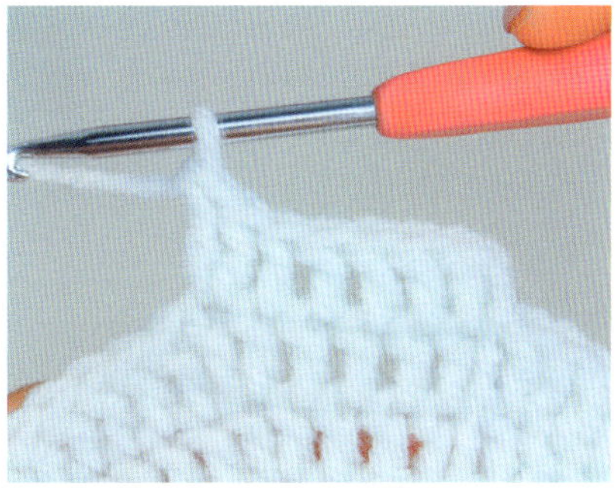

7. Runde: Häkle 2 Luftmaschen und verdopple jedes 6. Stäbchen (= insgesamt 84 Stäbchen + Luftmaschenkette vom Anfang der Runde).
Die Runde schließt du mit 1 Kettmasche ins 1. Stäbchen.

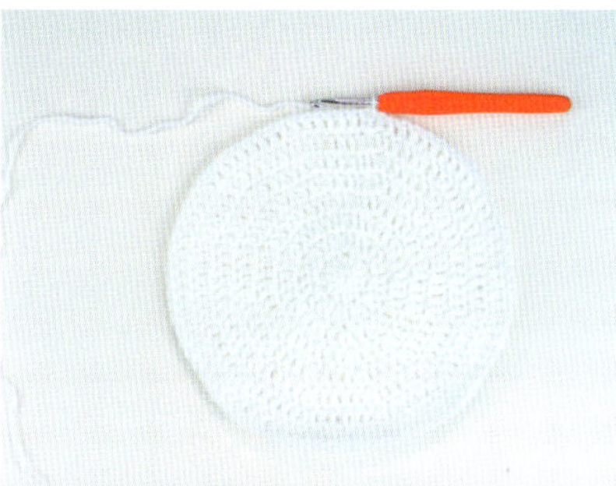

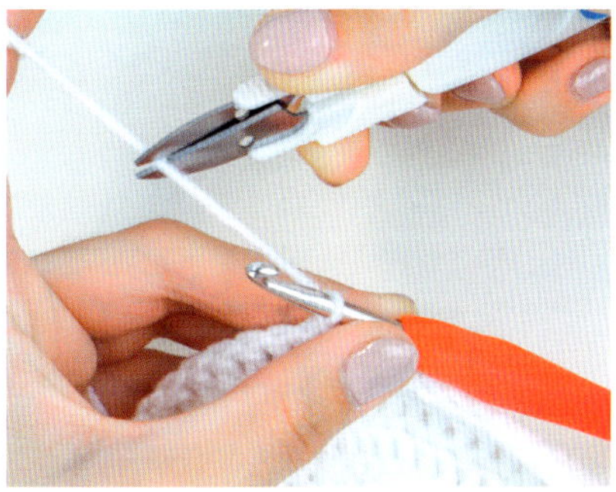

8. Runde: Häkle 2 Luftmaschen, in dieser Runde verdoppelst du aber nicht. Häkle in jede Masche 1 Stäbchen (= insgesamt 84 Stäbchen + Luftmaschenkette vom Anfang der Runde).
Die Runde schließt du mit 1 Kettmasche ins 1. Stäbchen.
Häkle 1 Luftmasche, schneide den Faden ab und zieh ihn durch.

Jetzt legst du das Teil zur Seite und nimmst deine 3,5 mm Häkelnadel

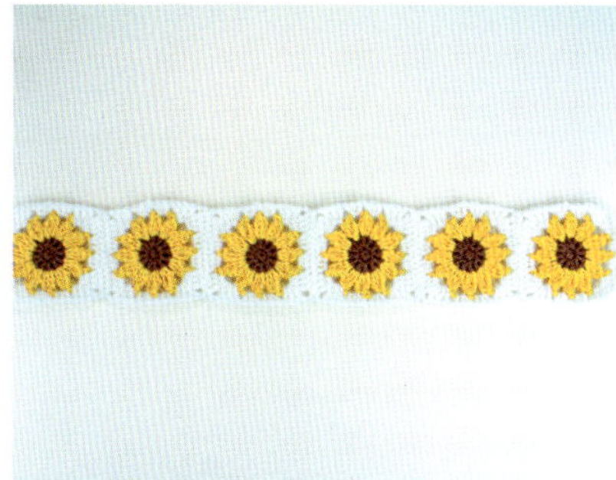

Schritt 2: Häkle 6 Sonnenblumen Grannies. Die Anleitung dafür findest du auf Seite 67.

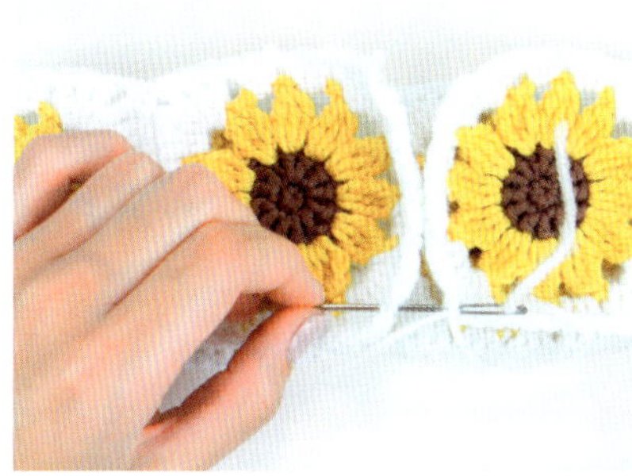

Schritt 3: Verbinde alle 6 Grannies, …

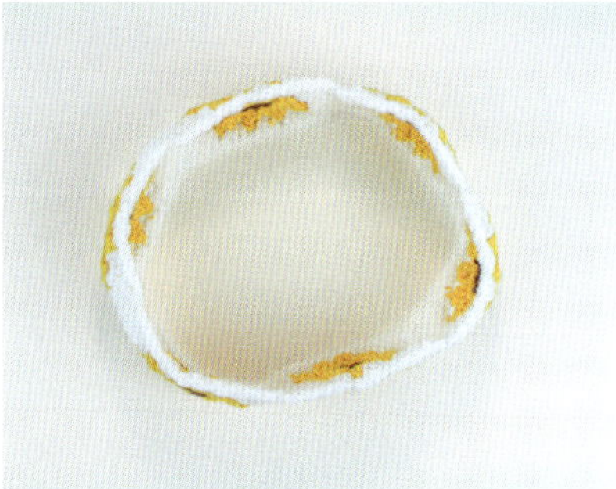

Schritt 4: ... sodass sie zu einem Kreis geschlossen sind.

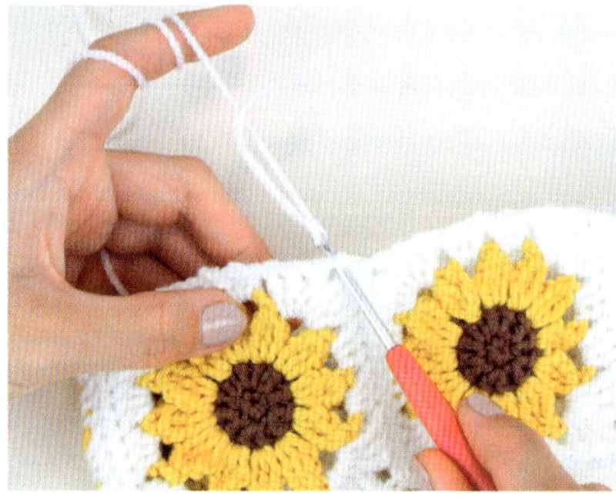

Schritt 5: Jetzt gehst du mit der Häkelnadel (ohne Faden) durch die Ecke von einem Granny, nimmst dir das weiße Garn und machst eine Anfangsschlaufe ...

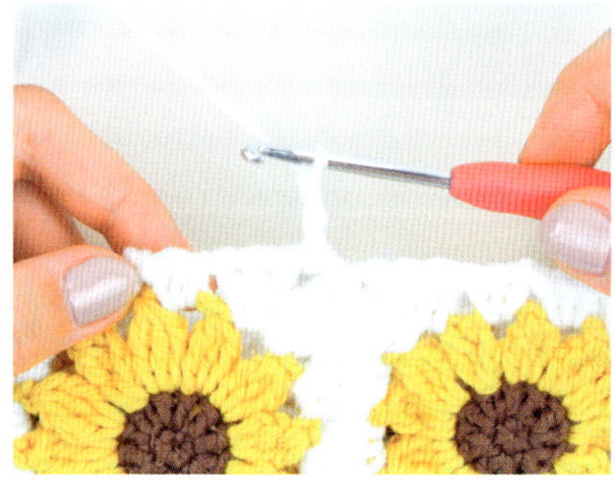

Schritt 6: ... ziehst sie durch und häkelst 3 Luftmaschen. Diese ersetzen dein 1. Stäbchen.

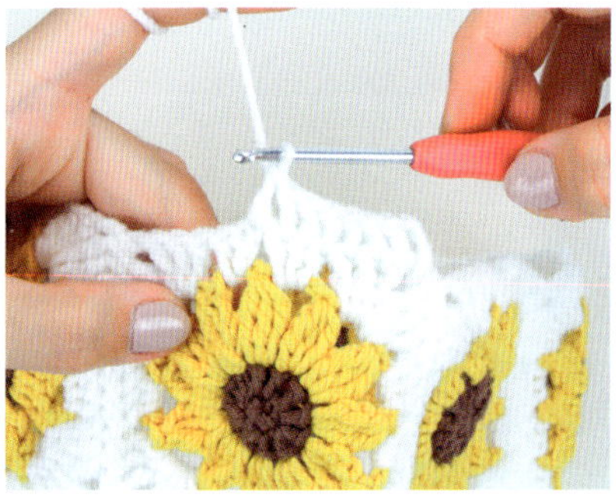

Schritt 7: Häkle jetzt in jedes Stäbchen vom Granny jeweils 1 Stäbchen.

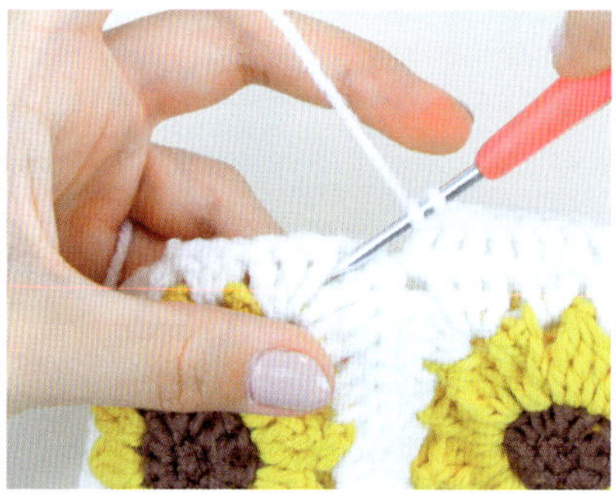

Schritt 8: In die Ecken häkelst du immer 1 Stäbchen (= insgesamt 14 Stäbchen pro Granny)...

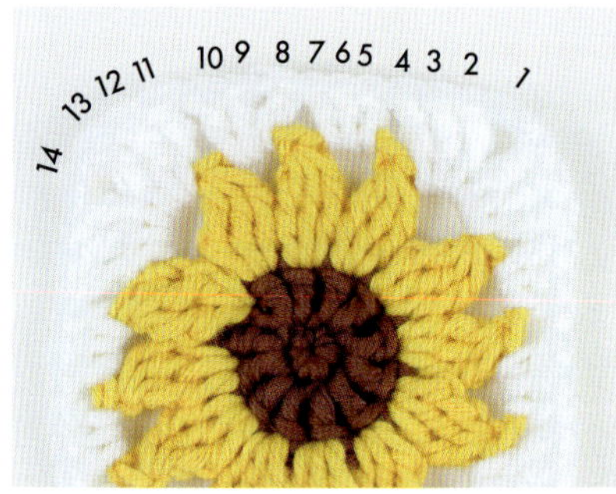

Falls du ein Video zur Hilfe beim Bucket Hat brauchst, scanne einfach diesen Code:

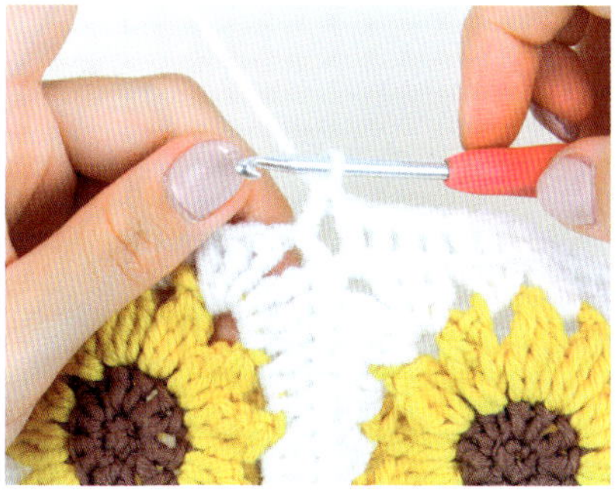

Schritt 9: ... überspringe einfach die „Nähte" zwischen zwei Grannies.

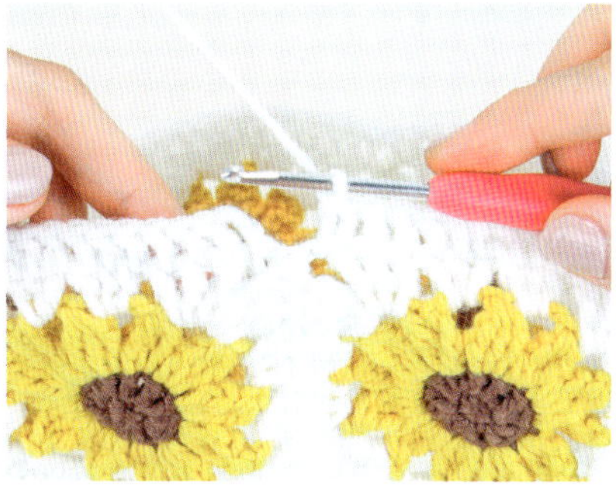

Schritt 10: Wiederhole Schritt 7-9 noch 5-mal (= insgesamt 84 Stäbchen).

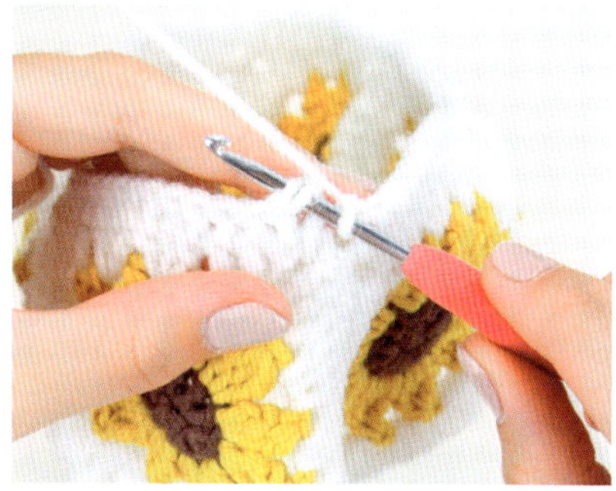

Schritt 11: Häkle 1 Kettmasche in die 3. Luftmasche vom Anfang.

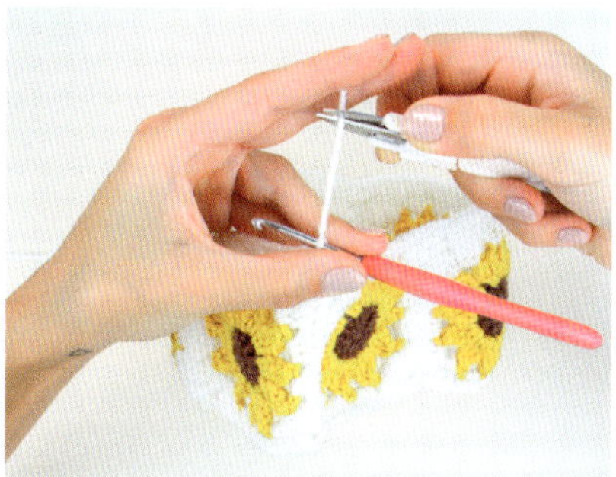

Schritt 12: Häkle 1 Luftmasche, schneide den Faden ab und zieh ihn durch.

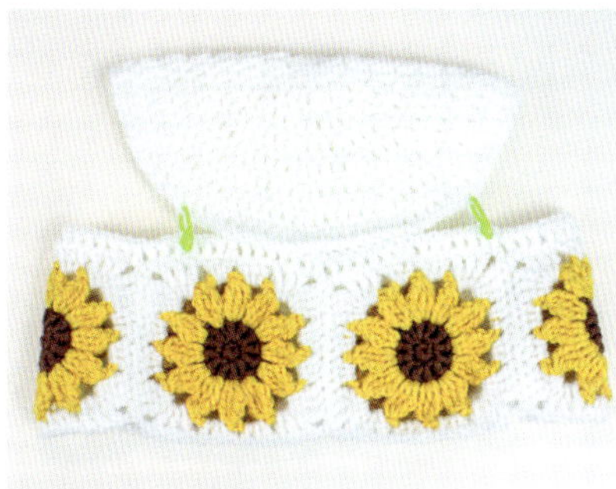

Schritt 13: Verbinde beide Teile mit einer Wollnadel und einem langen Stück weißen Faden. Beide Teile haben 84 Maschen.

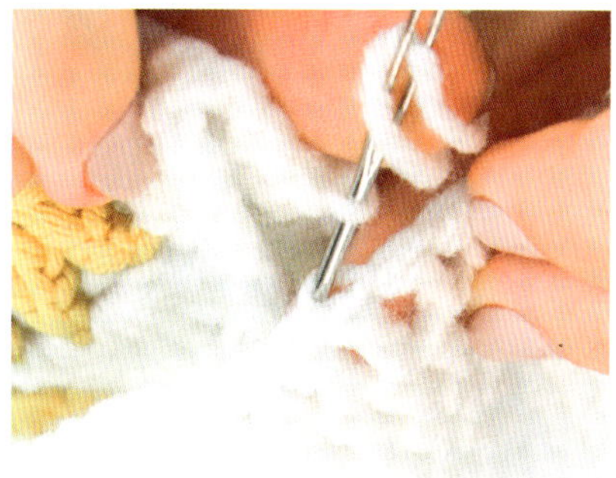

Schritt 14: Stich dabei nur durch die hinteren Maschenglieder.

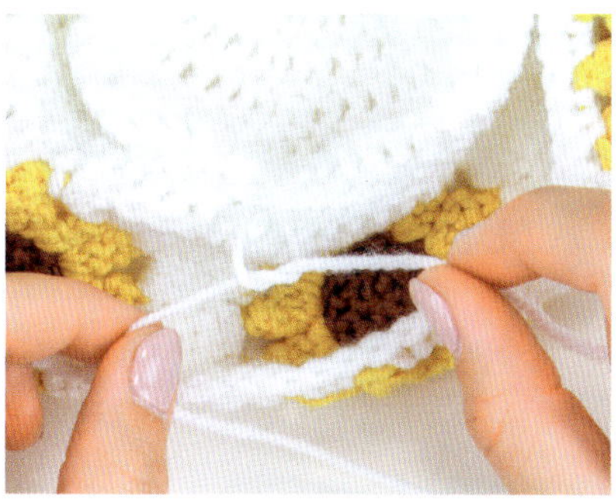

Schritt 15: Verknote die Fadenenden miteinander...

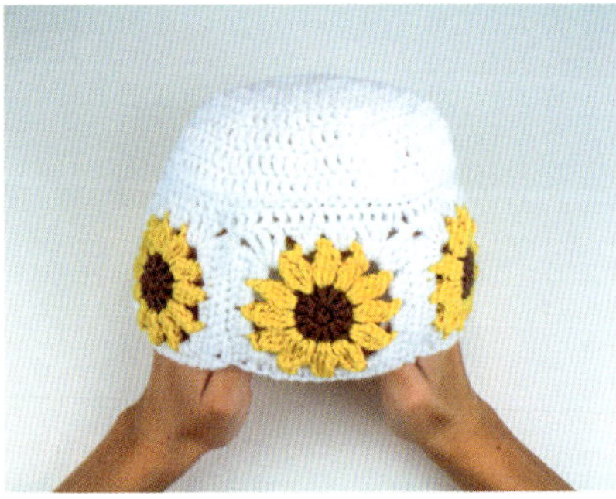

Schritt 16: ... und verwebe alle Fadenenden mit einer Wollnadel.

Schritt 17: Nimm dir das weiße Garn. Jetzt gehst du zur unteren Seite.

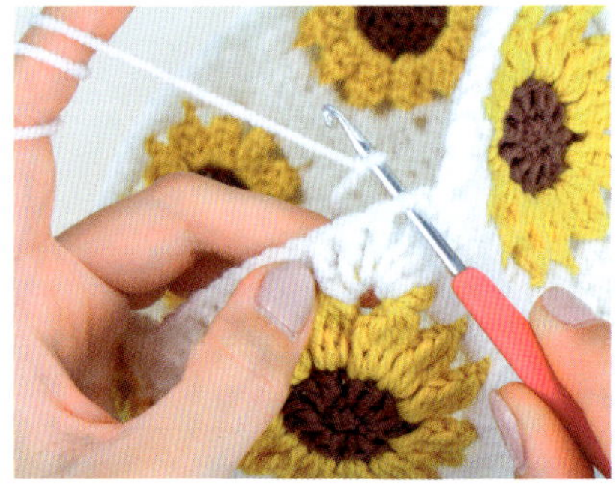

Schritt 18: Gehe mit der Häkelnadel (ohne Faden) durch die Ecke von einem Granny, mache eine Anfangsschlaufe ...

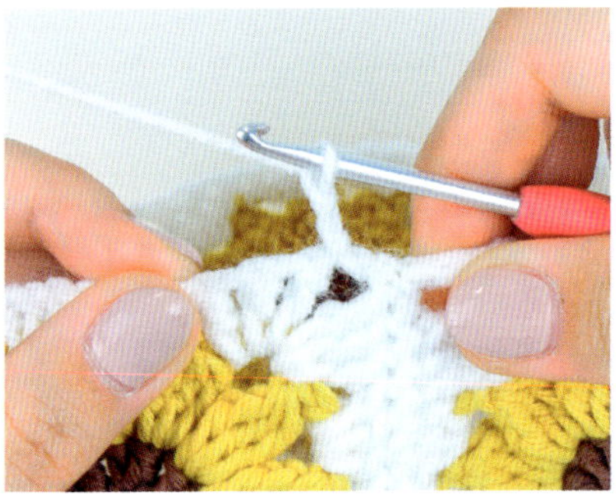

Schritt 19: ... zieh sie durch und häkle 2 Luftmaschen.

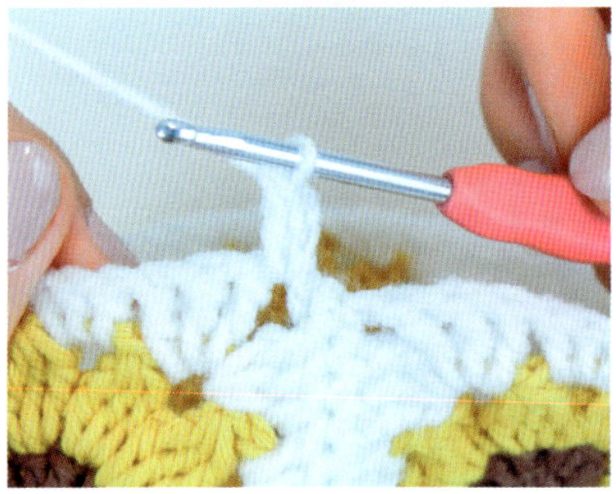

Schritt 20: Häkle noch 1 Stäbchen in die gleiche Ecke.

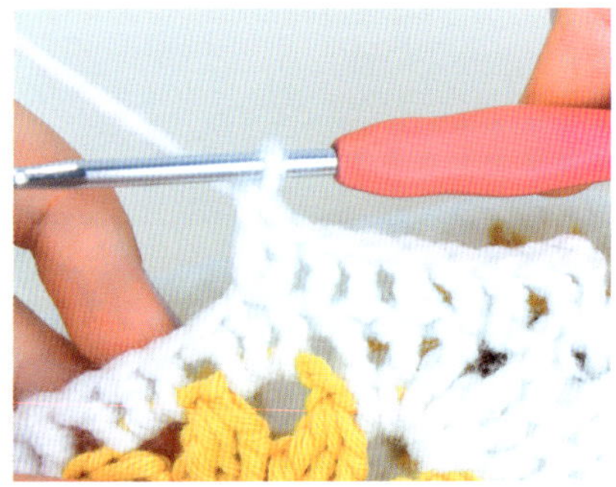

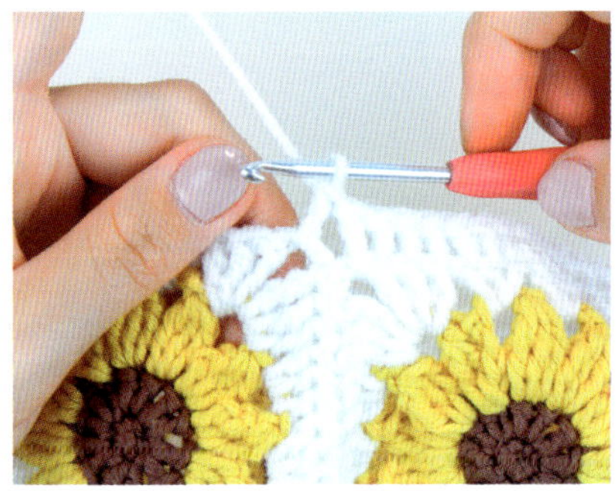

1. Runde: Jetzt verdoppelst du jedes 7. Stäbchen. Du häkelst also in die ersten 6 Maschen jeweils 1 Stäbchen, und in jede 7. Masche 2 Stäbchen (= insgesamt 96 Stäbchen + Luftmaschenkette vom Anfang der Runde). Die Ecken zählen immer als 1 Masche. Überspringe einfach die „Nähte" zwischen zwei Grannies.

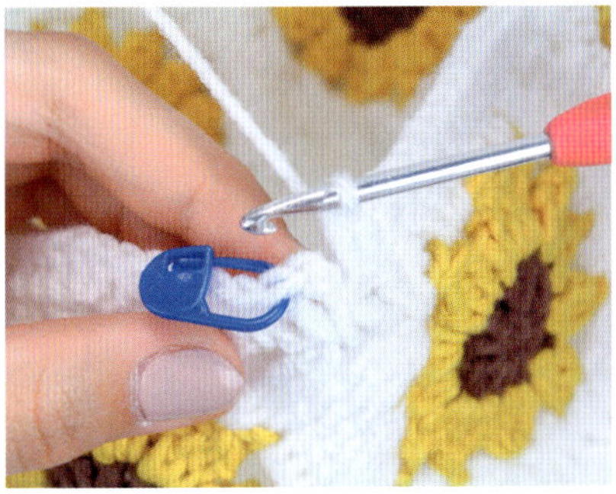

Die Runde schließt du mit 1 Kettmasche ins 1. Stäbchen (Auf dem Bild mit einem blauen Maschenmarkierer markiert). Überspringe dafür einfach die ersten 2 Luftmaschen vom Anfang der Runde.

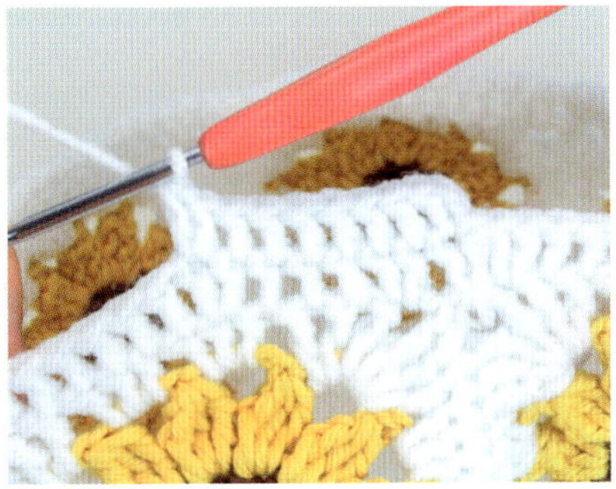

2. Runde: Häkle 2 Luftmaschen und verdopple jedes 8. Stäbchen (= insgesamt 108 Stäbchen + Luftmaschenkette vom Anfang der Runde).
Die Runde schließt du mit 1 Kettmasche ins 1. Stäbchen.

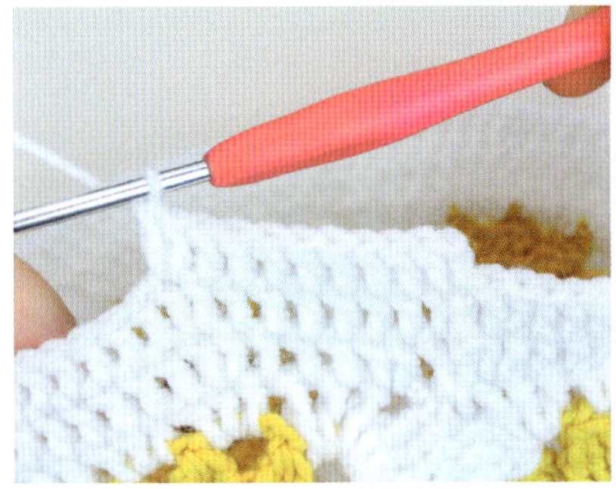

3. Runde: Häkle 2 Luftmaschen und verdopple jedes 9. Stäbchen (= insgesamt 120 Stäbchen + Luftmaschenkette vom Anfang der Runde).
Die Runde schließt du mit 1 Kettmasche ins 1. Stäbchen.

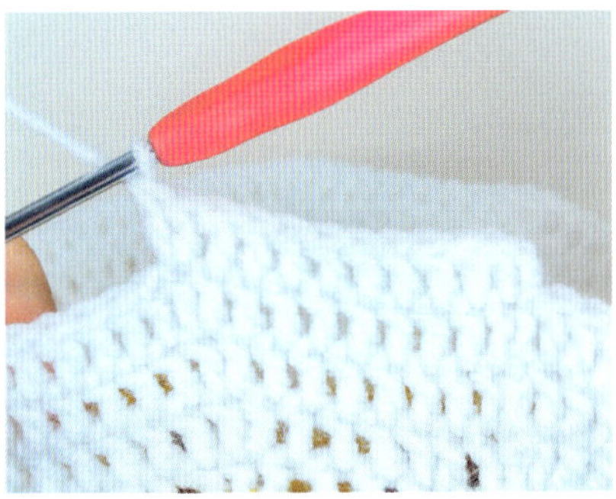

4. Runde: Häkle 2 Luftmaschen und verdopple jedes 10. Stäbchen (= insgesamt 132 Stäbchen + Luftmaschenkette vom Anfang der Runde).
Die Runde schließt du mit 1 Kettmasche ins 1. Stäbchen.

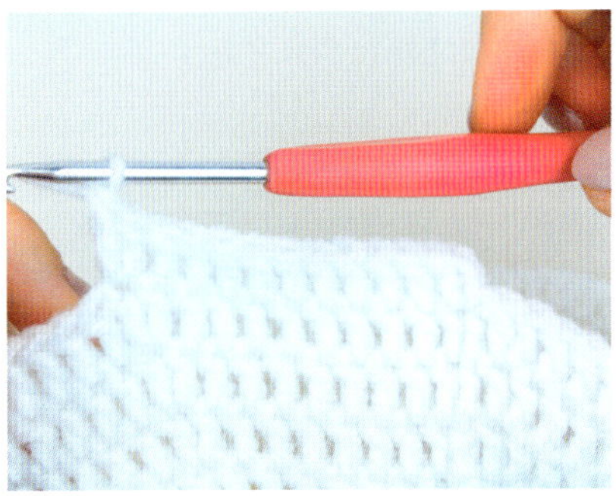

5. Runde: Häkle 2 Luftmaschen und verdopple jedes 11. Stäbchen (= insgesamt 144 Stäbchen + Luftmaschenkette vom Anfang der Runde).
Die Runde schließt du mit 1 Kettmasche ins 1. Stäbchen.

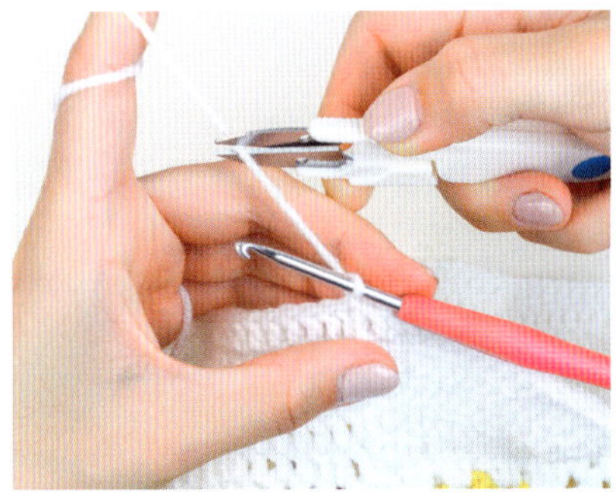

Häkle 1 Luftmasche, schneide den Faden ab und zieh ihn durch.

Falls du ein Video zur Hilfe beim Bucket Hat brauchst, scanne einfach diesen Code:

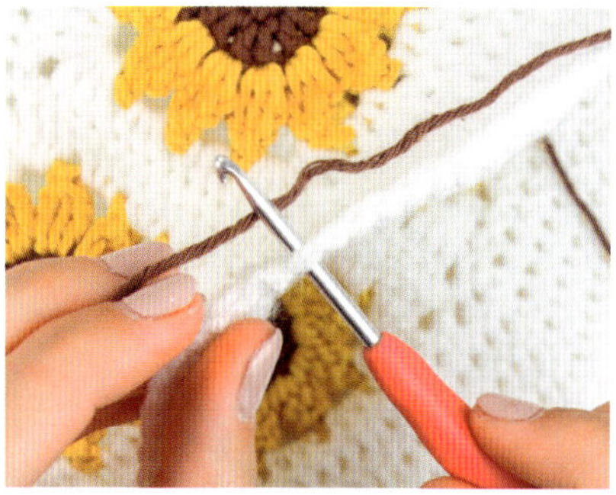

Schritt 21: Jetzt nimmst du das braune Garn und ziehst es durch eine Masche.

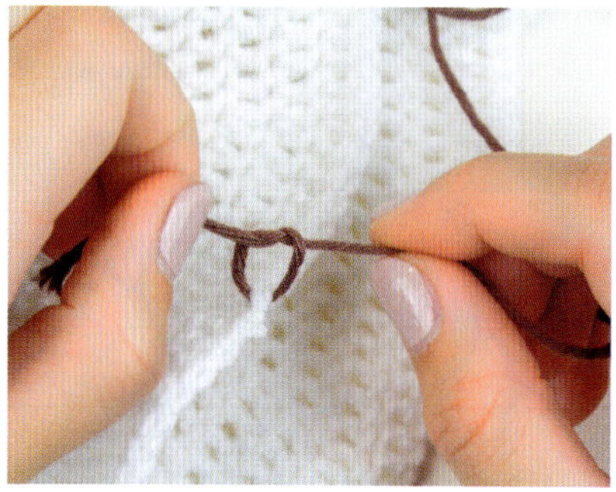

Schritt 22: Knote es mit einem Doppelknoten fest.

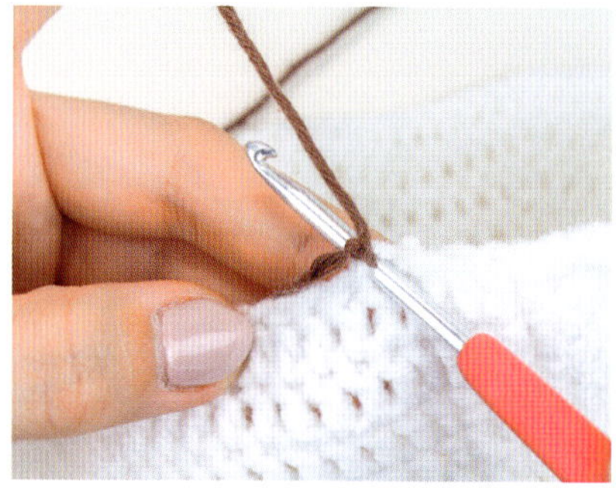

Schritt 23: Stich mit der Häkelnadel nochmal in die gleiche Masche ein ...

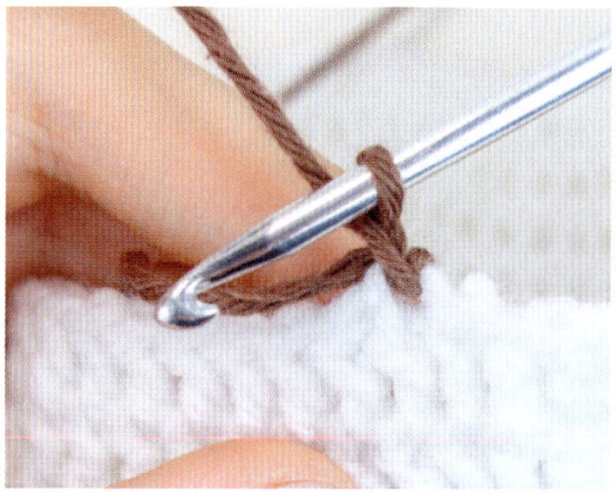

Schritt 24: ... und häkle 1 feste Masche.

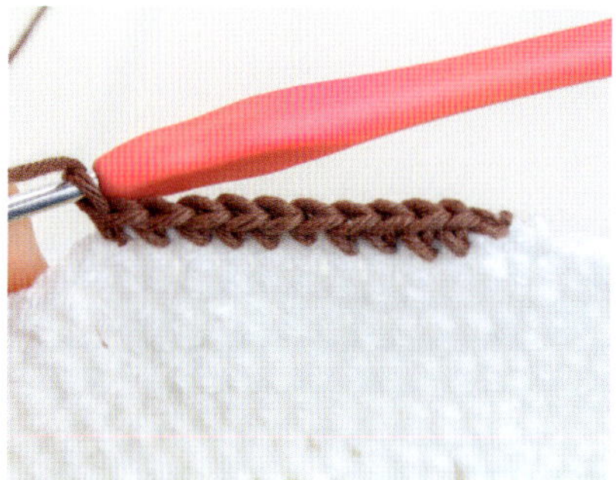

Schritt 25: Jetzt häkelst du in jede weitere Masche 1 feste Masche (= insgesamt 144 feste Maschen).

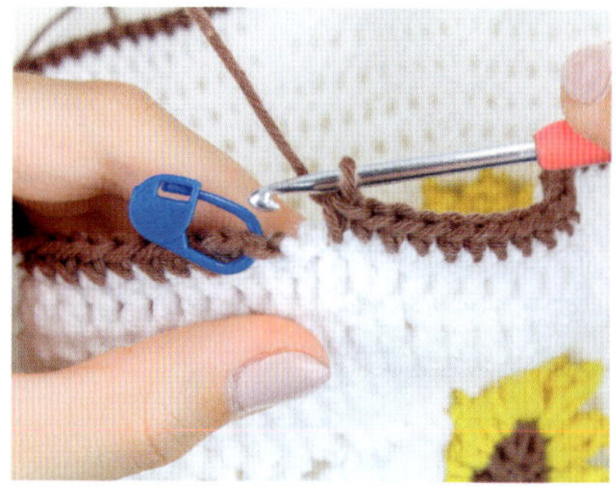

Schritt 26: Die Runde schließt du mit 1 Kettmasche in die 1. feste Masche (Auf dem Bild mit einem blauen Maschenmarkierer markiert).

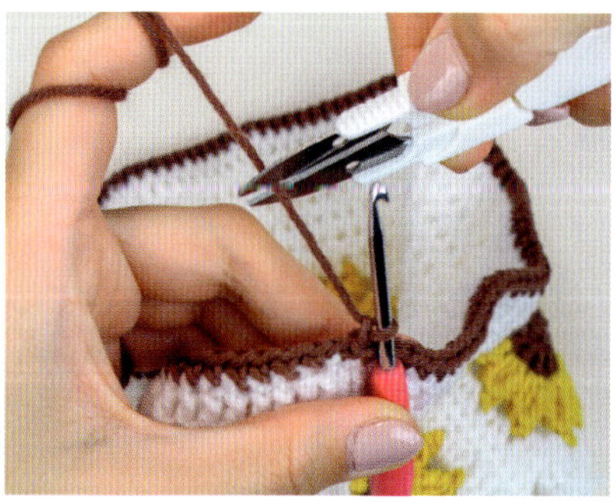

Schritt 27: Häkle 1 Luftmasche, schneide den Faden ab und zieh ihn durch.

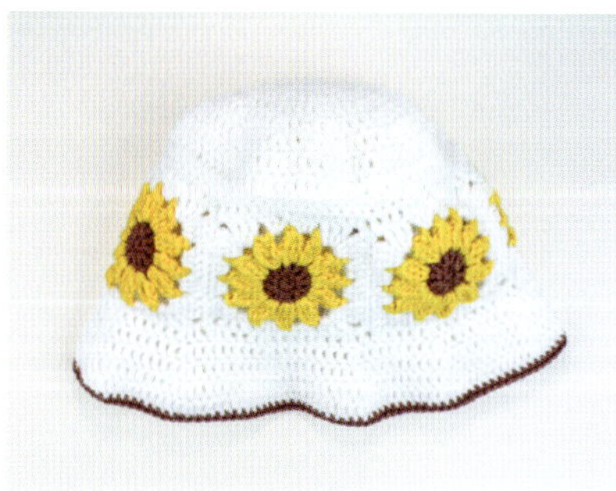

Schritt 28: Verwebe alle Fadenenden mit einer Wollnadel, und fertig ist der Bucket Hat.

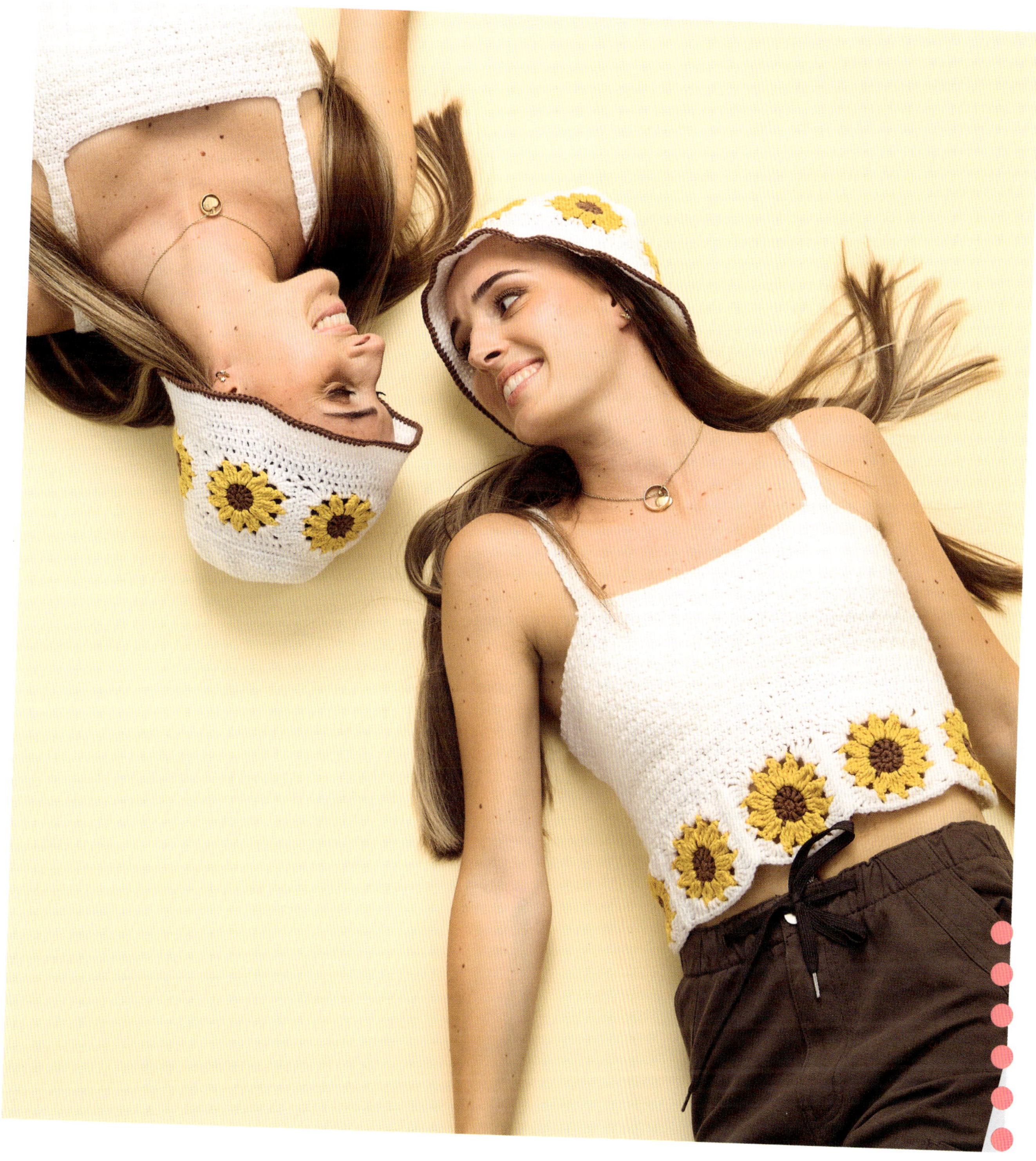

ALS CONTENT CREA-
TORINNEN HABEN WIR
IMMER UNSERE HANDYS
UND EINE POWERBANK
MIT DABEI. DIESE BEIDEN
SACHEN PASSEN LOCKER
IN DIE TASCHE.

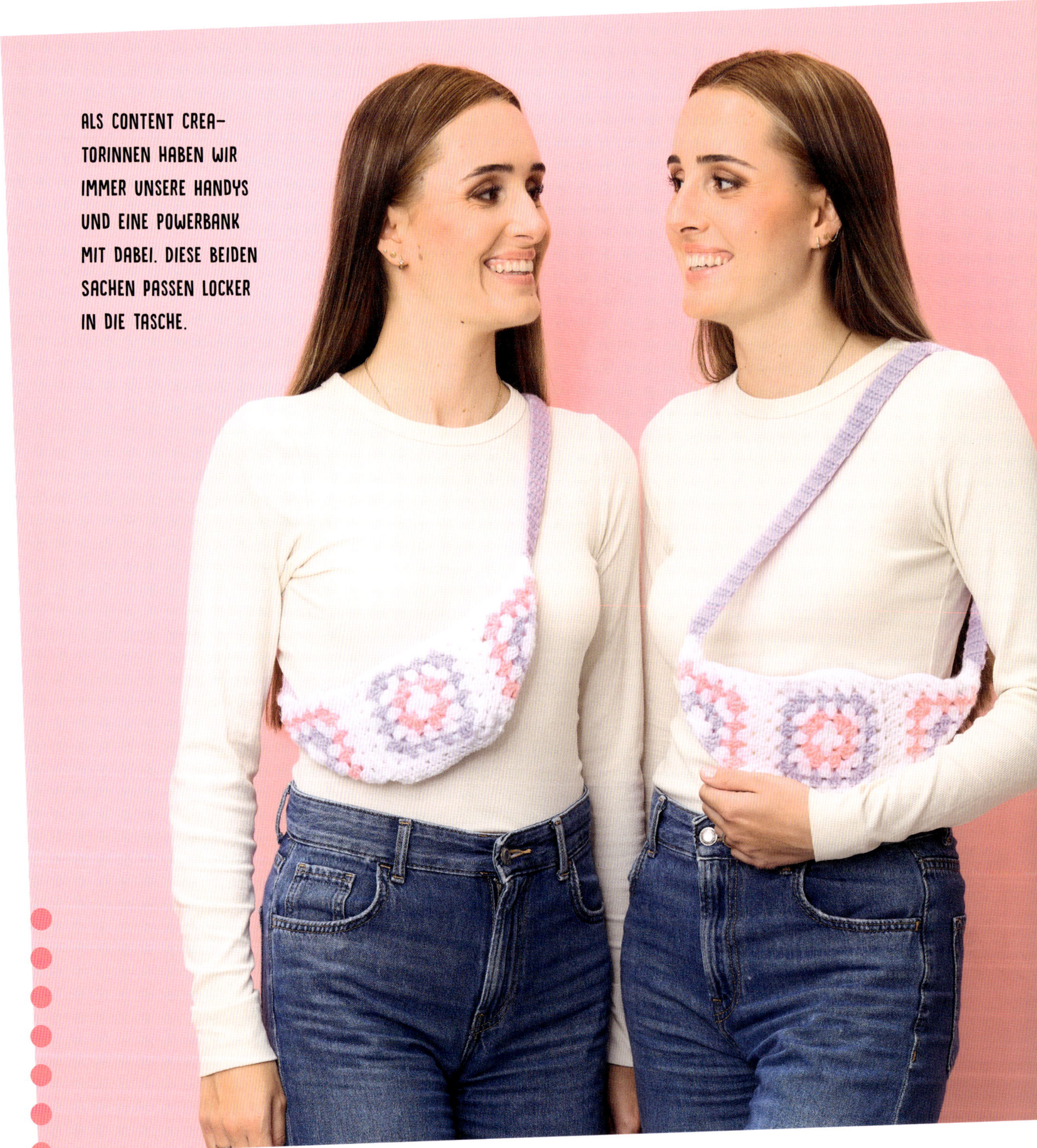

CROSSBODY BAG

Größe

One Size; Quadratisches Granny, 12 cm x 12 cm

Benötigtes Material

- Polyacrylgarn (100% Polyacryl; LL 1040 m/400 g) in Weiß 50 g, Polyacrylgarn (100% Polyacryl; LL 133 m/50 g) in Lila 25 g und in Rosa 10 g
- Häkelnadel 4,5 mm
- Wollnadel
- Reißverschluss 25 cm

Für das verwendete Garn ist eine Häkelnadel der Stärke 3,5-4,5 mm empfohlen.

Wir haben hier folgende Wolle benutzt: Gründl Big Mamma uni in Weiß; Gründl Lisa Premium uni in Lila und Rosa

Anleitung

Fang mit der Tasche an

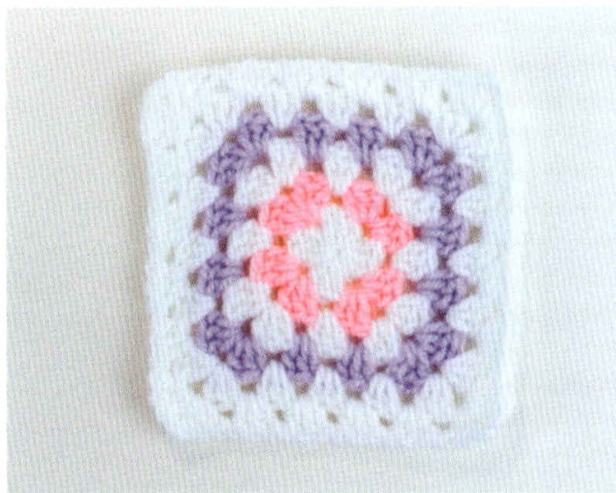

Schritt 1: Häkle 4 quadratische Retro Grannies. Die Anleitung dafür findest du auf Seite 49.

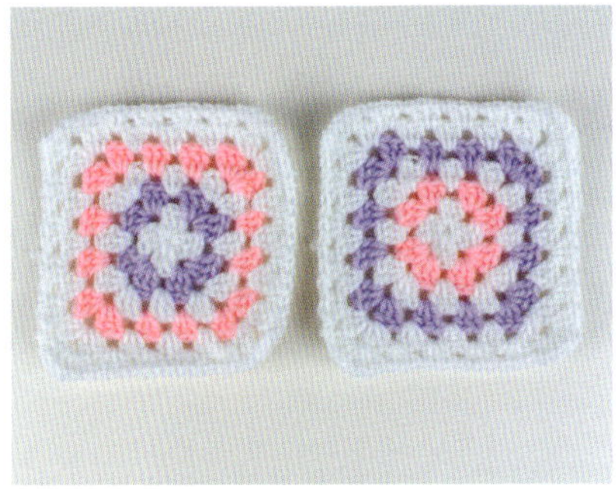

Hinweis: Tausche bei 2 Grannies die Farbreihenfolge.

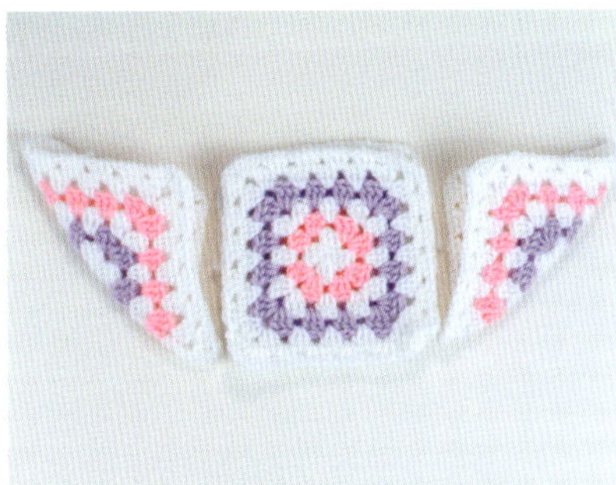

Schritt 2: Lege 2 Grannies mit den Innenseiten aufeinander. Links und rechts davon legst du die anderen beiden Grannies hin, welche du so in der Mitte faltest, dass sie jeweils ein Dreieck bilden.

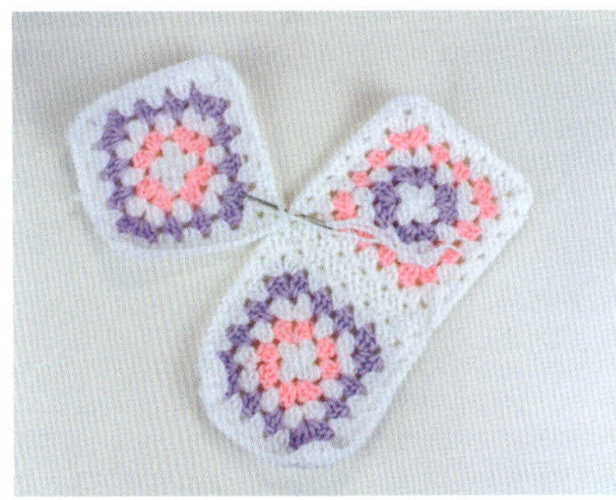

Schritt 3: Verbinde die Grannies miteinander ...

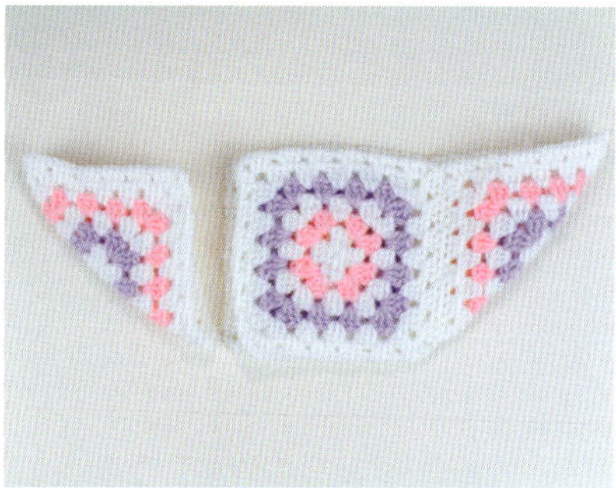

Schritt 4: ... und fange mit den Längsseiten an. Verbinde die Unterseite zum Schluss.

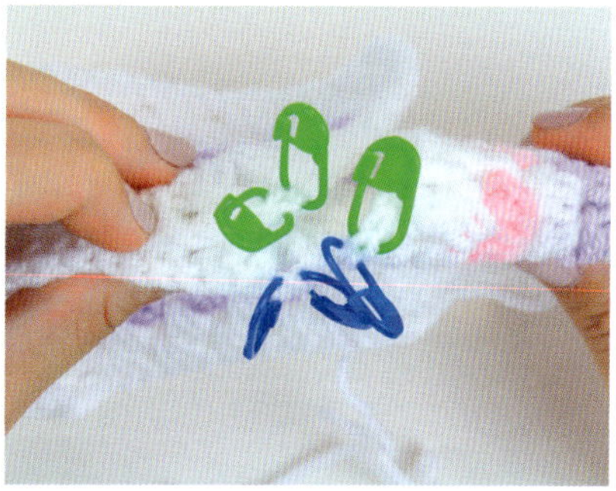

Jetzt gehst du weiter zur 2. Luftmasche beim gefalteten Granny, und verbindest so auch die Ecke vom nächsten Granny.

Hinweis: Da das gefaltete Granny mit 2 Grannies verbunden wird, musst du bei dem gefalteten Granny 2-mal durch die gleiche Luftmasche in der Ecke gehen.

Du stichst also als erstes durch die 1. Luftmasche beim gefalteten Granny und dann durch die 1. Luftmasche beim gegenüberliegenden Granny.

Danach stichst du nochmal durch die gleiche Luftmasche beim gefalteten Granny, aber durch die 2. Luftmasche beim gegenüberliegenden Granny.

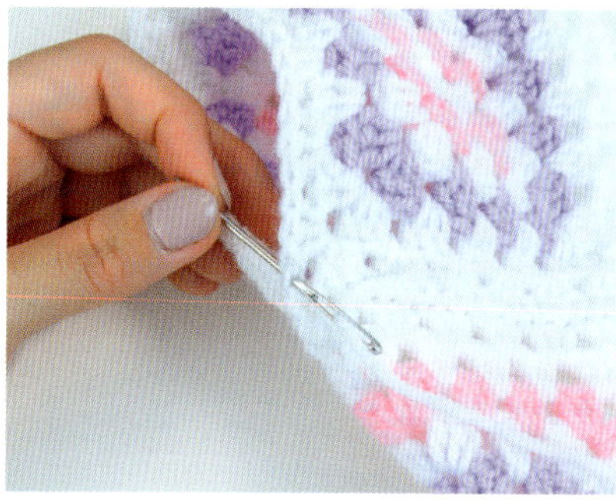

Hinweis: Bei der Unterseite musst du nur noch die beiden mittleren Grannies miteinander verbinden.

Jetzt kommt der Reißverschluss an die Tasche

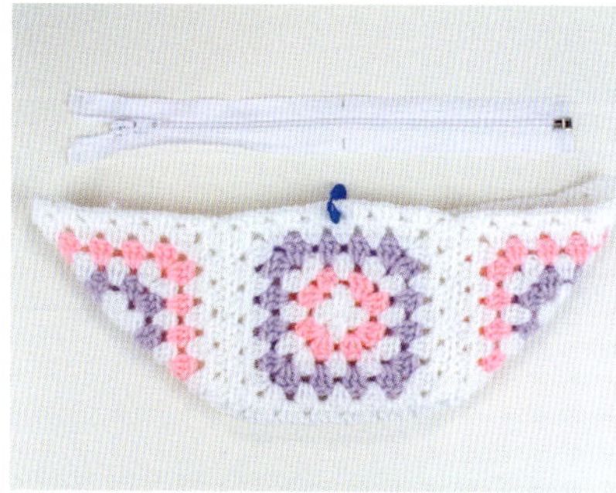

Schritt 5: Markiere sowohl beim Reißverschluss als auch bei der Tasche die Mitte.

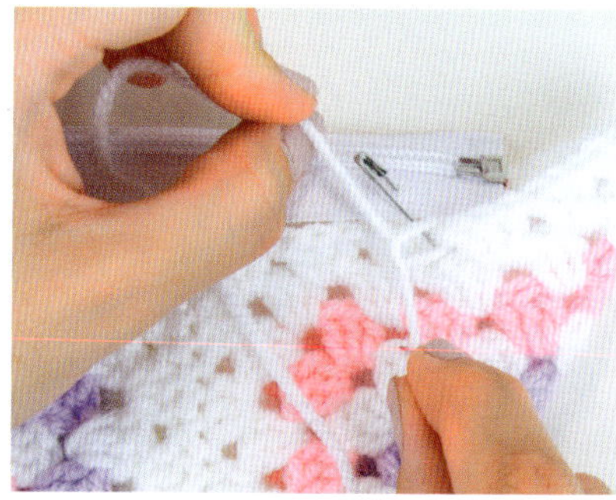

Schritt 6: Nimm ein langes Stück weißen Faden und befestige ihn mit einem Doppelknoten im 4. Freiraum (von außen) beim rechten gefalteten Granny.

Falls du ein Video zur Hilfe bei der Crossbody Bag brauchst, scanne einfach diesen Code:

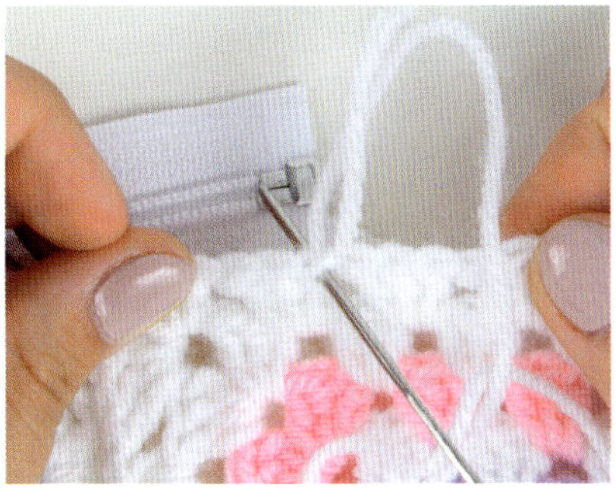

Schritt 7: Jetzt fädelst du dir den Faden in die Wollnadel, und stichst damit zuerst durch das 1. (ganz rechte) Stäbchen links neben dem Freiraum ...

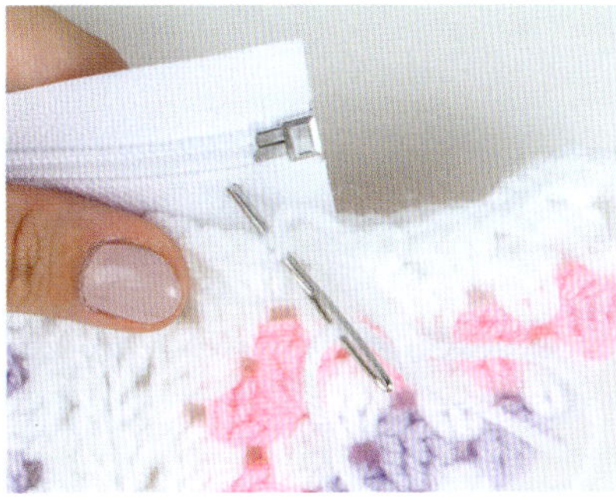

Schritt 8: ... und anschließend noch durch den Reißverschluss.

Hinweis: Leg dafür den Reißverschluss so an die Tasche, dass die markierten Mitten aufeinandertreffen.

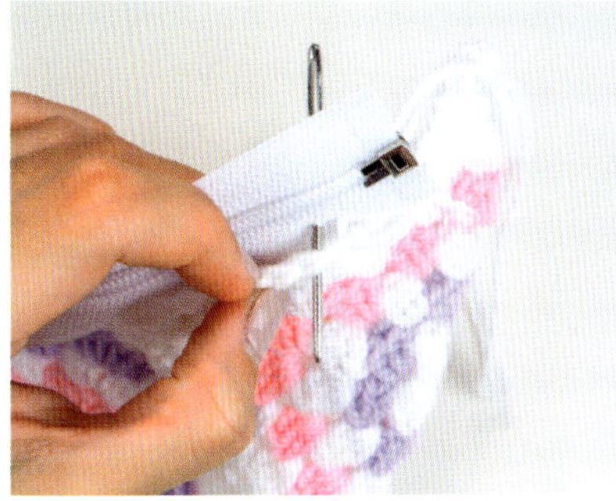

Schritt 9: Jetzt stichst du von hinten als erstes durch den Reißverschluss, und dann durch das nächste Stäbchen.

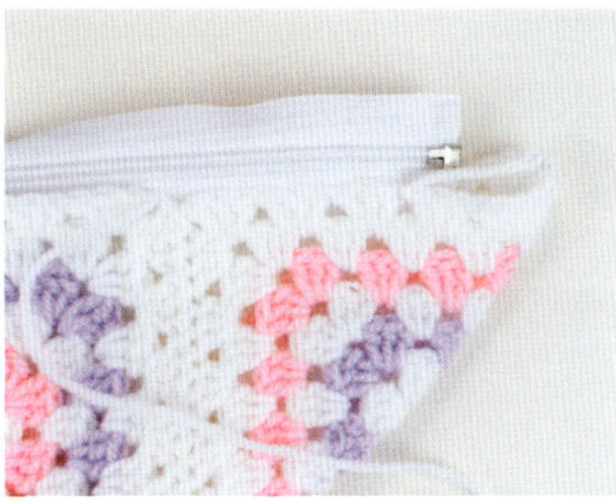

Schritt 10: Nach diesem Prinzip gehst du den ganzen Reißverschluss entlang.

Tipp: Stich beim Reißverschluss in regelmäßigen Abständen ein.

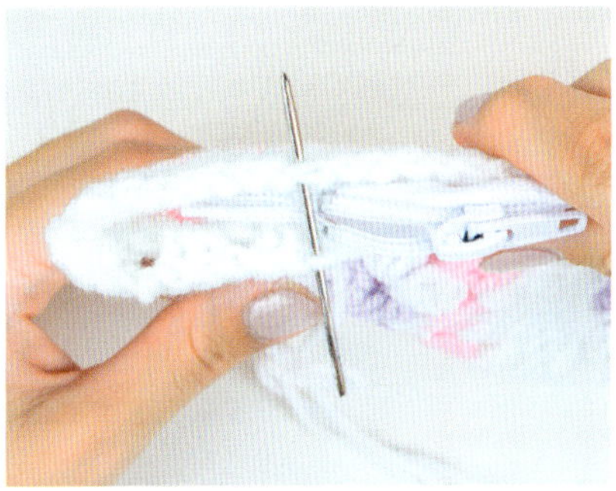

Schritt 11: Wenn du am anderen Ende vom Reißverschluss angekommen bist, nähst du das letzte Stück der Tasche zu ...

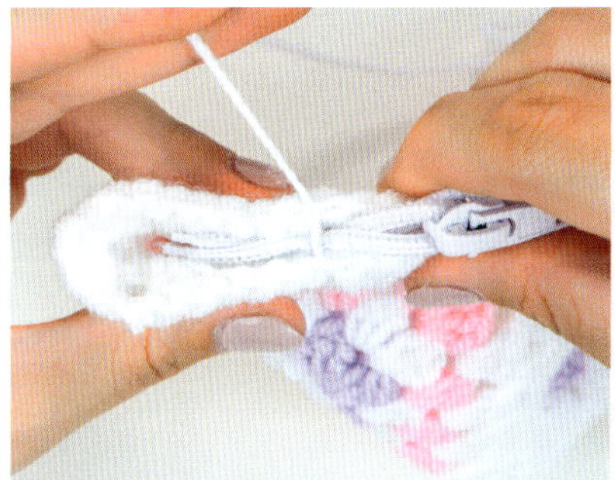

Schritt 12: ... indem du die Nadel jetzt immer durch die Maschen beider Seiten stichst, und nicht mehr durch den Reißverschluss.

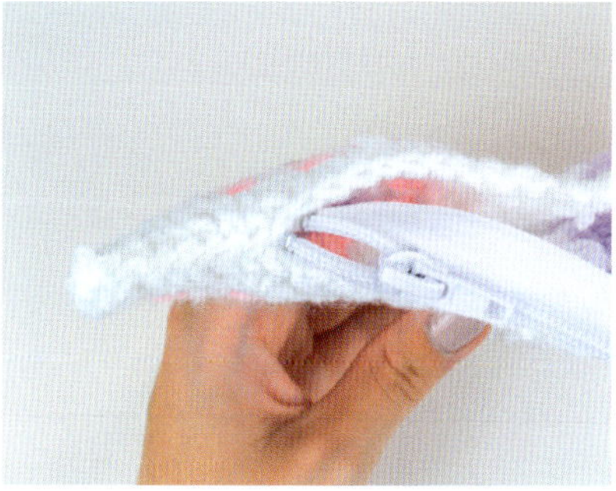

Schritt 13: Am Ende verknotest du den restlichen Faden und verwebst ihn.

Das überschüssige Stück vom Reißverschluss ist jetzt versteckt.

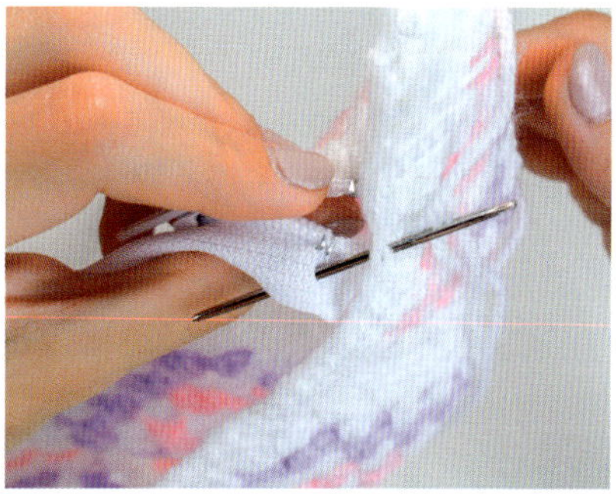

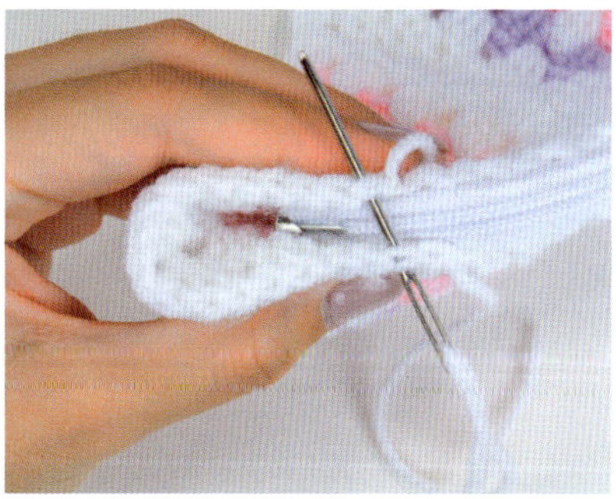

Schritt 14: Wiederhole Schritt 6-13 auf der anderen Seite.

Jetzt kommt der Gurt an die Tasche

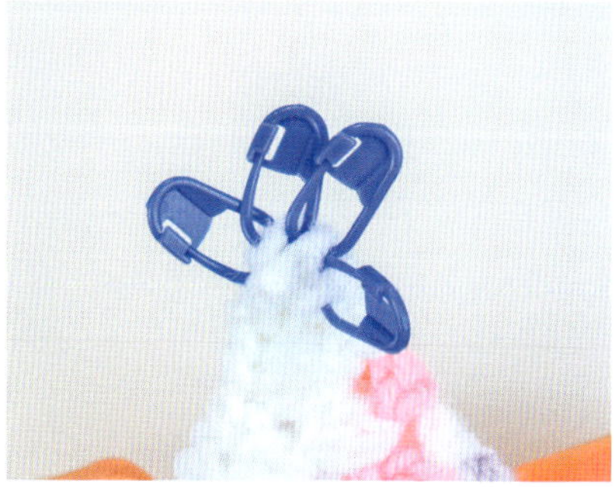

Schritt 15: Den Gurt befestigst du an den äußersten 4 Stäbchen aus der letzten Runde des gefalteten Grannies (Auf dem Bild mit blauen Maschenmarkierern markiert).

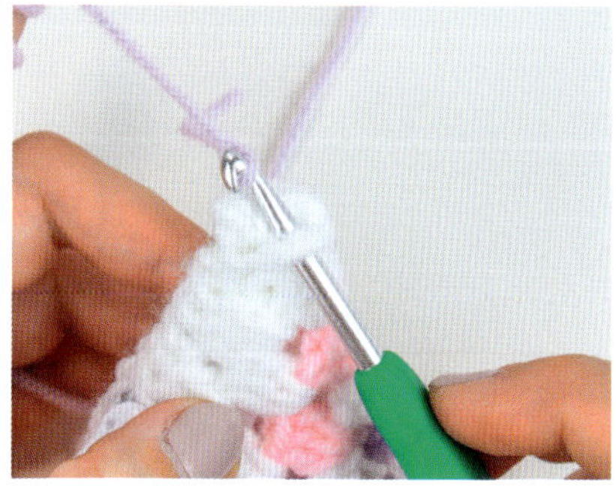

Schritt 16: Stich mit der Häkelnadel (ohne Faden) durch das Stäbchen ganz links, nimm das lila Garn und mache eine Anfangsschlaufe ...

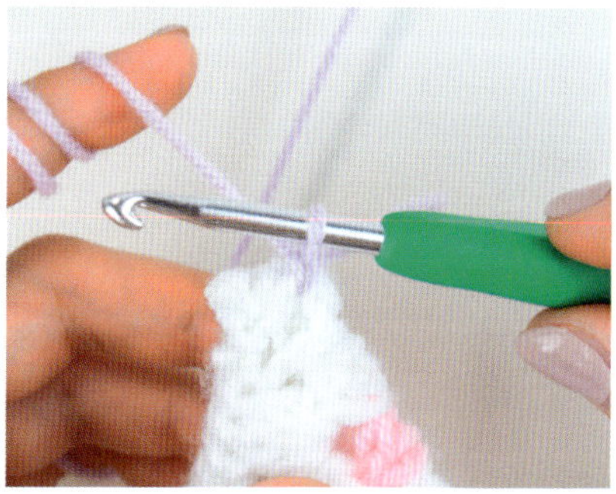

Schritt 17: ... zieh sie durch und häkle 1 Luftmasche.

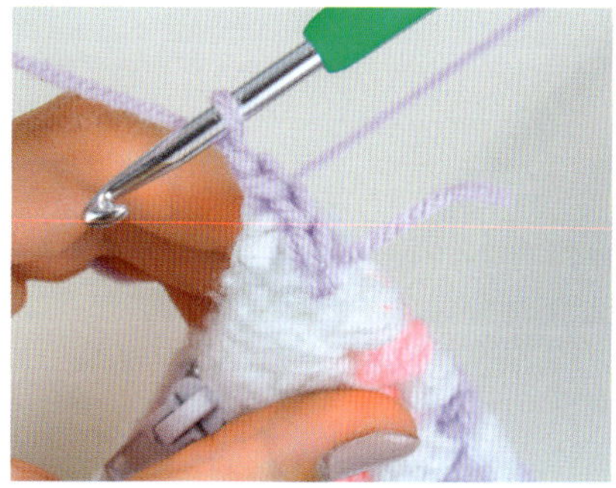

Schritt 18: Häkle in die nächsten 3 Stäbchen jeweils 1 feste Masche (= insgesamt 4 Maschen). Am Ende der Reihe häkelst du 1 Wendeluftmasche.

Falls du ein Video zur Hilfe bei der Crossbody Bag brauchst, scanne einfach diesen Code:

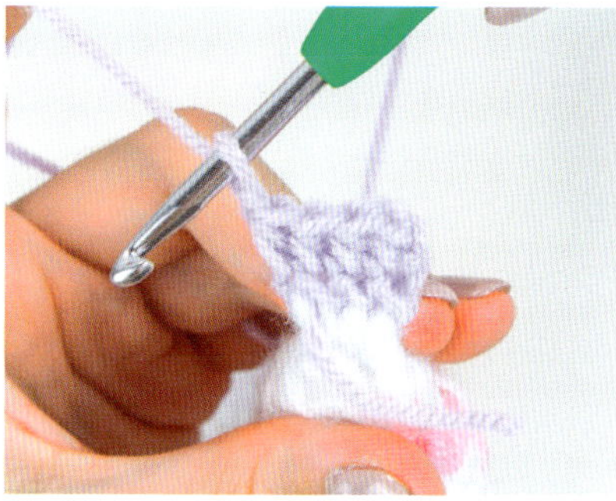

Schritt 19: Jetzt häkelst du in jede Masche 1 halbes Stäbchen (= insgesamt 4 halbe Stäbchen). Am Ende der Reihe häkelst du 1 Wendeluftmasche.

Schritt 20: Wiederhole Schritt 19 noch 91-mal (= insgesamt 93 Reihen).

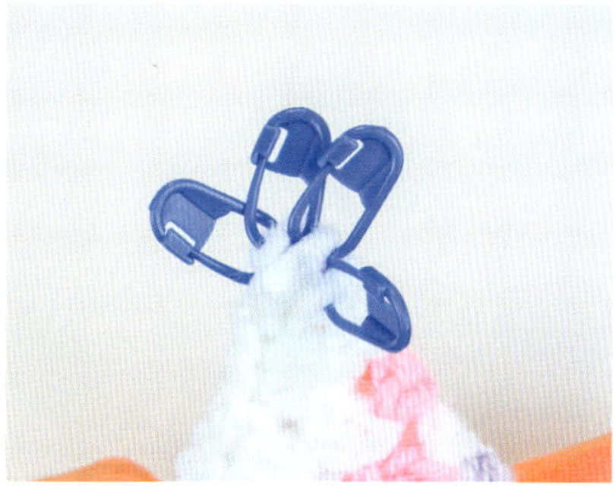

Schritt 21: Den Gurt befestigst du an der anderen Seite der Tasche mit festen Maschen, wieder an den 4 äußersten Stäbchen aus der letzten Runde des gefalteten Grannys.

Hinweis: Achte darauf, dass der Gurt nicht verdreht ist, wenn du ihn an der Tasche befestigst.

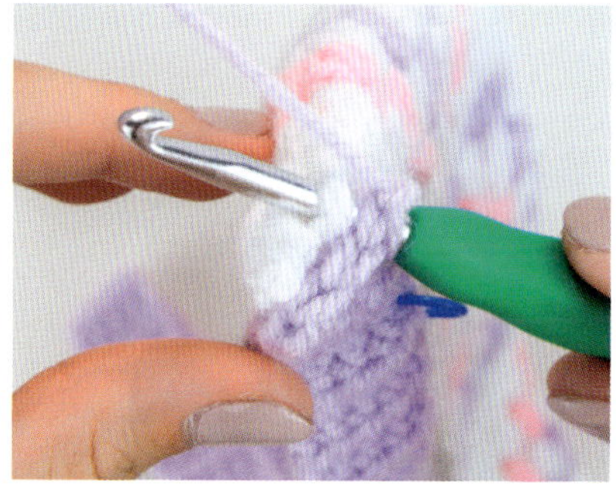

Schritt 22: Stich dafür mit der Häkelnadel als erstes durch die Masche vom Gurt, und dann durch das Stäbchen von der Tasche.

Diesmal gehst du als erstes durch das Stäbchen ganz rechts, damit du von rechts nach links häkelst.

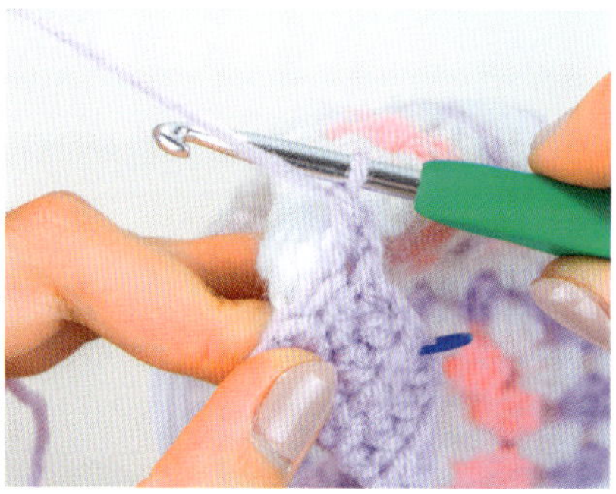

Schritt 23: Häkle 1 feste Masche.

Schritt 24: Wiederhole Schritt 22+23 noch 3-mal (= insgesamt 4 feste Maschen).

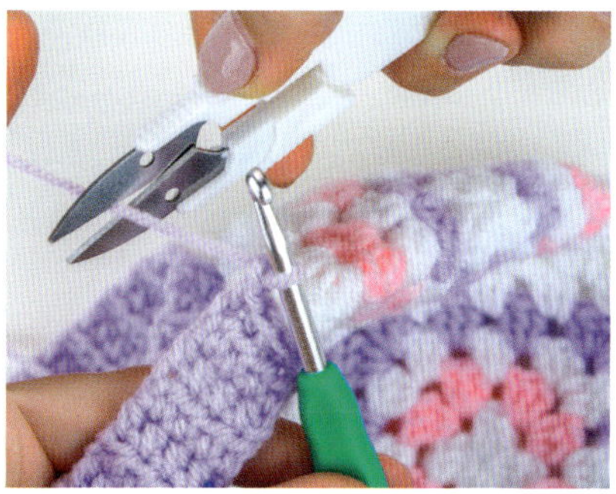

Schritt 25: Häkle 1 Luftmasche, schneide den Faden ab und zieh ihn durch.

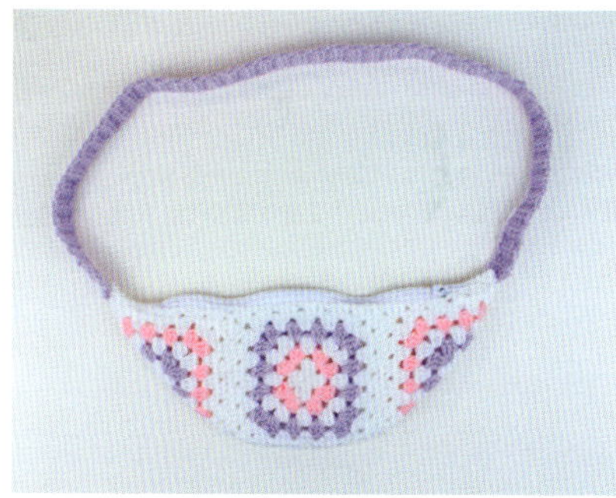

Schritt 26: Zum Schluss verwebst du nur noch die Fadenenden, und fertig ist die Crossbody Bag.

WIR LIEBEN ES, MEHRERE FARBEN ZU KOMBINIEREN UND MIT IHNEN ZU HÄKELN. SO EIN CARDIGAN HAT IN UNSEREM KLEIDERSCHRANK ABER NOCH GEFEHLT, ALSO HABEN WIR IHN UNS EINFACH SELBST GEHÄKELT. GERADE DIE BALLONÄRMEL FINDEN WIR SUPER SCHÖN.

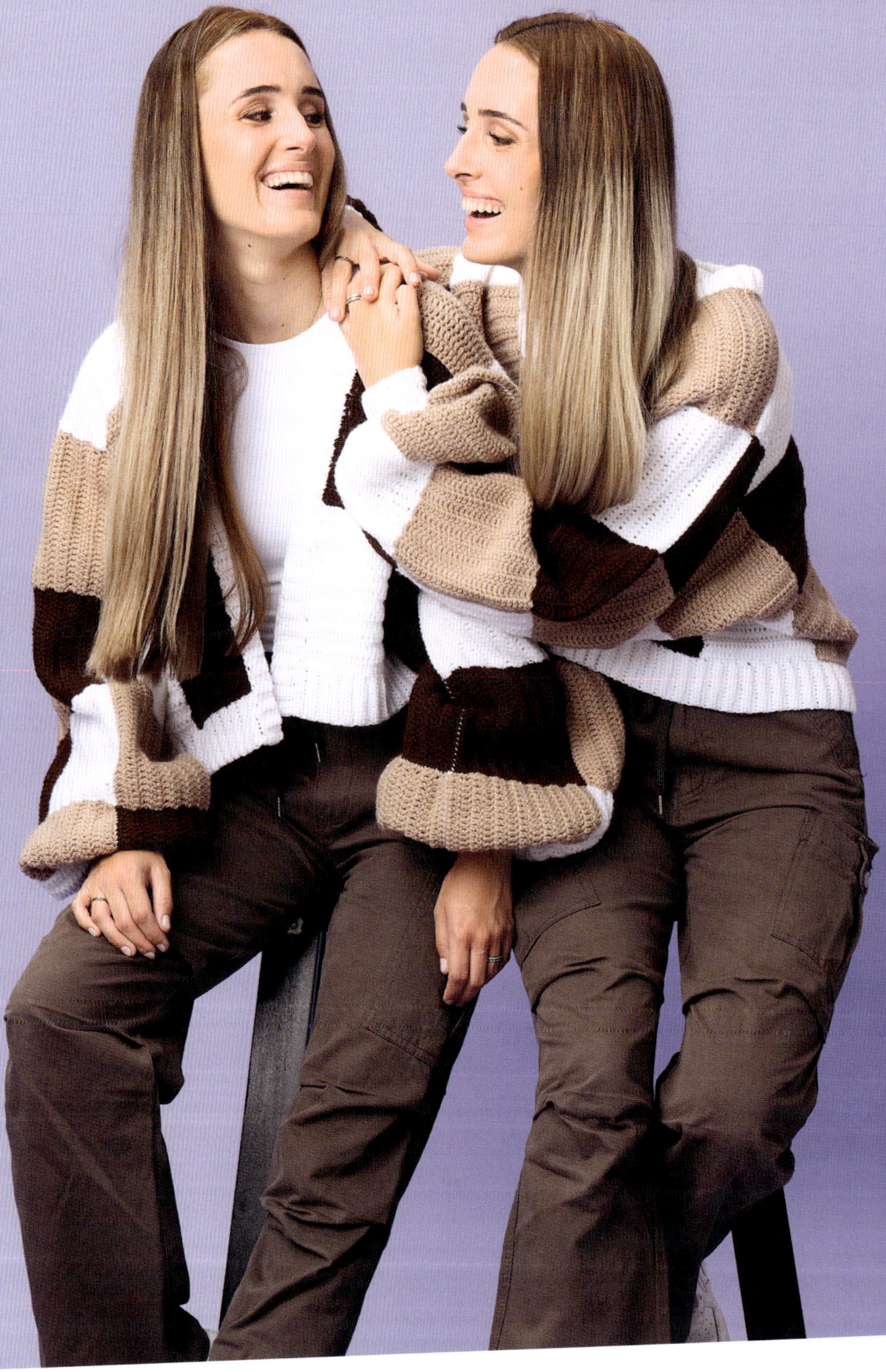

PATCHWORK CARDIGAN

Größe

One Size; Quadratisches Granny, 15 cm x 15 cm

Benötigtes Material

- Polyacrylgarn (100% Polyacryl; LL 1040 m/400 g) in Weiß 320 g, Wollmischgarn (51% Polyacryl, 49% Wolle; LL 240 m/100 g) in Beige 280 g, Polyacrylgarn (100% Polyacryl; LL 133 m/50 g) in Braun 280 g
- Häkelnadel 4,5 mm
- Wollnadel

Für das verwendete Garn in Weiß und Braun ist eine Häkelnadel der Stärke 3,5-4,5 mm und für das Garn in Beige eine Häkelnadel der Stärke 3,0-4,5 mm empfohlen.

Wir haben hier folgende Wolle benutzt: Gründl Big Mamma uni in Weiß; Alize Lanagold Classic in Beige; Gründl Lisa Premium uni in Braun

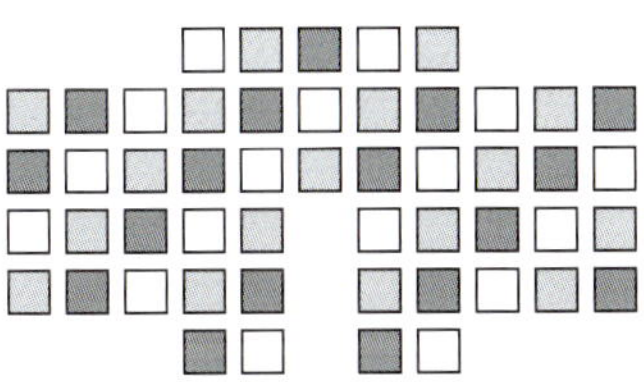

Anleitung

Quadratisches Granny, 15 cm x 15 cm

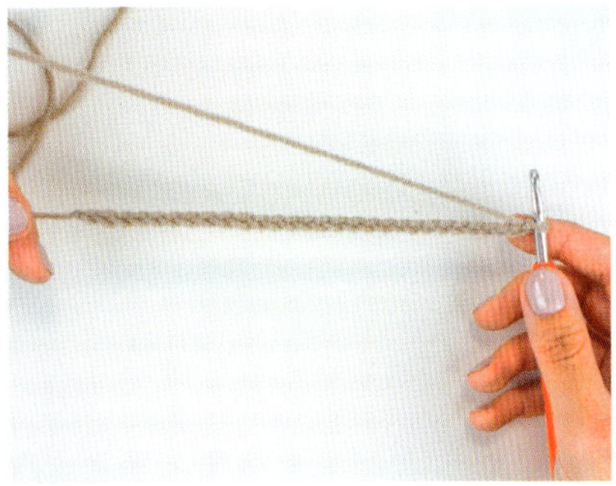

Schritt 1: Mache eine Anfangsschlaufe und häkle 29 Luftmaschen.

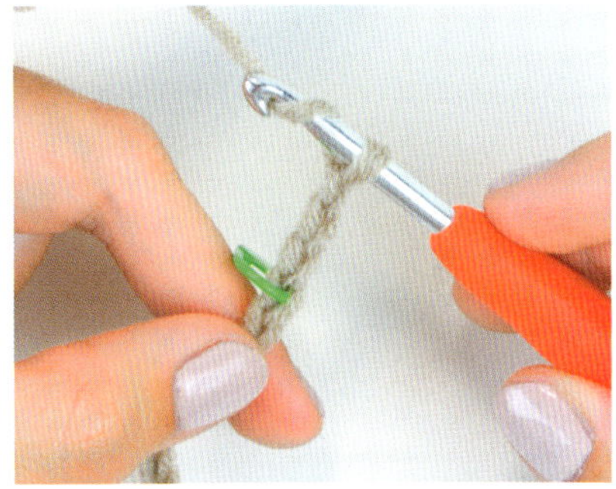

Schritt 2: Überspringe die ersten 3 Luftmaschen, und häkle in die daneben (Auf dem Bild mit einem grünen Maschenmarkierer markiert) ...

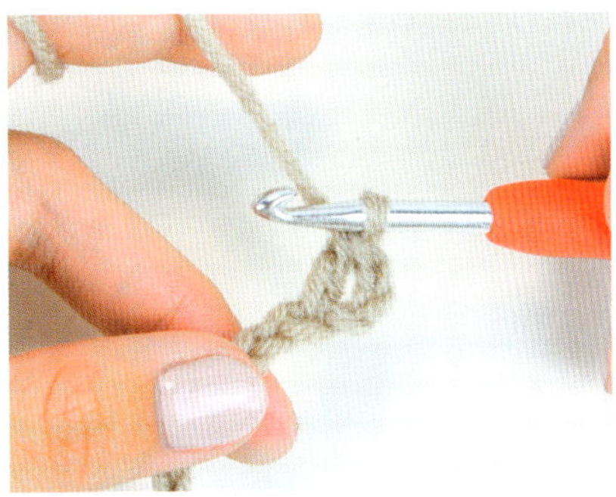

Schritt 3: ... 1 Stäbchen.
Häkle in jede weitere Masche 1 Stäbchen (= insgesamt 26 Stäbchen + Luftmaschenkette vom Anfang).

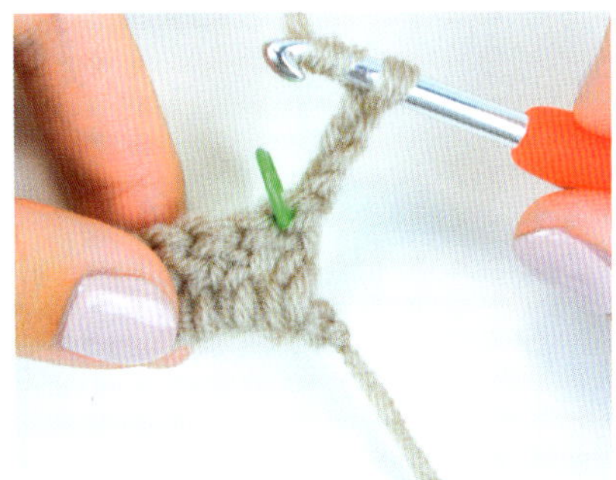

Schritt 4: Häkle 3 Luftmaschen und wende deine Arbeit, sodass du immer von rechts nach links häkelst.

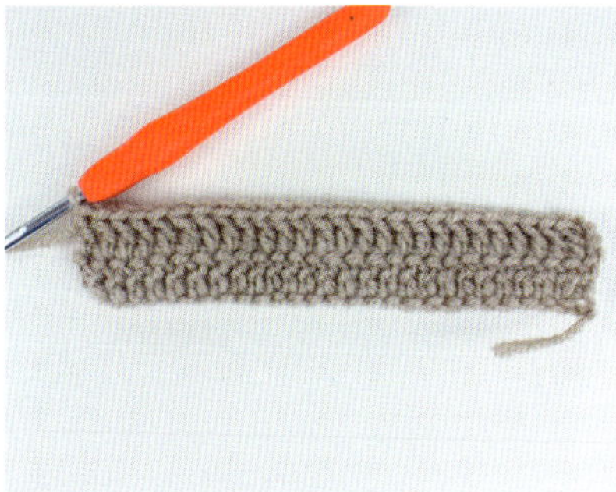

Schritt 5: Überspringe die 3 Luftmaschen und häkle 26 Stäbchen.

Schritt 6: Wiederhole Schritt 4+5 noch 12-mal (= insgesamt 15 Reihen).

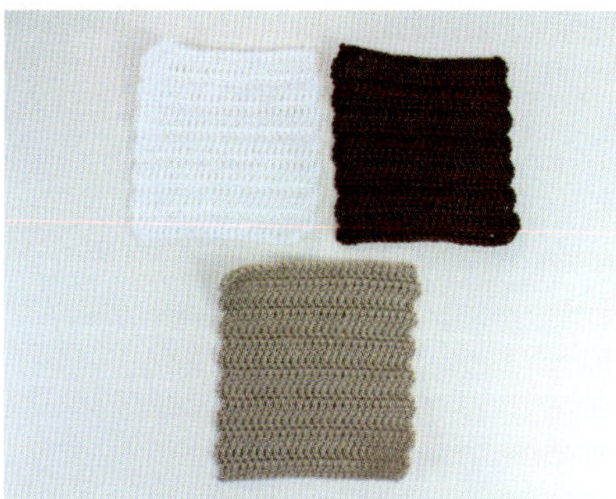

Schritt 8: Häkle in allen 3 Farben jeweils 17 dieser quadratischen Grannies (= insgesamt 51 Grannies).

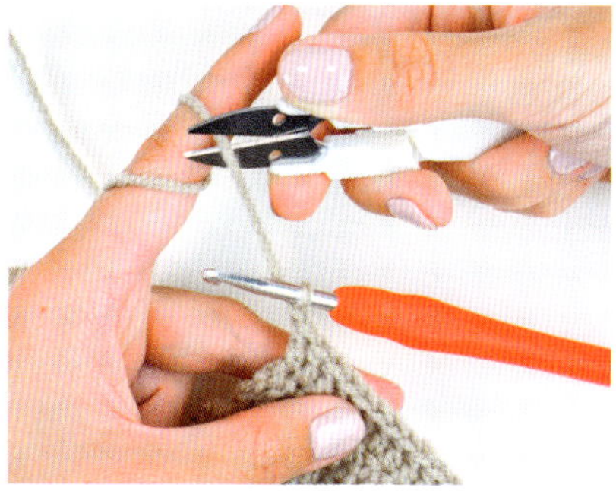

Schritt 7: Zum Schluss häkelst du noch 1 Luftmasche, schneidest den Faden ab und ziehst ihn durch. Anschließend verwebst du noch die beiden Fadenenden.

Jetzt häkelst du die Bündchen, nimm dafür das weiße Garn

Ärmelbund

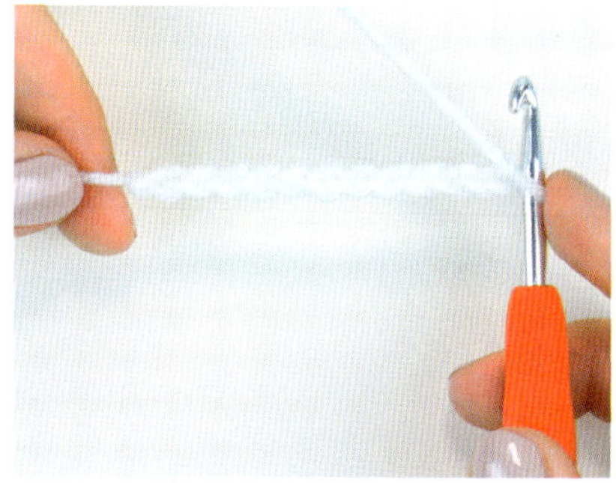

Schritt 1: Mache eine Anfangsschlaufe und häkle 11 Luftmaschen und 1 Wendeluftmasche (= insgesamt 12 Luftmaschen).

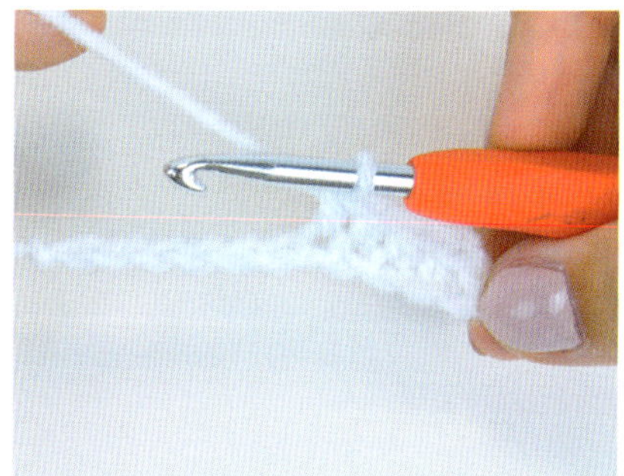

Schritt 2: Überspringe die Wendeluftmasche und häkle 11 halbe Stäbchen nur ins hintere Maschenglied.

Falls du ein Video zur Hilfe beim Patchwork Cardigan brauchst, scanne einfach diesen Code:

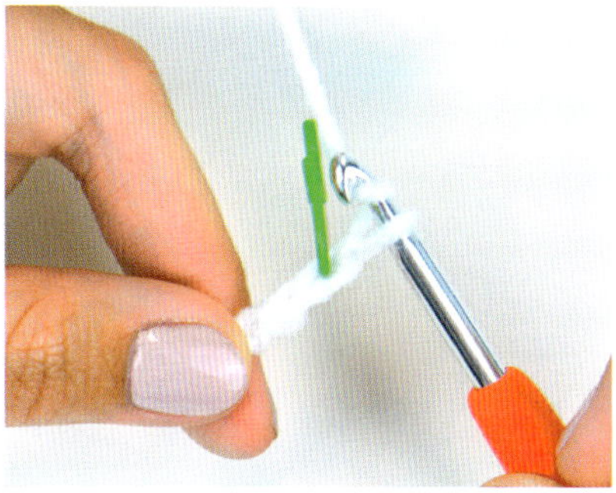

Die Masche mit dem grünen Maschenmarkierer ist die 1. Masche, in die du einstichst.

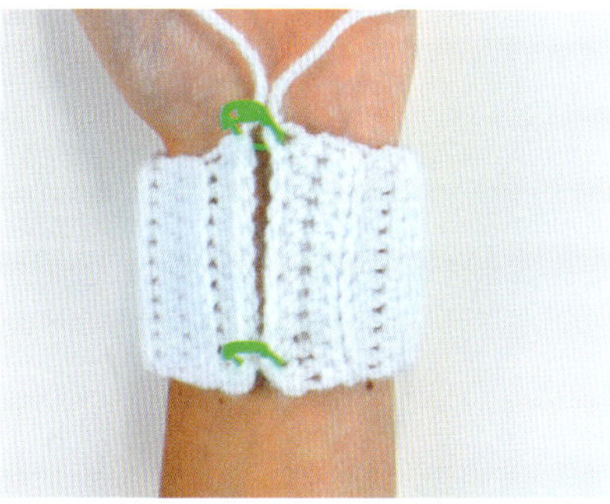

Schritt 4: Wiederhole Schritt 2+3 noch 18-mal (= insgesamt 20 Reihen). So breit wird dein Ärmelbund.

Tipp: Wenn dein Ärmelbund breiter oder enger sein soll, häkle mehr oder weniger Reihen.

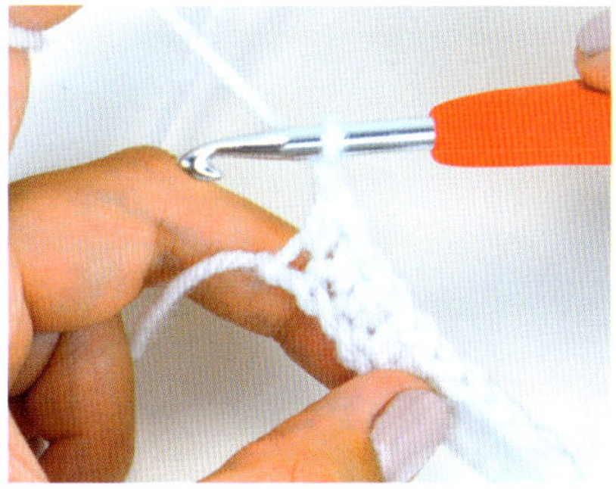

Schritt 3: Am Ende der Reihe häkelst du 1 Wendeluftmasche.

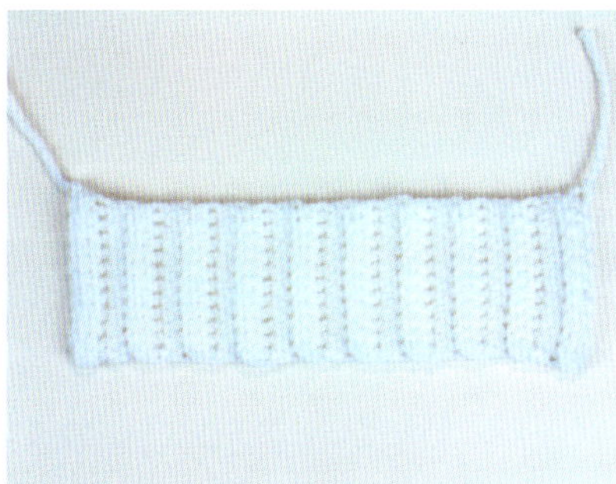

Schritt 5: Schneide den Faden ab, zieh ihn durch und verwebe anschließend alle Fadenenden mit einer Wollnadel.

Schritt 6: Wiederhole Schritt 1-5, sodass du noch einen zweiten Ärmelbund hast.

Unterer Bund

Schritt 7: Mache eine Anfangsschlaufe und häkle 11 Luftmaschen und 1 Wendeluftmasche (= insgesamt 12 Luftmaschen).

Schritt 8: Überspringe die Wendeluftmasche und häkle 11 halbe Stäbchen nur ins hintere Maschenglied.

Schritt 9: Am Ende der Reihe häkelst du 1 Wendeluftmasche.

Schritt 10: Wiederhole Schritt 8+9 noch 156-mal (= insgesamt 158 Reihen). So lang wird der untere Bund.

Schritt 11: Schneide den Faden ab, zieh ihn durch und verwebe alle Fadenenden.

Vorderer Bund (Blende)

Schritt 12: Mache eine Anfangsschlaufe und häkle 6 Luftmaschen und 1 Wendeluftmasche (= insgesamt 7 Luftmaschen).

Schritt 13: Überspringe die Wendeluftmasche und häkle 6 halbe Stäbchen nur ins hintere Maschenglied.

Schritt 14: Am Ende der Reihe häkelst du 1 Wendeluftmasche.

Schritt 15: Wiederhole Schritt 13+14 noch 134-mal (= insgesamt 136 Reihen). So lang wird der vordere Bund.

Schritt 16: Schneide den Faden ab, zieh ihn durch und verwebe alle Fadenenden.

Jetzt wird alles miteinander verbunden

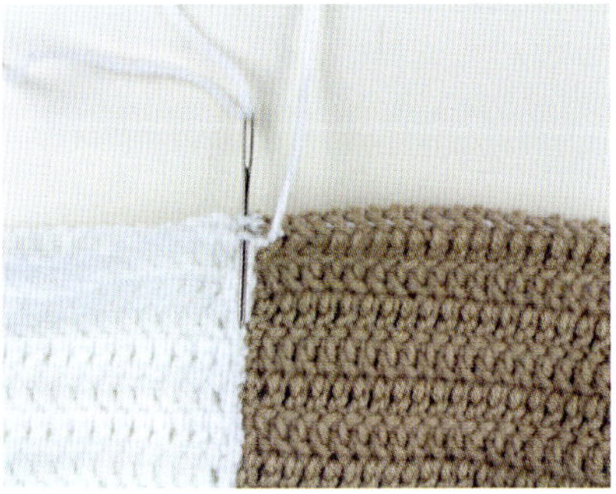

Schritt 17: Verbinde zuerst alle Grannies miteinander, wie in der Abbildung auf Seite 125 angegeben. Nimm dafür eine Wollnadel und ein langes Stück weißen Faden.

Tipp: Verbinde zuerst die kurzen und dann die langen Seiten miteinander. Wenn du bei der langen Seite an einer Ecke angekommen bist, überspringe die Schnittstelle einfach.

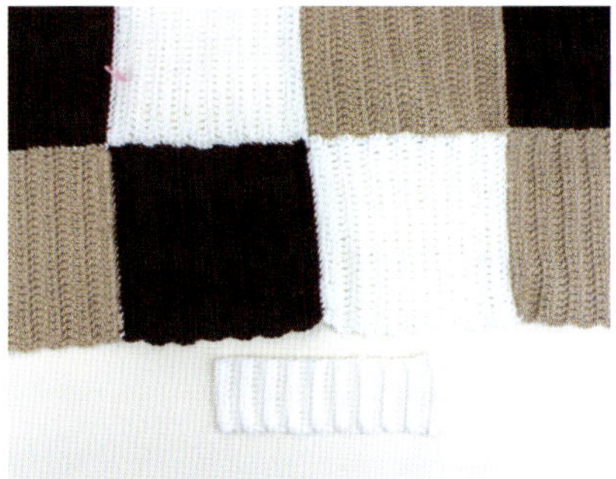

Schritt 18: Verbinde jeweils einen Ärmelbund mit einem Ärmel.

Da es ein Ballonärmel wird, ist der Bund deutlich kürzer als der Ärmel.

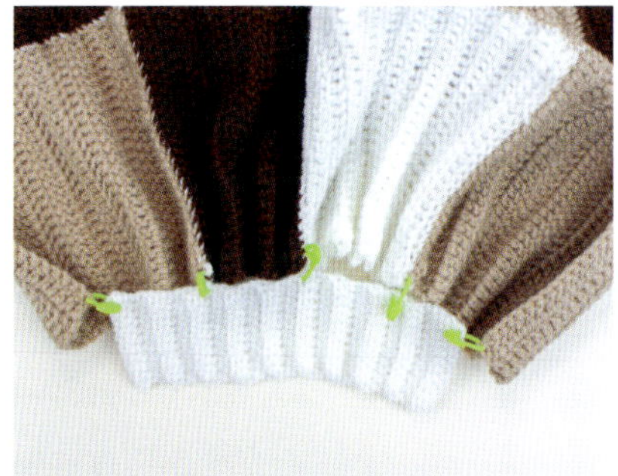

Schritt 19: Den Ärmelbund verbindest du mit 4 Grannies. Markiere dir 4 gleich große Teile beim Bund, und verbinde jeweils 1 Granny mit 1 Teil. So wird das Ergebnis gleichmäßig.

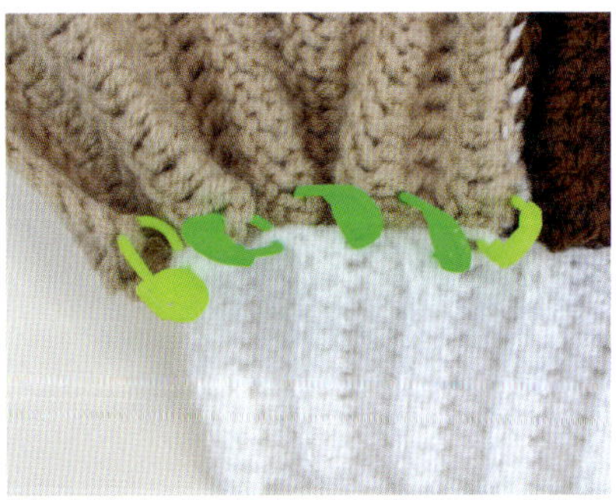

Tipp: Wenn du dir innerhalb von einem markierten Teil noch kleinere Abschnitte markierst, hast du einen besseren Überblick, wie du beide Teile gleichmäßig miteinander verbinden kannst.

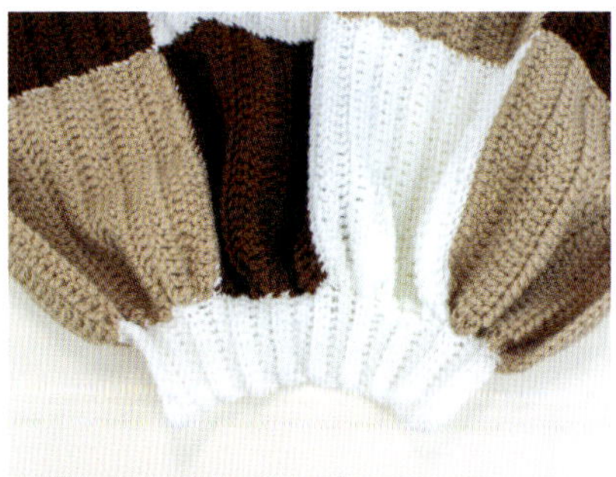

Schritt 20: Verwebe die Fadenenden.

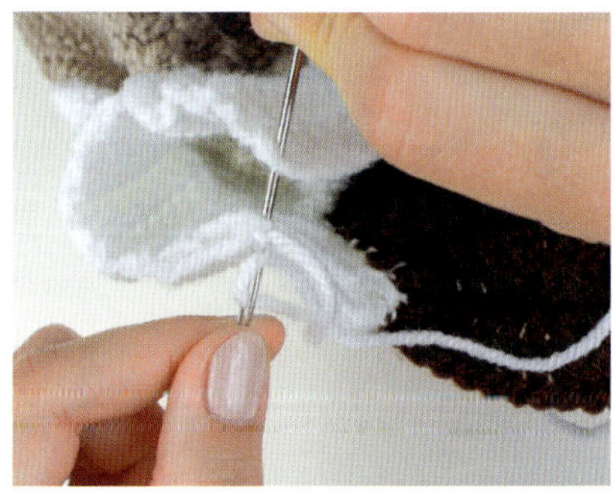

Schritt 21: Falte den Cardigan so zusammen, dass du sowohl den Ärmelbund, als auch den Ärmel und die Seite vom Cardigan mit einem langen Stück weißen Faden verbinden kannst.

Falls du ein Video zur Hilfe beim Patchwork Cardigan brauchst, scanne einfach diesen Code:

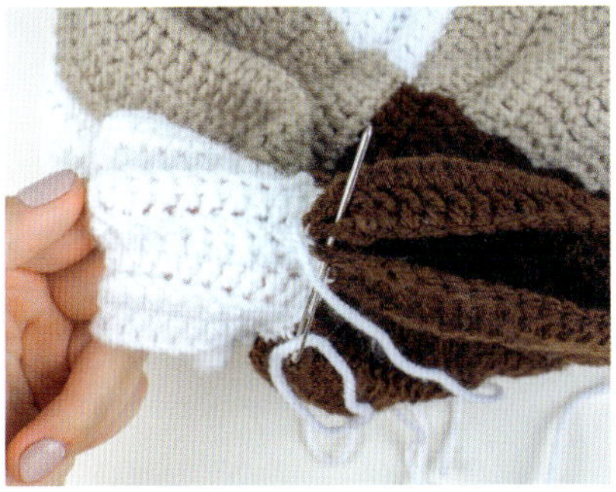

Schritt 22: Wiederhole Schritt 21 auf der anderen Seite. So bekommen der Ärmel und der Cardigan ihre Form.

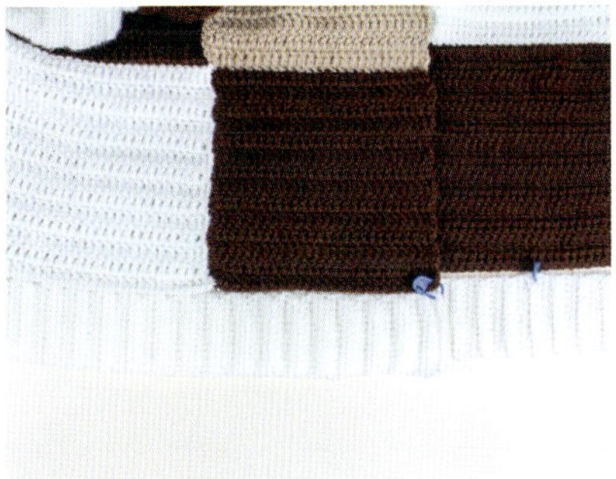

Schritt 23: Verbinde jetzt den unteren Bund mit dem Cardigan.

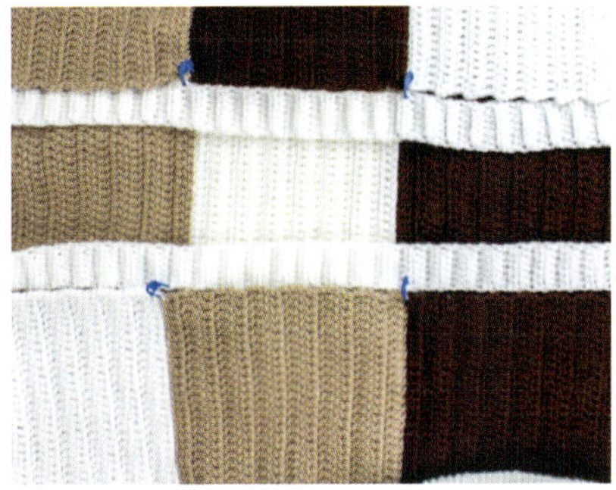

Schritt 24: Zum Schluss verbindest du noch den vorderen Bund mit dem Cardigan.

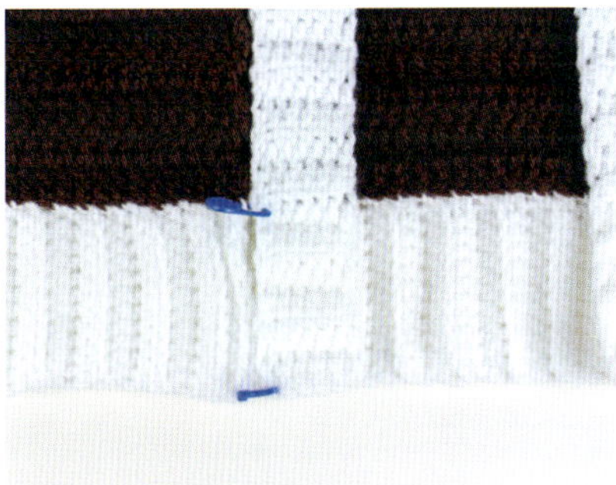

Hinweis: Der vordere Bund wird unten auch mit dem unteren Bund verbunden, den du davor fest gemacht hast.

Schritt 25: Verwebe alle Fadenenden und fertig ist der Cardigan.

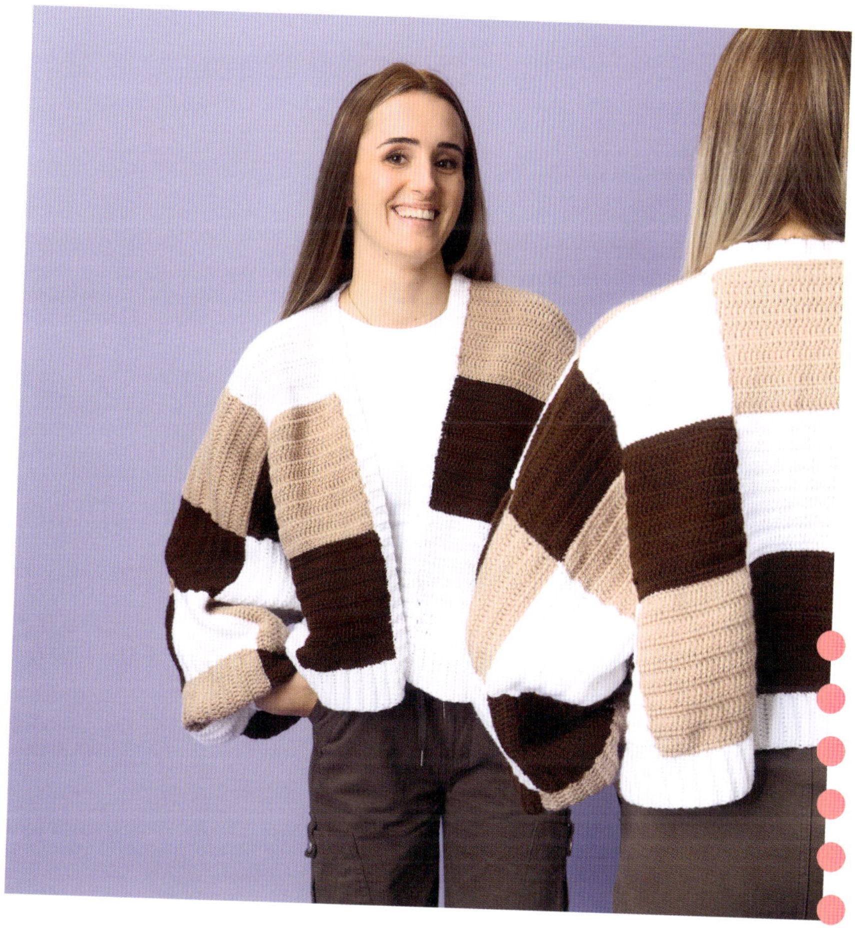

WIR LIEBEN ES SETS ZU TRAGEN, WO DER CARDIGAN PASSEND ZUM OBERTEIL IST. DER VORTEIL, WENN MAN SELBER HÄKELN KANN: MAN KANN SICH ZU JEDEM OBERTEIL SEINEN PASSENDEN CARDIGAN HÄKELN.

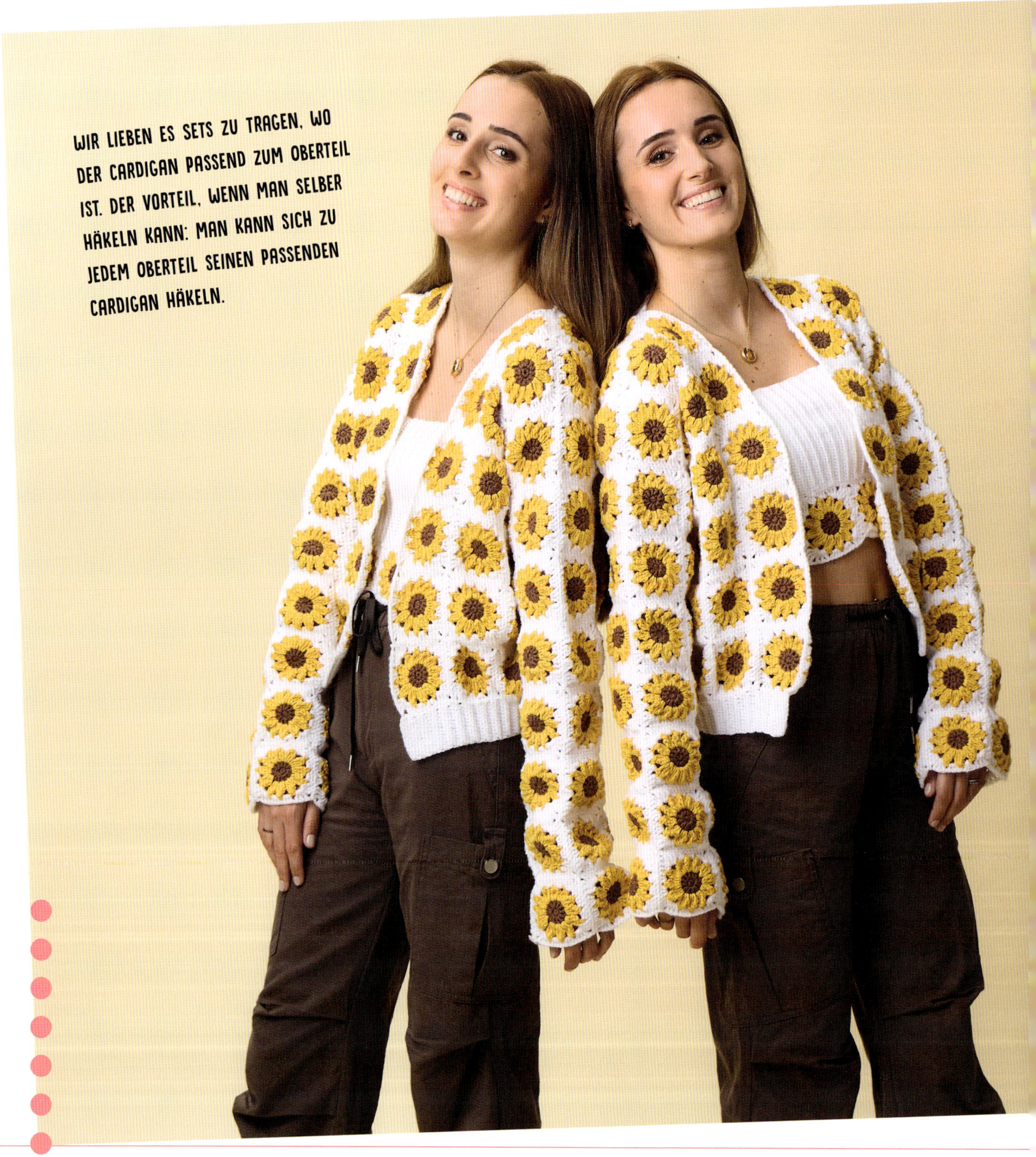

SONNENBLUMEN CARDIGAN

Diese Anleitung ist für einen Cardigan in der Größe XS-S geschrieben. Wenn du die Größe M-L häkeln möchtest, häkelst du mehr Grannies und Reihen beim Bund.

Größe

XS-S, M-L; Quadratisches Granny, 8 cm x 8 cm

Benötigtes Material

- Polyacrylgarn (100% Polyacryl; LL 1040 m/400 g) in Weiß, Baumwollgarn (100% Baumwolle; LL 75 m/50 g) in Gelb und Braun
- Größe XS-S: 300 g in Weiß, 480 g in Gelb und 180 g in Braun
- Größe M-L: 350 g in Weiß, 530 g in Gelb und 230 g in Braun
- Häkelnadel 3,5 mm
- Wollnadel

Für das verwendete Garn in Weiß ist eine Häkelnadel der Stärke 3,5–4,5 mm und für das Garn in Gelb und Braun eine Häkelnadel der Stärke 3,5-4,0 mm empfohlen.

Wir haben hier folgende Wolle benutzt: hobbii Rainbow 8/8 in Gelb und Braun; Gründl Big Mamma uni in Weiß

Wie viele Grannies brauchst du?

Für den Cardigan brauchst du für die unterschiedlichen Größen so viele Grannies und so viele Reihen beim Bund:

Größe X-S: 140 Quadratische Grannies und 110 Reihen

Größe M-L: 186 Quadratische Grannies und 149 Reihen

Größe XS-S

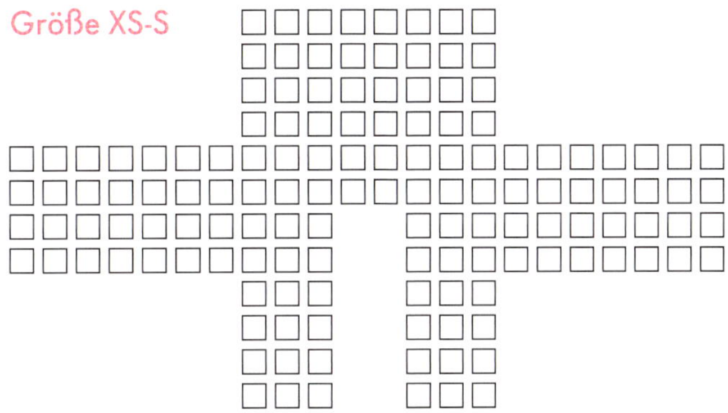

Größe M-L

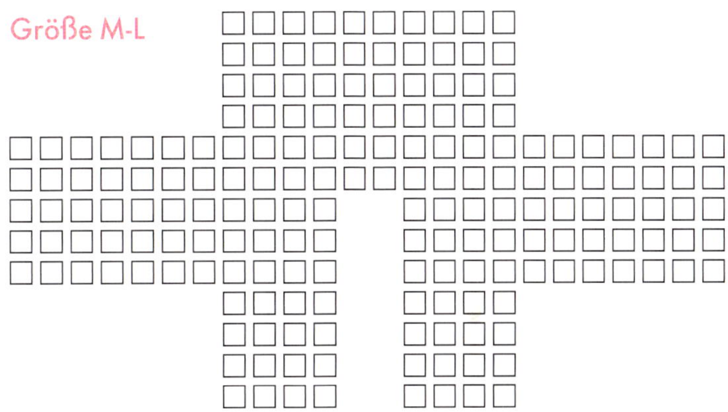

Tipp: Wenn du kürzere Ärmel haben möchtest, lass einfach die unterste Reihe Grannies weg.

Anleitung

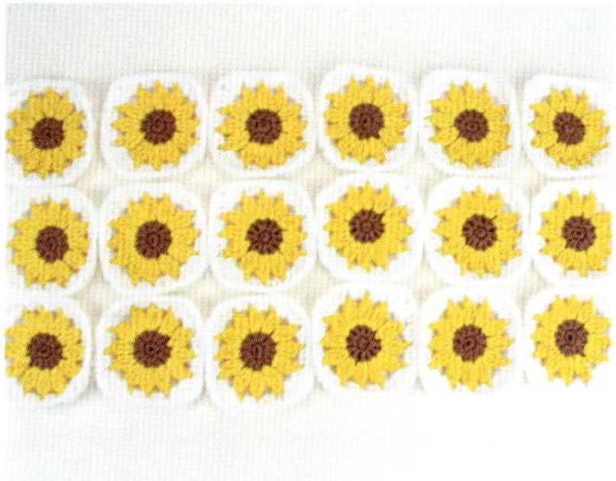

Schritt 1: Häkle 140 (bzw. für Größe M-L 186) Sonnenblumen Grannies. Die Anleitung dafür findest du auf Seite 67.

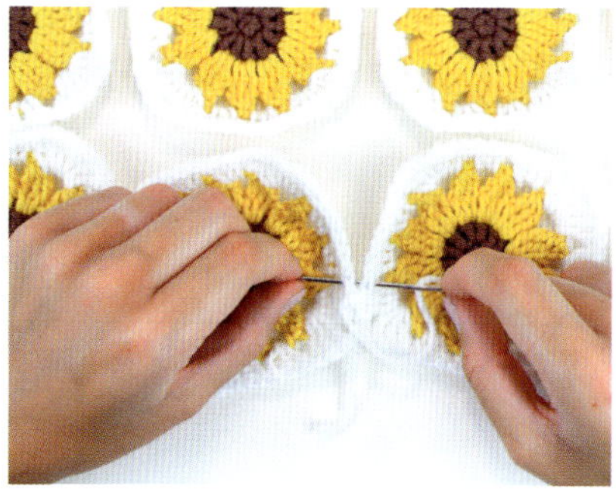

Schritt 2: Verbinde diese wie in der Abbildung auf Seite 131 miteinander. Nimm dafür eine Wollnadel und ein langes Stück weißen Faden.

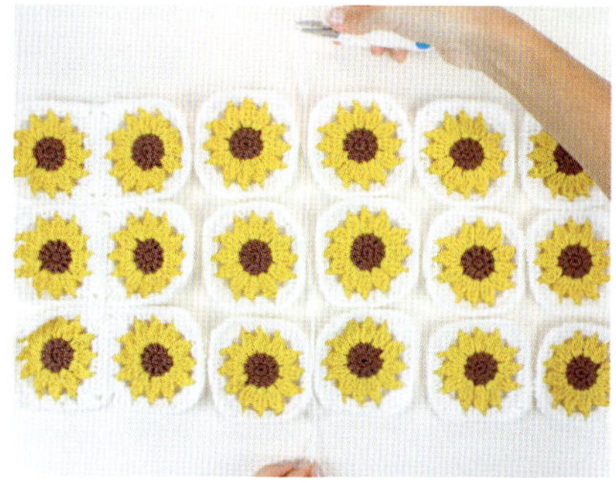

Tipp: Verbinde zuerst die kurzen und dann die langen Seiten miteinander.

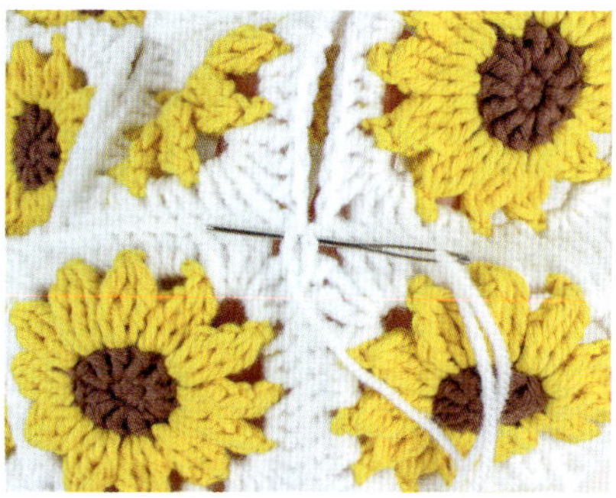

Wenn du bei der langen Seite an einer Ecke angekommen bist ...

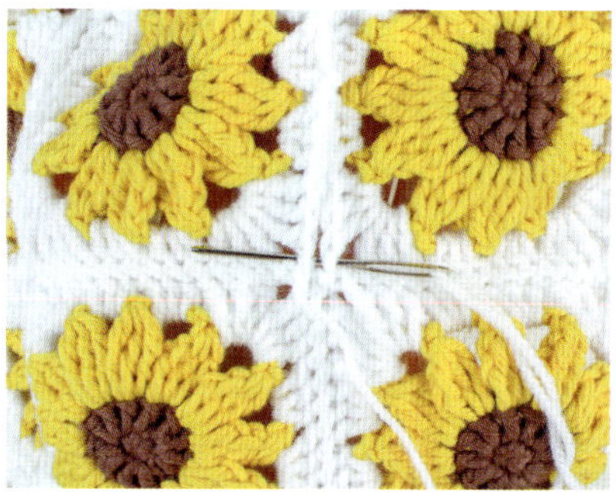

... überspringe die Schnittstelle einfach. Du stichst dort also immer nur durch 1 Luftmasche pro Ecke.

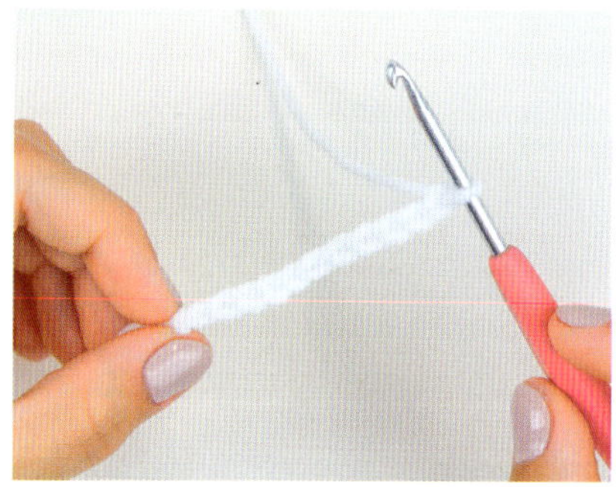

Schritt 3: Nimm dir das weiße Garn, mache eine Anfangsschlaufe und häkle 11 Luftmaschen und 1 Wendeluftmasche (= insgesamt 12 Luftmaschen).

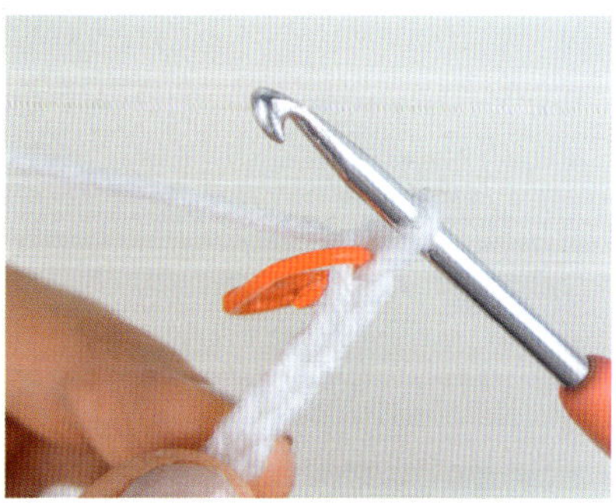

Schritt 4: Überspringe die Wendeluftmasche (Auf dem Bild mit einem roten Maschenmarkierer markiert) ...

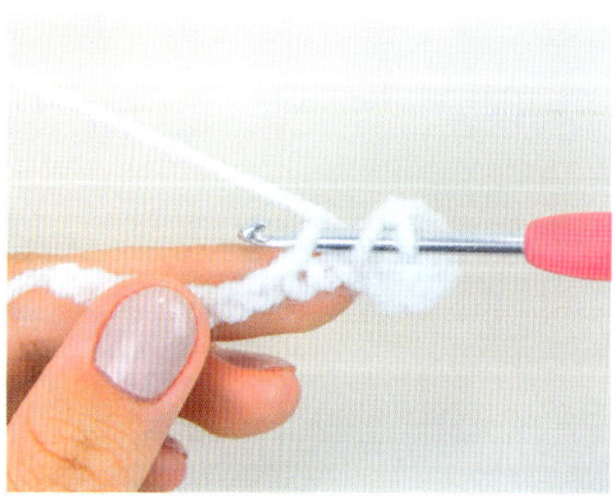

Schritt 5: ... und häkle 11 halbe Stäbchen nur ins hintere Maschenglied.

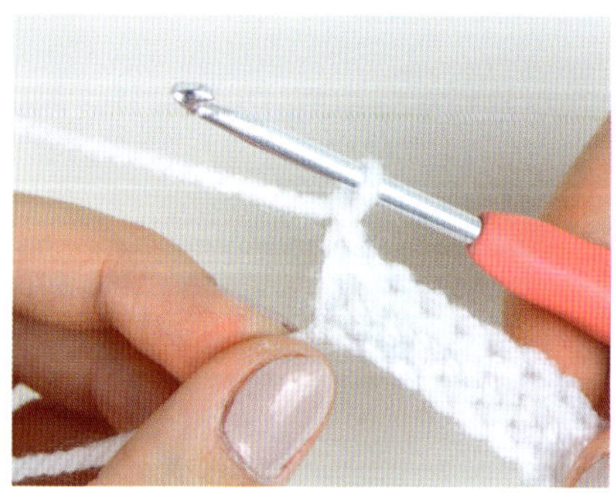

Schritt 6: Am Ende der Reihe häkelst du 1 Wendeluftmasche.

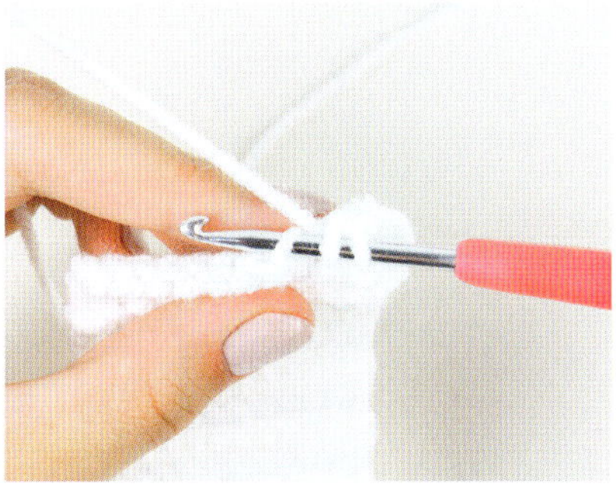

Schritt 7: Wiederhole Schritt 4-6 noch 108-mal (bzw. für Größe M-L 147-mal) (= insgesamt 110 (bzw. 149) Reihen).

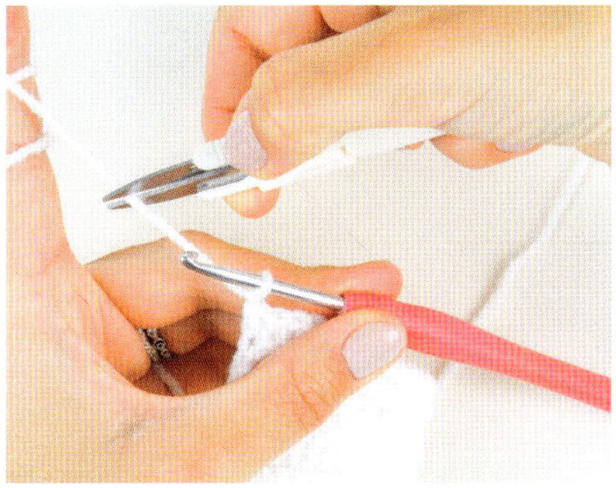

Schritt 8: Schneide den Faden ab, zieh ihn durch ...

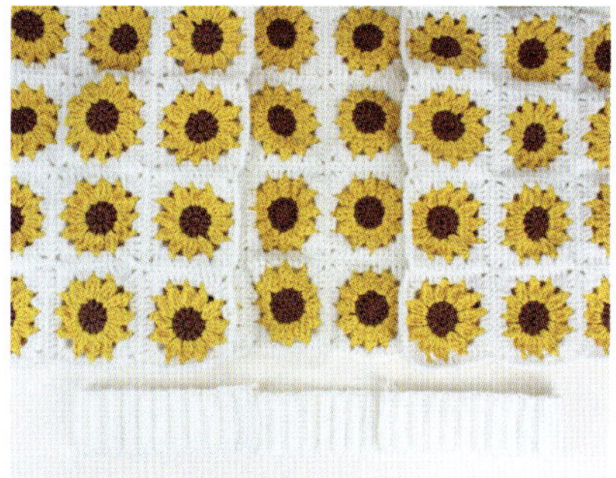

Schritt 9: ... und verwebe alle Fadenenden mit einer Wollnadel.

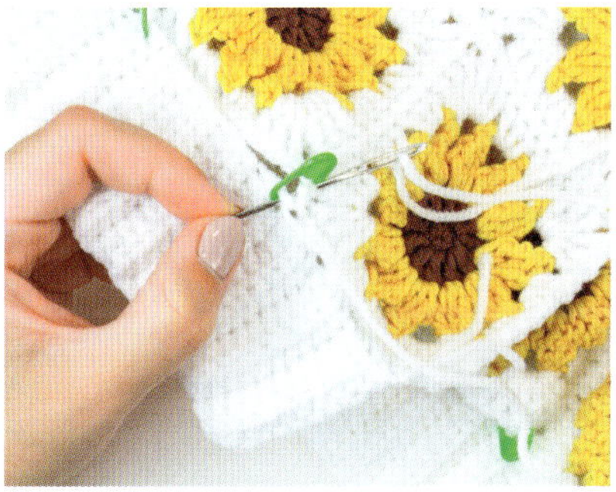

Schritt 10: Verbinde noch den unteren Bund mit den Sonnenblumen Grannies, verwebe die Fadenenden und fertig ist der Cardigan.

Du hast keine Lust auf Sonnenblumen Grannies?

Dann häkle einfach Retro Grannies. Die Anleitung dafür findest du auf Seite 49. Häkle diese auch mit einer 3,5 mm Häkelnadel und hör einfach nach der 4. Runde auf, damit sie auch 8 cm x 8 cm groß sind.

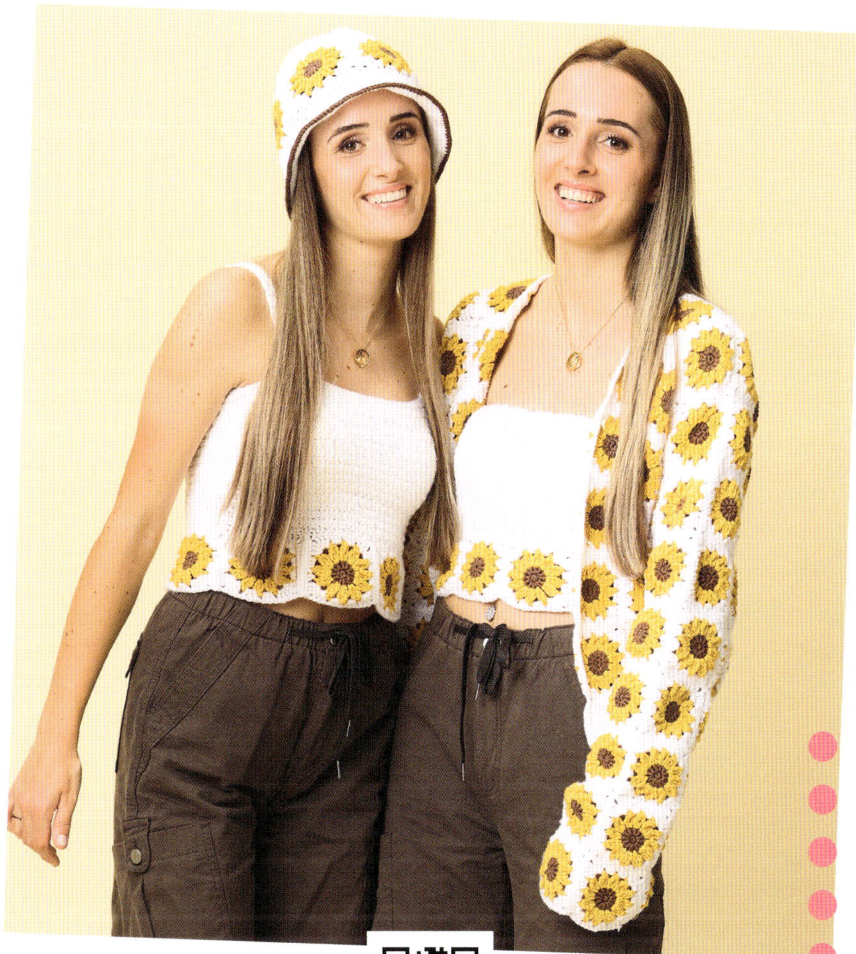

Falls du ein Video zur Hilfe beim Sonnenblumen Cardigan brauchst, scanne einfach diesen Code:

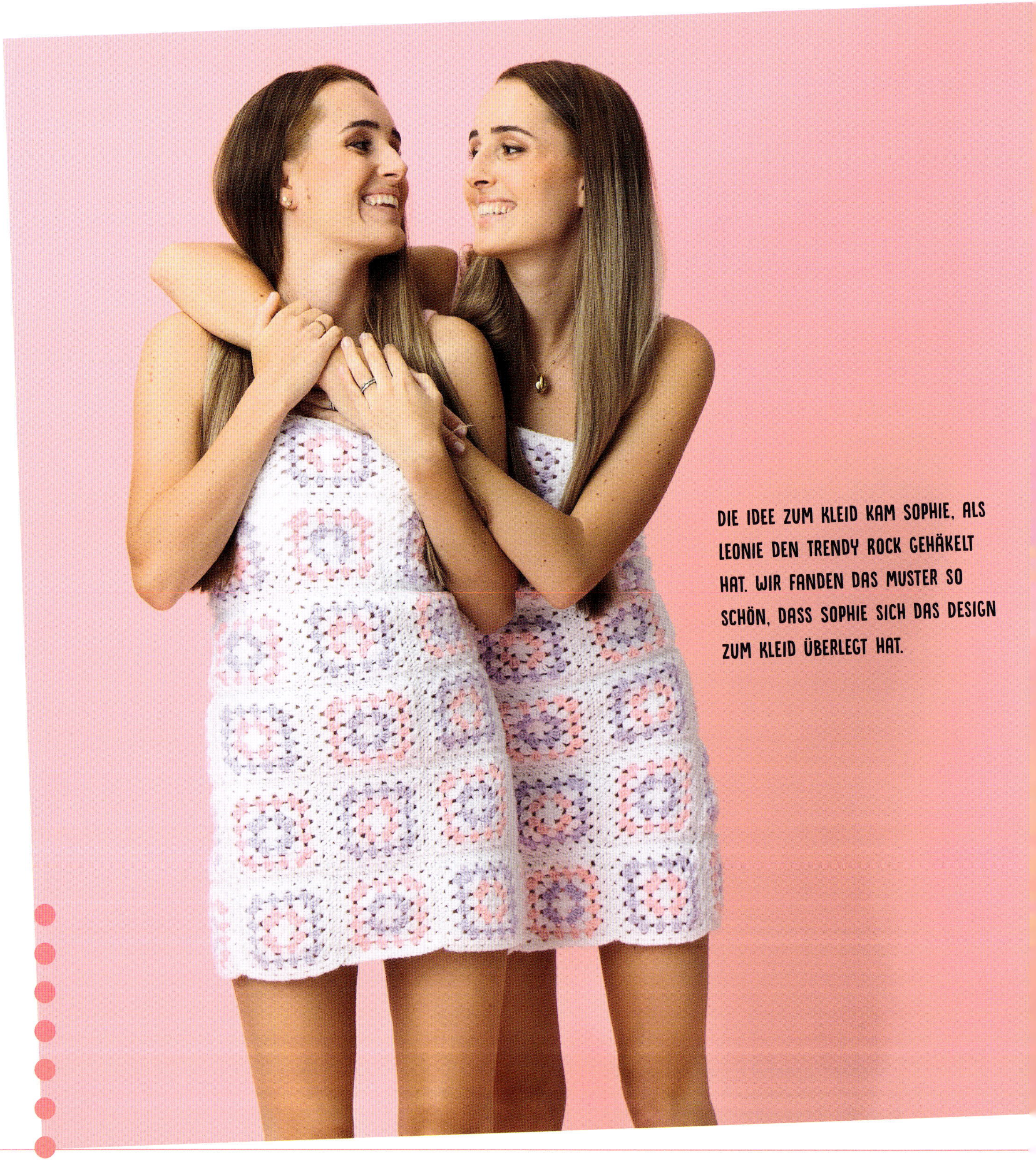

DIE IDEE ZUM KLEID KAM SOPHIE, ALS LEONIE DEN TRENDY ROCK GEHÄKELT HAT. WIR FANDEN DAS MUSTER SO SCHÖN, DASS SOPHIE SICH DAS DESIGN ZUM KLEID ÜBERLEGT HAT.

KLEID

Diese Anleitung ist für ein Kleid in der Größe XS-S geschrieben. Wenn du die Größe M-L häkeln möchtest, häkelst du mehr Grannies und Reihen beim Träger.

Größe

XS-S, M-L; Quadratisches Granny, 12 cm x 12 cm

Benötigtes Material

- Polyacrylgarn (100% Polyacryl; LL 1040 m/400 g) in Weiß, Polyacrylgarn (100% Polyacryl; LL 133 m/50 g) in Rosa und Lila
- Größe XS-S: 350 g in Weiß, 100 g in Rosa und 80 g in Lila
- Größe M-L: 400 g in Weiß, 150 g in Rosa und 130 g in Lila
- Häkelnadel 4,5 mm
- Wollnadel

Für das verwendete Garn ist eine Häkelnadel der Stärke 3,5-4,5 mm empfohlen.

Wir haben hier folgende Wolle benutzt: Gründl Big Mamma uni in Weiß; Gründl Lisa Premium uni in Lila und Rosa

Wie viele Grannies brauchst du?

Für das Kleid brauchst du für die Größen so viele Grannies und so viele Reihen bei den Trägern:

Größe XS-S: 40 Quadratische und 2 Dreieckige Grannies, 48 Reihen
Größe M-L: 55 Quadratische und 2 Dreieckige Grannies, 52 Reihen

Größe XS-S:

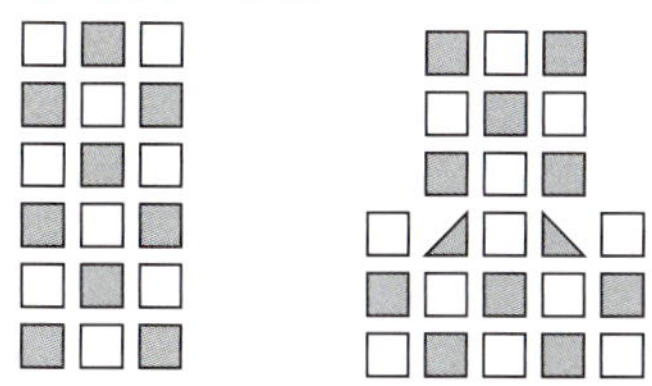

Größe M-L:

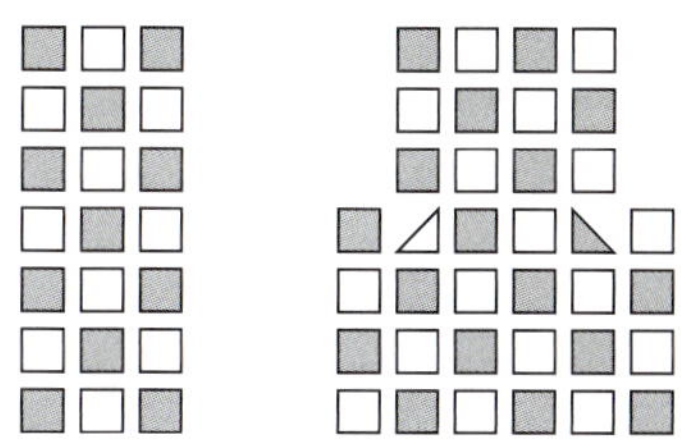

Anleitung

Fang mit dem Kleid an

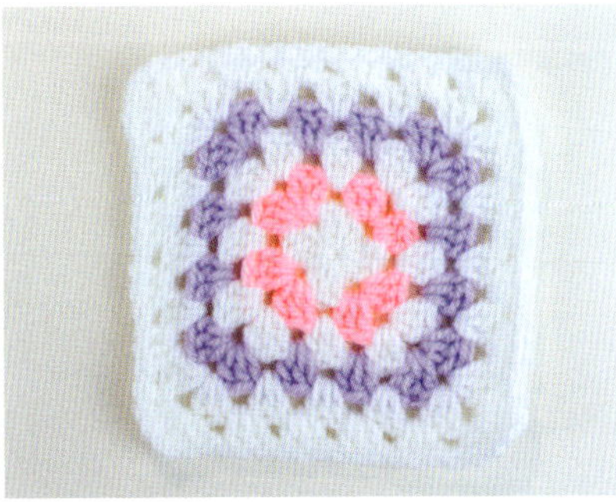

Schritt 1: Häkle 40 (bzw. für Größe M-L 55) quadratische Retro Grannies. Die Anleitung dafür findest du auf Seite 49.

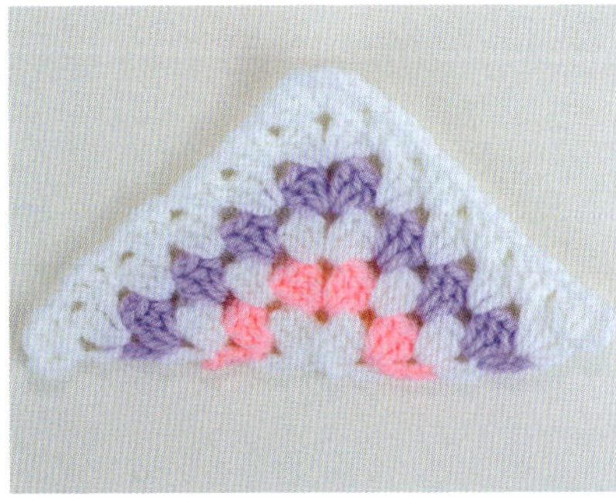

Schritt 2: Häkle 2 dreieckige Retro Grannies. Die Anleitung dafür findest du auf Seite 53.

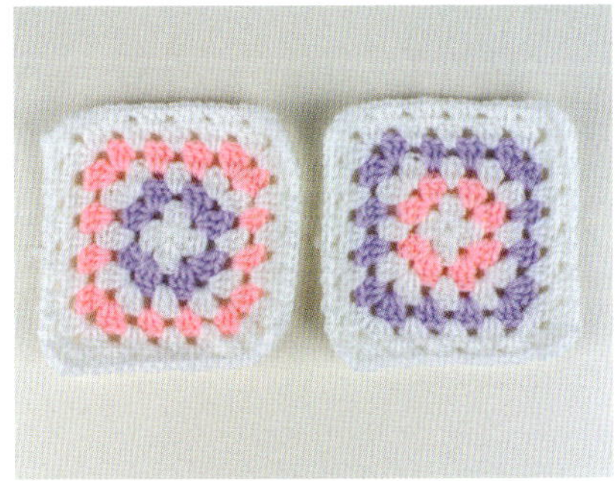

Hinweis: Häkle von der einen Farbvariante 21 (bzw. für Größe M-L 27) quadratische Grannies, und von der anderen 19 (bzw. für Größe M-L 28) quadratische und 2 dreieckige Grannies.

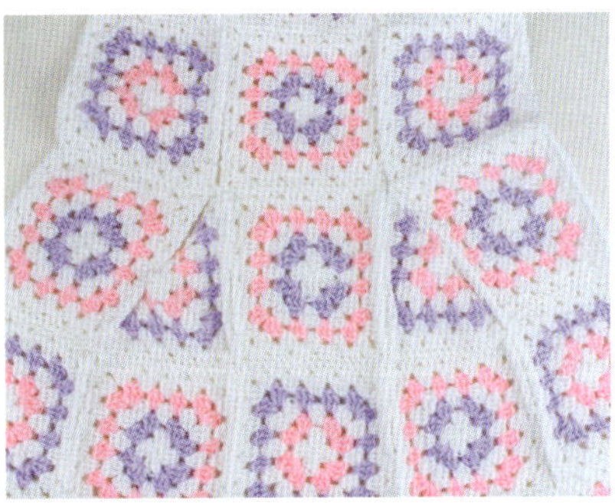

Schritt 3: Verbinde diese wie in der Abbildung auf Seite 135 miteinander. Nimm dafür eine Wollnadel und jeweils ein langes Stück weißen Faden.

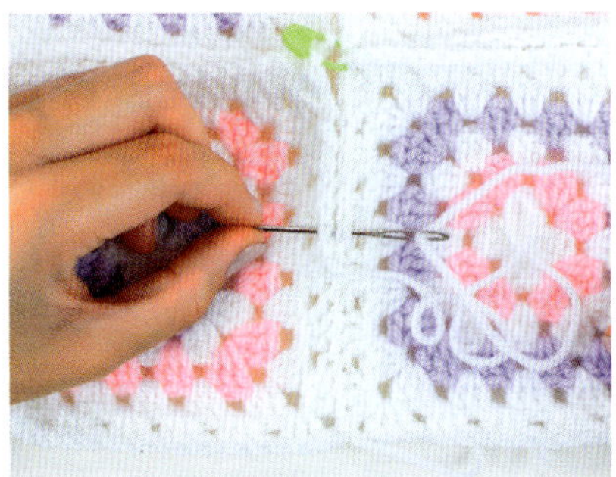

Tipp: Verbinde zuerst die kurzen Seiten, dann die Längsseiten miteinander, und dann das Vorder- mit dem Rückteil.

Falls du ein Video zur Hilfe beim Kleid brauchst, scanne einfach diesen Code:

Jetzt häkelst du die Träger

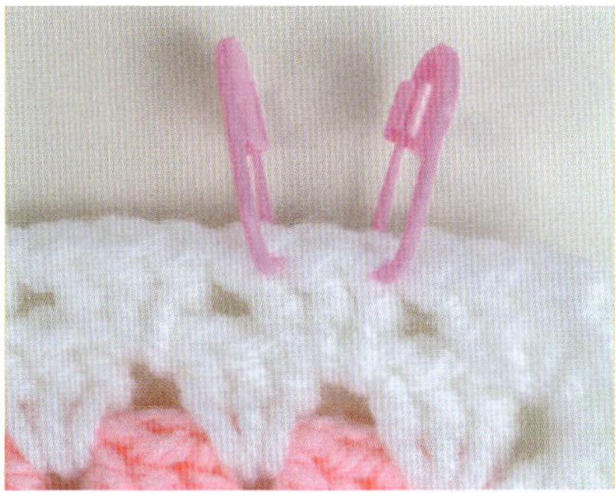

Schritt 4: Markiere dir, wo die Träger später sein sollen, sowohl auf der Vorder- als auch auf der Rückseite des Kleides. Beachte dabei, dass der Träger 3 Maschen breit sein wird.

Tipp: Zieh das Kleid an um zu schauen wo die Träger sein sollen.

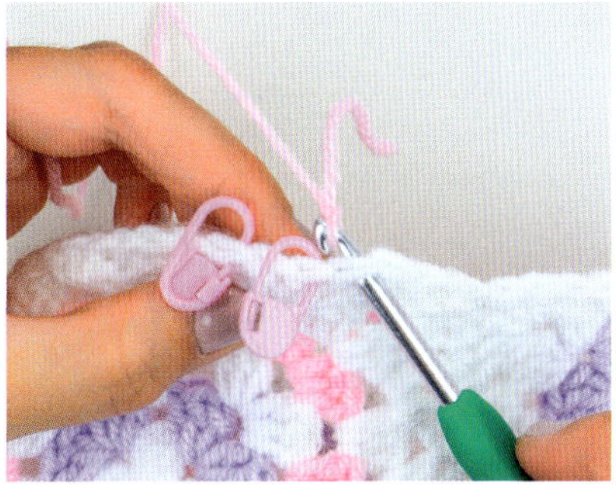

Schritt 5: Fang jetzt auf der Vorderseite des Kleides an. Stich in die Masche rechts neben der Markierung vom Träger mit der Häkelnadel (ohne Faden) ein, nimm das rosa Garn und mache eine Anfangsschlaufe ...

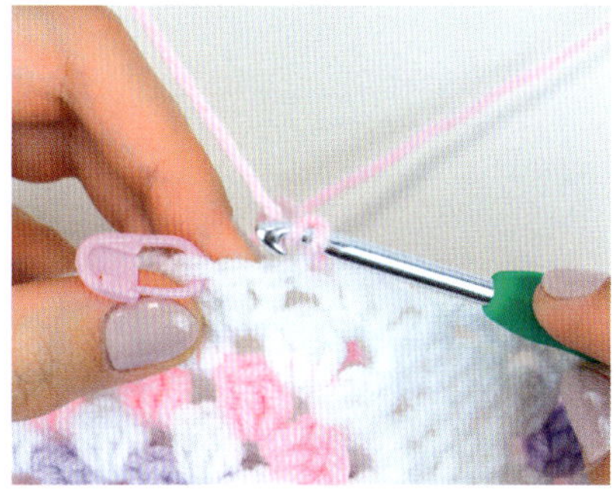

Schritt 6: ... zieh den Faden durch und häkle 1 Luftmasche, um den Faden zu befestigen.

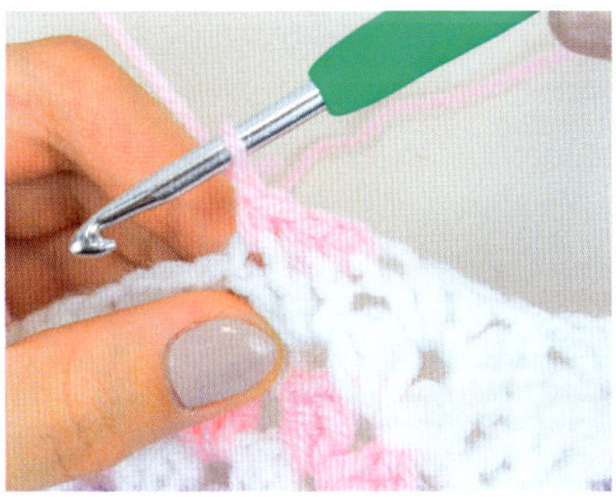

Schritt 7: Jetzt häkelst du in die nächsten 3 Maschen (die du dir vorher markiert hast) jeweils 1 halbes Stäbchen (= insgesamt 3 halbe Stäbchen + 1 Luftmasche vom Anfang). Am Ende der Reihe häkelst du 1 Wendeluftmasche.

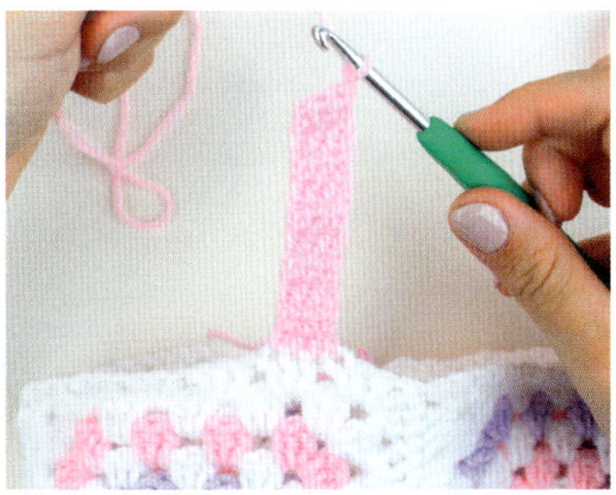

Schritt 8: Überspringe die Wendeluftmasche und häkle jeweils 1 halbes Stäbchen in die Maschen (= insgesamt 3 halbe Stäbchen). Am Ende der Reihe häkelst du 1 Wendeluftmasche.

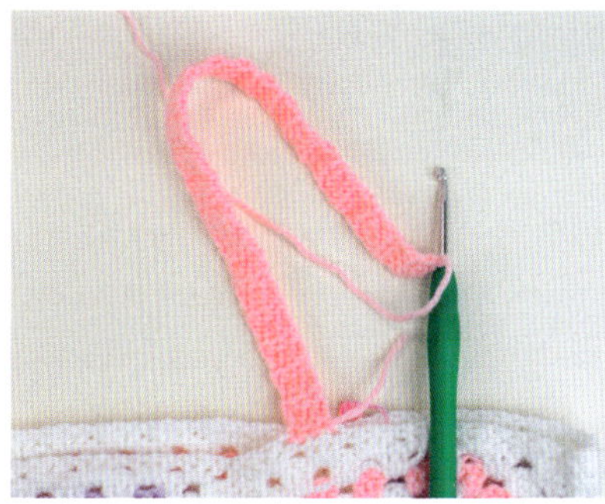

Schritt 9: Wiederhole Schritt 8 noch 45-mal (bzw. für Größe M-L 49-mal) (= insgesamt 47 (bzw. für Größe M-L 51) Reihen).

Tipp: Zieh das Kleid zwischendurch mal an. So kannst du schauen, ob dir der Träger lang genug ist.

Schritt 10: Drehe das Kleid auf links.

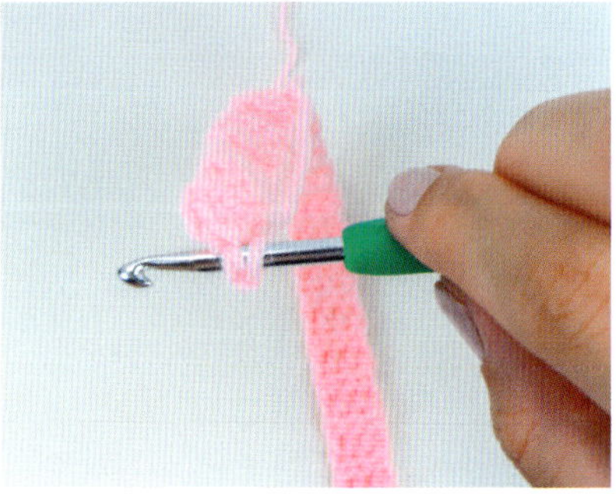

Schritt 11: Um den Träger auf der Rückseite vom Kleid zu befestigen häkelst du jetzt Kettmaschen. Stich dafür als erstes in die 1. Masche von deinem Träger ...

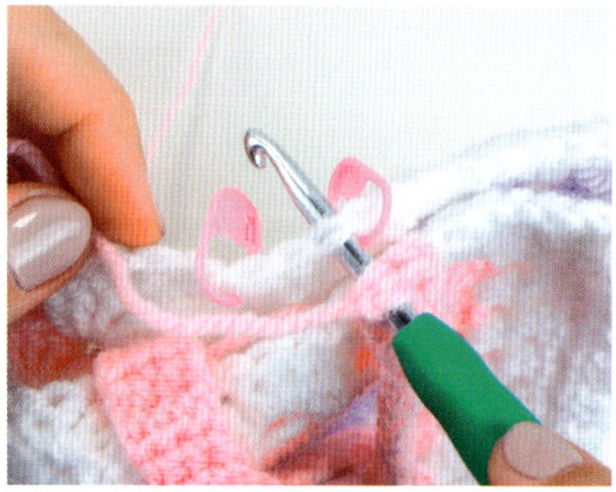

Schritt 12: ... und anschließend in die 1. Masche vom Kleid. Hol dir dann den Faden und häkle 1 Kettmasche.

Hinweis: Achte darauf, dass der Träger nicht verdreht ist, wenn du ihn am Kleid befestigst.

Schritt 13: So häkelst du noch in die nächsten beiden Maschen jeweils 1 Kettmasche (= insgesamt 3 Kettmaschen).

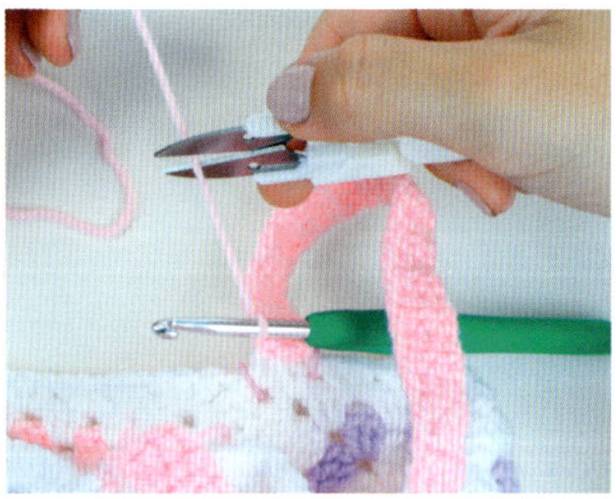

Schritt 14: Häkle 1 Luftmasche, schneide den Faden ab, zieh ihn durch und drehe das Kleid wieder auf rechts.

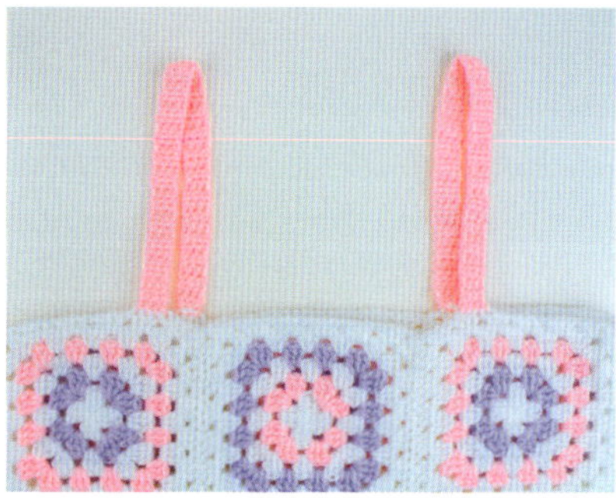

Schritt 15: Wiederhole Schritt 5-14 für den anderen Träger und verwebe anschließend alle Fadenenden. Fertig ist das Kleid.

Wie kann man die Kleidungsstücke waschen?

Auf der Banderole vom Garn kannst du ablesen, wie du das Teil später waschen darfst.

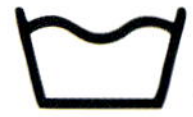 = In der Waschmaschine waschen erlaubt

 = Feinwäsche

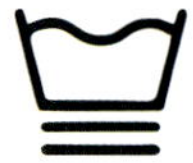 = Schonwaschgang, Wollwaschgang

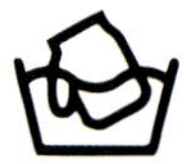 = Handwäsche

 = Nicht waschen

Hinweis: Wenn in der Wanne eine Zahl steht, darfst du das Garn bei dieser Temperatur waschen.

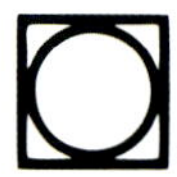 = Im Trockner trocknen erlaubt

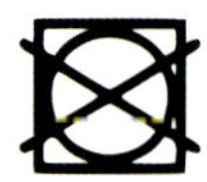 = Im Trockner trocknen nicht erlaubt

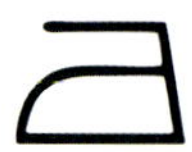 = Bügeln erlaubt

Falls du ein Video zur Hilfe beim Kleid brauchst, scanne einfach diesen Code:

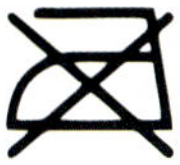 = Bügeln nicht erlaubt

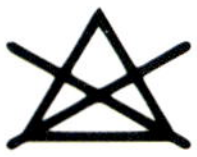 = Nicht bleichen

Hinweis: Wenn du ein Teil mit mehreren verschiedenen Garnarten häkelst, berücksichtige die unterschiedlichen Pflegehinweise.

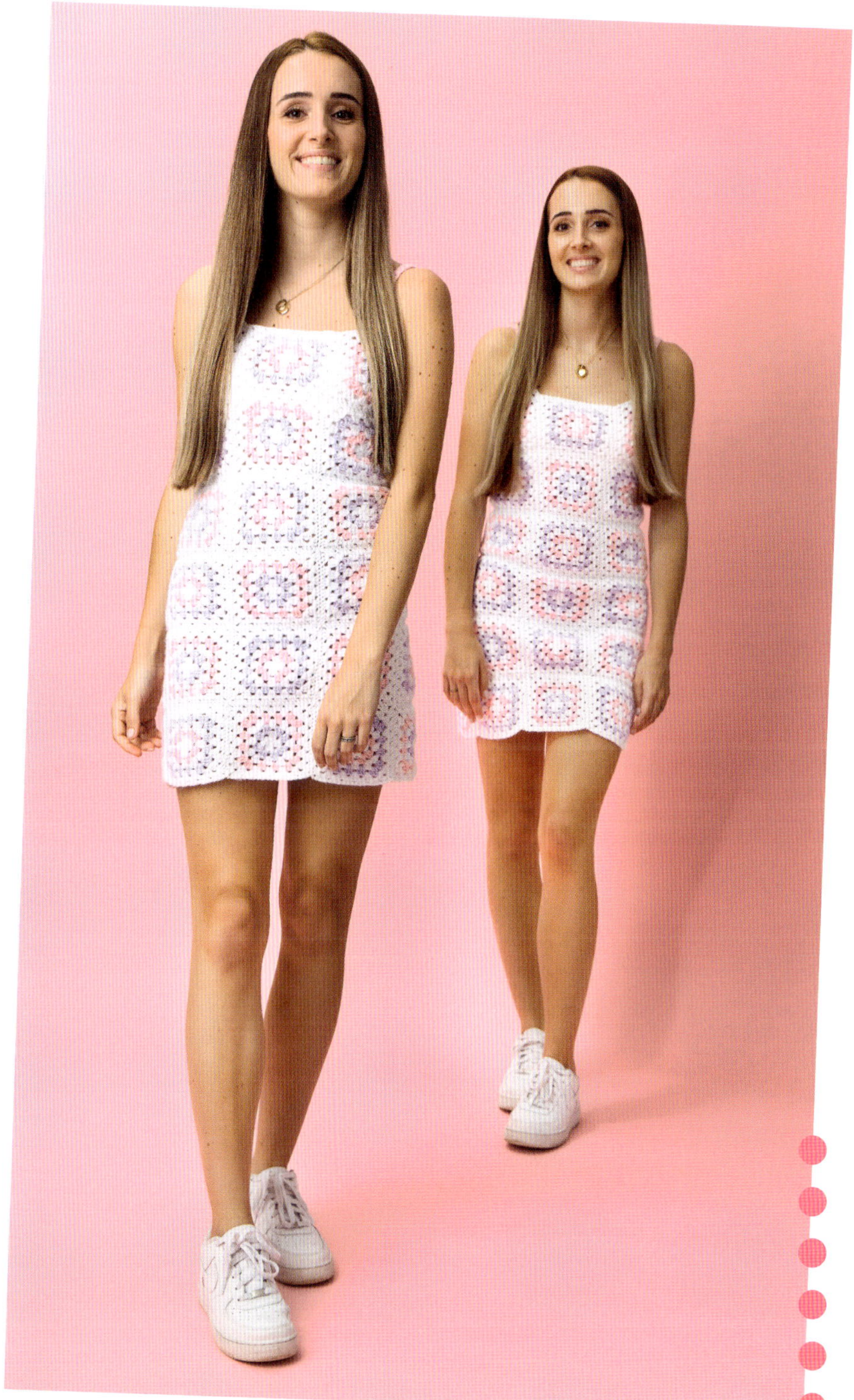

SO SIND WIR ZUM HÄKELN GEKOMMEN

Im Sommer 2018 haben wir unsere ersten Teile gehäkelt.
Damals haben wir gerade unser Abitur gemacht, und auf einmal hatten wir super viel Freizeit.
Da wir es schon immer geliebt haben, etwas mit unseren eigenen Händen zu erstellen und kreativ zu sein, kamen wir aufs Häkeln.
Nachdem wir unsere ersten Topflappen gehäkelt haben, haben wir Kissen und Decken gehäkelt. Die ganzen Teile haben wir dann zu Weihnachten verschenkt.
Dann wollten wir auch mal etwas für uns machen, und kamen da direkt auf die Idee, uns eigene Klamotten zu häkeln.
Am Anfang hatten wir echt Respekt davor, aber schnell ist uns aufgefallen, dass es gar nicht so schwer ist wie es aussieht.
Seitdem häkeln wir am liebsten Klamotten.

ÜBER UNS

Seitdem wir 14 Jahre alt sind, ziehen wir uns jeden Tag gleich an. Unsere Eltern haben uns als Kinder nicht immer gleich angezogen, nur mal zu Anlässen oder Festen.
Als wir dann angefangen haben alleine Klamotten einkaufen zu gehen, hatten wir immer öfter das Problem, dass uns die gleichen Sachen gefallen. Also haben wir nach und nach die Klamotten doppelt gekauft, und angefangen uns gleich anzuziehen.
Unser Geschmack ist aber auch komplett gleich. Uns gefallen immer die gleichen Sachen, oder eben auch nicht.
Wenn wir uns Geschenke kaufen, zum Beispiel zu Weihnachten, dann kann es auch passieren, dass wir uns aus Versehen das Gleiche schenken. Das ist uns schon so oft passiert. Meistens denken die Verkäufer dann, dass die gleiche Person nochmal im Geschäft ist. In solchen Momenten spielen wir immer mit, und sagen nichts davon, dass es der Zwilling war, der eigentlich gerade eben da war.

HÄKELADVENTSKALENDER 2023

Im Dezember 2023 haben wir auf unseren Social-Media-Kanälen einen Adventskalender gemacht, bei dem wir täglich ein selbstgehäkeltes Teil an eine Person aus unserer Community verlost haben. Darunter waren beispielsweise auch der Sonnenblumen Cardigan oder der Patchwork Cardigan.

Wir haben dabei auch versucht ganz neue Farbkombinationen auszuprobieren.

Auf die Idee ist Leonie gekommen, Anfang September, als wir im Sommerurlaub waren. Direkt nach dem Urlaub haben wir uns Ideen aufgeschrieben, was wir alles dafür häkeln können, und danach zu jedem Teil ein Design mit Farbe, Form und Schnitt gemacht.

Ende September haben wir dann mit dem Häkeln begonnen, und sind tatsächlich erst Mitte Dezember mit den letzten Teilen fertig geworden.

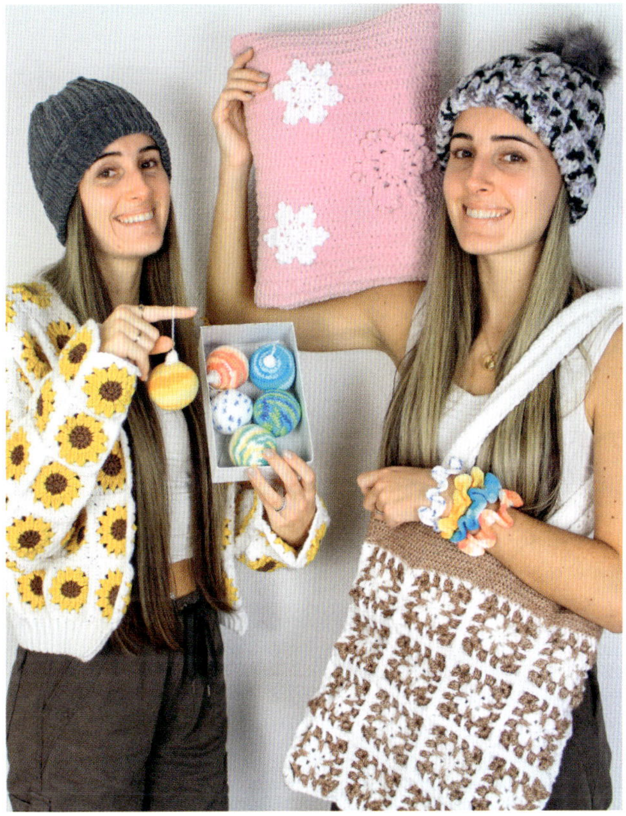

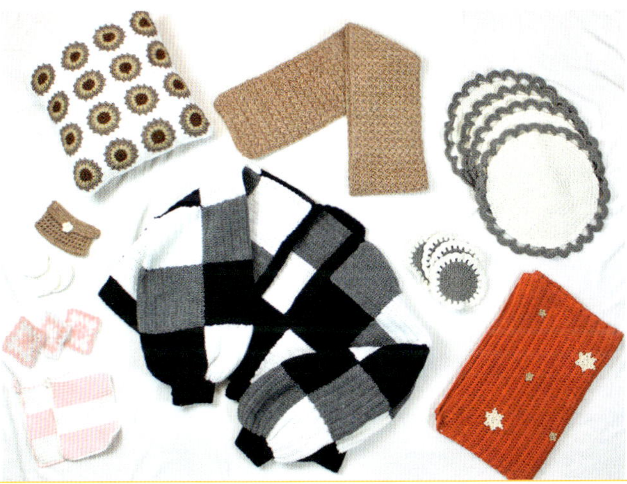

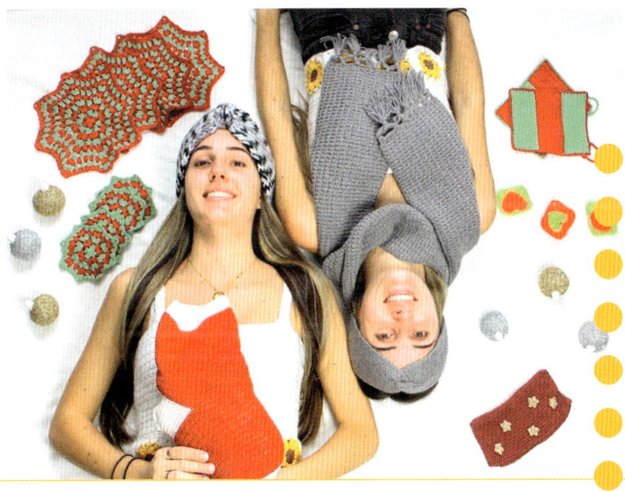

BUCHEMPFEHLUNGEN FÜR DICH

Noch mehr Kreativ-Bücher zum gleichen Thema gesucht?

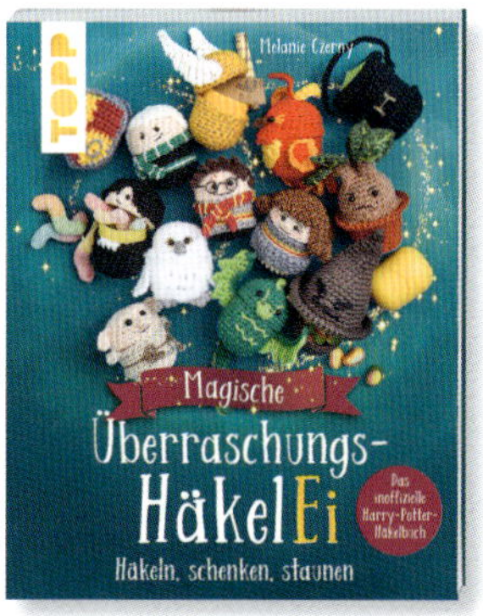

ISBN978-3-7358-7132-9

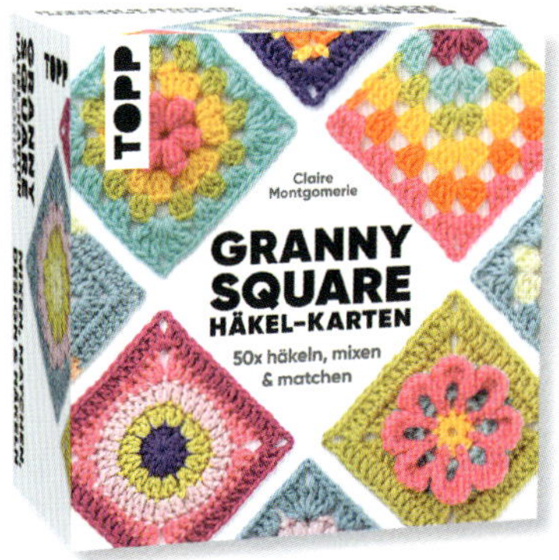

GTIN 4007742185732

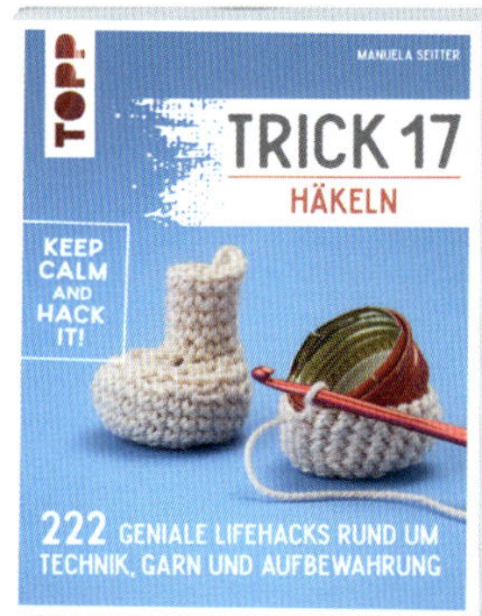

ISBN 978-3-7358-7118-3

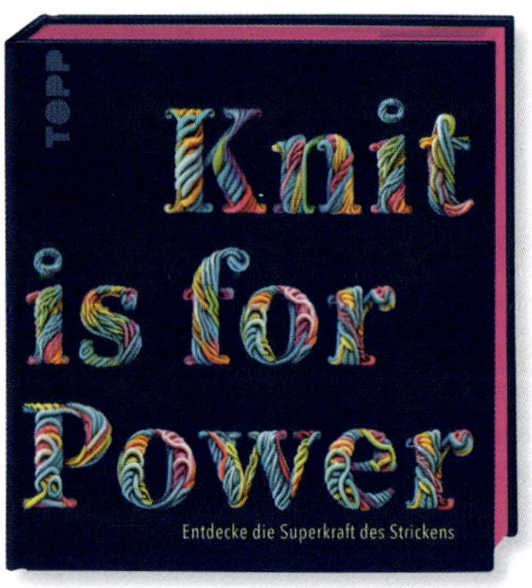

ISBN 978-3-7358-7144-2

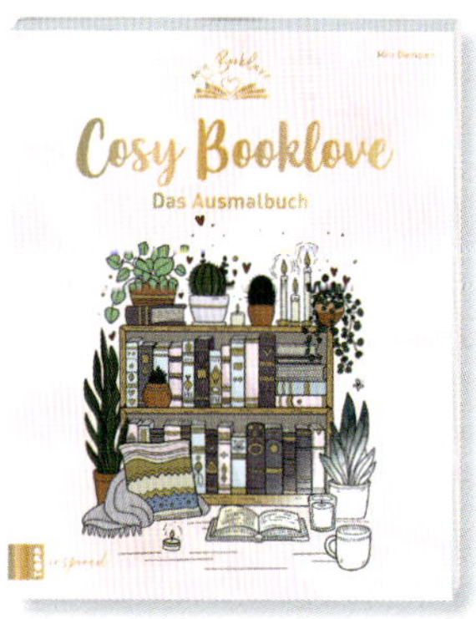

ISBN 978-3-7358-8153-3

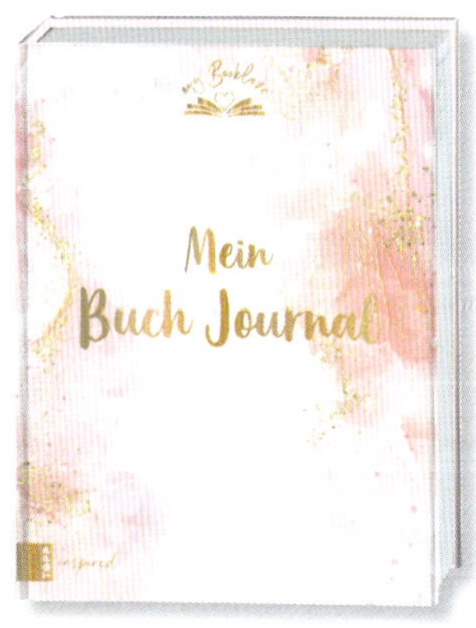

ISBN 978-3-7358-8137-3

Viele weitere Kreativ-Bücher findest du auf www.TOPP-kreativ.de

#TOPPprojekt

Die eigene Kreativität zeigen: TOPPprojekt mit anderen Kreativen teilen und Teil der Gemeinschaft werden.

DIY-begeistert und auf Instagram? Dann unbedingt mitmachen! Hier gibt's Tipps und Feedback zu den eigenen Projekten. Außerdem verlosen wir jeden Monat ein Überraschungspaket. Um am Gewinnspiel teilzunehmen, einfach ein Bild vom Kreativ-Projekt aus unseren Büchern mit #TOPPprojekt posten und unserem Account @frechverlag folgen. Mehr Infos auf TOPP-kreativ.de/TOPPprojekt

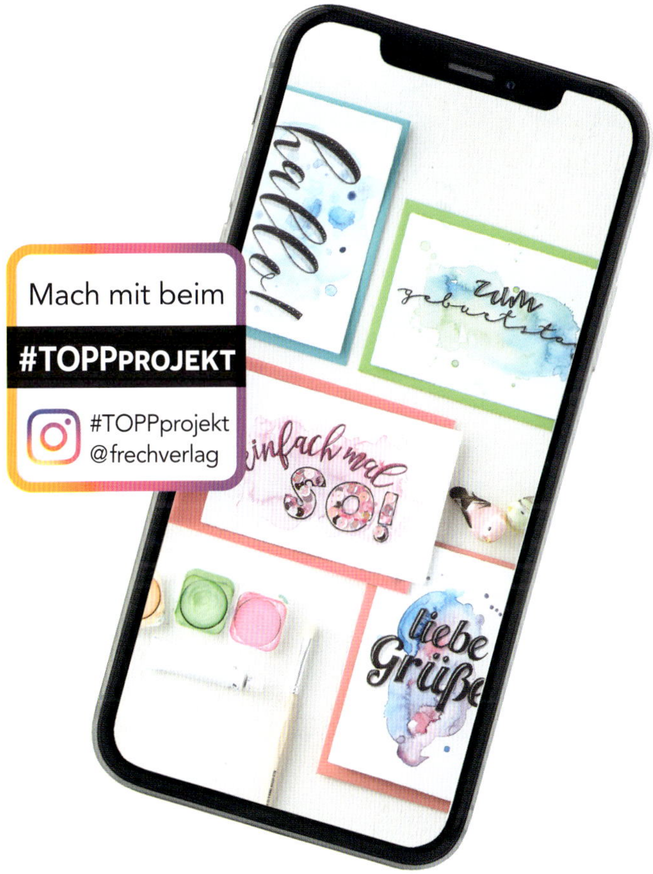

Website

Auf TOPP-kreativ.de kannst du ein riesiges Angebot von über 1.000 Kreativbüchern, Sets & mehr entdecken.

Newsletter

Gleich anmelden unter: TOPP-kreativ.de/newsletter und immer als Erstes von unseren Neuheiten und Sonderaktionen erfahren.

Instagram

@frechverlag

Pinterest

pinterest.com/frechverlag

Facebook

facebook.com/frechverlag

DigiBib

Hier findest du zusätzlich zu vielen unserer Bücher digitale Extras, wie Video-Tutorials, Plotter-Dateien, Vorlagen, Übungsblätter & vieles mehr. Einfach im Impressum deines TOPP-Buchs den Freischalte-Code nachschlagen und exklusive Inhalte freischalten. TOPP-kreativ.de/digibib

Youtube

youtube.com/frechverlag

Die DigiBib – Alle Updates für dich
Hier findest du alle aktuellen Infos zu deinem Produkt, außerdem Extras, Videos, Vorlagen und mehr!
www.topp-kreativ.de/digibib
Freischaltcode: 55510

IMPRESSUM

FOTOS: Leonie und Sophie Klassen; lichtpunkt, Michael Ruder, Stuttgart
TEXT UND MODELLE: Leonie und Sophie Klassen
HAIR und MAKE-UP: Jennifer Krzechki
PRODUKTMANAGEMENT: Lisa Braunert
LEKTORAT: Arnhilt Tittes
COVER: Lena Sofie Schmitt
HERSTELLUNG UND LAYOUT: Heike Köhl
DRUCK UND BINDUNG: DZS Grafik, Slowenien

2. Auflage 2024

ISBN 978-3-7358-7138-1 • Best.-Nr. 27138

Service-Hotline

Hast du Fragen oder gibt es ein Problem? Wir helfen dir gern. Ruf uns an oder schreib uns eine E-Mail:
Telefon: **0711 / 123 757 20***
*normale Telefongebühren
E-Mail: hilfe@frechverlag.de
Weitere Informationen zum Verlag und zu unserem gesamten Programm findest du unter: **www.topp-kreativ.de**

MIX
Papier | Fördert gute Waldnutzung
FSC® C106600
FSC www.fsc.org

Penguin Random House Verlagsgruppe
FSC® N001967